清末民初文獻叢刊

林文忠公政書

（第一册）

［清］林則徐 撰

朝華出版社
BLOSSOM PRESS

圖書在版編目（CIP）數據

林文忠公政書 ： 全4册 / （清） 林則徐撰. -- 北京 ： 朝華出版社，2018.8
（清末民初文獻叢刊）
ISBN 978-7-5054-4283-2

Ⅰ. ①林… Ⅱ. ①林… Ⅲ. ①奏議－彙編－中國－清代 Ⅳ. ①K249.065

中國版本圖書館CIP數據核字(2018)第151850號

林文忠公政書（全四册）

作　　者 ［清］林則徐

選題策劃 楊麗麗　尚論聰
責任編輯 趙　倩
特約編輯 孫　開　秦錦霞
責任印制 張文東　陸競贏
封面設計 劉敬偉

出版發行 朝華出版社
社　　址 北京市西城區百萬莊大街24號　　**郵政編碼** 100037
訂購電話（010）68996618　68996050
傳　　真（010）88415258（發行部）
聯系版權 j-yn@163.com
網　　址 http://zhcb.cipg.org.cn
印　　刷 北京中科印刷有限公司
經　　銷 全國新華書店
開　　本 880mm×1230mm　1/32　　**字　　數** 349千字
印　　張 57.75
版　　次 2018年8月第1版　2018年8月第1次印刷
裝　　別 精
書　　號 ISBN 978-7-5054-4283-2
定　　價 430.00元（全四册）

出版前言

中國自一八四〇年鴉片戰爭以來，傳統的農業文明在西方的堅船利炮轟擊之下徹底被顛覆，有擔當的知識分子苦苦追尋，思索社會改革的途徑。從最初的『師夷長技以制夷』到『民主制度，天下之公理』（梁啓超語），他們發現要『强國富民』，首先要『開啓民智』，衹有民衆擁有了獨立思想和批判精神，國家纔能實現真正的强大。在此後一百年的時間裏（一八四〇—一九四九），思想者們從社會變革深入到國民性的改造，用每一部作品見證着中國近代化的遞變歷程。這是一個極其重要的時代，《清末民初文獻叢刊》正是收録了這一時期的作品，大部分書籍都是早期版本，有着極高的文獻研究價值。

清末的中國經歷了『三千年來未有之大變局』（李鴻章語），大清王朝面對西方列强的艦炮，表現得驚慌失措。尤其是鴉片戰爭，使『天朝帝國萬世長存的迷信受到了致命的打擊，野蠻的、閉關自守的、與文明世界隔絶的狀態被打破了』（《馬克思恩格斯選集》）。一批士大夫知識分子，尤其是在歐美諸國擔任使臣或者游歷的知識分子最先覺醒，着眼于對西方國家的考察，進而反省本國政治制度的劣勢，可以視作『啓蒙』的端倪。如曾擔任駐英公使（兼任駐法公使）的郭嵩燾在《使西紀程》中以日記的形式記録了自己對歐西諸國的觀感，他在考察了英國的政治制度之後，發現英國政府官員收入超過三百磅者與普通老百姓一樣同等納税，他說：『此法誠善，然非民主之國，則勢有所不行。西洋所以享國長久，君民兼主國政故也。』他明確提出了『民主』，在國家的管理問題上，人民也有參與的權利。他在該書中所披露的西方政治、經濟、文化等領域優于大清帝國這一事實觸動了保守派的神經，立刻遭到保守派群起而攻之，進士何金壽彈劾他『有二心于英國，欲中國臣事之』，他家鄉湖南的民衆對他更是痛加詆毁，以至于滿城揭帖，誣蔑他『溝通洋人』，在這種群情洶洶的情况下，朝廷最後下旨將《使西紀程》毁版，從而使該書成了禁書。然而，書雖被毁版，却不能堵死民衆的傳播與閱讀的途徑，上海的《萬國公報》依舊連載該書，張佩綸曾說：『朝廷禁其書，而新聞紙接續刊刻，中外傳播如故也。』從某種意義上來說，啓蒙是時代的需要，盡管清政府發諭旨禁了該書，民衆乃至一些朝廷大員却依舊在私下閱讀，以便瞭解外部的世界。進步的社會是開放性的，任何企圖『閉關鎖國』的努力都意味着歷史的倒退，衹有開放，與整個世界文明保持同等的步伐，纔能實現真正的强國之夢。當大批知識分子走出閉鎖的國門，親歷了文明的洗禮之後，也就把啓蒙的智識帶回了中華大地。容閎的《西學東漸記》，梁啓超的《新大陸游記》，崔國因的《出使美日秘日記》等一大批作品介紹了海外諸國的政治、經濟、軍事、外交、文化。雖然這些作品在認識上仍然帶有時代的局限性，然而却是那時最爲珍貴的聲音。

另一方面，在學術上，中國文化母體内『經世致用』思想與資産階級思想相結合，也唤起了變革，以康有爲、梁啓超爲首的改良派試圖通過自上而下的革新以實現變革。康有爲的《新學僞經考》《孔子改制考》就是借經學之表論資産階級學説之裏的著作，康有爲的弟子梁啓超更是通過《新民説》一書提出國民性改造。與早期啓蒙者『師夷長技』的器物文明引進不同，梁啓超上升到形而上的精神領域，從文化心理上更加徹底地進行變革。梁氏是清朝末年到民國初年一個橋梁式的人物，被譽爲『輿論之驕子，天縱之文豪』，其影響力不但在學術領域，同時還在文學領域，他所倡導的『詩界革命』得到了譚嗣同、黄遵憲、丘逢甲等人的響應，黄遵憲的《日本雜事詩》，丘逢甲的《嶺雲海日樓詩鈔》都體現了這種主張。這一主張要求反映新的時代和新的思想，用『我手寫我口』（黄遵憲語）的方式直抒胸臆，對長期占詩壇主流的擬古主義、形式主義産生了巨大的衝擊，解放了寫作者的心靈和頭腦。

與社會變革同步的是早期對西方思想著作的翻譯，這裏面影響最大的是嚴復，他翻譯的《天演論》《社會通詮》等書直接孕育了民國一代的知識階層。魯迅、胡適等人在文章中都曾提到《天演論》對他們思想所産生的震撼。與嚴復略有不同的另一位翻譯家是林紓，他的譯作雖然參差不齊，但却在更細膩的心靈層次對讀者産生影響，許壽裳曾回憶，他和魯迅都熱衷于林譯的小説，如《巴黎茶花女遺事》《黑奴籲天録》《迦茵小傳》等作品。

辛亥革命之後，進步社會思潮成爲主流，比之清末思想啓蒙者『求存』的追求，民國以來的知識階層深入到了更加細微的肌理，一方面呼唤社會變革，另一方面進行點滴的建設，革命并不能使所有的一切一蹴而就，在更加深廣的領域，事物的改變是由微觀而宏觀。通俗地説，比之于革命，建設的意義更大。如《中國商業史》《中國教育史》《中國倫理學史》《中國哲學史大綱》《中國小説史略》等一大批作品都是進行系統的梳理與建設的理論作品。其中，以胡適和魯迅二人的影響最大，他們的作品一紙風靡，從而成爲新文化運動的主力人物。

《清末民初文獻叢刊》收録的文獻大致上可以分爲三個階段，其中龔自珍、張之洞、魏源、郭嵩燾、薛福成等人的作品可視爲『早期啓蒙』，康有爲、梁啓超、黄遵憲、嚴復、林紓等人的作品可視爲『中期啓蒙』，胡適、魯迅、蔡元培等人的作品可視爲『晚期啓蒙』。當然，這種劃分并非嚴格意義上的，大部分啓蒙思想者隨着時代的變化，其思想在不斷進步。縱觀整個近現代史，可以發現，要求變革不是在某一個領域，由某一類人發起和完成的，而是全社會的要求。變革，已經成爲全社會的共識。

從清末民初的文獻中，我們能够發現一種豐富性。這些作品涉及政治、經濟、軍事、教育、外交、宗教、心理、情感等方方面面，從内而外地净化着中國兩千年以來的封建積習。它不衹是對社會的改造，更是對人心靈的重塑；它首重國家社會之建設，同時亦重靈魂心智之唤醒；它是宏大的，也是微觀的；它是嚴肅莊重的，也是活潑靈動的；這些作品結構精巧，思想內容深刻，擁有濃厚的人文主義色彩，對推動社會主義建設，實現中國夢有重大意義，是近現代中國一百年來最宏富的智識與情感的寶藏。因此，整理這些文獻作品，無論是出于資料保存的目的，還是爲圖書館提供資料副本，都有不可估量的意義。

特定時代下的文獻，當它一旦形成（既指草擬，創作的完成，也指其成爲一個載體），就不可再複製了，也就意味着它將面對消亡。對于文獻資料而言，越接近歷史事件發生的時代記録，越具有研究價值。文獻本身具有不可再生性，它衹會消亡，而不會增多。盡管文獻本身的文字可以保留下來，并進行傳播，却失去了當時的時代氣息。當時的作品可能在技巧上，文字的成熟度上不及當代，但它所負載的信息，創作者的情感都反映了當時的歷史，也就是説，它具有不可替代的歷史意義。

影印的版本有三個特點，第一是擁有文獻的『原始性』；第二個特點是『未經改動的』；第三個特點是『歷史的原貌』。所謂『原始性』，也就是説，它是第一手資料，而非轉述的，回憶形成的；『未經改動的』，是指未被篡改、删節、挖補的；『歷史的原貌』是指在影印製作過程中，完全依照文獻的原來模様……這様製作出版的作品，無异延續了文獻的壽命。

近現代思想史上的一個最重大的思潮就是『開放』，從林則徐的『開眼看世界』到蔡元培的『兼容并包』，都是在倡導一種開放式的胸襟。而《清末民初文獻叢刊》最有魅力的部分就是『開放』這一主題，衹有融入到世界文明發展的進程中，中華文明纔能歷久彌新。

《清末民初文獻叢刊》編委會

二〇一七年四月十四日

凡例

一、《清末民初文獻叢刊》（以下簡稱『叢刊』）爲影印本，舉凡所用之底本，均爲該書之早期版本。有清末刊本，亦有民國印本。

二、《叢刊》均依底本影印，未予删改，僅代表作者個人觀點，不代表官方立場；原刊本有誤，不予校改，以保留文獻之原貌。

三、《叢刊》所用之底本，因時日久遠存在漫漶的情況，均進行了修復；底本闕文、印刷不清，均保留原貌。

四、爲讀者閲讀之便，《叢刊》中之舊底本目録未標記頁碼者，編了目次；原底本有頁碼和目録，未予重複編目。

五、爲保持文獻的原始風貌，影印本保留了原書書影（原書爲多册，則保留第一册書影）、扉頁等信息。所用底本無相應信息者，則不予妄添，以免錯訛。

目録

第一册

第二册

第三册

林文忠公政書

本宅藏板

林文忠公事略　　平江李元度譔

道光三十年春

文宗皇帝旣嗣服下　詔求賢時太子太保雲貴總督侯官林公方引疾家居大學士潘公世恩尙書杜公受田交章以公應詔奉　召入都未即至九月

上以粵逆洪秀全等稱亂　特命公爲　欽差大臣馳赴廣西督勦尋　命署廣西巡撫事公故嘗督粵威惠著聞中外想望丰采至是力疾出粵民額手相

慶賊黨散大半洪秀全懼謀遁入海十一月公行次
潮州薨遺疏入
上震悼優詔議卹　賜祭葬　予諡文忠自公薨後
軍民失所倚賊寖不可制未幾踰嶺涉湘絕長江踞
金陵爲窟穴蹂躪遍天下又十四年竭海內全力廑
乃克之論者謂生靈多阨致天不憖遺使得假公數
年賊不足平矣然公之身繫天下安危者尤不始此
也先是公總督湖廣時鴻臚卿黃君爵滋疏請禁鴉
片以塞漏巵有　旨下中外大臣議公條上利害深

切著明
宣廟嘉焉十八年冬　命以　欽差大臣蒞廣東查
辦海口事務明年補兩廣總督公宣諭　德威繕守
備於虎門各海口添建礮臺設木桴鐵索奏移高廉
道駐澳門撥隸水師資控馭時通商之國以十數咸
傾心受約束惟暎咭唎持兩端九月夷目義律等以
索食爲名糾師船犯尖沙嘴公遣參將賴恩爵擊走
之斷其接濟尋六犯海口皆受懲創義律潛赴澳門
倩西洋夷目遞說帖求轉圜公以其言未可信奏請

相機剿撫並請　敕福建浙江江蘇諸督撫嚴防各
海口復奏停其貿易暎人屢撼之不動則大懼旣以
粤之無隙可乘也乃改圖犯浙陷定海掠甯波沿海
騷動在事者莫能折衝禦侮爭歸咎公因中傷之事
垂成而敗代者至悉反公所爲恐和議之不速成也
撤公所設各隘兵以媚之暎人遂徑犯粤城公知事
不可爲具遺疏以待闕解　命以四品卿銜赴鎮海
軍營効力尋謫戍伊犂[illegible]爐事自此益棘王相國鼎
湯協揆金釗至以死爭去就爭之卒爲忌者所持不

能得同令公得始終其事決裂不至此公之爲天下重也可勝道哉公諱則徐字元撫一字少穆晚號竢村老人父賓日歲貢生家貧力學以經術掖後進有子三公其次也生警敏長不滿六尺英光四射聲如洪鐘每劇談隔舍數重聆之輒了了年十三郡試冠軍補弟子員二十舉於鄉就某邑令記室閩撫張公師誠見所削牘奇之延入幕嘉慶十六年公年二十有七成進士選庶吉士派習 國書授編修益究心經世學雖居清秘於六曹事例因革用人行政之得

失綜核無遺識者知為公輔器矣典江西雲南鄉試分校己卯會試咸得士二十五年補御史海寇張寶投誠後累官副將至是擢總兵公慮其愈驕蹇不可制也疏劾之

仁宗韙其言授杭嘉湖道修海塘興水利士民德之會聞父病即引疾不待命馳歸道光二年授淮海道明年擢江蘇按察使決獄平恕民頌之曰林青天尋丁母憂明年奉　旨赴南河督修隄工工竣仍回籍六年夏　命署兩淮鹽政以未終制辭不拜七年按

察陝西遷江甯布政父憂歸濬福州西湖以惠桑梓十年夏補湖北布政使尋調湖南十一年復調江甯遂擢東河總督疏辭　優詔不許尋奏言稽料爲河工第一弊端其門垛灘垛併垛諸名目非抽拔折視難知底裏已將南北十五廳各垛逐查抗弊者察治得　旨向來河臣查驗料垛從未有如此認眞者十二年春調江蘇巡撫吳中洊饑公奏免逋糧籌賑䘏清釐各屬交代盡結京控諸獄昧爽視事夜過半方息數年如一日爲會考績疏言察吏莫先於自察必

將各屬大小政務逐一求盡於心然後能舉以驗屬吏之盡心與否若大吏之心先未貫徹於此事之始終又何從察其情僞臣惟恃此不敢不盡之心事事與屬僚求實際云云公此言蓋生平得力處也先是公在江藩任內以各屬水災建議倡捐煮賑資送留養收孩瘞棺捐衣勸糶養佃典牛借耔種禁燒鍋凡十二則經江督陶公澍奏行至是事竣在事者得獎敘公之爲臬司也奉　詔綜辦三江水利以憂歸嗣經陶公奏允孟瀆劉河分年籌辦至是孟瀆工竣公以

劉河爲三江之一淤墊尤甚請勘辦從之又言江蘇
錢漕倍他省其中有緩有急有舊有新勢難一律清
款與其漫無區別徒令剜肉補瘡莫若專嚴於提新
而暫緩於補舊新款果能全解是州縣無新虧而舊
欠亦可冀彌補得　旨竭力爲之江南人文甲天下
鄉試恆萬六七千人入鏁院時竭一晝夜之力不能
畢有擁擠仆斃者公創設信礮立燈牌陰以兵法部
勒之日晡而畢十七年春擢湖廣總督荆襄苦水患
歲以爲常公修築堤工躬自監視奏籌襄陽等屬鹽

務緝私事宜及辰沅道屬苗疆屯務事宜皆如議行尋疏報南北兩省拏獲奸民興販鴉片各情形璽書褒美又以江漢安瀾請列漢神於祀典從之十八年冬入覲 賜紫禁城騎馬遂有粵東之 命公之在粵也奏虎門收繳暎咭唎躉船鴉片已十逾其八得 旨褒敘及奏請剿撫兼施 手敕報曰既有此番舉動若再示柔弱則大不可朕不慮卿等孟浪但誡卿等不可畏葸先威後德控制之良法也尋請停貿易又 諭曰該夷自外生成是彼曲我直中外咸

知倘何足惜公前後所陳皆稱　旨爲忌者所中傷
卒不安其位而天下自此多故矣公議戍時河決開
封首輔王公鼎出視工疏留公督辦工成仍就戍有
門下士宦於陝迎謁公竊爲不平見公談笑自若不
敢言退謁鄭夫人曰甚矣此行也夫人曰子毋然
朝廷以汝師能舉天下大局付之今決裂至此得保
首領　天恩厚矣臣子自負　國耳敢憚行乎公在
塞外奉　命勘辦開墾事宜親歷庫車阿克蘇烏什
和闐喀什噶爾葉爾羌及伊拉里克塔爾納沁等城

縱橫三萬餘里水利大興稍暇則以筆墨自娛公書具體歐陽詩宗白傅在官事無巨細必躬親家居必熟訪民間利病白諸當道求題詠者雖踵接不暇應也至是始得肆意遠近爭寶之伊犂爲塞外大都會不數月縑楮一空公手蹟徧冰天雪海中矣二十五年秋 賜環以四五品京堂用十一月 命署陝甘總督會野番肆刼先飭鎮將防護馬廠時承平久營政弛公出按邊命演巨礮舉營無知者一老卒能之公立授以官士氣爭奮尋剿捕番族及漢奸殆盡明

年授陝西巡撫關中旱民不能耕爭殺牛以食公曰如此則來歲又饑也飭官爲收牛償其値勸富民質牛予以息次年乃大有秋二十七年遷雲貴總督滇中漢回搆釁垂數十年焚殺無虛日議者各有所袒莫能決公至諭之曰止分良莠不分漢回適回民丁燦廷赴京疊控漢民沈正達等有司提犯解訊保山民糾眾奪犯燬官署搜殺回戶并抗拒鎭道兵公提兵出剿遂次聞趙州之彌渡有客回句土匪滋事遂就近剿彌渡破其柵殲匪數百保山民股栗縛犯迎

師公召漢回父老各諭以恩信復乘勢搜獲永昌順
甯歷年拒捕戕官諸匪寘諸法得　旨加太子太保
賞戴花翎引疾歸滇人繪像以祀家居倡驅夷議
大忤當事外夷方爲斂迹而當事思中傷之會　聖
書召用讒者乃止時方以西洋爲憂後進咸就公請
方略公曰此易與耳終爲中國患者其俄羅斯乎昔
老矣君等當見之然是時俄人未交中國者數十年
聞者惑焉公之薨於行臺也易簀時呼星斗南者三
年六十有六公服官江南最久以吳民苦賦重講求

漕政不遺餘力在粵時　中旨諭江南漕務公條舉
四端曰本原曰補救曰本原中之本原曰補救中之
補救
宣宗褒許擬俟粵東事畢次第施行
文宗之召公也將使籌畿輔水利卽公前疏所謂本
原中之本原者也以
二聖知公之深任公之重以公報　國憂民之心一
往無所卻顧而卒不果行惜哉然公於政事無所不
盡心而其尤關天下治亂之數者則以辦夷務剿粵

寇二者爲最鉅而皆齎志以終此海內士大夫下及婦人孺子聞公薨所由太息流涕共爲天下惜者也公天性孝友事事以養志顯親爲念自奉儉而資助族戚歲必數千金尤愛士所至必擇其秀異者召入官署勖以學行家居凡族姻中子弟讀書者約期治膳集而課之曰親社性聰察摘伏如神馭左右嚴每黑夜潛行躬自微察無敢因緣爲奸然待人以恕接人以誠人咸樂爲之用與人言必令反覆詳盡得達其情道人善孜孜若不及善飲喜弈服官後皆卻弗

御好動動與處數十年者未嘗見其袖手枯坐也咸豐元年滇撫請祀雲南名宦祠陝撫據輿情入告請建專祠報可子汝騏官編修聰彝浙江知府拱樞刑部郎中

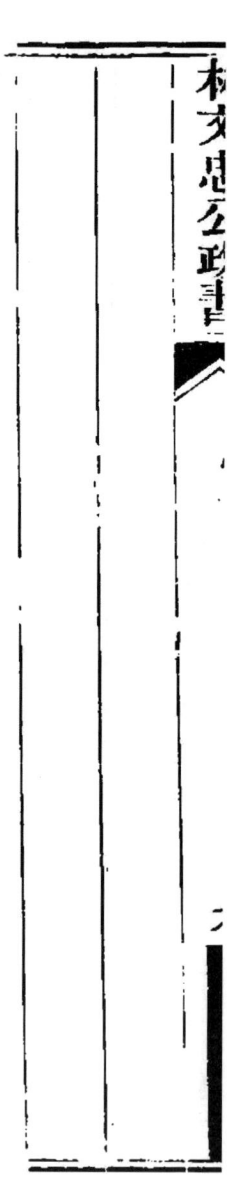

林文忠公政書總目

林文忠公政書目錄

甲集

江蘇奏稿卷五

乙集

湖廣奏稿卷一

湖廣奏稿卷二

丙集

雲貴奏稿卷九

雲貴奏稿卷十

林文忠公政書目錄終

補授河督謝

恩並陳不諳河務下忱摺

奏爲恭謝

天恩並瀝陳不諳河務惶悚恐懼下忱仰祈

聖鑒事竊臣於十月十九日奉兩江督臣陶澍行知

准吏部咨欽奉

上諭河東河道總督員缺著林則徐補授即赴新任

毋庸來京請訓等因欽此臣謹即恭設香案望

闕叩頭虔謝

天恩伏念臣以至愚極闇之資仰蒙
聖主鴻慈用至藩司由河南調任江甯甫經兩月正
恐未能稱職時切冰兢茲復渥荷
恩綸擢畀總河重任臣自顧何人曡膺
隆遇雖捐糜頂踵不足仰答
高深感激涕零莫能言狀惟思河工脩防要務關繫
運道民生最爲重大河臣總攬全局籌度機宜
必須明曉工程胸有把握始能釐工剔弊化險
爲平而道將廳營皆得聽其調度非分司防守

之員事有稟承者可比臣先由翰林御史外擢
浙江杭嘉湖道本未經管河工迨道光二年奉
旨補授江南淮海道雖有兼河之責但自是年十二
月二十四日到任至次年正月初七日即已蒙
恩升授江蘇臬司計在任不及一月又值歲暮停工
之際不特河防形勢未及講求即土埽各工做
法亦未目覩至五年閒奉
旨赴高家堰催工爲時約有數月而所見祇係砌石
所司祇係督催並未經手工程於河務仍屬闇

隔今若驟膺總河重任既不明於形勢即不審
於機宜縱使趕緊研求已屬緩不及事且河工
尤以杜弊爲亟必先周知其弊乃可嚴立其防
臣具有天良固不敢不認眞稽察然能自矢不
欺之念終無不受人欺之明平時未曉工程難
瞞通工耳目若莅任之始措置有乖狡獪之徒
即皆生心嘗試況河工事務與地方不同地方
有利當興有害當除所見未眞可待從容察看
縱一時一事受人朦蔽而挽迴補救猶可徐圖

河工事多猝來計不旋踵苟胸無定見一事被
矇毫釐之差即成千里之謬若以爲盡不可信
動輒駮飭則又恐是非顛倒緩急混淆設或猝
遇險工束手無策游移牽掣致失機宜後時即
將臣從重治罪在臣之一身固不足惜而糜
帑病民貽誤河防大計上何以對
君父下何以對生靈一念及此不勝股慄此臣所以
輾轉思維有必須量而後入不敢貿然從事者
古稱陳力就列又云學而後入政臣於地方政

務雖亦力所難勝究曾學習十年尚冀勉圖報
效若河工全未諳悉何以設施
聖明之前萬不敢有一毫欺飾與其將來貽悞莫若
據實瀝陳伏乞
皇上格外垂慈
鑒其愚昧
俯允將河東河道總督一缺另
賜簡放以重河防此時幸在霜降水落之後前任河
臣嚴烺尚未離任仍可候

旨遵行再臣先經督臣陶澍傳奉
諭旨總司江北賑撫事宜飭往災區周歷履勘臣遵
即先赴附近省城各縣往來稽查仍聽候督臣
委員代理藩司事務旋經督撫臣
奏明飭委鹽巡道梁章鉅調交關事後將藩署事
件移交代印現行再往淮揚查勘等因臣於災
務事宜業已籌辦就緒現在移交出省茲江甯
藩司一缺臣蒙
簡放有人臣無繁冗兼顧之事更可專心賑務藉以

勉勵籌辦凡所欽遵訓示

諭旨周歷淮揚一帶查勘督辦斷不敢稍圖暇逸自

外

生成所育微臣感激悚惶下忱不揣冒昧謹據實具

奏叩謝

天恩伏乞

皇上聖鑒訓示臣無任戰慄屏營惶恐待

命之至謹

奏

接篆謝

恩摺

奏爲恭報微臣接篆日期叩謝

天恩仰祈

聖鑒事竊臣恭荷

恩綸擢任東河河督當經具摺虔謝

天恩嗣由江南起程遵

旨即赴新任復經恭摺

奏報在案茲於山東途次接奉

硃批一切勉力爲之務除河工積習統歸誠實方合
任用盡職之道朕有厚望於汝也慎勉毋忽欽此
又於夾片內奉
硃批當今外任官員清慎自矢者固有其人而官官
相護之惡習牢不可破此皆係自顧身家之輩因
循苟且尸祿保身甚屬可惡記曰官先事士先志
其可忽諸欽此臣跪讀之下仰見
皇上設誠務實澄敘官方
訓誡諄諄要在挽迴積習臣雖愚昧具有天良每念

一介寒微渥被
聖明知遇苟志存溫飽念重身家是已失讀書致用
之本必更何以仰酬
君上是以臣受
恩愈重悚懼愈深夙夜捫衷惟矢此不敢欺之一念
任難勝而必務盡才未遠而守必嚴且近閱邸
抄伏讀
上諭各直省督撫宜潔已奉公尤須正色率下倘正
已而不能率屬則是形同木偶於地方有何裨益

等因欽此

聖諭煌煌至爲明切況河工積習尤所熟聞將欲力振因循首在破除情面臣惟有自持刻苦不避怨嫌以防意者防川以糾心者糾吏務冀弊除帑節工固瀾安以仰副

聖主委任提撕之至意現於十二月初七日行至鄒縣地方准前任河臣嚴烺飭委署臣標中軍副將穆龔邦運河同知朱長垣恭齎河東河道總督關防移交前來該處距任所六十里臣即於

是日至署恭設香案望
闕叩頭恭謝
天恩祗領任事所有應辦一切事宜容臣查核案卷
悉心講求周歷履勘隨時
奏請
訓示遵行所有到任日期除恭疏
題報外理合繕摺具
奏伏乞
皇上聖鑒謹

奏

驗催運河挑工並赴黃河兩岸查料摺

奏為驗催運河挑工統計已完六分現仍督飭趲

辦臣即赴黃河兩岸查料勘工恭摺奏祈

聖鑒事竊照東省運河挑工截至正月初六日已辦

三分有餘經臣於

奏報摺內聲明親往驗催旬餘以來周歷沿河工

次南至滕汛之十字河一帶北至汶上等汛塘

長各河挨次履勘凡已經挑完工段除出土外

其鑿鑿大塊堅冰纍纍山積詢之土人僉稱歷

年河凍未見如今年之厚是以挑工之費力器
具之損傷亦較往年加至數倍臣目覩現挑之
處先須鑿起兩三層冰塊或將凍土打鬆然後
得施畚掘及至挑動之後不免滲水雖經隨挑
隨戽而隔夜卽又凍結昨已節交雨水河冰尚
在堅凝其貼邊墊底之積弊因土凍不能膠黏
已無所施其伎臣當將所挑寬深尺寸逐段丈
量驗其灰印誌樁均相符合向無偷減情弊惟
沿堤出土之路漸被泥漿拋撒逐條凍積名曰

泥龍往往工段挑完而泥龍尚未除淨雖據各
汛員弁稟稱向係全工完後一律起除但日積
日多挑運更爲費事且一經春雨更恐沖入河
必至復嚴飭工員押令夫役凡挑完一段即起
淨一段泥龍其已挑未淨之處官差夫頭均先
量予懲責茲因鉅嘉汛主簿督挑工內有稍偏
於東岸之處雖量明丈尺無差茲非弊實但不
居中挑挖側注一邊則靠西淺處誠恐日久積
淤河身遂窄不可不防其漸現值儹工緊急之

際臣先將該汛主簿徐恂摘去頂帶責令督夫
加挑展寬丈尺務使一律均勻俟工竣時查驗
如果協宜給還頂帶倘不如式立即咨革示儆
茲截至正月二十一日統計各汛挑有六分工
程此後天氣融和施工自易爲力臣因黄河各
廳購辦料物亟應親往查驗並有督催土工勘
辦春廂事宜均難延緩即於拜摺後由濟起程
前赴豫東黄河兩岸周歷履勘惟查歷屆驗料
往返不過半月臣於河務未能諳悉必得將各

工形勢細加體察諮訪研求每到一工即不敢
忽略走過且思料物爲修防根本果皆堆垛結
實防險當自裕如若查料之時稍任以虛作實
以舊作新則冒項悞工即無有甚於此者臣惟
有細加拆驗計束稱斤總當從實從嚴不敢稍
爲將就但歲添兩料共有七千餘垛之多逐一
親查即不免多需時日其運河未完挑工一時
不及兼顧惟當責成運河道往來量驗玆督飭
廳營汛閘妥速儹挑現在只餘四分工程自可

依限全完不悞啟壩鋪水　臣　仍隨時密加稽察
如有草率偷減即行據實嚴參不敢稍有徇隱
所有運河挑工已完分數並　臣　現赴黃河查驗
工料緣由理合恭摺具
奏伏乞
皇上聖鑒謹
奏

查驗豫東各廳垛完竣摺

奏爲豫東黃河各廳料物查驗完竣並將辦理未
能盡善之廳員請
旨撤任責令翻堆賠補以杜弊混仰祈
聖鑒事竊臣於本年正月閒驗過運河挑工之後即
於二十二日由濟起程稽查黃河兩岸料物當
經恭摺
奏蒙
聖鑒在案旋由北岸之曹考廳上堤查至上游黃沁

聽問渡而南循順東行復從歸河渡過北岸查
驗下游之曹河糧河二廳計時一月有餘業經
竣事竊思稽料爲修防第一要件卽爲河工第
一弊端前次荷蒙
特派欽差查出虛鬆殘朽等弊降革示懲俾在工大
小官員咸知儆惕臣仰膺
簡任且疊蒙
訓示諄諄辦工雖尚未諳查料必先覈實到任以來
講求訪問因知堆料積弊更僕難終蓋料物應

貯於有工處所而河堤地段本不甚寬兵夫堡房既經林立積土雜料又復紛紜秫稭每垛長至六丈寬至一丈五尺占地已多故堤頂未能盡堆惟頭一層在堤上者謂之門垛其餘則爲灘垛爲底廠大抵門垛近在目前多屬完整灘垛底廠卽爲掩藏之藪最易朦混其顯然架井虛空朽黑霉爛者固無難一望而知更有理舊翻新名曰併垛以新蓋舊名曰戴帽中塡碎料雜草以襯高寬旁插短節稭根以掩空洞若非

抽拔折視殊難悉其底裏臣周歷履勘總於每
垛夾檔之中逐一穿行量其高寬丈尺相其新
舊虛實有鬆卽抽有疑卽折拔垛以計束拔束
以稱斤無一垛不量亦無一廳不拆兵夫居民
觀者如堵工員難以藏掩聞上年自奉
旨嚴飭之後各廳辦料皆尚認眞此次所驗料垛除
上年舊料剔晒抵辦不領錢糧外其新購之料
丈尺多有出額間有三五處長欠數寸臣先亦
疑其偷減及至折束稱斤仍無短少細查其故

始知垛夫堆垛每高至尺餘必須用木板四面
打緊乃可加堆而稽料尾細根粗一板之敲有
輕有重即兩尾相接有緊有寬故有前面不足
而後面有餘上截不足而下截有餘者均之無
關於弊竇惟一垛之中成色竟不能一律緣民
間種植高粱種類本不齊一有黃色而鮮明者
亦有似黝似紅而質性亦甚堅挺者是以前次
部議章程總以適用爲斷以臣所查南北兩岸
十五廳之垛上南同知羅緩所辦最爲高大結

實簇簇生新曹考雎甯商虞三廳次之餘亦大都如式惟蘭儀同知于卿保所辦料內拆至蔡家樓一處垛底有潮溼之料雖據稟稱係上冬雨雪之中趕買趕堆不及曬晾目下並未霉爛但此料晾乾之後卽恐斤重有差辦理殊爲未善若遽照不適工用之例革去頂帶又與實在霉爛短斤者無所區别如僅責令翻曬補足該員在任復恐易於掩飾據開歸道張坦具稟前

來相應請

旨將蘭儀同知于卿保撤任免其革去頂帶即責成
接印之員逐段拆晾如晾乾有所折耗仍著落
于卿保賠補俟補完之後另行察看酌量補用
至曹河糧河二廳料垛以層縱層橫逐排相間
望之似乎架井而尺寸加大斤重仍復不差查
係堆手粗疎尚非偷減弊混但究屬未盡合式
應令拆改另堆該管兖沂道徐受荃先經查驗
已據稟請翻堆即飭該道督視驗報另行覆查
核辦又商虞廳有稭料被燒一案已於另摺

奏明辦理所有各廳麻斤積土亦已點驗如數上
工次第穰築倘皆踴躍應俟大汛前完竣一律
驗收大河水勢先於正月杪因積凌初化長水
二三尺不等近已逐漸消落各工一律穩固所
有春廂埽段飭據各道撙節估計均比上年有
減無增臣核定後已令照估廂修務使加壓穩
實以防桃汛長水至運河挑工現亦將次完竣
臣查料畢後應先回濟督辦啟壩放水迎濟新
漕各事宜仍須再至工次督防桃汛另行次第

奏報所有查竣豫東各廳料物情形理合恭摺具
奏再臣經過地方麥苗出土青葱已占豐稔堪以
仰慰
宸懷合併附陳伏乞
皇上聖鑒訓示謹
奏

林文忠公政書 甲集卷一

五

查勘商虞廳料垛被燒分別辦理摺

奏為豫省商虞廳料垛被燒已飭該廳賠補足數竝將防汛守廠各弁兵分別降革飭審務究起火根由獲犯懲辦以儆惡習而重工儲恭摺

奏祈

聖鑒事竊臣來豫查料於二月初七日行至開歸道屬之上南廳工次接據商虞通判沈賜恩稟稱虞城上汛十六堡底廠存稭一百六十垛於二月初二日三更時分忽報失火當即趕往撲救

正值風大火急被燒五十六垛等情臣查河工
稭料莖束皆關
國帑理應嚴密防護不容稍有疎虞乃適值臣來
工驗料之時忽報失火恐因料物本未購足借
端揑飾尤覺情節可疑當卽嚴批開歸道先飭
該廳勒限賠補務於臣到工以前趕補足數堆
貯候驗不得照依尋常例限寬俟一年賠完如
驗時短少虛鬆或查有揑情定卽從重參辦去
後旋於二月十九日據稟賠補齊全臣行至該

廳逐垜丈量折東過稱實係買補足數斤重無
差且成色均屬鮮明尺寸尤多出額 臣當即親
至燒料處所履勘形迹該廠在南岸之南地居
底路本屬空曠不與民居相連四面挖有溝濠
前設柵門以時啟閉原足以資防範且經專派
記名外委兵丁韓松茂等三名在廠看守並按
舊章交付該汛分防外委張奇亮額外外委吳
相臨往來防護該廳營亦以時巡查如果管廠
弁兵慎守柵門不許閒人擅入何致有被燒之

事是典守之責已不能辭且 臣 訪聞黃河兩岸
迤東一帶分隸河南歸德山東曹州匪類出沒
向有放火燒垛惡習屢經前河 臣 具
奏在案其放火之故或因偷料被拏或因他事挾
嫌竝有在廠之人監守自盜焚燒滅迹者及查
商虞廳購料向派河營弁兵分垛領買而春間
料價比年前倍爲昂貴奸猾之徒明知料垛被
燒例應廳員賠買更可擡價居奇是以燒垛之
案在督道將次臨工者十居八九乘急圖害惡

秫倍多而秫稭本爲燒烟之用見火即燃不比燒屋燬棺尚須引火藥具迨至事過之後贓據毫無更不似命盜案件尚有兇器原贓可以查起比對所以破案愈難而此風愈熾在廳員則以稟報無益而賠補難辭遂不免相率規避隱忍匿報或燒多而賠少或借案以浮銷名雖虧
官實仍糜
帑是誠吏治河防風俗人心之大害堪爲切齒者也但一時放火正犯既無指證又未便操之過

促致有妄拏惟防汛守廠各兵弁總難諉爲不
知　臣勘明之後即將守廠之記名外委兵丁韓
松茂李鳳舞殷朝臣拏交歸德府知府錢寶琛
嚴行審訊並將駐防該汛之額外外委吳相臨
斥革分防外委張奇亮先行降補額外外委同
被燒料垛内承買有分之記名外委兵丁袁秉
禮等十名一併發交該府提集質訊以期水落
石出仍移咨撫　臣楊國楨嚴飭地方文武訪拏
放火正犯務獲懲辦以肅法紀而儆刁頑查處

分例載河工燒燬物料該管官有借端捏飾情
弊者革職嚴審究追若巡查不力以致燒燬料
物價在一千兩至五千兩者該管官降三級留
任一年賠完開復限滿完不足數照所降之級
調用等語此案商虞廳被燒料垛該管通判沈
賜恩查無捏飾情弊已於半月之內賠完尚為
迅速似可仰懇
天恩免其交議至該營協備杜日讓巡查不力按例
亦應著賠惟該廳業已賠完似可免其再賠仍

俟訊明所管弁兵有無知情縱火另行核辦所
有勘明料垛被燒已飭賠補足數並分別飭審
查拏緣由謹繕摺具
奏伏乞
皇上聖鑒訓示謹
奏

覆奏訪察碎石工程情形摺

奏爲遵

旨訪察東河碎石工程情形據實覆

奏仰祈

聖鑒事竊臣於上年十一月内在江南途次承准軍

機大臣字寄道光十一年十一月初二日奉

上諭本日嚴烺奏豫省上南中河曹考三廳險工酌

抛碎石一摺已明降諭旨准於豫省藩庫照數撥

發趕緊採運矣此項碎石工程起於南河道光七

年九月開始據嚴烺奏蘭儀廳柴壩十八埽以上已將碎石葢護化險爲平十八埽以下及下北十一堡廂修歲無虛日此後年復一年更恐危險堪虞現飭各道仿照柴壩碎石成案分別估辦以爲固工節費之計等語是年蘭儀下北兩廳當經降旨准行既用碎石抛護則歲料防險等項自應節省乃歷年以來碎石工程無歲無之而其採辦來年歲料及請撥防險銀兩並未節省絲毫究竟此項碎石工程是否於黄河有益如果有益何以歲

料竝不見節省徒添出碎石一項費用林則徐係
朕特簡甫經到任無所用其迴護此時亦不必亟
亟著明查暗訪悉心體察情形據實覆奏將此諭
令知之欽此當經 臣附片陳明俟到東河訪察情
形再行覆奏在案自到任以來將碎石檔册逐
一檢查從前豫東黃河本無拋護成案因道光
元年前兩江督 臣孫玉庭南河河 臣黎世序會
奏以碎石工程實資鞏固竝無流弊東河從前
未拋碎石是以漫決頻仍請飭一體照辦卽創

始之初多費數十萬金而日後工固瀾安不惟節費實可利民等語旋奉
諭旨勅令仿照兼辦二年春間前河臣嚴烺覆奏請於北岸黃沁廳馬營挑壩酌量試拋繼因河勢不定僅拋兩段而止迨五年間調任河臣張井以南岸蘭儀廳柴壩工程險要議辦碎石兩次
奏准拋護一萬四千八百餘方該處險工因成平穩迨後北岸之下北祥河曹考南岸之中河下南等廳先後仿照請辦經嚴烺節次

奏准各在案查此項動用錢糧除馬營壩拋試兩
段不計外自道光五年至十一年已拋碎石共
用銀六十五萬餘兩上冬估辦之上南等三廳
方價七萬四千餘兩尚不在此數之內核之歷
年採辦歲料及請撥防險銀兩均未減少誠如
聖諭碎石工程如果有益何以歲料並不見節省隨
於兩次上堤周歷查訪並詢之年老兵民咸謂
未辦碎石以前誠不知其有濟與否既辦之後
每遇險工緊急潰埽塌堤力加拋護即不至於

潰塌功效甚著等語　臣於伏秋搶險雖未經歷而人言鑿鑿異口同聲因就埽前有石之處細加測量悉心揣度緣埽工勢成陡立溜行迅急每易淘深是以埽前之水輒至數丈而碎石斜分入水鋪作坦坡既以偎護埽根並可紓迴溜勢考工記所謂善防者水淫之似即此意也豫東河堤多係沙土不能專恃爲固堤單而護之以埽埽陡而護之以石總在迎溜最險之處始行估拋葢東河採運碎石比南河遠近懸殊方

價倍蓰難以多辦而其化險爲平頻歲安瀾之
效未嘗不資於此是碎石之於河工有益實可
斷爲必然而非敢隨聲附和者也惟何以未能
省料之故詰詢員弁兵夫或謂抛石本在埽前
只能保埽段之不外游而不能禁舊埽之不下
墊故雖有石之埽仍不免擇要加廂惟較諸未
經抛石之埽需料自然大減但統計兩岸堤上
長至二十餘萬丈而堤前之有埽者不過六千
八百餘丈埽前之有石者甫及二百七十餘丈

豫東河面寬闊溜勢時有變遷此工閑而彼工生購料防險諸費即難概省等語臣核其所言似亦近理然思用料之節省與否天事居其半人事亦居其半譬如極險之工忽然淤閉平緩之處忽又生工每非恆情所能測度工生則料費工閑則料省此存乎天事也亦有出於人爲者如順堤廂埽費料實多惟溜到堤根即不能不資以搶護而工非自閑亦不能不逐歲加廂若工員果悉機宜善揣溜勢則於工之將生未

生豫築挑壩使之溜向外趨埽即可省盤攩溜
若埽而引溜者亦埽觀於埽前水深其故可想
一壩得力可護數段之工則不須順堤廂埽而
所省無算矣然若審勢未確挑護失宜壩守不
住仍復退順隄廂埽則勞費更不啻什倍此又
人事之難言者也總之有治人無治法在工人
員果皆講明利弊自無枉費之工果皆激發天
良自無妄開之費至料物貯於堤上督道常川
往來注目留心不徇情面似亦無可藏掩伏讀

皇上批臣前摺有如此勤勞弊自絕矣作官皆當如
是河工尤當如是之
諭仰見
聖明洞燭
訓勉至周臣競悚之餘永當服膺遵守大抵覈實查
驗卽歲料與碎石並用未嘗無漸省之方如其
不實則雖裁去碎石一項而他物稱是亦可藉
端滋弊要在認眞督察而已臣仰奉
諭旨明查暗訪不必亟亟謹於兩次巡工反覆推求

恐心體察據實據情覆

奏再查東省運河各廳臨湖隄工亦有兼用碎石之案由來已久歲銷錢糧無多合併陳明伏乞

皇上聖鑒謹

奏

卷一

奏報到蘇接篆日期摺

奏爲恭報微臣到蘇接篆日期叩謝
天恩仰祈
聖鑒事竊臣欽奉
恩命補授江蘇巡撫於五月二十五日交卸河東河
督篆務即行起程來蘇當經恭摺奏
聞在案茲於六月初八日行至蘇州准護撫臣梁章
鉅飭委揚州府知府黃在厚臣標中軍參將吉
祥保恭齎江蘇巡撫關防暨

王命旗牌書籍文卷移交前來臣即於是日恭設香

案望

闕叩頭祇領任事伏念臣才識庸愚前荷

聖恩曾任江蘇藩臬刑名錢穀職在分司尚恐未能

周妥今蒙

簡畀封圻重任刑錢皆所統司報稱愈難悚惶愈切

竊思刑錢本相爲表裏而江蘇刑錢事件其勢

每至於相妨蓋一省設兩藩司錢穀最爲繁重

而漕務痼疾已深尤難逃

聖明洞鑒若概繩之以法則不獨州縣之浮勒旗丁之刁難胥吏之侵漁莠民之挾制均爲法所不宥即凡漕船經由處所與一切干涉漕政衙門在在皆有把持幾於無一可恕所最堪憐憫者獨此小戶之良民耳乃至極敝之餘大戶之包抗日多而小戶之良民日少昔所謂利藪今變爲漏巵贏餘半屬虛名挪墊轉貽隱患正恐漕額愈大之州縣倉庫愈不完善其致弊之故人人能言而救弊之方人人束手因循則伊於胡

底懲創則立見誤公是刑名之難實因錢穀之
繁而滋甚也臣身膺重任總當極力挽迴斷不
敢稍存畏難之見前次謝
恩摺內欽奉
硃批知人難得人尤難汝當知朕之苦衷一切勉力
而行毋負委任朕有厚望焉欽此臣再三跽誦感
極涕零自揣具有天良宜何如殫竭血誠上副
鴻慈委任惟有持清勤以端其本慎張弛以善其施
整頓錢漕先懲已甚清釐倉庫尤貴截流當執

法者不敢以姑息啟玩必當設法者不敢以拘
牽礙全局且值災荒之後元氣未復正須培養
拊循自不宜求治過急致涉孟浪一切地方公
事與督 臣 和衷商搉設誠致行使刑錢不致相
妨而適相為用庶幾積瘝漸振治效漸臻以荅
高厚生成於萬一至 臣 入境以後察看民情均甚安
帖二麥收成中稔雖上年被水之處種植不多
而客販雲集加以採買平糶源源接濟市價已
見平減日來連得雨澤農田正在插秧惟因上

游時疫流行江淮亦被傳染臣在途亦會晤督
臣陶澍知已廣施方藥救濟頗多現在督飭各
屬清理羈縲存恤老疾勤修職業以召時和祈
禳兼行以祛疹癘冀副我
聖主懷保如傷之至意所有微臣接篆日期除恭疏
題報外理合繕摺具
奏伏乞
皇上聖鑒謹
奏

請定鄉試同考官校閱章程並預防士子勦襲諸弊摺

奏爲鄉試屆期請定同考官校閱章程並預防士子勦襲雷同之弊恭摺

奏祈

聖鑒事竊臣 欽奉

上諭本年壬辰科江南鄉試著派林則徐入闈監臨

欽此臣 到蘇接篆已近闈期當卽遵照科場條例

將監臨應辦事宜預爲布置伏查本年四月內

欽奉
上諭三載賓興爲掄才大典各直省主試經朕特加
簡任宜何如滌慮洗心認眞校閱務求爲國得人
順天同考官及會試同考官俱係翰詹科道部屬
該員等甲第本高又經朕親加校試尙無荒謬之
人充選所以得人較盛各直省同考官則年老舉
人居多勢不能振作精神恐心閱卷卽有近科進
士亦不免經手簿書錢穀文理日就荒蕪各省督
撫雖照例考試簾官仍恐視爲具文全恃主試披

閱薦卷庶可嚴去取而拔眞才嗣後各直省督撫
務將廉官認眞考校不得以年老荒謬之員濫行
充數等因欽此又上年十月內欽奉
上諭著各直省督撫將書肆小本板片概行銷燬其
貢院左右如有公然售賣小本文策者枷責嚴辦
倘士子倘有不知檢束懷挾徼倖者卽著斥革其
恃衆逞强不服約束者枷號示衆治以應得之咎
士子中式後除策學援引經史語句相同毋庸議
外其四書經文有全篇勦襲舊文者一經磨勘官

簽出立卽斥革務期永絕此弊以端士習等因欽
此仰見我
皇王慎重掄才清釐積弊之至意竊查江南爲人文
淵藪入闈士子多至一萬四五千人額設同考
官十八房每房約須校閱八百餘卷稍有草率
卽恐遺濫交譏臣聞近科房官每有爭先薦卷
之弊以爲薦早則獲儁者多薦遲則中額已滿
難於入彀故於頭場分卷到手輒將首藝中幅
略觀大概謂之望氣其合意者彙爲一束以備

加圈呈薦稍不稱意即置落卷之列不為下筆
原其初心仍欲俟佳卷薦完再將落卷覆加細
看以決去取乃頭場薦卷未畢而二三場試卷
已陸續送入內簾因又趕覓已薦之字號連經
文策問一併加圈亟隨頭場呈薦蓋恐別房之
薦卷二三場均已齊全而該房僅有頭場不能早
供考官比校則所中即不及別房之多是以相
率效尤總以趕早薦完為分房之捷訣直至三
場薦卷俱已畢事然後將先前略觀大意之落

卷批點塞責彼時中卷已定意興闌珊縱或見
爲佳文亦諉諸其人之命於是悞分段落者有
之悞讀破句者有之並有文非荒謬僅點首藝
開講數句而即擯棄者其批駮之詞不曰欠精
警即曰少出色此等批語竟可豫先書就不論
何等文字皆得以此貶之似此校閱情形定棄
取於俄頃之間判升沈於恍惚之際誠如
聖諭迴思未第之先與多士何異乃於落卷漠不關
情設身處地於心何忍臣前任京職曾充鄉試

考官二次會試同考官一次自揣學疎識淺惟有細心勤閱庶少屈抑人才歷在闈中刊刻批語板片刷成批紙分別首藝次藝三藝及詩凡頭場四篇逐篇皆有批語被黜之卷必將如何疵累之處分篇批出自錄底本不使有一篇批語相同者此次 臣 職任監臨除考試簾官必擇文理優長精神振作之員不敢以年老荒庸濫行充數外竊擬將 臣 逐篇分批之章程責令該簾官循照辦理除二三場批語不拘外首場四

篇必使逐一批出凡泛而不切字樣如欠精警少出色之類概不許用蓋三藝統批往往藉口賅括轉不切當逐篇分批則於此一篇之得失利病非了然於心不能了然於口該簾官受此繩束不敢草率了事於衡才似有裨益至揭曉之後臣仍將落卷復加查核如首場文藝非有大疵僅點數行而止者據實參奏予以處分尤足以儆惰心而免物議惟思首場三文一詩每卷約有二千餘字如果認眞校閱則窮日之力

只能以四十本爲度每房卷帙八百餘本約須
兼旬始可了一首場查例載大省於九月十五
日內揭曉不得匆促儹辦等語近科揭曉之期
往往趕早此次欽遵新奉
諭旨主考官須將落卷全行校閱江南卷帙最繁則
揭曉之期自應照例以九月十五日爲斷如臨
時倘慮匆促或再仰懇
聖恩寬展數日總不出九月中旬之期庶主考房官
均得悉心細閱眞才自不致有遺矣至士子敦

品自愛者固多而希圖倖獲者亦復不少科場搜檢自當從嚴惟人數至一萬數千之多難保全無遺漏且往往因搜檢而愈形擁擠因擁擠而不免稽遲查嘉慶癸酉科江南鄉試因首場封門太遲奏請議處是於認眞搜檢之中又須不悮日時方爲得體 臣 查夾帶之弊約有三端一則專帶文中典故以及經解策料雖有所取資而尙須運用一則坊刻小本成文之類明知不可抄襲只圖採擬成篇一則分倩多人將四

書題文全行製就攜帶入場見題即抄不費思
索聞近科以此倖獲者頗不乏人是以平時言
館地者教讀之外別有作文席面每撰一篇自
二三百文至洋錢一圓不等文名愈著之士攬
作愈多則衆人爭託其名以售文藝大半脫胎
錄舊並非獨出心裁而一篇或售賣兩家一稿
又傳抄數手如斯之類必犯雷同但簾官眼力
不齊雷同者未必均在一房故有通篇一樣之
文此中而彼黜者臣前在江西典試取中之文

已經發刻及搜閱落卷竟查出許多雷同將已刻者復經黜去雖彼時未被倖獲而事後無所示懲究恐不知自愛之徒仍存僥倖萬一之想查錄舊倖中例有斥革之條但闈墨祇刻前魁其通榜中式之文榜後卽已解部未必人人得見卽聞有錄舊雷同之卷而事無左證孰肯壞其已成之名是以剿襲倖售仍無忌憚惟於場內閱卷之際對出雷同卽記檔册於撤闈後加以懲儆庶可杜其惡習且本科欽遵

諭旨將落卷通行校閱雷同勦襲者更無所逃臣請
移行主考簾官記其字號揭曉之後移臣查辦
除策學援引語句毋庸議外其四書經文雷同
至三行以上者正途貢監生員照考案事例以
次降等罰令對讀若係俊秀監生以後不許應
試至全篇雷同勦襲者毋論正途俊秀概行斥
革永不准考如此則士子皆有畏憚之心不致
鈔舊而倩人作文者恐其無益有害則懷挾之
弊似可立除而眞才愈以輩出矣臣職在監臨

意存杜弊不揣肾昧敬陳管見是否可行伏乞

皇上聖鑒訓示謹

奏

附奏資遣流民片

再本年淮揚一帶因洪湖盛漲啟壩減水下河各屬低窪之處多有被淹幸早種二禾先已收獲晚禾亦多搶割閭閻餬口尚屬有資雖續經桃南決口各壩堵閉稍遲減水倒漾淹浸日久然較之上年馬棚灣漫口全無收成者情形迥異惟是該處民人因上年被災出外經沿途州縣留養賙恤轉獲餘資遂以逃荒爲得計此次仍藉避水爲名結隊四出竟有衣履整齊面無

菜色者亦廁其中且有積慣災頭迫脅多人盲
荒漁利節經 臣 等札飭各屬曉諭農民以各壩
陸續興堵積水漸消田畝自可涸復正宜回籍
補種二麥以期無悞春收且該處糧價已平無
虞艱食而錢糧又經
奏緩更免追呼何得輕去其鄉轉荒農業其查係
實在貧乏者 臣 等率屬捐資酌給口糧飭雇船
隻分投遣送務令到籍安農惟先赴他省之民
或依親覓故或隨地傭工其去處並無一定猶

恐狃於積習不即遄歸現飭各州縣分別關移
勸諭回籍沿途量爲資遣如有本非災民希圖
漁利或被災頭迫脅從行者卽將災頭嚴究懲
辦附和之民驅逐回籍不准再有逗遛現在水
陸地方均稱安靜仍飭淮揚府縣隨時察看如
有田畝涸出過遲不及播種或蓋藏已罄種植
無資民力實形拮据者再行恭懇
天恩借給籽種口糧俾資接濟謹將現在查辦緣由
先行附片陳明伏祈

聖鑒謹

奏

密陳司道府考語摺

奏爲密陳藩臬道府考語仰祈

聖鑒事竊照司道暨知府各員賢否例應於年終出

具切實考語密

奏一次臣仰蒙

畀任封圻察吏是其專責如有庸劣不職之員即應

隨時參劾原不必俟及年終若同在循職之中

而才具互有短長器識各有深淺非時刻留心

察看未易周知查上司所以考察屬員者非於

公牘中觀其事理即於接見時詢以語言然各屬稟謁之時誰不能摭拾地方一二情形以備應對即公牘事件有實在自費心力者有專任幕友吏胥者但就皮面觀之鮮不被其掩飾臣竊謂察吏莫先於自察必將各屬大小政務逐一求盡於心然後能舉以驗屬員之盡心與否蓋徇人者浮任己者實凡事之未經悉心籌畫者縱能言其梗概而以就中曲折反覆推究即粉飾之伎立窮若上司之心先未貫徹於此事

之始終及何從察其情僞則表率甚不易言也
臣闇昧無能惟恃此不敢不盡之心事事與屬
員求其實際半載以來隨時考察雖不敢謂灼
見無遺而司道府之立心行事人品官聲尚可
陳其梗概除揚州徐州二府甫經請補尚未到
任未便註考外其餘各員謹就臣管見所及出
具切實考語手繕清單恭呈
御覽伏乞
皇上聖鑒謹

奏

會奏查議銀昂錢賤除弊便民事宜摺

奏爲遵

旨體察銀錢貴賤情形酌籌便民除弊事宜恭摺覆

奏仰祈

聖鑒事竊臣等承准軍機大臣字寄欽奉

上諭據給事中孫蘭枝奏江浙兩省錢賤銀昂商民交困並臚陳受弊除弊各款一摺著陶澍等悉心籌議體察情形務當力除積弊平價便民不得視爲具文致有名無實原摺著鈔給閱看等因欽此

當即恭錄轉行江蘇藩臬各司分別移行確查
妥議去後茲據江甯藩司趙盛奎蘇州藩司陳
鑾臬司額騰伊體察情形會議詳覆前來臣等
伏查給事中孫蘭枝所奏地丁漕糧鹽課關稅
及民間買賣皆因錢賤銀昂以致商民交困自
係確有所見因而議及禁私鑄收小錢定洋錢
之價期於掃除積弊阜裕財源惟是銀錢貴在
流通而各處情形不同時價亦非一定若不詳
加體察欲使銀價驟平誠恐法有難行轉滋窒

礙即如洋錢一項江蘇商賈輻輳行使最多民
閒每洋錢一枚大槪可作漕平紋銀七錢三分
當價昂之時竝有作至七錢六七分以上者夫
以色低平短之洋錢而其價浮於足紋之上誠
爲輕重倒置該給事中奏稱以內地足色紋銀
盡變爲外洋低色銀錢洵屬見遠之論無如閭
閻市肆久已通行長落聽其自然恬不爲怪一
旦勒令平價則凡生意營運之人先以貴價收
入洋錢者皆令以賤價出之每洋錢一枚折耗

百數十文合計千枚即折秏百數十千文恐民閒生計因而日絀非窮蹙停閉即抗阻不行仍屬於公無裨且有傭趁工人積至累月經年始將工資易得洋錢數枚存貯待用一旦價值虧折貧民見小尤恐情有難堪 臣 等詢諸年老商民僉謂百年以前洋錢尚未盛行則抑價可也即厲禁亦可也自粵販愈通愈廣民間用洋錢之處轉比用銀爲多其勢斷難驟遏蓋民情圖省圖便尋常交接應用銀一兩者易而用洋錢

一枚自覺節省而且無須彈兌又便取攜是以不脛而走價雖浮而人樂用此係實在情形或云欲抑洋錢莫如官局先鑄銀錢每一枚以紋銀五錢爲準輪廓肉好悉照制錢之式一面用淸文鑄其局名一面用漢文鑄道光通寶四字暫將官局銅錢停卯改鑄此錢其經費比鑄銅錢省至什倍先於兵餉搭放使民間流通使用卽照紋銀時價兌換而藩庫之秏羨雜款亦準以此上兌計銀錢兩枚卽合紋銀一兩與秏銀

傾成小錁者不甚參差庫中收放並無失體蓋
推廣制錢之式以爲銀錢期於便民利用並非
仿洋錢而爲之也且洋錢一枚即抑價亦係六
錢五分如局鑄銀錢重只五錢比之洋錢更爲
節省初行之時洋錢並不必禁俟試行數月察
看民間樂用此錢再爲斟酌定制似此逐漸改
移不致遽形虧折等語臣等察聽此言似屬有
理然錢法攸關理宜上出
聖裁非臣下所敢輕議故商民雖有此論臣等不敢

據以請行惟自洋錢通用以來内地之紋銀日耗此時抑價固多窒礙究宜設法以截其流祇得於聽從民便之中稍示限制嗣後商民日用洋錢其易錢多寡之數雖不必官爲定價致涉紛更而成色之高低戥平之輕重應令悉照紋銀爲準不得以色低平短之洋錢反浮於足紋之上如此則洋錢與紋銀價值尚不致過於軒輊而其搥爛翦碎者尤不敢輾轉流行或亦截流之一道也至原奏稱鴉片煙由洋進口潛易

内地紋銀此尤大弊之源較之以洋錢易紋銀其害愈烈蓋洋錢雖有折耗尚不至成色全虧而鴉片以土易銀直可謂之謀財害命如該給事中所奏每年出洋銀數百萬兩積而計之尚可問乎臣等查江南地本繁華販賣買食鴉片煙之人原皆不少節經嚴切查拏隨案懲辦近日兹無私種罌粟花作漿熬膏之人蓋罌粟之產於地非旦夕可成因新例有私種罌粟即將田地入官之條若奸民在地上種植難瞞往來

耳目一經告發究辦財產兩空故此法一立即
可杜絕且以兩害相較即使內地有人私種其
所賣之銀仍在內地究與出洋者有間無如莠
民之嗜好愈結愈深以臣所聞內地之所謂葵
漿等種者不甚行銷而必以來自外洋方爲適
口故自鴉片盛行之後外洋竝不必以洋錢易
紋銀而直以此物爲奇貨其爲厲於
國計民生尤堪髮指臣等隨時認眞訪察力挐嚴
懲誠恐流毒既深此挐彼竄或於大海外洋即

已句串各處奸商分路潛銷以致未能淨盡又
密飭沿海關津營縣於洋船未經進口之前嚴
加巡邏務絕其源再於進口之時實力稽查夾
帶如有偷漏縱越或經別處發覺即將牟利之
奸商得規之兵役一并追究加倍重懲以期令
在必行法無虛立庶可杜根株而除大害至紋
銀出洋自應申明例禁查戸部則例內載洋商
將銀兩私運夷船出洋者照例治罪等語而刑
部律例內祇有黃金銅鐵銅錢出洋治罪之條

並無銀兩出洋作何治罪明文恐無以懾奸商之志近年以來銀價之貴州縣最受其虧而銀商因緣爲奸每於錢糧緊迫之時倍擡高價州縣虧空之由與鹽務之積疲關稅之短絀均未必不由於此要皆偷漏出洋之弊有以致之也

如蒙

敕部明定例禁頒發通行有以紋銀出洋者執法嚴辦庶奸商亦知儆畏不敢公然透越矣又該給事中原奏私鑄宜清其源一條查蘇省寶蘇局

鼓鑄錢文道光六年至九年因銀貴錢賤先後
奏准停鑄嗣於道光十年起復行開爐每年額
鑄七卯照依部頒錢樣如式鼓鑄開卯之時俱
經該局監督率同協理委員常川駐局稽查每
屆收卯由藩臬兩司親往查驗所鑄錢文均屬
堅實純淨並無剋扣攙和及於正卯之外另鑄
小錢情弊惟姦民私鑄小錢最爲錢法之害久
經嚴行查禁而私販一層尚難保其必無臣等
通飭各屬隨時隨處密訪嚴查一經拏獲卽行

從重究治如有地保朋比胥役分肥並即按律懲辦第鋪戶囤匿小錢亦所不免若委員挨戶搜索誠如該給事中所奏非特勢所不行抑且遂其訛詐騷擾之習查蘇省嘉慶十四二十二等年均經奏

旨設局收繳小錢官爲給價每小錢一斤給制錢六十文鉛錢一斤給制錢二十文歷經遵辦在案該給事中所奏令各鋪戶將小錢繳局原係申明舊例惟收繳必以斤計則凡不及一斤者未必

不私自行使伏查定例各省鑄錢每一文重一錢二分計每千文重七斤八兩今收小錢一斤例給價六十文約計以小錢二文抵大錢一文其收鉛錢一斤例給價二十文約計以鉛錢三文抵大錢一文如照此數宣諭令甲令民閒隨時收買仍俟收有成數捶碎繳官照例給價則市上賣物之人必不許買物者之以一小錢抵一大錢彼私鑄者原冀以小混大以一抵一方可牟利迨見小錢與大錢價值迴殊莫可攙混

則本利俱虧雖至愚不肯犯法為之加以查拏
嚴密自可漸期淨盡其寬永錢雖有攙使尚不
甚多消除較易自當隨時查禁不任稍有混淆
臣等謹就見聞所及斟酌籌議是否有當恭候
聖裁謹合詞繕摺覆
奏伏祈
皇上聖鑒謹
奏

卷一

驛站餘賸銀兩展限提解片

再江蘇錢漕之重款項之繁皆數倍於他省終年提解本無一息之停惟其中有緩有急有舊有新積重多年勢不能一齊清楚與其漫無區別徒令剜肉補瘡莫如專嚴於提新而漸責其補舊尚足以收實效誠以每年辦漕之後最要者莫若奏銷溯查蘇藩司屬歷居奏銷未有以全完具報者總緣銀數繁多催徵非易此次臣督同藩司陳鑾逐卯嚴提按照定限辦理十二

年分奏銷錢糧據報業已全完甫見年清年款即江藩司屬此屆未完之數亦僅六釐覩歷屆皆屬有盈無絀容飭覈明比較另行奏

聞以臣愚昧之見果使新新款皆能全解是州縣已無新虧既無新虧則舊欠可漸冀彌補且款項所由來亦須究其底裏如驛站餘賸一款名雖餘賸實即捐賠蓋驛站報銷皆有一定例價即如餧養一項定例每馬一匹日銷草料銀六分以常年市價覈之非加添一倍斷不足以敷餧養

況近年歷遇歉收草豆昂貴較諸例銷之價奚
啻三倍此係實在情形無從掛飾北方驛站草
料尚或派買於民南方以賦重之故一切不由
民間支應官買之價轉比民買更昂且江南各
驛站上下里數相去甚遙道路綿長兼多沿河
圩埂一遇急遞往來兵差要務隨到隨馳不能
不添設腰站因而每棚額馬不敷濟用歷須寬
備數十匹以期無悞傳郵即如蘇城之姑蘇驛
為四通八達最繁驛分而額馬只有六十匹年

例准倒四成每年應買馬二十四匹實不敷用
查道光十二年姑蘇驛請票赴北口購馬載明
五十四匹此即加倍買馬之明證且每匹部價一
十三兩九錢七分而北口購價實不止於加倍
加以夫工飯食等項在在均須添貼該州縣報
銷驛站銀兩只許遵照例價覈計造報凡例不
准銷者即名爲餘賸之款應行解司報撥其實
即將額徵銀兩全許坐支尚恐未必敷用況州
縣解款繁多不能不先其所急此項餘賸銀兩

歷任積欠遇有交代未有現銀移交卽以墊完
民欠漕尾列抵緣漕米數繁限迫當重運兌開
之時顆粒不容短少而花戶不能如期全納州
縣必須買米墊交及至漕船開後米未徵完遇
有交卸卽將未徵之漕串抵應解之現銀此等
先墊後徵原非正辦然漕務疲累已極年復一
年惟恐轉輸貽悞似此墊辦之州縣尙屬急公
較諸坐視悞漕者奚啻霄壤迨交代時將未徵
糧串實欠在民者交與後任接徵畱抵解款雖

非定例所許而其勢不得不然今若先行禁止
漕尾則墊漕者相率引以爲戒不敢墊完交幫
而地方積歉之餘即峻法嚴刑亦不能使之全
納是惧漕之害滋大總之江蘇自道光三年水
災之後歷年疊遇歲荒民力之拮据久荷
聖明洞鑒刻下雨暘應候稻田極覺青葱尤祝此兩
月內不起風潮江湖皆無異漲圩田不破各壩
不開則秋成可期大稔仰賴
皇上洪福自今以往連歲豐登斯漕尾漸可徵收即

款項皆可補解官民各無掣肘而倉庫亦就清
釐矣臣荷蒙
畀任封圻稽覈錢糧是其專責總期得臻實效不敢
徒應虛文謹將辦理情形據實附陳伏祈
聖鑒謹
奏

新漲沙洲承買報部有案請仍准買執業摺

奏爲查明新漲沙洲例前承買報部有案之民業竝書院善堂公產仍請准買執業仰祈

聖鑒事竊照江蘇省新漲沙洲原係例準民閒繳價承買執業前因爭占滋訟經督臣陶澍在巡撫

任內

奏定章程召佃收租以充水利經費於道光八年十一月內准部議覆通行嗣緣新例以前民閒先有投買之案又經

奏明凡民業沙地在新例以前報部有案者准其
承買其餘例前未經報部及例後詳報各案均
一律歸公其中有書院善堂等請買沙洲作爲
公產如例前未經定案亦應發還原價等因於
道光九年九月奉到
硃批依議戶部知道欽此當經由司查明書院善堂
公產及民業應準承買各案沙洲逐一造册詳
咨旋准部覆以例前未將册結專咨駁飭歸公
當又飭據藩司查明原

奏內並無冊結專咨字樣卽如冊造江甯縣鳳林
洲南滙縣牧馬廠地公產民業承買冊結均在
新例之後專咨業經奉部覆准已有成案可循
聲敘覆准年月抄錄原案明晰登覆仍未奉部
覆准而各處承買之戶多已繳價在先據各屬
紛紛具詳請照原
奏成案循舊准買均經行司查明詳辦去後茲據
江甯藩司趙盛奎蘇州藩司陳鑾會詳稱各屬
報買沙洲自應分別新例前後劃清界限俾有

區別所有例前報部應行歸公沙地現在委員分赴各屬查丈召佃收租其前次咨部冊造應行准買之例前報部有案民業並已經定案公產細加確覈實與原

奏相符且與奉部准買之江甯縣鳳林洲南匯縣牧馬廠地事同一律仍應准買執業等情請

奏前來臣查書院所以養士育材善堂專爲恤煢保赤皆屬地方要務實與水利農田相爲表裏而經費所需每多絀乏各紳士等於例前承買

沙洲以資公用久經批准繳價執業即屬定案若又退價另召必致經費不敷有妨善舉其例前報部有案民業應準承買之地內有已經繳價分別造入部册撥用即屬報部有案今若一概退價歸公不准承買不獨應須籌撥價銀且自道光八年新例以前漲出之地歷年已久小民備本開墾或因無力輾轉售賣業戶衆多其中賴此度活窮民亦復不少一旦剔出歸公勒追退業頓失衣食之源家口嗷嗷毫無依賴殊

堪憫惻惟有仰乞
聖恩俯准將前次册造咨部各案公產民業凡在道
光八年新例以前者遵照
奏案一律準買執業俾各項善舉經費有資不致
坐廢更免小民流離失業其餘册外未經報部
沙洲概行歸公不得援以爲例以示限制而杜
效尤除將前次册造應准承買各案開單咨明
戶部外謹會同兩江總督臣陶澍合詞恭摺具
奏伏乞

皇上聖鑒訓示謹
奏

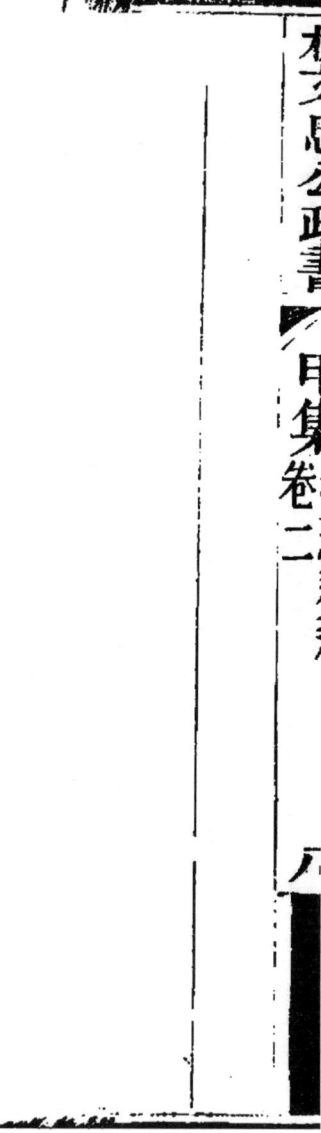

上元江甯等六縣沿江地方被淹請撫恤摺

奏爲查明上元等六縣沿江地方被水較重仰懇
天恩量予撫恤恭摺奏祈
聖鑒事竊照江蘇省本年夏閒雨水較多江揚淮徐
等屬疊沛滂沱低窪之區積潦未能消退加以
上游黔蜀兩湖江西安徽之水併力東趨來源
過旺江潮疊經盛發沿江之上元江甯句容江
浦六合江都儀徵丹徒等縣潮汐泛漲多被沖
破圩圍漫過隄埂在田禾稻正在揚花頓遭淹

浸業經臣林則徐於七月分雨水糧價摺內
奏陳大概情形一面飭司委員分投勘辦在案旋
查八月初三四兩日雨大風狂連宵達旦各屬
同日具報者十之七八而江潮正當大汛經此
風浪沖擊圩岸愈不能保護茲據上元縣稟報
該縣北鄉沿江各圩潮水沖潰田禾先已被淹
其東南鄉沿河一帶圩田前被河水灌注情形
尚輕復値江潮加漲淹沒殆盡民情困苦又據
江甯縣稟報西鄉圩田均係貼近大江前已被

淹七月中旬以後連遭大雨江水盛漲附近江圩之處一片汪洋又東鄉貼近泰淮河之鳳東等區因河水通江江水加漲擁入河內水不能下流倒漾散漫田禾均遭淹沒又據句容縣稟報北鄉地處低窪自六月以來潮水泛溢浸及低田八月初三四等日風雨連綿江潮洶湧前此未破之圩水浸日久堤腳已鬆更值風潮盪激遂致潰決或因圩身塌矬過水人力難施田禾漂沒閒有廬舍倒坍棲止失所尤堪憫惻又

據江浦縣稟報低田圩岸先被江潮沖缺禾苗俱在水中房屋多有坍塌洲地蘆葦被水漫淹梗葉腐爛迨七月二十五六等日潮水加長地勢略高之腹內各圩亦被漫破又據儀徵縣稟報東鄉沿江一帶外圩田畝前因風潮陡發於六月十三等日先後被淹八月初一二日來源湧急水勢更大兼值初三日大汛之期風雨晝夜不息江水泛溢復將西鄉接壤六合之內圩田畝及南鄉未淹裏圩俱經淹浸又據丹徒縣

稟報七月初一二三等日大汛期內東風大作初四五等日風雨交加山水下注以致江潮陡長沿江低窪田廬同時均有淹漫七月二十八九及八月初一二三等日霪雨東風連宵達旦兼之江北各路水勢驟注潮汐更大圩岸沖殘各災民蓬棲露宿口食維艱各等情先後稟請撫恤並據江甯藩司趙盛奎蘇州藩司陳鑾查明屬實所需撫恤銀兩江屬卽由司庫地丁正項銀內動撥蘇屬在於道光十三年秋撥款內

動支委員齎往各處隨查隨放趕緊辦理等情
詳請具
奏前來臣等伏查濱江各縣疊遭盛漲雖水勢由
漸而至居民遷移高阜人口尚無損傷但田廬
淹沒棲食無資情形較重連日天已暢晴潮仍
未退民閒積淹日久困苦倍形若俟勘定裁分
再請接濟實屬緩不濟急自應先行撫恤俾免
流離失所除一面飭司動放銀兩責成該府督
率印委各員周歷確查即行散給外相應恭懇

聖恩俯准將上元江寧句容江浦儀徵丹徒六縣沿
江被淹各鄉先行撫恤一月折色口糧以資接
濟至六合縣被水之處已據該縣稟報勸捐辦
理其江都縣被淹各處據該縣稟報察看民情
目前尚可支持應請無庸撫恤惟毗連丹徒之
廬田被淹較早民情拮据已由縣捐廉接濟此
外高淳溧水二縣因江漲灌湖亦有泛溢又淮
揚一帶濱臨湖河各州縣因洪湖水勢日增將
車邏南關及五里中壩次第折除以資宣洩壩

下田畝難免被淹幸早稻業已全收中稻亦可
搶割其晚稻是否可以保護尙須隨時察看至
徐海各屬積雨數旬低窪閒有積水節經飭令
設法疏消冀於秋收不致大損現在委員查勘
俟覆到覈明如尙有應須撫恤之處亦卽酌辦
另行具
奏所有上元等六縣應請先行撫恤緣由謹合詞
恭摺具
奏伏乞

皇上聖鑒謹

奏

太倉等州縣衛幫續被歉收請緩新賦摺

奏爲續查太倉鎮洋嘉定寶山四州縣於秋後連
被陰雨收成歉薄恭懇
聖恩一體酌緩新賦以紓民力事竊照江蘇省本年
秋禾被烖及勘不成烖各處先經臣等查明會
奏請將新舊錢糧分別蠲緩在案其時禾稻已形
減色而木棉尚有晚花太倉州暨所屬之鎮洋
嘉定寶山等縣種稻之處十僅二三而木棉居
其七八猶冀十月之內天氣暄晴晚棉或有薄

收稍資補救茲據該四州縣暨坐落境內之太倉鎮海金山三衛幫先後稟報自九月至十月下旬連遭風雨已刈在田之稻無從曬晾霉爛生芽木棉先結花鈴多已脫落即晚結之鈴亦經腐爛收成失望稟請將應徵新賦與舊欠一體緩徵等情復經飭次批行藩司委員勘辦去後茲據蘇州藩司陳鑾詳稱飭據委員先後勘明具覆實係收成歉薄勘不成災應請照例緩徵等情詳請具

奏前來 臣查定例地方遇有災傷先將被災情形
日期飛章題報秋災限九月終旬題後續被災
傷一例速奏仍一面題報情形一面遴委妥員
履畝確勘司道覆查加結詳報具題等語今太
倉鎮洋嘉定寶山四州縣地處海濱收成本屬
最遲每俟立冬以後始可刈穫且向來多種木
棉紡織爲業小民終歲勤動生計全賴於棉本
年八九月閒天氣陰寒連遭風雨花蒂搖落收
成已減然晚棉尚有鈴子猶冀薄收是以秋災

案內祇請緩徵舊欠未將新賦一律請緩乃自
九月以後至十月下旬復又陰雨連綿晚花盡
行腐落即晚稻之已經刈割者多置田間不能
曬晾稻根霉爛穀粒生芽收成實爲歉薄坐落
該州縣之衞地情形亦屬相同相應恭懇
聖恩俯准將太倉鎮洋嘉定寶山四州縣及坐落之
太倉鎮海金山三衞幫續被歉收田地應徵道
光十三年地漕各款銀米一體緩至十四年秋
成後分作二年帶徵其該州縣衞幫應徵甲午

年新賦並請緩至該年秋後啟徵所有帶徵各
年舊欠錢糧內係坐落歉區者亦請一併遞緩
以紓民力除飭將原報栽歉及續被歉收情形
另行彙詳請
題外所有查明太倉等州縣衛幫續被陰雨歉收
懇請緩徵緣由謹會同兩江總督臣陶澍合詞
恭摺具
奏伏乞
皇上聖鑒訓示謹

奏

江蘇陰雨連綿田稻歉收情形片

再江蘇連年裁歉民情竭蹷異常望歲之心人人急切今夏雨暘調順滿擬得一豐收稍補從前積歉乃自七月間江潮盛漲沿江各縣業已被水成裁其時蘇松等屬棉稻青葱猶冀以江南之贏補江北之絀蓋本省漕賦在江北僅十之一而江南居十之九故蘇松等屬秋收關係尤重惟所種俱係晚稻成熟最遲秋分後稻始揚花偏值風雨陰寒遂多秀而不實然大概猶

不失爲中稔迨九月以後仍復晴少雨多晝則霧氣迷濛夜則霜威嚴重雖已結成顆粒僅得半漿鄉農傳說暗荒臣初猶未信當於立冬前後親坐小舟密往各處察看見其一穗所結多屬空稃半熟之禾變成焦黑實爲先前所不及料然猶盼望晴霽庶可收曬上礱不意十月以來滂沱不止更有迅雷閃電晝夜數番自江甯以至蘇松見聞如一臣率屬虔誠祈禱悚懼滋深雖中閒偶爾見晴而陽光熹微不敢連旬甚

雨在田未刈之稻難免被淹即已刈者欲曬無
從亦多發芽霉爛鄉民以熏籠烘焙勉强試礱
而米粒已酥上礱即碎是以業田之戸至今未
得收租臣先因欽奉
諭旨新漕提前趕辦當經欽遵嚴飭各屬勒合先具
限結將何日開倉何日徵完何日兌足開行登
載結內並聲明如有逾期願甘參辦字樣呈送
如不具限狀即係才力不能勝任立予撤參不
使戀棧貽誤各屬尚皆具結遵辦然賦從租出

租未收納賦自何來當此情形屢變之餘實深焦灼又各屬沙地祇宜種植木棉男婦紡織爲生者十居五六連歲棉荒歇業生計維艱今年早花已被風搖而晚棉結鈴尚旺如得暄晴天氣猶可收之桑榆乃以雨霧風霜青苞腐脫計收成僅只一二分小民紡織無資率皆停機坐食且節候已交冬至即趕緊種麥猶恐過時況又雨雪紛乘至今未已田皆積水難種春花接濟無資民情更形窘迫此在 臣 奏報秋烖以後

歉象加增日甚一日之情形也地方官以秋烖
不出九月不許妄報原係遵守定例然值連陰
苦雨人心難免惶惶外縣城鄉不無搶掠滋鬧
之事臣飭委文武大員分投彈壓現已安靜除
寶山鄉民因補報歉收擠至縣署一案另摺
奏明嚴拏提審外其餘情節較輕例不應
奏者亦當隨案照例懲辦以戢刁風惟據續報歉
收情形勘明屬實不得不照續被災傷之例酌
請緩徵正在繕摺具

奏聞承准軍機大臣字寄欽奉
上諭近來江蘇等省幾於無歲不緩無年不賑國家
經費有常豈容以展緩蠲典年復一年視爲相沿
成例並奉
上諭該督撫等不肯爲國任怨不以國計爲亟是國
家徒有加惠之名而百姓無受惠之實無非不堪
下吏私充囊橐大吏祇知博取聲譽等因欽此臣
跪誦之下兢凜慚惶莫能言狀伏念臣渥蒙
恩遇任重封圻且居此財賦最繁之地乃不能修明

政事感召和甘致地方屢有偏烖極知經費有
常而不得不為賑恤蠲緩之請撫衷循省已無
時不汗背靦顏乃蒙
皇上不加嚴譴
訓飭周詳但有人心皆當如何感愧況臣受
恩深重曷敢自昧天良若避怨沽名不以
國計為亟則無以仰對
君父即為
覆載之所不容臣雖至愚何忍出此即如上年臣到

蘇之後秋成僅六分有餘而蘇松等四府一州
於徵兌新漕之外尚帶運十一年留漕二十萬
石合計米數將及一百八十萬爲歷來所未有
之多原因
天庾正供不敢不竭力籌辦其辛卯年地丁督同藩
司陳鑾催提嚴緊亦於奏銷前掃數全完業經
專摺奏蒙
聖鑒在案竊維盡職之道原以
國計爲最先而

國計與民生實相維繫
朝廷之度支積貯無一不出於民故下恤民生正
所以上籌
國計所謂民惟邦本也本年江湖之盛漲係由黔
蜀湖廣江西安徽各省大水併入長江其破圩
淹灌之處原不止上元等六縣臣所請撫恤第
舉其最重者而言仰蒙
聖上天恩准給口糧裁黎感淪肌髓嗣經官紳捐資
撫恤臣卽復行

奏請無庸動項惟將所發上元江甯句容江浦儀
徵五縣銀兩酌爲大賑之需其丹徒一縣捐項
已有五萬餘兩竝足以敷賑濟嗣將前發之銀
提回司庫凡此稍可節省之處均不敢輕費
帑金惟於烖分較重捐項又難猝集之區則不得
不酌給例賑臣等另摺請撥之十三萬兩係分
給十二縣衛軍民雖地方廣而戶口多亦只得
撙節動撥此外無非倡率勸捐以冀隨時接濟
惟頻年以來屢勸捐輸即紳富之家實亦力疲

難繼查道光三年大烖通省捐至一百九十五萬餘兩至道光十一年烖分與前相埒僅能捐至一百四十二萬餘兩其餘各年捐項較絀此時閭閻匱乏之勸諭愈難然覩此待哺烖黎要不能不勉籌推解臣與督臣督率司道等各先捐廉倡導以冀官紳富戶觀感樂施凡此情形皆人所共聞共覩如果不肖州縣揑烖冒賑地方才生劣監豈肯不爲舉發而紳富之家又安肯聽其勸諭捐資助賑至再至三且揑烖而轉自

捐廉似亦無此愚妄之州縣也至請緩之舉祇能緩其目前仍須徵於異日非如蠲免之項慮有侵呑州縣之於錢漕未有不願徵而願緩者至必不得已而請緩且年復一年則地方凋敝情形早已難逃

聖鑒然臣初亦不料其凋敝之一至於是今漕務瀕於決裂時刻可虞臣不得不將現在實情爲我

皇上密陳梗概查蘇松常鎮太倉四府一州之地延袤僅五百餘里歲徵地丁漕項正耗額銀二百

數十萬兩漕白正秏米一百五十餘萬石又漕
贈行月南屯局恤等米三十餘萬石比較浙省
徵糧多至一倍較江西則三倍較湖廣且十餘
倍不止在米賤之年一百八九十萬之米即合
銀五百數十萬兩若米少價昂則暗增一二百
萬兩而人不覺況有一石之米即有一石之費
逐層推計無非百姓膏脂民間終歲勤動每畝
所收除完納錢漕外豐年亦僅餘數斗自道光
三年水烖以來歲無上稔十一年又經大水民

力愈見拮据是以近年漕欠最多州縣買米墊
完貽串待徵謂之漕尾此即虧空之一端曾經
臣縷晰奏
聞然其勢已不可禁止矣臣上冬督辦漕務將新舊
一併交幫嗣因震澤縣知縣張亨衢辦漕遲悞
奏參革審而漕米仍設法起運不任短少皆因正
供緊要辦理不敢從寬也今歲秋禾約收已逾
去年茲復節節受傷甚至發芽霉爛詢之老農
云現在縱能即晴趕晾糟朽之穀每畝比之上

年已少收五六斗就蘇州一府額田六百萬畝
計之卽已少米三百餘萬石合之四府一州短
少之米有不堪設想者民間積歉已久蓋藏本
極空虛當此秋成之餘糧價日昂實從來所未
見來歲青黃不接不知更當何如小民口食無
資而欲强其完納卽追呼敲撲法令亦有時而
窮前此漕船臨開聞有缺米州縣尚能買補近
且累中加累告貸無門今冬情形不但無墊米
之銀更恐無可買之米至曩時蘇松之繁富由

於百貨之流通挹彼注茲倘堪補救近年以來不獨江蘇屢歉卽鄰近各省亦連被偏烖布疋絲綢銷售稀少權子母者卽無可牟之利任筋力者遂無可趁之工故此次雖係勘不成烖其實困苦之情竟與全烖無異臣惟有一面多勸捐資妥爲安撫一面督同道府州縣將漕務設法籌辦總不使藉口耽延但本年已請緩徵之處尙不過十分中之二分有餘此外常鎮等處亦已紛紛續稟臣覆其情形略輕者無不先行

駭飭但天時如此日後情形如何臣實不敢豫
料晝見陰霾之象自省愆尤宵聞風雨之聲難
安寢席並與督臣陶澍書函往復於捐賑辦漕
等事思艱圖易反覆籌商楮墨之間不禁聲淚
俱下倘從此即能晴霽歛象何不至更加如其
不然臣惟有再行據實奏
聞仰求
訓示遵辦大江南北爲各省通衢且中外仕宦最多
一切實情難瞞衆人耳目臣如捏飾非無可以

舉發之人我
聖主子惠黎元
恩施無已正恐一夫不獲是以察衆務嚴但民閒困
苦顛連倘非語言所能盡本年漕務自須極力
督辦而覩此景象時時恐滋事端至京倉儲蓄
情形臣本未能深悉倘通盤籌畫有可暫紓民
力之處總求
恩出自
上多寬一分追呼卽多培一分元氣

天心與

聖心相應定見祥和普被屢見綏豐長使

國計民生悉臻饒裕臣不勝延頸頌禱之至謹將

現辦栽歉委無揑報緣由瀝忱附片具

奏伏乞

皇上聖鑒謹

奏

松雪公四書／目集卷二

覆奏查辦災賑情形摺

奏爲查明現辦災賑情形恭摺覆

奏仰祈

聖鑒事竊臣承准軍機大臣字寄道光十三年十月

二十九日奉

上諭據給事中金應麟奏稱積貯之利無窮補救之

利有限被災地方窮民最苦而豪棍最强富戸最

憂而吏胥最樂有攙和糠粃短缺升斗私飽已橐

者有派累商人抑勒鋪戸令其幫助者有將紳

家丁佃戶混入丁册希圖冒領者有將本署貼寫皁班列名影射者有將已故流民乞丐入册分肥者有將紙張飯食車馬派累保正作爲攤捐者有將經紀貿易人等捏作饑民代爲支領者甚至將已經報荒之地水退不准耕種以待州縣履勘名曰指荒地畝百姓漸至逃亡而奸狡之徒以災荒爲得計賑糧到手猶復隨衆扳號本境已完旋即改居他邑米船過境設卡截留典鋪未開邀人爬搶生監把持婦女喧嚷種種惡習不可勝言州縣

略加懲處吏胥即串同士棍鬨堂毀辱上司慮生事端予以撤任並是相習成風冊籍付之糧吏銀米委之劣衿今歲已賑明歲復然眞正饑民全無實惠加以疲猾州縣剋扣賑糧彌補虧空病國病民尤堪痛恨從前乾隆嘉慶年間捏災冒賑之案無不盡法處治今十數年來各省督撫未有參劾及此者豈今之州縣勝於前人乎總緣各上司憚於舉發故雖百弊叢生終不破案實爲近來痼習嗣後各督撫府尹務當激發天良力除積習於稔

收處所積存穀石不准僅照例價於歉收處所訪查各弊不得稍事姑容倘不能實力實心認眞查辦再有前項弊端經朕派員查出或別有訪聞定當從嚴懲處決不寬貸等因欽此仰見我

皇上念切民生

澤必下究惟恐一夫不獲務期百弊盡除臣跪誦再三莫名欽凜伏查災賑之弊悉數難終而致弊之由非一端即舞弊之人亦非一類若但統謂之弊而未經分別推求則雖極意剔除終恐情

形隔膜卽如該給事中臚舉各弊有在土棍者
有在生監者有在吏胥者並有在州縣者臣請
分晰陳之土棍之弊在於悍潑如該給事中所
稱扳號喧嚷截米爬搶等情皆係實有之事然
猶其淺者耳其兇惡情形則在强索賬票不許
委員挨查戶口如不遂欲則拋磚擲石潑水濺
泥翻船毁轎甚至將委員擁置空屋扃鐍其戶
以爲要求必得之計並主使鄉莊婦女百般凌
辱尤爲莫可理喻其於殷富之戶則恃衆鬨鬧

名曰坐飯又曰併家而統謂之吃大戶公然傳單糾約助勢分贓不獨設立災頭並有管帳包廚等名目如十一年

奏辦之陸長樹王玉淋等案卽皆土棍之尤屢經嚴拏痛懲近雖稍知斂戢而惡習總未盡除當茲災歉頻仍惟有寬猛兼施隨時懲處若指此爲辦災之弊則弊在民而不在官緣此種兇徒不但州縣疾之如仇吏胥尤畏之如虎似無敢與串同之理也生監之弊在於包攬平居無事

慣寫災呈一遇晴雨欠調即約多人赴官呈報若經有司駁斥輒架民瘼大題聯名上控及聞查賑則各捏寫戶口總數勒索賑票自稱力能彈壓只要遂伊所欲便可無事否則挾制官吏訐告不休京控之案往往若輩爲之吏胥之弊在於捏册當報荒之始卽造具災形圖册詳載區圖斗斛謂之註荒迨給賑則有口册賑票飯食紙張在在需費吏胥卽借災費爲名於查荒時索錢賣單查賑時捏名入册先藉口於賠墊

而暗遂其侵欺此等或愚弄本官或買囑委員或句結生監尚皆事所時有曾經懲辦有案若謂其串同土棍則彼此判若兩途拒之惟恐不嚴避之惟恐不遠未必引而近之以自取累也凡此三種舞弊之人欺詐萬端不勝枚舉倘不止如該給事中所陳然扼要總在州縣州縣廉則人不敢啗以利州縣嚴則人不敢蹈於法州縣勤而且明則人不得售其奸所慮災賑之區難得許多良吏誠如

聖諭豈今之州縣勝於前人此臣所以深思原本而
必以察吏爲最亟也幸賴我
皇上澄敘官方首以清廉爲重近來江蘇州縣雖其
才幹未必果勝前人而辦災一事實係清賑不
能更有侵冒之事亦非必其人之皆清而實有
不得不清之勢也蓋放賑總以稽覈戶口爲第
一要義如道光十一年江蘇災重且廣維時督
臣陶澍與升任撫臣程祖洛先後
奏定災賑章程力除積弊責令委員戶必親填入

必面驗票必親給查完一戶即以油灰書其門首查完一鄉即將戶口榜諸通衢俾人人共聞共見迨查過數鄉彙開口數清摺先由委員申報司道仍將花名底册移送該管州縣其賬票之上蓋用委員銜名戳記俾驗票即知何員所查是委員查報之後印官若欲添一戶口而印票底册榜示清摺四項總不符合即欲作弊而勢有不能至印官之稽察委員祇須攜册下鄉抽查如其有册無票有票無榜或票榜與册不

飭即將委員稟揭又有各上司層層覆查如印
委通同迴護有弊不揭察出一併參辦其委員
吏役薪水紙飯皆由督撫司道捐廉優給俾免
賠累而杜需索彼時印委各員頗知惕然遵守
復蒙我
皇上軫念民艱
欽派大臣朱士彦白鎔來江督辦一時官吏更加震
肅生監地棍人等亦知歛迹積弊爲之一清道
路傳言皆謂之清賑嗣後查辦災務即以此爲

定章臣又嘗剴切札諭各屬以地方官辦理命盜案件如有故勘致死即干抵償然猶不過一人一事若辦賑有所侵蝕是直向千萬垂斃之民奪之食而速其死即使倖逃法網天理必不能容況江蘇前有山陽縣王伸漢冒賑之案府縣皆陷重辟大吏亦干嚴譴尤時時指為炯戒聞者莫不股栗今平心論之如王伸漢之貪婪殘忍不惟現在州縣不至如此即數十年來亦所僅聞且查王伸漢案內山陽一縣所領賑銀

至九萬九千餘兩之多今十二縣衞賑銀通共
請撥十三萬兩值此連年災歉饑口繁多因經
費有常不得不力籌撙節減之又減幾於杯水
車薪卽有貪員亦已杜其浮冒地步且例賑之
外無處不賴捐輸協濟若有司以賑銀入己而
轉令民戶書捐則必爲衆所切齒一日不能相
安豈肯聽其勸諭而刁生劣監虎視眈眈如州
縣稍有營私則訛詐分肥人人得而挾制縱將
所領賑銀全給訛詐之徒尚不足塡其慾壑安

能更有餘銀入己況災民嗷嗷待哺豈不慮激
成事端州縣卽不顧聲名斷無不惜其身家性
命似此受制於人而仍無利於己之事雖至愚
亦不肯爲而自督撫以至道府皆職司糾察災
賑重務孰敢徇庇姑容是今日之州縣無從舞
弊旣爲法令所必亦屬時勢使然該給事中所
奏或係從前舊弊而非近來事歸覈實之情形
也至積存穀石原係備荒善政惟近年連遭災
歉穀價增昂卽鄰省亦非豐稔不惟向存例價

不敷買補抑恐官爲採買民間食貴堪虞仍應
俟年歲稔收後糧價稍平再飭各州縣籌買歸
倉以爲有備無患之長計總之民生凋敝之際
官斯土者無不棘手焦心惟矢此一片血誠上
以宣
皇仁而下以結民信局中之苦不敢求諒於旁人所
謂及之而後知履之而後艱也臣惟有恪遵
聖諭察覈加嚴不敢市惠以沽名亦不敢因噎而廢
食總使有司畏

朝廷之法則積弊去而吏治清小民感
君上之
恩則元氣培而本根固庶以仰副我
聖主察吏安民
訓誡諄諄之至意謹將實在情形恭摺覆
奏伏乞
皇上聖鑒謹
奏

籌挑劉河白茆河以工代賑摺

奏爲劉河白茆河年久愈形淤塞議請撙節估挑

以工代賑分別借

帑捐辦恭摺奏祈

聖鑒事竊照蘇松太倉等屬爲錢漕最多之區水利

農田攸關重大該境有吳淞黃浦劉河即古所

謂三江其北又有白茆河自爲一大支與三江

相爲表裏此道光四年間奉

旨飭辦三江水利因高堰方舉大工集夫不易僅將

黃浦一路先為挑浚道光六年
諭旨飭挑吳淞江其餘劉河白茆各工並經
奏明分年辦理惟因工費較鉅查道光四年奏
旨飭辦案內曾估需銀四十萬餘兩頻年籌措維艱
祇有糶變米價餘賸銀五萬餘兩奏奉
恩准留作劉河工用仍須另籌款項方可湊辦年來
河道愈形淤塞農田連遭積歉更宜亟修地利
以期補助天時而地方紳民先後懇請興挑呈
詞盈帙察看輿情甚為急切節經臣等飭司委

員覈實勘估撙節籌辦去後茲據蘇州藩司陳鑾署臬司李彥章蘇松太道吳其泰會詳稱劉河爲古婁江源出太湖東北至新陽縣界與吳淞江分流而東繞太倉州城歷鎮洋嘉定二縣境綿長七八十里白茆河坐落常熟昭文二縣境內上承長洲元和無錫金匱江陰諸水綿長五六十里均因淤塞多年幾成平陸旱澇俱無從灌洩田疇卽漸就荒蕪錢漕亦愈難徵比該兩河急需開浚實爲目前必不可緩之工但尾

閭皆有堈身外高於內若必開通海口恐潮沙
倒漾轉易停淤且口門皆有攔沙挑濬倍爲費
力即開通之後漲沙恐復相連今爲農田起見
期於利灌溉而便疏消則莫若挑作淸水長河
不必求通海船旣節目前之工費且免日後之
受淤其爲利益農田似有把握先經該藩司檄
委署蘇州府知府陳經太倉州知州李正鼎靑
浦縣知縣蔡維新公同履勘估計續又添委蘇
州府知府沈兆澐元和縣知縣平翰前上元縣

知縣黃冕會同署太倉州知州周岱齡鎮洋縣
知縣曾承顯署常熟縣知縣藍蔚雯昭文縣知
縣張綬組逐段丈量分別造册呈送竝以上年
秋禾被歉現值青黃不接之時小民力食維艱
正宜以工代賑稟請卽時興辦復經該藩司親
往覆勘劉河自吳家墳港口起至白家廠及鹽
鐵老壩基起至吳家墳港及老虎灣至紅橋灣
及陶家嘴錢家嘴等處通共約計工長一萬五
百一十六丈估挑面寬十丈餘尺至八丈餘尺

不等底寬三丈平水面浚深九尺又南北兩岸
切灘竝挑土山土埂以及修築通工壩閘空廢
民田給價等項共約估銀一十六萬五千三百
二十餘兩白茆河自支塘東勝橋起至海口止
工長七千八百四十丈估挑面寬六丈底寬四
丈深一丈所需挑濬土方倂建新閘及滾水壩
一座共約估銀一十一萬兩零惟兩處工程竝
計需款較多自應分別籌辦請將劉河借項興
挑分年攤徵歸款白茆河歸於官民捐辦等情

詳請具
奏前來臣等伏查劉河白茆河兩處均係早經勘
估
奏明必應辦理之工惟從前估計係欲挑通入海
而議者謂其海口高於內地潮來旋即淺河又
謂口門現有攔沙即極力挖通不久恐仍堵合
且鑿沙通海需費太繁款項難籌是以未能與
辦近因旱澇無備田畝頻至歉收若再因循此
後愈難為力且民間望霑水利與目前望賑同

一急切之情尤須乘此興工乃爲一舉兩得竊思挑通海口工費既大而能否經久轉不可知不若挑作淸水河工省利長於農田實有裨益緣三江之中黃浦吳淞兩處海口水勢皆已暢出惟因劉河白茆兩處淤塞東北一帶之水溢於平疇今將此兩處河道開通其長一百數十里可資容納正不必自闢海口而與吳淞黃浦交匯通流適足以助其建瓴之勢查劉河老鎭本有閘座可以隨時啓閉今擬於閘外白家廠

之地再建滾水石壩一道以堵渾潮白茆河亦
於海口縮入數段建閘築壩使潮汐泥沙平時
不能壅入如遇內河水大仍可由壩上瀉出歸
海則河水有清無渾卽永遠有利無害其劉河
估需土方壩工等銀十六萬五千三百餘兩係
屬節省無浮除澄照
奏准之案動撥緩漕米價五萬三千餘兩外其餘
銀兩査有司庫現存水利經費專款銀五萬兩
本係從前議濬三江案內

奏明爲蘇省水利之用應請儘數動撥尚不敷銀
六萬二千三百二十餘兩請於封貯款內借支
所借之銀在於同需水利之蘇松太三屬長洲
元和吳縣吳江震澤崑山新陽華亭婁縣上海
青浦太倉鎭洋嘉定寶山崇明十六州縣按照
銀數均派分作八年按畝攤徵將來解還司庫
除先歸米價外餘皆收作水利經費專款以備
蘇省將來續修各處水利之需仍照舊案俟收
有捐監銀兩首先歸補封貯原額其應挑工段

亦請循舊歸於太倉鎮洋嘉定寶山崑山新陽六州縣計畝雇夫分股承挑至白茆河估銀一十一萬兩零亦屬節省辦理惟經費有常未敢概請借

帑臣等現在率同司道府縣倡捐廉銀並諭勸常昭兩縣紳商富戶以此河既係萬不可緩之工而民情又處迫不可支之景各宜勉力捐貲以工代賑該紳民等聞而感奮均各踴躍急公現已議定章程自可捐收如數臣等仍督率司道

遴委廉明勤幹之員協同地方官選董集夫隨
捐隨辦並責令該管道府州於西河工程各須
認眞查察一俟工竣由 臣林則徐親往驗收不
許稍有草率偷減並不令假手胥役地保稍滋
弊竇以期工歸實在利濟農田仰副
聖主爲民興利之至意除將劉河挑工取造估計報
銷各册繪圖另行
題咨外其白茆河係捐辦之工應請毋庸報銷謹
合詞恭摺具

奏伏乞

皇上聖鑒訓示謹

奏

樗菴類藁 甲集 卷三   五

江蘇省各屬捐賑情形片

再江蘇省上年災歉仰蒙

聖主疊沛

恩綸賑恤蠲緩復於今春加

賞口糧小民莫不感淪肌髓地方官職司民牧於一

切拊循綏輯更宜仰體

皇仁而自上冬以迄今年春夏爲日正長不得不藉

資衆力廣籌接濟先經臣與督臣陶澍率同司

道府縣捐廉倡導並督飭各屬諭勸紳商大戶

勉力捐輸以爲安貧保富之計截至現今各處義賑均已集有成數分別散放其捐項較多之處如蘇州省城捐錢十四萬三千餘千寶山縣捐錢九萬二千餘千丹徒縣捐錢八萬餘千上海縣捐錢七萬八千餘千嘉定縣捐錢五萬五千餘千江陰縣捐錢五萬餘千此外各屬所捐自一萬千至四萬餘千不等俱已按圖查戶分別給錢窮黎可資接濟又蘇州省城於上冬分設粥廠之外猶恐遠近貧民跋涉擁擠强悍者

慮其滋事老弱者難免向隅當又率屬捐廉挑
施擔粥每一擔約可給百人以上分勸紳庶之
家有力者日施數擔即力微者亦可合數人以
成一擔各就本圖鄰近地段同時挑擔分施凡
老幼孤寡殘廢之人力難赴廠領粥者皆得就
近給食衆擎易舉所濟較多各屬官紳咸相效
法城市之內多者至百餘擔少者亦數十擔其
各鄉零星擔數雖多寡不齊合而計之亦與城
市相埒行之數月差少餓斃之人其餘有買米

平糶者有採辦雜糧轆轤糶施者有收養幼童棄孩及流亡病匄者有捐修各項工程以代賑濟者延至此時天氣較爲暄暖窮黎亦得備趁謀生察看民情較上冬實有起色恐廑
宸念謹將辦理情形附片陳明伏祈
聖鑒謹
奏

各屬拏獲兇盜要犯分別審辦情形片

再大江南北積歉連年安分良民原不至藉荒滋擾而兇悍之徒因乏食而流爲匪類者原情雖不無可憫而禁暴則不得不嚴臣疊經出示曉諭以各屬荐歉之區屢蒙

皇上天恩蠲緩賑恤有加無已惟恐一夫不獲其所並經地方官捐廉勸諭紳富集貲接濟凡以養其廉恥使之勉爲善良若藉口饑寒爲匪不法斷不能曲爲寬貸一面嚴飭緝捕有犯必懲其

中挐獲圖財害命之案除高郵州事主陳保懷被殺一家二命獲犯高大陳登三高全玉等已
奏明嚴辦外又經挐獲上海縣張小狗圖財勒死幼孩李關淋一案海州高照隴圖財謀殺房泳盛一案無錫沈阿三圖財謀殺張大觀一案海州朱廣道耿惪沅圖財謀殺潘徐氏燒屍滅迹一案沭陽姜繼煥聽從張三秃剝取姜二運衣服勒死燒屍滅迹一案均已先後審明按律懲辦茲又挐獲高郵州船戶蔣其倉蔣其受圖財

謀殺毛起雲及興化縣宋萬高馬亭選圖財謀
殺吳湛恩徐金沅等案而宋萬高商同馬亭選
先後雇船行至中流乘船戶吳湛恩等不備推
溺斃命將衣服船隻賣錢分用與臣現在
奏辦姜開沅等推溺船戶之案兇惡相類業經分
飭確審嚴辦茲剴切札諭沿江湖河一帶文武
員弁加意巡防一有報案立挐務獲如有玩延
即當徹參示儆刻下民情頗爲舒展水陸均甚
安恬而捕務仍時刻從嚴庶足以靖地方而安

行旅至糧船水手最易滋事經給事中金應麟
條奏欽奉
上諭漕船水手沿途訛詐擾累商民種種不法情弊
必至遲誤重運爲害地方不可不嚴行懲辦著林
則徐嚴飭所屬於內河地方凡漕船停泊經行之
處訪查各弊嚴行申禁如仍有前項弊端即責成
地方官隨時懲辦其徇縱之運弁立予參革以肅
漕政而除民累欽此當經恭錄轉飭欽遵嚴行示
禁彈壓巡緝去後節據各屬稟報此次江浙兩

省漕船經由內河北上因催儹緊急晝夜遄行
水手人等幷未泊船上岸尙無横截河中需索
買渡錢排幫錢及用糧米傾入商船訛詐分肥
各情弊惟查糧船自上冬歸次以逮本年開行
爲期數月之久此等聚水次趁閒恃衆肆惡
不爲是以搶劫之案出於糧船水手者尤多惟
有隨時嚴拏懲辦計自上年十二月至今年正
二月內拏獲滋事水手如曳縣稟獲夥劫黄勝
榮等行船之水手張明德李永年朱永春周德

榮王得富五名又獲搶奪丁琪行船之水手宋廣德一名又獲搶奪周德順行船之水手韓光玉劉四海于培松王志張明受五名又據江陰縣報獲行劫旗丁吳鳴揚之水手徐運時常德勝蘇大中三名又據陽湖縣報獲搶奪楊紀與之水手安貴李順二名均因關係搶劫重情批行臬司分別提省飭屬確訊追贓按律嚴辦此外尙有盤踞船艙搶拉頭縴硬送水手勒加辛工種種不法非但擾害商民即幫丁亦深受其

累凡被人告發及得自訪聞之犯皆即拏獲嚴
訊分別究辦始覺稍爲斂戢現在各幫重船計
已過淮陸續渡黃北上臣仍照案沓行沿途一
體催儹彈壓以期悉臻安靜合併附片繕摺陳
明伏乞
聖鑒謹
奏

李忠公政書 日集 卷四 四

驗收劉河挑工並出力人員請獎摺

奏爲開浚劉河併建設石壩涵洞各工全行告竣驗收如式請將格外節省餘銀疏挑上游各源流淤淺處所以資久遠並擇在工尤爲出力之官紳董事分別懇
恩獎勵恭摺奏祈
聖鑒事竊照太倉鎮洋境內之劉河爲古三江之一前因淤塞多年幾成平陸旱澇無備田畝頻至歉收爲目前必不可緩之工當經臣等會摺

奏蒙
恩旨俯准借項興挑分年攤徵還款凡在蘇松太三
屬得霑水利之處無不頂感
皇仁踴躍趨事臣等轉飭司道府縣督率委員董事
分段承挑勒限完竣並以工段綿長如其中有
可格外節省之處亦宜隨時斟酌據實稟辦嗣
據署太倉州知州周岱齡署鎭洋縣知縣曾承
顯委員前上元縣知縣現署元和縣知縣黃冕
等會稟原估各工土方丈尺均係覈實無浮惟

河勢彎環之處若相機取直倘可加意撙節查老虎灣至紅橋灣舊河向南圍繞今由吳家墳港取直挑至小劉河口匯歸原河計可省工一千八百餘丈又陶家嘴錢家嘴舊有河形亦俱向南繞越若再取直開挑可省工五百餘丈又原議於閘外白家廠建滚水石壩一道以禦渾潮茲查石壩固足禦潮但恐內河水大宣洩欠靈因於該壩添設涵洞五所俾潮大時將洞閉塞不使渾水漫入設遇內河水大即可全行開

放宣洩入海操縱較有把握等情復經挑飭妥
辦卽據藩司先後報放銀兩於本年三月初八
等日陸續開工幸天氣暄晴人夫雲集卽委各
員及董事人等皆能認眞督率嚴催所有應挑
土方於四月底卽經挑竣臣陶澍出赴蘇松閱
伍之便會同臣林則徐暨藩司陳鑾到工驗收
沿途香花載道欽感
皇恩歡忭異常驗量所挑丈尺有贏無絀惟河身既
已浚深則隄岸愈高轉有崩卸之慮復令逐段

挑切以歸一律又海口砌築石壩添設涵洞凡石料樁木錠鍋灰漿購運鳩工有需時日復飭趕緊料理旋據太鎮二州縣暨委員具報通工全行告竣又經臣林則徐臨工覆驗河身倍見深通隄岸一律平整閘座俱臻堅固涵洞最便蓄宣均無草率偷減情弊查劉河自吳家墳港口起至白家廠又鹽鐵老壩基起至吳家墳港又老虎灣至紅橋灣及陶家嘴錢家嘴等處原估工長一萬五百一十六丈面寬十丈餘尺至

八丈餘尺不等底寬三丈平水面淺深九尺又
南北兩岸切灘並挑土山土埂以及估築通工
壩開空廢民田給價等項共估銀一十六萬五
千三百二十餘兩今將吳家墳陶家嘴錢家嘴
等處取直開挑又省工二千四百餘丈少挑土
十五萬六千餘方計通工土方連修築閘壩空
廢民田給價等項共銀十三萬四百二十二兩
零較之原估格外節省銀三萬四千九百兩零
據蘇州藩司陳鑾請將前項節省餘銀留辦上

游淤淺處所併查明在事尤爲出力官員紳董
酌議分别獎勵詳請具
奏前來臣等伏查劉河工程係屢經
奏明必應辦理之工祇因工鉅費繁有需籌措茲
以濬清堵濁之法撙節估挑仰荷
聖恩借帑興辦而相機取直則於節省之中又有節
省此次工竣之後適七月二十三四五等日蘇
松一帶大雨傾盆太湖附近諸山陡發蛟水處
處盛漲拍岸盈隄當即飛飭太倉鎮洋二州縣

將該壩涵洞全行啟放據稟滔滔東注兩日之
內消水二尺有餘而秋汛大潮仍無倒灌是劉
河之容納與涵洞之宣洩實已著有成效惟思
三江之水無不承太湖而來而自太湖遞至三
江其中泖澱等處均係經由要道淤塞多年前
因三江尚未全疏無暇兼顧　臣　陶澍於順勘劉
河工程片內即經聲明尚須再浚上游各澱茲
劉河工程得以格外節省即上游水道亟須擇
要接挑又太倉州有七浦河一道在州境東北

直達海口形勢較劉河爲小實則與爲表裏亦
因年久淤塞僉懇一律疏通此等水利工程在
江蘇原不勝枚舉然其最爲扼要之處所繫於
利害者匪輕若不乘時興修脈絡仍多阻滯竊
思前項節省餘銀本係原估應行動用之款今
因逢灣取直極力省出卽留作挑浚支河之用
實屬以公濟公合無仰懇
聖恩准將節省餘銀於各處淤淺河道擇要興辦所
有劉河借款仍照原估十六萬五千三百二十

餘兩之數歸於太鎮等十六州縣分年攤徵還款自足以資遠利而愜輿情至此次挑辦劉河在工印委各員及紳董人等均係自備資斧奮勉趨公不辭勞瘁似應量予獎勵惟人數眾多臣等未敢悉登薦牘謹擇其尤爲出力者開具清單恭呈

御覽如蒙

聖主鴻慈俯加鼓勵該官紳等倍加感激踴躍急公臣等亦得收指臂之效其出力稍次人員在外

分別記功給獎除同時捐挑之白茆河道現亦

將次全完容俟驗收另行具

奏併飭將劉河工長高寬丈尺土方夫工銀兩各

項價值細數另開清單一面將太湖以下泖澱

支河暨太倉州境內七浦河道委員確勘估計

銀數分別詳請

奏報外所有臣等驗收劉河工程緣由謹合詞恭

摺具

奏伏乞

皇上聖鑒訓示謹
奏

協辦浙塘條石動款摺

奏爲遵
旨協辦浙江海塘條石並動用銀款緣由恭摺奏祈
聖鑒事竊臣承准軍機大臣字寄欽奉
上諭浙江塘工應用條石爲數甚多著林則徐採辦
條石四萬丈務於來春全數解交浙江工次應用
等因欽此當經恭錄行司欽遵查照乾隆年間
蘇省協辦浙江海塘條石成案派令出產石料
之蘇州府屬太湖吳縣常州府屬無錫宜興荊

溪等五廳縣分領承辦一面將應行採運各事
宜臚列條款咨詢浙省去後旋准覆稱協濟條
石四萬丈內應辦面石三千三百丈牆石一萬
二千丈裏石二萬四千七百丈均由江蘇就地
鏨鑿委員運赴浙省之施賀二壩交浙江委員
接收所有石價鏨工運腳俱照成案由蘇自行
給領浙省先解銀五萬兩交蘇州藩庫兌收應
用其不敷之項亦照前案由蘇找發自行報銷
等因臣 當飭藩司陳鑾查覆茲據詳稱浙省所

撥銀五萬兩現在尚未解到而蘇省業經開採
亟須發銀給辦且覈計工料運費除浙省撥銀
五萬兩外不敷尚多應請在於蘇州藩庫正項
道光十四年秋撥款内先撥銀五萬兩以資支
用統俟事竣同浙省解到銀兩覈實報銷如有
盈餘另行
奏請撥還歸款又查乾隆年間海塘石料曾由浙
江委員來蘇會辦此次准到浙省咨覆因值興
舉大工勢難多派委員駐蘇督採等因但江蘇

各廳縣辦石既多卽難保無丈尺參差石質高下若不就開採之地逐一驗明任聽承辦各員徑行運至工次事關隔省一經駁回更換往返需時不特運費虛糜轉恐要工停待現在商明俟蘇省採有成數咨會浙省酌委委員來蘇量驗不如式者就地立卽駁換如果合式卽於石上蓋用浙省委員驗明戳記並標明尺寸再令起運赴壩其在壩收石之員除査無委員驗明戳記及雖有驗戳而途中別經磕碰折斷殘損

不准掗交外其與驗記符合者收石之員亦不
得故意刁難勒令守候致啟需索而誤工需再
查蘇省產石廳縣惟太湖吳縣石質尚堅堪以
選充面石牆石之用其荆溪宜興無錫多係黄
石質地鬆脆溯查乾隆四十六年間欽奉
諭旨無錫宜興荆溪三邑之山質雖鬆脆堪作裏石之
用等因欽此此次該三縣之石自應照案採作裏石
仍飭加意選擇務合工用合併聲明等情請
奏前來臣覆覈無異除飭各屬妥速採辦務令依

限足額以濟要工不任稍有遲誤外所有採辦
石料動用銀款緣由理合恭摺具
奏伏乞
皇上聖鑒謹
奏

會奏白茆河挑工驗收并出力人員請奬摺

奏爲捐資挑濬白茆等河并建築閘壩工程全行

告竣驗收如式請將捐輸出力之官紳董事分

別奬勵恭摺奏祈

聖鑒事竊照常熟昭文二縣境内有白茆河一道於

三江之北別成一大支爲蘇常兩郡洩水尾閭

淤塞多年幾成平陸旱潦無備急須挑濬前經

勘估土方並建閘等項共約需銀一十一萬兩

零因與劉河挑工同時并舉未敢概請借

　矜議由官民捐資興辦以工代賑奏奉
諭旨隨捐隨辦免其造册報銷等因欽此當卽轉行
欽遵辦理臣陶澍臣林則徐各倡捐銀一千兩
藩司陳鑾捐銀二千兩蘇松糧道陶廷杰捐銀
三千兩蘇松太道吳其泰捐銀五千兩前任蘇
州府知府沈兆澐署常熟縣事試用知縣藍蔚
雯各捐銀一千兩昭文縣知縣張組綬捐銀六
千兩此外紳民捐項除安徽候選道章廷榜所
捐二萬兩內奏明以一萬兩撥歸白茆經費外

餘皆常昭二縣紳商富戶隨時捐集因係地方
水利均各踴躍樂輸統計官民捐項較之估需
銀數有贏無絀於本年三月初一日開工興辦
並因附近白茆之徐六涇及東西護塘河均係
呼吸相通亦須兼濬飭據藩司陳鑾親往履勘
估計一體開挑兹先後委員分赴各工催儹又
因其時本係以工代賑壯者固可自食其力而
老弱殘廢之人不能工作饑寒可憫復於辦工
經費內力加節省量予接濟俾附近工次悉歸

安靜臣陶澍於四月內至蘇松一帶閱伍會同臣林則徐到工量驗所挑寬深丈尺多有逾額沿途香花載道閭閻歡忭異常旋據稟報五月十九日挑工全竣復經臣林則徐督同藩司陳鑾按段驗收自昭文縣之支塘東勝橋起至海口止工長七千八百四十丈原估面寬六丈底寬四丈深一丈旋又將河面展寬二丈以資容納河身倍見寬闊隄岸一律坦平惟海口建築閘壩因須購備石料樁木等物未及同時興舉

復於七月閒施工至十月二十三日據報閒壩
工程全行完竣復委藩司陳鑾赴工驗收茲據
該司詳稱驗明各工均係如式堅固並無草率
偷減情弊統計土方夫工以及閘座工料戽水
築壩並就近接濟老弱饑民一切經費共用銀
一十一萬五千二百七十八兩零應遵前奉
諭旨免其造册報銷並查明在事出力之印委各員
及董事捐戶人等酌議分別奬勵詳請具
奏前來臣等伏查白茆等河本係早經勘估必應

辦理之工惟因需費繁多未能遽行興辦茲於
地方連歉之後官紳設法集捐以工代賑民夫
得資口食踴躍赴工未敢借動
帑金而水利以興窮黎以濟洵爲一舉兩得加以
閘壩並設蓄洩咸宜淤塞無虞旱澇有備即如
本年七月間太湖陡發蛟水幸賴新河通暢宣
洩極靈惟形如釜底之田未能即時消涸其餘
連歲被淹處所皆幸得免沈災成效已臻輿情
允洽所有大小官員捐貲籌辦除臣陶澍臣林

則徐暨藩司陳鑾無庸議外其餘糧道陶廷杰
蘇松太道吳其泰前任蘇州府知府沈兆澐職
分較大均不敢請邀議敘又總辦出力之委員
前高郵州知州平翰已荷
聖恩升授通州知州亦不敢請獎外臣等會同查明
擇其捐項較多勞績最著之印委各員及捐輸
出力之鄉紳董事分繕清單恭呈
御覽仰懇
聖主天恩分別獎勵以爲急公者勸此外出力稍次

員弁及捐銀在三百兩以下各戶應由臣等在
外給獎除工料丈尺細數遵
照例造冊報銷仍飭取捐戶履歷清冊另行咨部
給照外所有驗收白茆等河工程緣由謹合詞
恭摺具
奏伏乞
皇上聖鑒訓示謹
奏

彈壓水手情形片

再臣接閱邸抄欽奉

上諭各省糧船數千號水手不下數萬人必須實力稽查咸知儆畏方不致沿途滋事近日山東東昌府境內廬州幫水手聚衆械鬭一家致斃數十餘命之多且糧船所過地方時有折體斷肢漂流水面皆由水手戕害所致此等積習自宜亟加整頓嗣後糧船所過地方著沿途各督撫遴派武職較大之營員酌帶兵丁一路接遞巡查遇有水手滋

事立即嚴拏有犯必懲毋令一名漏網等因欽此
伏查歷屆糧船入境本皆酌派營員會同府廳
州縣督帶兵役彈壓稽查惟水手恃衆逞兇已
非一日而近年爲尤甚除廬州二幫在東省殺
斃多命之外其沿途糾衆圖鬬經地方文武彈
壓解散者探聞所在多有即如蘇省之鎮江前
後兩幫嘗最爲著名兇悍劫殺擄搶靡惡不爲且
與浙江湖州府屬八幫向有積仇各不相下而
鎮江幫水次本在徒陽又爲浙船必經之路重

運先後開行倘可不令遇見迨回空過鎮輒即糾約復仇上冬臣得有風聞先期親赴鎮江催提軍船即督率文武彈壓訪拏酌示懲儆其風始息今冬河乾水淺雖經設法灌蓄亦僅容一葦之杭若湖鎮兩幫狹路相逢定必滋事與其懲辦於事後莫如防範於未形查丹徒境內有江邊之鲇魚套地方清穩背風爲浙船不必經由之處現在鎮江前後幫船均已渡江入境經

臣咨會漕臣飭令該兩幫船隻先進鲇魚套寄

泊並委鎮江營參將繼倫督率備弁駐兵彈壓俟浙幫全行出境之後再歸兌糧水次以免尋衅互鬬是以現在計算進口船數該兩幫並不在內其實已泊本境地面儘可油艌修艙即與歸次無異又查在東滋事之廬州二幫沿途復與鎮海前蘇白糧等幫屢圖糾鬬因逐段有官兵彈壓幸未成事但廬州二幫係兌常熟縣漕糧鎮海前幫係兌昭文縣漕糧該二縣既屬同城即糧船同一水次難保不又滋鬬臣現飭糧

道量為調換毋使竝在一處其蘇白糧渡黃之後廬州二幫復與接迹行走現亦飭令先後挽渡務使分檣隔遠以杜其圖闖之心 臣仍派委標營將領竝咨會督 臣提 臣分委武職大員稽查催攢一到水深之處卽令晝夜行駛不任一刻停留惟淺處曳纜絞關每段增雇人夫數百名仍形喫力有數刻之久始能挽過一船者前幫未克逼行後幫卽皆停泊更須嚴密防範是以 臣仍駐丹徒督催彈壓一時未敢回蘇合竝

附片陳明伏祈

聖鑒謹

奏

回空漕船全進横閘彈壓安静摺

奏爲江浙回空漕船掃數催進横閘欽遵

諭旨派兵彈壓均極安静恭摺奏祈

聖鑒事竊照本年回空南下較遲鎮江運河潮枯水淺京口沙灘涸露難以通舟當經查照成案改由横閘行走旋據府縣禀報十一月初八日以後西風大發江潮消落異常閘口露出之沙反高於江面之水並横閘亦難進船臣得信後即馳赴丹徒鎮駐劄親率常鎮道李彦章暨鎮江

府縣設法攔蓄並於附近運河各處尋覓積水
引灌濟送一面分段派員多雇人夫拉船撈淺
催提各幫陸續進口業將辦理緣由並催過船
數先後具奏欽奉
硃批務要竭力盡人事以理之不可藉口諉爲天時
水勢也勉之欽此臣跪誦之下倍當竭誠盡愼將
幫船速挽歸次以慰
宸懷臘月以來雨雪疊霑正喜運河得以長水而連
値北風狂大江中數日未有船行軍艘尤不宜

冒險加以雪後嚴寒內河凍結復飭署鎮江府
王用賓署丹徒縣張寬培多備敲冰船隻晝夜
開鑿十二月十二日河道始通亟令署京口協
副將張成龍察看風色稍平即親帶幫船折戧
渡江常鎮道李彥章與鎮江營參將繼倫來往
江干互相策應每當阻淺阻潮阻風阻凍之際
在事文武各員倍加焦思竭慮設法籌催不敢
稍遺餘力除提前之浙江幫船先經過竣其江
廣幫船亦已全數出江外茲截至十二月十九

日將先泊鮎魚套之鎮江前後幫船作爲尾幫亦令進閘歸次統計江浙兩省回空共六十二幫計船二千二百零四隻掃數由横閘跟蹤南下各歸水次查軍船自道光八年以後歷由横閘進口然少者僅數百隻即多者亦止一千餘隻從未有江浙兩省回空之船全由横閘行走者今冬河水至乾而經由横閘之船較之歷屆多至兩三倍臣惟恐回空不能全進致如從前留在江外過年則新漕幾難提前催辦幸荷

聖主洪福自進口以迄竣事計三十五日各幫到次
修艙均在歲前可期速爲開兌且於連旬風暴
之中各將領往來江上提帶二千二百餘艘並
無一船疏失臣恭繹瑪嘉人事之
旨下忱感幸悚惕彌深至糧船停泊之時水手尤慮
滋事前奉
諭旨遴委武職較大之營員酌帶兵丁一路接遞巡
查遇有水手滋事立卽嚴拏等因欽此臣當將欽
遵辦理緣由附片奏蒙

聖鑒在案月餘以來橫閘內外及金山鮎魚套一帶
節節停船皆係鎮江京口水陸兩營將備率帶
弁兵支架帳房常川彈壓已臻安靜迨鎮江前
後兩幫最後進口其水手尤爲強悍臣復與京
口副都統岱 面商就近酌飭駐防滿兵一體
彈壓以壯聲勢該兩幫內桀驁之水手聞有添
兵恐被查挐率已潛行逃竄不敢過江遺有刀
械在船卽經弁兵逐件搜獲撥營配用並責令
幫弁旗丁換雇安分水手駕船赴次受兌一面

嚴查在逃各水手姓名籍貫及曾犯何案隨時
飭拏務獲有犯必懲總期猛以濟寬令行禁止
以仰副我
皇上除莠安良之至意所有回空掃數進口緣由謹
會同兩江總督臣陶澍恭摺具
奏仰慰
聖懷至在事出力文武各員本係分內應辦之事惟
此次辛勞繁費實與常年催儹迥不相同伏查
道光八年橫閘催船一千一百餘隻仰蒙

恩旨量加鼓勵此次船數加倍可否循照八年成案
准予酌獎之處出自
聖主鴻慈如蒙
恩允容臣會同督臣擇其尤爲出力之員覈實具
奏不敢稍有冒濫合並陳明伏乞
皇上聖鑒謹
奏

會奏官銅商辦運洋銅請復舊章摺

奏爲蘇省辦銅官商賠累難支懇請酌復舊章以全銅運而垂經久仰祈

聖鑒事竊照蘇省官商承辦直隸陝西湖北江西浙江江蘇六省鼓鑄洋銅前於嘉慶二年僉商王履階承辦

奏定每百斤例給價銀十三兩五錢九分三釐每年額辦六省洋銅其五十萬五千九百六斤歷給價銀六萬八千七百七十八兩七錢八分豫

給一年

帑本嗣王履階之弟王日桂接辦十有餘年銅帑

兩清從無貽誤迨嘉慶十三年程洪然投充官

商自願減價每百斤祇請價銀十二兩並願先

繳銅斤後領

帑項其意祇圖邀准未計虧賠自此更改舊章不

久即因力乏告退後商汪永增接辦僅止四年

亦即乏之退復舉舊商王日桂之子王宇安

奏充以資熟手當據該商稟請復還舊制未經准

行仍照減價後帑之例辦理王宇安連年賠累
屢次求退因無人愿充著令勉力承辦嗣據蘇
州府詳據現商王宇安以前商程洪然等請改
易章程減價後帑以致連年虧累資本全空稟
求循復舊章仍領十三兩五錢九分三釐之價
豫請一年
帑本俾得源源辦運等情當經藩司批飭確查疲
乏之情形果否屬實衆議詳辦去後旋據蘇州府
知府沈兆澐寶蘇局監督榮滙覆稱官商承辦

洋銅從前原定章程本屬妥善是以銅帑均得清完嗣因前商程洪然呈請投充自願減價先銅後帑承辦未久卽行乏退以後各商遺累虧賠旋充旋退該商王宇安接手之始卽據稟復舊章未經批准歷年疲乏求退會僉殷戶分辦又皆畏縮不前惟有懇復前

奏舊章俾銅運得以經久等情由藩司陳鑾覆查屬實詳請具

奏前來臣等伏查蘇省官商辦銅從前

奏定章程照發帑採辦價值之例每百斤給價銀
十三兩五錢九分三釐並豫給一年
帑本王履階等弟兄相繼歷辦十有餘年尙能支
持無誤後商程淇然於嘉慶十三年自願減價
接充頓改舊章並未計及辦公掣肘以致虧乏
退商追嘉慶二十二年以現商王宇安
奏充該商接辦之初卽據稟請復舊未經批准嗣
以無力賠累節次稟退經升任撫臣程矞采查
僉殷戶承充均各視爲畏途僉名莫應只得責

令王宇安勉力辦理不准退歇近年以來銅船屢次遭風倍形苦累經該司府飭查至再臣等復加察訪委係實在情形查蘇局洋銅為六省鼓鑄要需若不酌復舊章必致缺誤並查程洪然減價後觧之案雖經

奏明實出自該商一時遷就之見今據請仍復嘉慶十三年以前舊制覈與原案相符非另改新章之比但豫給一年觧本設有轉運遲誤

將項未免虛懸應不准行惟每百斤給價銀十三
兩五錢九分三釐本係從前
奏定章程並非格外加增合無仰懇
皇上天恩俯念商力疲乏准予循復舊章以敷辦運
其價六省分銷贏縮亦尚有限如蒙
俞允應請即從道光十五年爲始飭令遵照妥辦俾
免藉口求退無人接充致誤六省鼓鑄重務除
飭司另覈章程細冊詳請咨部外臣　等謹合詞
恭摺具

奏伏乞
皇上聖鑒訓示謹
奏

蘇省並無洋銀出洋摺

奏爲江蘇省行用洋銀不至運往外洋遵

旨體察情形酌議覆

奏仰祈

聖鑒事竊臣等接准戸部咨欽奉

上諭前據御史黄爵滋奏紋銀洋銀應並禁出洋杜絕仿鑄從重科罪一摺當交刑部妥議具奏茲據刑部將仿鑄洋錢明定治罪科條具奏著照所議辦理其禁止洋銀出洋於海洋交易事宜是否可

行著沿海各督撫體察情形妥議章程酌核具奏
餘依議欽此仰見我
皇上於防微杜漸之中寓因地制宜之意當經恭錄
欽遵轉行司道府州將各海口情形備細體察
籌議去後茲據蘇州布政使陳鑾江蘇按察使
裕謙蘇松太道陽金城會議詳覆前來臣等查
該御史請禁洋銀出洋原奏以內地向有仿鑄
洋銀之弊若紋銀有禁而洋銀無禁恐奸民盡
以紋銀鑄為洋銀資外夷無窮之利其言原為

杜弊起見惟洋銀行用情形各省本不相同其
始祗用於粤閩漸次乃及於江浙江蘇本居腹
地市肆買賣行用較多其濱海之區雖設有江
海一關准令商船出入然止北至山東奉天南
至浙江閩粤並無與外夷互市之事較之粤海
關例准夷船貿易者情形迥不相同且奉天山
東二省向不行用洋銀故上海出口沙船只有
帶貨北行並無帶洋銀前往者蓋南貨販北可
以取贏若帶洋銀全不適用是以不待禁止而

人自不肯爲其浙江閩粵海船攜帶洋銀來至上海置買蘇松貨物者往往有之若將蘇省洋銀載運往南則又百不得一蓋江浙洋銀價值向比閩粵等省爲昂緣其物本由南來輾轉流行愈遠則作價愈貴浙江貴於閩粵江蘇又貴於浙江商賈計及錙銖豈肯貴買賤售甘心折耗且即使有人帶往亦祇於浙江閩粵互爲流通而非遽資外夷之利以蘇省情形而論洋銀行用祇在內地不往外洋今若創立例禁則閩

粤洋船來至上海者均不得攜帶洋銀是欲截其去路而先斷其來路於商民買賣海關稅務未免皆有窒礙至謂內地鎔化紋銀仿鑄洋銀如原奏所稱蘇板吳庄錫板等名目向來誠有此種作僞之弊然仿鑄原以牟利自必攙雜銅鉛然後有利可牟而近來民間兌驗洋銀極爲精細蘇板等類較洋板成色懸殊以之兌錢價值大減是以客商皆剔出不用民禁嚴於官禁行商公估絲毫不能隱瞞是仿鑄之洋銀在本

地已不能通用更何能行及外洋況經刑部議
定新例奸民消化白銀仿鑄洋錢即照白銀出
洋之例分別治罪自足以杜其弊若洋銀出洋
之禁雖未知於閩粵等省何如而就江蘇言之
似可無庸多立科條致滋紛擾除通飭各屬嚴
禁仿鑄有犯必獲以清弊源外謹將體察蘇省
情形毋庸禁止洋銀出洋緣由合詞恭摺具
奏再臣等因分飭各屬詳加體察並自行明查暗
訪反覆推求是以覆

奏稍稽合並聲明伏祈

皇上聖鑒謹

奏

林文忠公政書　甲集　卷五　四

勘估寶山塘工捐

奏爲寶山縣海塘工程籌議捐修規模已具應卽興工隨捐隨辦謹將勘估情形奏祈

聖鑒事竊照太倉州屬之寶山縣三面環海境內土塘一萬五千餘丈石塘一千三百丈石塘之內仍加土戧其沿塘迎險處所外釘排樁塡砌塊石自靠塘一層至二三四五層不等歷年久遠潮汐激盪樁石損缺之處風浪遂及塘身嘉慶四年十年兩次遭被風潮疊經奏准動

努興修迄今又閱卅餘年每遇伏秋大汛土石各
工被潮潑損責令該縣隨時擇險搶修權爲保
護本年六月十四日陡遇異常風潮水勢飛騰
高起數丈沿海塘隄率多沖塌經 臣 陶澍先將
大概情形奏奉
硃批查明據實核辦欽此 臣 林則徐接據沿海各屬
禀報當查風潮沖壞塘工以寶山爲最甚除飭
先行擇要搶護外復委藩司陳鑾親赴寶邑會
同蘇松太道陽金城逐加查勘該縣江西各段

土塘穿缺一千七十餘丈殘損二千一百八十
餘丈江東各段土塘穿缺一千一百餘丈殘損
四百四十餘丈石塘沖裂六丈其餘亦多殘損
雖經該道陽金城督縣捐廉趕做土戧暫為擁
護而急須大加修築方足以資抵禦臣等往返
札商以此項工程浩大保障攸關斷不可遷延
貽誤而
國家經費有常又值浙省大修海塘之際不敢復
以江蘇塘工請動

紓項因思該縣士民素尚好義急公上年賑粢勸
捐已各勉力輸助今海塘爲地方保障尤期衆
力同擎當飭該司道體訪輿情妥爲勸諭一面
由臣林則徐先行附片陳明欽奉
硃批所辦妥等因欽此臣等卽率同司道州縣捐廉
爲倡並勸諭城鄉紳庶陸續書捐至七月初開
巳得十萬有零之數正飭司委各員會同估辦
閒復據蘇松太道陽金城等稟報七月初二日
未刻又有颶風突起雨驟潮喧徹夜震撼至初

三日未刻始經漸息寶山江西各段塘面所築
土戧均被風潮漫溢全行穿缺江東各段新築
小圩沖缺五百餘丈舊隄亦處處增坍等情臣
等仍飭該縣俟潮勢稍落先行設法堵禦一面
飭據太倉州知州李正鼎督同寶山縣知縣毛
正坦暨委員候補知縣龔潤森鎭洋縣知縣孔
昭顯坐補崇明縣知縣徐家槐等趕緊逐一履
勘估計茲據稟覆舊塘本嫌陡直收分過少不
足以柔潮勢令加築新塘擬用外面三收裏面

二收底寬八丈頂寬二丈高至一丈二尺普律齊平所有舊塘業已殘損過半若卽以新土鑲築恐新舊不相膠黏應將舊土一律剷平將凸補凹鋪作塘底潑水行硪再以新土層層加築套硪飽錐以期堅固塘外簽釘排樁塡砌塊石層數不等其小沙背談家濱一帶形勢尤爲頂沖除外面多加樁石俾資保護外並於裏面加築新塘以爲重門保障又該處舊有挑水壩二道久經殘廢今一並修復仍於壩外雙樁夾石

以資挑溜至石塘沖裂殘損各段普律添購新
石砌築完整其石塘尾段與土塘交接之處加
土裏護並加石簖三層合計江西江東應估硪
築土方約共三十五萬六千四百餘方石塘添
辦青條石一百九十餘丈通工樁木約須六萬
一百餘根碎石二萬一千三百餘方統計銀數
須得二十萬兩有零方能料足工堅永資鞏固
並據司道核覆所估並無浮捏等情 臣 等伏查
寶山縣境江東江西所轄土塘本年兩遇風潮

穿缺殘損只有五千餘丈其石塘亦多沖裂脫卸既經該州縣等確加履勘逐段修復並將石塘添砌新石土塘加幫高寬且於頂沖處所裏面添築新塘外建挑水壩二道以復舊制沿塘發釘排樁填砌塊石再於石塘工尾土石交接之處築土裹護外加石壩三層俾工段益增鞏固實可爲一勞永逸之計所估土方樁石覆核尚無浮多惟統計銀數須得二十萬兩有零方敷辦理而捐項甫經及半若必俟全數捐足始

行興工則今冬已恐無及明歲春潮驟長抵禦
無資人心惶惶深爲可慮臣等復經採訪衆論
公同商榷事關生民保障不獨寶山一縣紳庶
自衞身家捐輸已形踴躍即貼近之嘉定上海
二邑亦皆脣齒相依尚可互勸集捐以期衆擎
易舉因令先將已捐之項採購料物趕運赴工
並於寶山紳耆中公舉總董數人散董數十人
分司其事現在將屆立冬水勢消落應即擇吉
開工派令印委各員分頭催辦並飭蘇松太道

陽金城率同太倉州知州李正鼎時刻來往稽查不任稍有草率一面續勸協捐以資辦理察看該處民情因見各官捐廉倡辦係爲保衛民生起見無不心懷感奮雖需款繁鉅而妥爲勸導稍寬時日自可有成統於竣工之後查明捐戶銀數照例

奏咨鼓勵加有格外多捐者容 臣 等酌量懇

恩加獎仍嚴札州縣毋許抑勒科派並飭杜絕虛糜

不准有絲毫浮費如能格外撙節即可稍減捐

數總期認眞核實以戢鉅役而奠海疆一俟通
工完竣臣等酌往驗收另行具
奏再該工既係捐辦應請照案免其造册報銷據
該司道會詳請
奏前來臣等謹將勘估籌辦情形合詞恭摺具
奏伏乞
皇上聖鑒訓示謹
奏

劉河節省銀兩撥挑七浦等河摺

奏爲蘇州省水利工程動用劉河節省銀兩擇要

舉辦其餘酌量捐修恭摺奏祈

聖鑒事竊照江蘇號爲澤國而財賦甲乎東南賦出

於田田資於水故水利爲農田之本不可失修

如吳淞黃浦劉河乃三江之舊蹟白茆河又別

爲一大支近年以來或動項或捐挑均經奏奉

諭旨准辦以次深通小民感戴

皇仁同歌樂利此外尚有太倉州境内七浦河道及

太湖以下泖淀等處亦多湮塞亟宜擇其要道
挑空疏通俾上下一氣呵成淸水暢流以刷潮
淤而資灌漑查上年借項興挑劉河案內有節
省餘銀三萬四千九百兩經臣等於收工時
奏蒙
恩准留作接挑各處河道之用當卽行司飭委前署
太倉州現署蘇州府知府周岱齡靑浦縣知縣
蔡維新等會督各該州縣周歷履勘次第舉辦
旋據稟覆勘明靑浦縣境內淀山河一道現尙

深通毋庸開濬外其太倉州境七浦河一道東
爲海口設有七浦閘一座淤塞已久量應濬工
長五千六百二十八丈二尺內有浮橋鎭市河
六十丈雖向由該處居民自行開挑而自河淤
以來民居大半遷移鋪戶亦多閉歇應一並給
價承挑實需土方埧工銀一萬五千二十兩零
又元和縣境內南塘寶帶橋一座共五十三孔
係太湖出水咽喉年久失修圈洞坍塌以致壅
塞水道湖瀦宣洩不靈夏秋盛漲之時深虞泛

溢於水利全局大有關繫亟須修整據估工料銀六千六百七十兩零由司確核無浮詳明動支劉河節省銀兩撥給興辦已據具報於本年三四等月先後興工如式挑修完竣經 臣 林則徐與藩司陳鑾親往察驗並無草率偷減其餘承接太湖之支港各河如吳江縣境之瓜涇港王家匯挑家莊七里港郙前嘴大港新港及太倉州境之楊林朱涇兩河嘉定縣境之華亭涇黃姑塘蒲華塘並據該州縣等勘明皆係上承

下注要道近亦處處淤淺俱應一律興挑以資
宣洩除朱涇河華亭涇黃姑塘蒲華塘均由民
捐民辦外其楊林河一道並吳江縣境瓜涇港
等處請動劉河節省餘銀興浚又澱湖一處跨
連元和婁縣青浦三縣上承太湖及浙西諸水
下同黃浦入海蓄洩並用旱澇兼資惟淤土甚
多須將新漲之灘切除挑浚方免滋蔓祇因劉
河案內節省銀款分辦各河已不敷用據青浦
縣蔡維新稟請情願捐辦現已集夫興工歲內

諒可告竣又松江府屬川沙廳並上海南匯二
縣其轄之白蓮涇長濱呂家濱小腰涇等河均
係跨連數處水利亦已勸捐興辦等情由蘇州
藩司陳鑾彙詳請
奏前來 臣等伏查劉河節省銀三萬四千九百兩
既經奏准留為接挑各河之用自應核實辦理
惟存銀祇有此數而河道淤塞之處悉數難終
惟有擇要量准動款其餘可以籌捐者即歸捐
辦可以略緩者即歸緩辦除七浦河寶帶橋兩

處工程已撥給銀二萬一千六百九十五兩零業經挑修完竣驗收如式外現僅存銀一萬三千二百四兩零以之挑浚太倉州楊林河及吳江縣瓜涇港等處核其工費尚有不敷祇可就款量為分撥現經給發太倉楊林河銀八千兩吳江瓜涇港等河銀五千二百四兩零飭令乘此水涸集夫趕挑其有不敷悉由該州縣捐廉湊辦所有撥用銀兩統歸劉河案內依限攤徵還款其泖湖朱涇以及華亭涇黃姑塘蒲華塘

白蓮涇長濱呂家濱小腰涇等河或先已挑竣或現在僱挑皆由官民分別捐輸不敢概動款項亦不許稍有草率偷減並不得假手胥役地保致滋弊竇總之地力必資人力而土功皆屬農功水道多一分之疏通即田疇多一分之利賴臣等惟當隨時率屬講求經理未雨綢繆以期仰副

聖主劭農勤民之至意再青浦縣知縣蔡維新係卓異案內應行引

見之員因委估挑工業經
奏准展限在案應俟工竣再行給咨赴部合並聲
明除飭將七浦河等工取造估計報銷各册繪
圖詳請
題咨外臣等謹合詞恭摺具
奏伏乞
皇上聖鑒謹
奏

籌議新漕事宜摺

奏爲遵

旨籌議趕辦新漕各事宜恭摺覆

奏仰祈

聖鑒事竊臣等接准部咨欽奉

上諭朱爲弼奏遵旨籌議剔弊速漕各事宜酌擬條款請旨辦理一摺如所稱新漕兌開宜竭盡人力趕早等語著有漕各督撫通飭各該糧道及所屬州縣先事預籌提前儹辦至所稱飭提浙江湖廣

船隻無分省分幫次先到先進瓜洲口趲儹來淮
盤驗等語著陶澍林則徐妥議具奏至糧艘交卸
以後必須趕緊回空庶辦理新漕可期及早受兌
著沿途各督撫於回空糧幫趕緊催儹不准藉詞
停泊庶幾以速補遲剋期歸次毋得任令延逾致
誤例限又稱各衛屯田應妥為清理等語著有漕
各督撫妥議具奏又稱江蘇總運丞倅應管押幫
船過淮渡黃等語著林則徐妥議具奏等因欽此
當經恭錄轉行欽遵辦理並將應議各條札飭

江甯江蘇兩藩司江安蘇松兩糧道會同籌議
一面飭令沿河文武員弁督率兵役親駐河干
將各省回空幫船尅期催儹臣陶澍復經委員
分往北運河及山東臨清一帶加緊催提已於
十月二十八日掃數渡黃完竣惟徒陽運河因
冬令潮弱兼被西風刮耗水勢淺小經臣林則
徐預飭該府縣將橫閘支河搶挑深通並令隨
時察看如京口過淺即飭各幫循舊由橫閘進
口截至十一月初六日催進京口船二百四十

三隻又進橫閘船一千一百十一隻共進口船一千三百五十四隻在後幫船現仍飭令晝夜緊催總期趕早歸次不任藉口停延至新漕事宜臣等於秋米報穫之時即飭有漕各屬先事預籌趕早開倉催徵交兌能得水次早開一日則渡江過淮渡黃抵通均早收一日之效況疊

奉

諭旨提前儹辦不特臣等與漕臣及各糧道一體欽遵力求趕早即有漕之州縣亦惟冀幫船早離

水次如釋重負但一縣之漕糧多者逾十萬石
少亦數萬石倉廒每不敷收貯必得隨收隨兌
始無積壓之虞而旗丁以米色爲停兌之藉詞
以停兌爲索費之把握總因相持不下兌遲則
開亦不得不遲臣林則徐於上冬幫船津貼一
節循照從前
奏案早飭定議雖爭執刁難之處亦復不少而猛
寬兼濟大概不敢以私誤公今冬漕船輪值調
幫之年恐貪詐者更有所藉口惟有早爲嚴立

限制確訪尖丁蠹棍懲一儆百以杜阻撓而速
兌開本屆收成之時天氣連晴與上冬無異則
所收米色亦與上冬無異但幫丁之借題挑剔
久已習爲故套今惟照例責成糧道臨倉親驗
並委各屬總運廳員逐廒察看凡道廳驗定之
米即不許幫丁混挑妄稟少一分之挾制卽早
一日之開行果其自南至北在在加意體卹使
旗丁不負重累自可冀漕清運速年勝一年矣
又飭提浙江湖廣船隻無分省分幫次先到先

進瓜口一條臣等恭查道光六年欽奉
諭旨琦善奏來年各省漕船請不論幫次隨時提前
過淮一摺來年起運新漕節經降旨嚴催迅速儹
行若令沿途停候挨延恐致稽遲著照所請浙江
幫行抵江境如在江蘇各幫之前即將浙江幫提
前插檔渡江前進江西湖廣各幫先行停泊江面
者無論何省何幫即行儹挽徑進瓜口俟全數渡
黃後於邳宿一帶仍令按照原定省分次序順幫
前進等因欽此欽遵在案來年浙江重運行抵江

境如果在蘇松各幫之前自應欽遵前奉
諭旨將浙江幫提前插檔渡江前進其江西湖廣各
幫如有先行停泊江口者無論何省何幫即行
儹挽徑進瓜口俟全數渡黃後於邳宿一帶仍
按照原定省分次序順幫前進倘有水手人等
爭競擁擠即由該處文武營汛及該幫運弁嚴
拏究辦俾知儆畏又各衞屯田妥爲清理一條
業經分飭各府州縣衞查屯丁有無私行典賣
如有典出之田即行根查明白限一月內開册

具詳俟覆到即由糧道會同藩司速籌回贖章

程妥議詳辦又江蘇總運丞停應管押幫船過

淮渡黃一條伏査總運廳員有彈壓水手搶查

盜賣之責原應督押所屬尾幫過淮渡黃北上

近因守候各州措解存公銀兩以致不克隨幫

起程查存公一項即係州縣所給各幫津貼銀

內扣出之款嘉慶十七年前任蘇松糧道李長

森拏獲通州放債跟幫盤剝一案經前撫臣章

煦

奏明酌量幫情每船提存數十兩封貯俟抵通散
給各丁接濟此項應解總運收貯管帶惟漕船
開行緊迫花戶米石既難概令全輸而
天庾正供不可顆粒短少各州縣墊項買米久已不
得不然又開船以前幫丁水次所用率皆取諸
津貼計州縣遲行給丁之數已屬不貲此項存
公未能卽時同解以致總運廳員羈留守候亦
勢之無可如何歷年以來經臣疊檄嚴催未嘗
稍予以暇僅係解交無誤朱爲嚮以總運本應

隨幫督押不得因此久延所諭亦正嗣後應責
有漕州縣將扣存帑北存公銀兩於幫船開行
十日內按數解交總運廳員收存倘延至所屬
幫船全行渡江之時尚未清解即先催該總運
迅速起程督運一面飭令將何縣存公已解何
縣未解由總運據實稟明司道責成該管府州
勒令州縣將銀專差趲解總運舟次倘趲送不
到竟至誤公由司會同糧道詳請將該州縣撤
參以儆疲玩此外凡有可以速漕事宜臣等分

飭司道次第妥辦以期漸復舊規斷不敢稍存因循貽誤茲據該司道會詳前來臣等覆加核議謹合詞恭摺覆

奏伏乞

皇上聖鑒謹

奏

親勘海塘各工片

再太倉州屬之寶山縣捐修海塘工程經臣會

同督臣陶澍奏奉

上諭陶澍等奏籌議捐修海塘工程估需銀二十萬

兩有零據稱業經率屬倡捐該縣紳士踴躍輸將

捐項已經及半其附近之嘉定上海二縣皆脣齒

相依倘可互勸集捐以期蕆事著卽責成蘇松太

道陽金城太倉州知州李正鼎督令各該縣隨捐

隨辦並往稽查無任草率等因欽此當經恭錄轉

行欽遵辦理旋據蘇松太道陽金城太倉州知
州李正鼎等以該處塘工有迫近海濱外無護
灘之處應否繞越挽築稟請 臣 臨工勘辦又嘉
定上海二縣雖已分勸盡捐尚未集有成數亦
須 臣 親往督勸 臣 隨於十月二十八日自省起
程前赴寶山工次親加履勘除縣城迤西之小
沙背迤北之談家浜二處雖皆臨水頂衝而迫
近城垣市鎮未便過於縮進仍照原估於舊塘
裏面加築新塘以資重門保障外其江西之衣

周塘及江東之八房宅唐家宅長浜周家宅各處均係頂對大洋形勢挺出外灘已塌塘腳漸卸入海若仍於原處修築現在礙難施工且恐不能經久自應繞越另集庶臻鞏固又江西江東兩礮臺挺峙海口雖潮大之時不免漫及根腳而形勝所在未便改移惟於臨水之一面加築圍塘多護椿石以憑扞衛又施港迤南塘身留有石洞一座因係農民灌溉取需不便令其堵塞但恐大汛潮猛易被衝決亦須略爲挽越

以避激蕩均經 臣 逐加履勘與該道縣並紳董
人等酌商定見卽飭該縣等妥爲照辦毋許稍
有草率至嘉定上海二縣協捐一節並經 臣 親
督道府州縣傳令各該紳士詳加開導互勸輸
將僉稱各官尚且捐廉爲民保障該紳等住居
切近自當勉力輸助以濟要工察其情詞尚屬
踴躍可期源源捐濟以無誤工需 臣 仍諭飭撙節
動用務使料實工堅以爲一勞永逸之計又查
今歲夏秋之間沿海屢被風潮本不止寶山一

處如華亭縣之海塘亦據該縣稟報外塘樁石多被沖損內塘脚土間被汕刷等情經臣彙入風潮案內附片奏蒙
聖鑒在案茲臣於寶山勘畢之後並到華亭海塘逐段查勘該塘內面砌條石十五層外面包土其迎潮處所又加樁木碎石層層攔禦潮至雖被激齧仍從空隙處退回故相沿謂之玲瓏塡實爲全郡保障前於道光十一年遭被風潮損壞曾經請

格承修計今已逾保固例限本年六月十四五及
七月初二三等日颶風大作致將玲瓏壩土石
樁木各工先後沖壞潮汐直到塘根刷去面土
激動條石當經署松江府周岱齡督同該縣張
慶瑗趕緊搶堵一面按段查勘估計詳辦即據
該府縣以工段綿長一時無款可籌而該處民
力拮据即勸捐亦恐無濟祗得由松江府屬各
員捐廉酌辦議請先行擇要將珠稱等號有土
無石之單塘一百二十餘丈再加本樁一層樁

內塡石后添土鋪築行磯務令堅實又將最
險之金山嘴地方烏官以下等號擇要修築四
百四十餘丈均於石塘包土之外量至六丈地
位排釘木樁內塡碎石加築尾土悉照玲瓏塡
做法修成護塘灘坡俾險要之處捍衛有資再
將金塘外垻徐圖修復等情臣此次親詣覆勘
所估各段皆係刻不容緩之工應如該府縣所
議先行興辦已令卽速施工所需經費據該府
正署各員督率該屬之華亭奉賢上海南匯青

浦等縣分別捐廉通力合作除俟工竣驗收查
明實用確數再行專摺具
奏外所有臣出省親勘海塘分別飭辦緣由謹會
同督臣陶澍附片陳明伏祈
聖鑒謹
奏

籌辦通漕要道摺

奏爲籌辦通漕要道將練湖隄垻勸諭民修運河
閘工由官捐辦俾濟運長資利益恭摺奏祈
聖鑒事竊照鎭江爲漕運咽喉江浙兩省糧船皆所
必由之路而每年重空往返挑浚河道蓄水提
船一切機宜則惟鎭江道府縣營責成爲重其
挑河例價不敷並須江蘇各屬州縣捐資協貼
一遇江潮低落設法推挽勞費尤倍於平時揆
其致病之由總因該處運河本係鑿山通道並

無水原祇恃引江入河以資浮送而江水本不
宜過大若逕河灌輸盈滿於行舟固爲順利而
沿江田地早已被淹如江水落低則利於洲田
又不利於漕運兩者相較固係農田爲本而運
道則須隨時盡力以圖補救之方臣陶澍於嘉
慶二十一年巡視南漕卽以修整閘座濬治練
湖等事縷晰陳
奏道光七年九年在巡撫任內復節次
奏明籌辦閘塤提埂以資收蓄誠以江潮長落靡

常緩急仍難盡恃練湖開於晉代在運河之西
爲長驪諸山衆水所注唐宋元明皆治之以濟
運其上接丹徒境者謂之上練湖下接丹陽城
者謂之下練湖上湖高於下湖下湖又高於運
河以節節傳送有湖水放一寸運河增一尺之
諺與山東運河之有南旺南陽微山諸湖情形
相仿明季湖禁漸弛居民占墾遂致就堙我
朝康熙十九年始定以上練湖改田升科下練湖
留資蓄水然湮塞已久所蓄究屬無多而濬湖

築隄經費太鉅是以屢議屢寢臣陶澍在巡撫任內奏修閘座亦係先其所急將黃泥閘移於張官渡以當湖之下游俾得擘托湖流使之回漾稍濟江潮之不逮每於重運回空經過閉板蓄水曾著成效然全湖隄埧久已損壞水來則直冲而易決水去又一洩而無餘臣林則徐於道光十二年秋間親歷履勘因議擇要築埧以利節宣迨十四年四月臣陶澍閱兵過彼亦經覆勘意見相同遂即定議籌辦並經附片

奏明在案隨飭常鎭道李彦章相度機宜在於該
湖頂沖之黃金垻及東岡一帶先築兩重蓄水
垻加培圩埂二千八百八十丈零使山水皆得
入湖不介散漫又恐水勢暴猛或虞沖決因於
湖之東隄添建減水石垻兩座如遇暴漲有所
分洩可以保隄其通入運河之處勘得有念七
家古涵較舊滯之范家浦機勢更順因修復古
涵以作水門并就近建設濟運石閘一座於運
送軍船時放水接濟漕過之後用土塡築留一

涵洞以灌隄外民田是不特濟運有資即農民
亦咸霑其利 臣 等當即飭道督縣勸諭得霑水
利之業佃或出力或出貲令其舉董經理官爲
督率輿情咸知利益踴躍急公自夏至冬工程
陸續報竣適值是冬丹徒水涸回空全進橫閘
臣 林則徐親駐鎭江督催提挽飭委該道李彥
章試放濟運新開山急七家涵引水而出竟能
倒漾上行至數十里之遠連放數次軍船得以
銜尾南行其效頗爲顯著此道光十四年勸諭

民間捐築練湖蓄水減水諸則暨修復古涵改
建濟運閘之情形也復查下游張官渡一閘爲
漕船經過要津前將黄泥閘移建該處原以引
截練湖便資挈托時經七載因限早逾第年來
溜勢時有變遷河形漸形灣曲每遇夏秋盛漲
疏洩不及金門雖免逼溜即恐有礙舟行臣等
復往返札商今昔情形既殊自須變通盡利欲
其順溜取直莫若因地制宜隨勘得該閘迤上
相距二百丈之處溜勢漸形平緩而其地段仍

在練湖濟運閘之下游疊經督匠相度僉謂宜
將該閘移建於此但舊閘只有一座金門而舟
楫經由絡繹不絕欲議改建尚須另籌行船之
路始可截壩興工因思移地建閘原欲以殺水
勢莫若改爲正閘越閘兩座尤靈遂於所勘改
建之地先就南岸一邊開出越河將地勢加倍
展寬俾其可容磯心雙孔之閘即於越河圈築
攔壩一道仍留其北一半河路俾得照常行船
其在攔壩以內者即可施工先建越閘俟越閘

工竣放水通舟然後拆去靠南之埧圈於靠北
一邊以建正閘如此倒換辦理往來船隻既無
阻滯之虞而雙孔閘成又免涌激之患將來設
遇修理亦可不礙漕行但一閘改爲兩閘中添
磯心一道所需工料倍多而經費有常仍不敢
遽請動
帑查挑辦徒陽運河向由各屬捐資協貼本係歷
有舊章若果閘座鈐束得宜即挑費亦可期節
省是以改建該閘仍歸官捐辦理各州縣中急

公從事者尙不乏人自上年秋間集項購料興工至十二月內先將越閘辦竣工料均稱堅固維時回空南下又值潮枯水涸之時當即放出湖瀦將該閘下板攔蓄愈得倒漾之力江浙回空約三千艘無不由該閘而下更爲濟運之明效旋即接手砌辦正閘不日亦可告成此自上年至今建改張官渡正越兩閘官捐辦理之情形也惟思張官渡之下游尙須重門收束遇水淺時上下扨板此啟彼閉始能呼吸相通即練

湖圩埂堤涵雖已擇要勸民修辦而殘缺之處
尚多仍須設法籌維期湖水多蓄一分即運河
多得一分之益查張官渡迤下六十里有呂城
閘建自宋元祐四年其地勢正當扼要我
朝雍正年閒就舊基重建正越兩閘嗣是越閘埋
塞糧船祇由正閘經行嘉慶二十二年曾經估
修旋又議緩上年該閘金剛牆漸坍到底坍下
之石堵至金門重運經臨幾為所阻經丹陽縣
督率呂城巡檢集夫抬撈始得通舟此時勘估

興修實屬刻不容緩惟該閘越河久爲瓦礫填壅越閘石料剝損尤多今既議興修仍須兩閘并辦不便偏廢現照張官渡章程先行挑濬越河趕修越閘已於正月興工此時糧船正在北行仍令經由正閘俟越閘修竣得以通舟再將正閘接手開砌所需經費亦歸本省官捐項下撙節辦理槪不敢請動款項至練湖隄身單薄之處西南兩面尤甚其蓄水舊制本以湖心二尺八寸爲度因湖底既淤隄埂又缺遂致不能

多蓄欲籌東水不外培隄但湖面正寬即以下湖而言周圍已四十里勢難全行圍築前於湖東一帶酌建蓄水減水各壩並築圩埂二千八百餘丈來源已有歸宿不至旁溢斜分今再勸諭民佃於湖之西南兩面就近挑挖湖淤即以挑出之土培築堤埂照舊制高一丈二尺面寬四尺兩邊二五收分更足以資攔蓄該處近湖民居有一百八十三邨計田四萬六百八十餘畝查歷修水利本有按田出夫業食佃力之章

程茲復由該道李彥章督同鎮江府龔文煥分別出示覆加勸諭農民均各樂從臣等已飭陸續興挑飭令印委各員常川駐工稽查督辦務使逐一核實迅速蕆事俾運河長資利益漕事年勝一年以期仰副

聖主利運便民之至意至此案均係捐辦工程應請免其造冊報銷除各工一律全竣分別驗收另行

奏報外所有先後籌辦緣由據署蘇州藩司裕謙

會同常鎮道李彥章具詳前來臣等謹合詞恭

摺具

奏伏乞

皇上聖鑒謹

奏

楊文忠公遺書 別集 卷六

會奏道光十年以前積欠銀米麥豆穀石請豁
摺
奏爲遵
旨查明江蘇省積年民欠及因裁緩帶銀米麥豆穀
石實在未完各數開列清單恭摺具
奏仰祈
聖鑒事竊臣等接准部咨欽奉
上諭朕寅承丕緒撫馭萬方旰食宵衣無日不以勤
恤民依爲念十五年中劭農重穀減賦停徵疊沛

恩綸覃敷愷澤所顯四海烝黎家給人足共享昇平之福因思各省民欠錢糧自嘉慶年間蠲免以後迄今又閱十餘年矣比歲以來仰蒙
慈佑慶協綏豐民氣和樂本年恭逢
聖母皇太后六旬萬壽欽惟
慈禧光被歡洽敷天允宜申錫無疆普蠲逋賦所有各省節年正耗民欠錢糧及因災緩徵帶徵銀穀並借給籽種口糧牛具及漕項蘆課學租雜稅等項即著該督撫將軍府尹等將道光十年以前實欠

在民者詳悉查明按照該省所屬之某州某縣銀
穀若干速行開單具奏候朕以次降旨全行豁免
並著先將此旨謄黃宣示城鄉邨鎮咸使聞知俾
官吏胥役無從影射侵欺以期實澤下究用副朕
錫羨延
釐普惠寰區至意該部遵諭施行欽此當經恭錄轉行
江甯蘇州兩藩司及江安蘇松兩糧道欽遵查
辦一面恭刊謄黃頒發各屬遍行曉諭業經辦
理情形先行覆

奏在案臣等伏查江蘇為財賦之區錢漕繁重甲
於他省上屆查辦嘉慶二十二年以前民欠共
銀四百六十九萬二千餘兩米麥豆等項一百
六萬六千餘石均奉
恩旨全行豁免今自嘉慶二十三年以後截至道光十
年又閱十有餘載其年應征之項歷於奏銷案
內比較分數撥年造册
奏咨復將上下兩忙徵解銀數隨時據實
奏報層層考核備極周詳是以應征熟田項下民

欠尚不至於過多惟因裁緩征之項是道光三
年大水以後江蘇兩藩司所屬頻年屢有裁傷
民生積困之餘既不能概予議蠲自不得不量
爲展緩就一年而計爲數尚少合十餘年併計
積數遂多此次
曠典特頒總期實惠及民不使官吏有一毫之侵欺
款用有一毫之隱混臣等飭次飭司將應豁者
何年何款不應豁者何年何款須發各屬遍行
示諭務令城鄉市鎮共見共聞在官之人無從

影射凡在茅檐蔀屋無不歡呼載道感頌
皇仁查十年以前積欠之地丁驛俸損腳屯折貢舫
蘆課雜稅學租河灘租等款錢糧以及漕糧漕
項銀米俱在清豁之例款目甚繁其中已入清
查及參案虧缺續完各數必當逐款剔除不許
混入而未完民欠尤以版串爲憑故必逐張盤
驗果係的欠在民者方准查辦惟歷年久遠串
據紛紜鉤稽大爲不易隨復督飭藩司糧道悉
心綜核往返駁查並遴派明幹丞倅及候補州

縣等官分赴各屬會同該管府州弔查各任實
徵簿冊交代案據按年按款核對務使針孔相
符遞加切結送司核辦其直隸州廳民欠由巡
道核盤加轉如有影射朦混責令據實揭參並
又節次札催去後茲據江甯布政使楊簧署蘇
州布政使裕謙江安督糧道唐鑑蘇松督糧道
陶廷杰先後會督各道府州暨委員等查實節
年民欠及因裁緩帶銀米各確數開單詳請具
奏前來臣等覆加查核除太湖金匱嘉定崇明四

廳縣太倉鎮江二衛應徵錢糧均係年清年款
並無十年以前應豁民欠外計自嘉慶二十二
年起至道光十年止江甯藩司所屬熟田應徵
項下實欠地漕等銀六萬六千七百二十八兩
零穀二千二十三石零蘇州藩司所屬熟田應
徵項下實欠地漕等銀八萬六千三百九十七
兩零米一百四十五石零以額徵之數科算其
所欠尚不及百分之一惟節年因裁緩徵項下
江甯藩司所屬地丁驛俸攤腳屯折貢舫蘆課

雜稅公費學租漕價出借糧種口糧油廠地租
河灘租並漕項鳳陽淮安徐州倉正耗及補征
蘆課各款共銀三百七十二萬七千九百八兩
零外有阜甯縣新淤灘地未完道光十年地丁
灘租正耗銀七百五十九兩零南屯恤孤漕糧
漕項麥豆及出借常平倉穀一百一十六萬六
千三百三石零蘇州藩司所屬節年栽緩地丁
攤腳蘆課漕項學租等款共銀一百一十二萬
五百六十八兩零地漕米豆二十二萬九千五

石零均因連年荒歉疊奉
恩旨遞緩本不在應徵之列倘非花戶完納不前亦
非州縣催科不力以上江蘇兩屬統共熟田未
完銀十五萬三千一百二十六兩零米穀二千
一百六十六石因荒遞緩銀四百八十四萬九
千二百三十五兩零米豆麥穀一百三十九萬
五千三百九石零皆係實欠在民並無絲粒隱
混除將應豁各款清册咨部核辦外臣等謹會
同漕運總督臣恩特亨額河道總督臣麟慶合

詞恭摺具
奏並開繕清單敬呈
御覽恭候
恩旨遵行再各屬社倉穀石係民捐民辦所有出借
未完各數上屆係於欽奉
恩詔豁免籽種口糧案內聲明歸入年例咨報冊內
請豁奉部覆准在案今屆社倉出借應豁穀石
另查明確數詳咨仍歸本案報銷冊內造報又
各項應免雜款及攤徵河銀容照上屆成案查

明另行分別具

奏其蘇州藩司所屬並無出借常平倉穀籽種口

糧牛具亦無雜稅欠款合并陳明伏乞

皇上聖鑒謹

奏

會奏各州縣墊完民欠銀米請豁摺

奏爲積欠案内查有各州縣歷年墊完民欠銀米

無從徵還恭懇

天恩一體豁免仰祈

聖鑒事竊照欽奉

恩旨查豁道光十年以前民欠銀米業經臣等督飭

司道府州等吊核簿串剔除已入清查參案續

完各款將實欠在民確數另摺開單具

奏恭候

恩旨欽遵外惟盤查銀米版串實有溢於報部欠解
之數查係征少解多官爲墊完之項而其中漕
米尾欠爲數居多吊齊實徵堂簿以及交代案
據逐一核對均屬相符由各府州會同委員層
層加結並無揑混計自嘉慶二十三年起至道
光十年止除陸續徵完外江藩司屬尚有墊完
未徵銀一十七萬七百四十八兩零米二萬四
千二百七十一石零蘇藩司屬尚有墊完未徵
銀一十六萬一千六百七十一兩零米三十七

萬三千六百八十八石零緣江蘇起運漕糧數
居南漕之半而漕船開行次序又在各省之前
例限則緊迫異常糧戶復殷疲不一加以頻遭
積歉即嚴刑峻法亦不能於冬春之際責令花
戶一律全完而
天庾正供不敢遲緩州縣恐悞兌運不得已暫動庫
項買米交幫其地丁漕項錢糧每年奏銷時畸
零小戶完納不前亦有官爲挪墊以副例限而
濟要需遇有交代將墊完銀米流抵挪缺之項

移交後任挼征實相沿年久在州縣之動項墊
解固不免規避處分然當漕務喫緊之時催兌
催開急如星火實迫於萬不得已卽地漕錢糧
院司亟待截數奏報不能任其緩解故亦間有
墊完此等情形久邀
聖明洞鑒但所墊銀米原係實欠在民歷經責令州
縣陸續徵完歸補庫項本爲有著之款今民間
逋賦已蒙
恩旨蠲除不能再向糧戸催徵遂致無從歸款查嘉

慶二十三年查辦豁免曾以墊完銀米官非一
任墊非一年其現在本任者尚可勒限追完而
事故離省者難免沓追懸宕經前督撫臣奏蒙
恩旨准由現任分作十年攤補行之一年仍歸於
恩詔款內豁免且上屆查辦之時嘉慶十四年以前
墊完民欠已於二次清查案內開報僅有十五
年至二十二年之款爲時不過八載相隔亦止
一年尚有本任之員可追今道光十五年查豁
積欠計各屬各墊之款自嘉慶二十三年起至

道光十年止已積十有三載之多現又相距五年之久原墊各員均已輾轉更易此內如嘉慶二十三四五等年銀米已入三次清查分限催納又道光元二三四等年米石先限一年徵完繼復請分三年帶征除屢被裁撤各廳州縣欠款展緩之外其餘仍照原限催征凡征不足數分別追賠皆曾

奏咨有案奈完繳寥寥類多人亡產盡猶冀仍追民欠藉以補苴今民欠既無從著追原墊即無

可彌補而自道光三年大水以後災歉頻仍不
獨民力拮据而州縣辦公尤形支絀即令現任
之員分年攤補恐亦徒託空言茲據江甯藩司
楊簧署蘇州藩司裕謙詳據江蘇各府州稟請
將此項墊完民欠銀米各按交代原抵之數一
體豁免註銷動缺庫項等情先後詳請
奏前來臣等查此等銀米在小民實欠原應並荷
恩蠲而州縣墊完早已上供
國用無從徵補合無仰懇

天恩俯念江蘇錢漕重大迥非他省可比墊出因公
官經屢易今除還過之外所餘尾欠按各年額
征科算不及百分中之一二所有兩藩司屬墊
完民欠共銀三十三萬二千四百一十九兩零
米三十九萬七千九百五十九石零照各屬交
代原抵之數每石折價三兩上下不等共合銀
一百一十七萬一千三百四十二兩零伏乞
皇上格外慈施
准予一體豁免註銷各屬存庫則州縣得免攤賠小

民益需
恪澤而庫項亦歸實在感沐
恩慈倍無涯涘此後根本既清末流可截臣等惟有
督飭藩司道府加意徵儲倍嚴稽核不任稍涉
虛懸庶幾澄源節流仰副
聖主實惠均被之至意謹合詞恭摺具
奏並繕清單敬呈
御覽伏乞
皇上聖鑒訓示謹

奏

會奏各屬墊完民欠銀米情形片

再江蘇錢漕之重款項之繁終歲催提幾無虛日各屬咸知考成所係無不加意催科但一州縣中大者數十萬戶小亦十餘萬戶共一戶之中又將田畝糧額私自分析紛碎畸零莫可勝數有田在此圖而糧由別處完納令人難以尋覓者謂之寄莊有墳墓住房本係有糧之地因無可耕種永遠拖欠者謂之板荒又有私將田畝出售並不推收過戶而逃亡無蹤者謂之虛

糧此等錢漕皆不得不由官墊解然錢糧尚有
奏銷分數卽未經全解猶許照例開參而漕米
照糧船起運之時顆粒不能短少限期緊迫
功令森嚴臣等不敢不極力催提州縣卽不得不
買米墊兌且不獨墊米而已凡重運之自南而
北與回空之自北而南除例給各款之外無非
取諸州縣卽例給之款亦須州縣將漕項銀兩
趕緊解赴糧道方足以資開發故漕船開出之
後州縣逋累不少而未征之糧串正多惟期陸

續征還始能歸墊而民閒則以漕船已去延宕
無妨設遇歲功不齊更必藉詞抗欠乃未幾而
奏銷須截數矣未幾而上忙又屆限矣新錢糧
與舊漕尾勢難同時並催一輾轉閒而上屆之
漕尾未清下屆之新漕又至不得不先其所急
舍舊圖新年復一年遂成交代抵款此等墊漕
之州縣雖非正辦而其心究屬急公較諸坐視
悞漕者奚啻霄壤設或禁其墊辦必致貽悞兌
開歷年以來惟有於辦理新漕之餘責令設法

帶催舊欠使之遞年減少漸就清釐故自嘉慶二十三年起至道光十年止已閱十餘載之久中間征辦漕白正耗行月兵匠等米不下三千萬石而僅留此三十餘萬之尾欠是催徵未敢鬆懈似可概見即其墊解錢糧銀兩亦皆迫於供支之急不得不然令若免於民而賠於官如咨追原墊之員既恐人亡產絕如責令現任彌補尤恐剜肉補瘡甚且藉詞賠累朘削民膏即使參劾嚴懲亦已無裨於事矣幸蒙

聖主洞察下情
恩綸普被臣等不揣冒昧謹將實在情形合詞附片
纏陳伏乞
聖鑒訓示謹
奏

驗收寶山縣海塘工程捐

奏爲捐修寶山縣海塘先將已完土石各要工驗

明如式仍飭妥速集捐趕添樁石永資鞏固並

將四千兩以上至萬餘兩之捐戶先行懇

恩奬勵以昭激勸仰祈

聖鑒事竊照太倉州屬之寶山縣海塘於七年六七

月間連遇風潮異常猛烈沖坍至五千餘丈經

臣與督臣陶澍函商以海濱保障攸關斷不可

遷延貽悮而工程浩大

國家經費有常又值浙省大修海塘之時不敢復
以江蘇塘工請動
帑項當飭升任藩司陳鑾親赴寶山會同蘇松太
道陽金城體訪輿情妥爲勸諭捐輸辦理由臣
附片具奏欽遵
硃批所辦妥等因欽此隨即率同司道州縣捐廉爲
倡勸諭城鄉紳庶陸續出捐十萬有零因估需
工費在二十萬兩以外復於附近之嘉定上海
二縣互勸集捐以襄鉅役一面督飭印委各員

選舉董事乘時興工會同督臣陶澍奏奉
諭旨責成蘇松太道陽金城太倉州知州李正鼎督
同各該縣隨捐隨辦等因欽此當卽恭錄轉行欽
遵辦理旋據該州縣等以該塘有逼近海濱外
無護灘之處應否繞越挽築稟請臣臨工勘辦
又嘉定上海二縣協捐亦須臣親往督勸臣當
於上年十月內赴工親勘定議並將勸捐踴躍
情形續經附片陳明在案伏查該塘舊工因收
分過少形勢近於陡直恐不足以柔潮勢是以

現築新塘概係底寬八丈頂寬二丈高一丈二尺外面臨水之處均用三收做法裏面亦用二收並恐舊土與新土不相膠黏所有沖壞之處悉將舊土剷平鋪底重新硪築每鬆土一尺行硪三遍打成實土六寸責令各段委員逐層面驗驗實一層方許加築一層又石塘鋪砌條石一百九十餘丈皆令選擇堅結石料鏨鑿平整其土石交接之處加築石埧三層以資裹護並於小沙背談家浜二處收復挑水埧兩道埧外

雙樁夾石以資挑溜又沿塘簽釘排樁填砌塊
石凡迎潮頂沖之處皆用雙層其次要之處酌
用單層又施港迤南舊有石洞一座係農民灌
溉所需不宜堵塞而大汛潮猛易被沖決原估
挽越砌築嗣察看形勢竟須改建石閘一座始
足吐納潮汐農田既資霑潤而閘身寬厚亦無
激蕩之虞又塘後舊有隨塘河一道工長五千
二百餘丈歲久湮塞幾成平陸該河本關水利
且沿塘樁石得由內河運送可免海運風濤之

險自宜乘此興舉鉅工之時一律開濬以上各
工有原估所未備及者飭據太倉州知州李正
鼎統辦委員候補知縣龔潤森總催委員坐補
崇明縣知縣徐家槐鎮洋縣知縣孔昭顯暨寶
山縣知縣毛正坦等稟由司道核明詳請添辦
當經批飭督率紳董嚴實經理計自上年九月
二十一日開工起截至本年五月內除石塘先
經補砌完竣外所有新築土塘工長五千一百
餘丈均已告竣其石塘南北兩頭與土塘交接

之處三層盤頭石埧一律砌就挑濬隨塘河亦
已完竣通工樁石先將頂沖之處擇要釘砌其
餘尚須集捐購料陸續接辦據各該員將已竣
各工稟請先行驗收 臣 於五月十九日由蘇州
前赴寶山周歷查驗所有江西江東各土塘量
明高寬丈尺較原估格外敷餘逐段錐試均屬
十分飽滿硪築實為認眞補砌石塘面面方整
並用鐵鋦鐵錠逐層句貫新舊相合灰漿堅結
盤頭石埧三層排樁緊密填砌塊石高與土石

塘相平塘外單雙各石塡擇險釘砌之處椿密石厚足資護塘挑溜其隨塘河道挑深九尺至一丈不等正届插秧之際塘內數萬農田咸資灌溉施港口石閘業經砌至十三層工已及半砌法與石塡塘相同甚爲堅整臣連日查看工段紳士耆民扶老攜幼香花載道無不歡忻鼓舞感頌

皇仁就中有年近百歲及九十歲之耆民王七大陸孔彰楊世奇等僉稱曾經四見大修海塘未有

如此次之層土層磯高寬堅固者臣驗工之時
適見伏汛潮汐正屬盛旺塘工大局告竣已覺
捍禦堪資再得通工椿石全完定足以垂久遠
惟應行續購各料尚屬不少而江西海口礮臺
攸關設險亦須拆修尚有
天后宮及
海神廟年久坍損並應改建所需經費本係奏奉
諭旨隨捐隨辦除官捐項下升任藩司陳鑾捐銀三
千兩解任蘇松太道陽金城捐銀三千兩護理

蘇松太道蘇州府知府汪忠增捐銀三千兩太
倉州知州李正鼎捐銀三千兩寶山縣知縣毛
正坦捐銀六千兩署上海縣事元和縣知縣黃
冕捐銀三千兩署嘉定縣知縣王錫九捐銀一
千五百兩均已交齊支用外其紳庶各捐戶內
有捐數在四千兩以上至萬餘兩者似應先懇
恩獎俾共聞風鼓舞互相激勸已捐者趕緊湊繳未
捐者倍加輸將庶大工尅期告成以仰副我
皇上保衛海疆登民袵席至意據署蘇州藩司裕謙

具詳前來謹另繕清單並錄呈
御覽伏候
欽定至印委各員辦事日久冒暑衝寒皆能實力實
心不辭勞瘁應俟大工全竣歷過秋汛風潮再
行奏懇
恩施以昭核實所有現在驗收已完塘工並籌畫趕
辦情形臣謹會同兩江總督臣陶澍恭摺具
奏伏乞
皇上聖鑒訓示謹

奏

驗收蘇松太等處水利摺

奏為蘇松太三府州陸續挑辦各河道均已告成

驗收如式恭摺奏祈

聖鑒事竊維江蘇漕賦出自水田水治則田資其利

不治則田被其害仰荷

聖明洞鑒疊蒙

諭旨飭修近年以來水利農田頗收實效如十四年

秋間之發蛟十五年夏間之亢旱幸賴吳淞劉

河白茆等處挑浚寬深蓄洩得力故皆不致成

裁此尤效之顯著者是以官紳士庶倍知加意
講求臣於上年驗收太倉之楊林河吳江之瓜
涇港兩處將劉河案內節省餘銀量為分撥仍
令自行湊辦外其餘概由官民籌捐辦理當經
會同督臣陶澍奏蒙
諭旨允行在案自上年至今各屬續挑河道除零星
汊港不計外其在蘇州府屬則吳江縣之瓜涇
港王家匯姚家莊七里港郙前嘴大港新港各
河統共工長一千五百六十七丈常熟昭文二

縣之福山塘河下通海口工長四千九百八十
八丈零其附近之笁塘涇景市橋河共長三千
四百丈並添建攔潮石閘一座又吳縣之張家
塘香山港王家橋河統共工長二千二百三十
六丈其在松江府屬則上海縣之蒲匯塘肇家
浜兩河共長八千五百七十五丈又李從涇新
涇薛家浜三河共長四千八百六十一丈各河
挑竣之後於接連黃浦之龍華日赤二港各留
大壩一座以截渾潮又修復南門外石閘以時

啓閉並將該縣城河一體疏通又川沙廳之白
蓮涇長浜呂家浜小腰浜四河與上海南匯並
界共長六千五百二十四丈零又華亭縣之亭
林鎮鶴頸匯大小蓮港共長三千餘丈又婁縣
之古浦塘官紹塘等河共長三千六百六十六
丈又金山縣先挑洙涇鎮互迎港周家埭邵家
塘等河共長十五里續挑腰涇河千巷鎮陸巷
港歸涇河老鴨涇朱泥涇名河共長四十五里
又青浦縣泖湖切灘與元和婁縣並界共長二

千九百六十五丈零其在太倉州屬則太鎮兩
境之楊林河工長四千九百四十七丈又州境
之錢涇瑤塘又鎮洋縣境之朱涇南北瀏漕石
婆蕭塘西南十八港六窯塘大蔆門等河統共
工長二萬四百九丈零又嘉定縣先挑之華亭
涇蒲華塘黃姑塘共長六千七百四十九丈續
挑之南北雙塘吉涇心涇川路涇橫塘練祁塘
等河連內外城濠共長九千四百六十九丈以
上各工界連十五廳州縣合計挑竣土方共一

百六十六萬七千四百餘方茲已陸續據報挑竣臣於驗收海塘工程之便凡可以經由處所俱經親歷該河量驗口底寬深並將現存水勢逐竿測量按段標記其未能經由之處遞委司府分往驗收均據稟覆寬深如式其中尤以上海之蒲匯塘等五河常昭之福山塘河川沙之白蓮涇等四河太鎮之楊林各河挑挖倍見深通水勢極形暢順臣舟輿所歷親見遍地禾棉皆已長發彌望青蔥耰耡穮蔉之民皞皞熙熙

共冀歲登大有較前此數年景象迥乎不侔胥
由
聖澤之淵涵下普斯民之樂利臣職司疆土感凜彌
深除借款之瓜涇港楊林河應飭按例造册報
銷外其餘捐辦之工自應遵照歷奉
諭旨免其造報至楊林河工長幾及五千丈估至十
七萬餘方前經酌借銀八千兩不敷尚多概係
勸捐湊辦應與瓜涇港不敷之項均准其核實
開明此外各工多由地方官首先捐廉爲之倡

導紳庶人等或量力捐輸或業食佃力均賴衆
擎易舉遙觀厥成所有大小各捐戶已分飭查
取確數由司核明按照定例分別詳請
奏咨至倡捐勸導暨在工出力之印委各員固係
分所應盡惟工段長而經費鉅其中設法籌辦
若非殫心竭力累月經營亦恐未易集事如蒙
皇上天恩念其著有微勞
准予獎勵臣當與督臣陶澍擇其尤為出力者另行
會摺奏懇

恩施不敢稍任冒濫除將現浚河道丈尺彙開清單

恭呈

御覽外所有驗收挑工緣由謹會同督臣陶澍合詞

恭摺具

奏伏乞

皇上聖鑒謹

奏

杨文忠公政书（明集）卷七

十九

通州捐挑河道片

再江甯藩司所屬之通州地方瀕江控海負郭卽爲高阜近沙皆屬低區因潮汐往來沙港漸成淤墊圩岸閘壩亦多年久傾頽旱澇每虞無備飭據前任通州升任貴州遵義府知府平翰督率委員紳董勸諭捐修當經

奏明責令該員一手經理旋據稟報將通江引潮之姚港等二十七港照業食佃力之例開挑深通共出土五十六萬二千四百餘方又白蒲鎮

六十里河道半屬淺塞未能納潮內近田之三十里亦照業食佃力挑辦其最淺之七處計長三十里係平翰首先捐廉勸諭紳董捐挑一律挑深三尺即以挑出之土加培圩岸又修復唐家閘鹽倉壩正閘耳閘以爲蓄洩關鍵並以工餘之項修理該州試院統共用銀一萬八十八兩零均由官紳籌捐興辦次第完工並將捐數用數榜示曉諭又各鄉董事或開挑柴南沙界河加築圩岸或修築餘中頭橋至四甲壩十餘

里河岸或開挑六堰港民灶沙雙鼻子港及紫
琅書院公田旁通各河道或改建西三十里鎮
之翔鳳橋亦俱一律告成不在捐數之內經委
常鎮道前往逐一驗收工程悉皆如式實於地
方有裨除升任知州平翰自行稟明不敢仰邀
議敘外其餘捐輸出力官紳飭司查明照例請
獎俟詳到再行彙辦合併附片具
奏伏乞
聖鑒謹

奏

覆奏稽查防範回空糧船摺

奏爲回空糧船漸次行抵江境遵

旨飭屬稽查防範恭摺覆

奏事竊臣承准軍機大臣字寄欽奉

上諭糧船水手人等類皆無業游民獷悍性成愍不畏法漕河及地方文武員弁如果認眞稽察遇案即辦有犯必懲該水手人等自必聞風斂迹乃本年甫經議定章程之後屢有起獲器械及水手滋事之案此時重運經過地方沿河文武員弁節節

催提嚴密彈壓水手人等尙知斂迹日後卸運回空稽查稍懈更恐不肖之徒逞兇玩法尤應先事豫防漕運總督約束水手是其專責其漕船經過地方各督撫亦屬責無旁貸者不分畛域一體通飭所屬於漕船回空加意稽查小心防範毋稍鬆懈倘稍涉寬縱或至别釀事端惟該督撫等是問將此各諭知之欽此遵查南漕約計一百幫其船數在四千左右無一不由江南經過而渡黃渡江灌放催提尤貴機宜悉協是以江南文武無

不以漕事為兢兢加以水手獷悍性成無惡不作近年來其風愈熾惟有嚴拏懲辦庶可斂戢兇頑前 臣 等議立章程仰荷

聖明勅部覆准辦理計本年滋事之水手已經拏獲者如王七韓老閣大漢丁朋鈴等俱問擬斬梟

恭請

王命先行正法劉汝馨王老劉洸太汪詠順張四高蘇城等俱問擬斬決王富貴問擬絞決徐得生張興名吳俊彭瑞安張富倉吳啓等俱問擬外

遣徐贊鼇錢占元繆永幅倪啟祥等俱問擬充軍張殿奎王炷戴忠林陳兆奎李繼泰張德山吳朝雲侯二辥瓏康侯深義張永林永祥吳金貴胡鼎義王太富等問擬流徒又拏獲疊次搶劫之夏明輝段添喜戴泳發及馬九小沙四馬炳源張萬發楊開泰沈二郎小朱子徐小趙蹺兒李成信即李老李兆華陳八劉三李萬春孫大肚孫四王三朱老等二十犯亦已辯訊得實即儘法分別懲辦以故本年糧船自水次開行

以及渡江渡黃凡在江南境上較之往年頗覺安靜惟自東省閘河以及北壩水路尤長人數既多難保別無滋事如一船之中在册水手以十名爲率合全漕而計即不下四萬人此外游幫之短縴短橛在岸隨行覓食者更不啻倍蓰所謂靑皮散風之類亦即雜處其間難以數計且回空比之重運更易滋生事端一則帶回棗梨等貨分合售賣計少爭多再則豫攬次年出運之頭篙頭縴如不遂意即相殘殺謂之爭窩

若遇徒陽水淺江面多行數里則又加索旗丁
脚費別立名目曰性命錢不特此也積仇之幫
每相遇則不相下重運開行時尚有則幫阻隔
若回空則此幫泊船之水次卽彼幫過路所經
由糾約復仇多在此際　臣　於近數年來均將到
次在前之鎮江前後兩幫
奏明先泊江邊鮎魚套俟浙船過完再令歸次以
免互擠生事此次仍當循案辦理其自宿遷入
境以至黃河北岸之楊莊已派參遊都守帶兵

四隊分駐催提自南岸至清江迤下之平河橋
又駐四隊淮城高寶以至楊州酌駐三隊楊州
城外分設南北兩廳搜鹽儹放派員較多及出
瓜洲則一路由長江西上一路入京口南行又
皆逐段分駐文武委員與府縣營汛相為犄角
如此星羅碁布似足以敷彈壓而免空虛如有
水手滋事會合兜擒聲勢亦皆聯絡仍將新定
嚴辦章程刊刷簡明告示委員齎往前途挨船
實貼俾相觸目警心至水手私帶器械原貴搜

查然不敢謂一搜之後便無餘贜卽如著名强
悍之鎮江前後兩幫前歲回空經　臣　親駐鎮江
於其進口時逐船搜獲大小刀械不下數百件
曾經奏蒙
聖鑒而此後續經購製者仍難保其必無竊謂搜查
器械若預定其時其地則若輩先有準備無難
寄頓隱藏迨時過境遷仍不免礪其鋒刃現擬
劄切示諭以軍船無論何處停泊皆准該處文
武會合搜查一經搜出卽照新例重辦則無一

定之時地而有一定之刑章凡在催儹之員皆
有搜查之責匿之不勝其匿購之亦不勝其購
其勢卽不敢停留既不停泊卽無滋事此亦理
之相因而見者也總之水手之逞強在於恃衆
而官員之畏葸實恐悞漕今自嚴定新章以來
果皆有犯必懲有懲必重當未有不畏法紀者
現據稟報入江南境之船約有二十餘幫　臣已
函商河　臣麟慶相度機宜早籌灌放一得啓壩
之期　臣卽赴清江督催儹渡務期迅速南下安

靜小心以仰副

聖主諄諄誥誡至意所有稽查防範緣由臣謹會同

護撫臣怡良合詞恭摺具

奏伏乞

皇上聖鑒謹

奏

鹽城豐縣兩處借項修築河堤摺

奏爲鹽城豐縣兩處河道堤工勘明淤墊殘缺循案借項挑築分年攤徵還款恭摺奏祈

聖鑒事竊照淮安府屬鹽城縣境內皮大河一道即皮岔河上承高郵寶應興化泰州諸河蕩之水下注天妃閘歸新洋港入海爲淮揚兩屬自西至東洩水歸海要道因年久失浚河身淤高閒成平陸遇水則不能暢洩逢旱則灌溉無資又徐州府屬豐縣順堤河一道上接山東單縣交

界起至沛縣交界止向係宣洩條河兩岸上下
數百里民田之水歸入昭陽湖濟運又該河迤
北有太行堤一道係保障順堤河要工因嘉慶
年間豐汛六堡黃水漫溢河身間段汙墊堤上
漸形卑矮並多沖成缺口不能攔禦每逢夏秋
大雨時行河水漲發由太行堤各缺口橫流北
注漫淹堤北遠近民田以致連遭災歉歷年以
來節據各該縣士民紛紛呈請借項挑築屢經
批飭從緩近來河淤堤缺較前更甚經藩司先

後委員分詣該處逐一履勘復由道府覆勘委
係必不可緩之工查鹽城縣皮大河計長七千
八十六丈按段之高下一律配平河底共估挑
土二十五萬一千三百三十六方四分一釐每
方連戽水工實需銀一錢九分並工頭工尾及
兩旁港汊分別酌估樁垻土垻查照海防廳漕
規例價統共確估銀四萬八千三百九十三兩
一錢三分八釐一毫豐縣順堤河挑土六萬零
三百一十一方乾淤不一每方價銀三錢及二

錢七分二釐一錢六分不等合銀一萬二千二百六十八兩八錢八分又太行堤一道估土十萬二千二百七十方九分八釐每分價銀一錢二分五釐合銀一萬二千七百八十三兩八錢七分二釐五毫二共確估銀二萬五千五十二兩七錢五分二釐五毫造册具結詳由府道遞減無浮該兩縣均係屢歉之區民力實在拮据不能自行捐辦循照成案借項挑築分年攤徵還款由江甯布政使楊簧詳請具

奏前來臣等伏查道光七年間御史錢儀吉條奏
河湖漕運情形案內欽奉
諭旨飭委妥員將興化鹽城等州縣湖蕩詳細履勘
應如何興築疏導及早興辦總期一律深通方有
裨益等因欽此當經前督臣蔣　欽遵行司委
勘卽據府縣印委各員以鹽城縣皮大河淤墊
勘估應挑維時或因春水方生或因埧水下注
是以延未興辦其豐縣順堤河大行堤工程亦
於道光九年經前督臣等彙同徐屬河堤等工

酌議動支闢河經費銀兩次第請辦奏奉
諭旨允准嗣因闢河經費一款不敷動撥是以暫緩
今據先後勘明實係河淤堤缺頻年被災挑築
各工刻不可緩經督臣陶澍批准辦理尚未具
奏現在水勢已落自應乘時趕緊挑辦以資蓄洩
而衛田廬所有鹽城縣土方夫工銀四萬八千
三百九十三兩一錢三分八釐一毫豐縣土方
夫工銀二萬五千五十二兩七錢五分二釐五
毫均已核實無浮合無仰懇

聖恩俯准于司庫蘆課雜稅漕價等款銀內照數借
給責令各該縣分別督董乘此農功事畢趕緊
集夫挑築工竣委員核實驗收實於水利民生
均有裨益至所借銀兩請從道光十七年起鹽
城分作五年豐縣分作六年各於受益民田攤
徵還款除飭取攤徵估計各冊另行詳
題外謹會同江南河道總督臣麟慶合詞恭摺具
奏伏乞
皇上聖鑒訓示謹

奏

各屬民欠攤徵借辦工程銀兩請豁摺

奏爲遵

旨查明江蘇省各屬借辦工程攤征未完民欠銀數

開單恭

奏仰祈

聖鑒事切照欽奉

恩旨普免道光十年以前民欠錢糧一案業經 臣 林

則徐於巡撫任內查明江蘇省民欠地漕等項

確數會摺具

奏並聲明應免雜款及攤徵河銀查照上屆成案
另行分別具奏在案伏查江淮揚徐海五府州
及蘇松常州等府所屬境內道光十年以前疏
浚水利河道修築堤堰應歸民辦工程因工鉅
費繁先後
奏准借帑給辦分年攤徵本應請完還款惟江淮
等屬濱臨湖河多係積歉之區仰蒙我
皇上軫念民依遇裁蠲緩正款既經緩帶借款亦即
展攤往往前限未及徵完後借分攤踵至是以

限內雖有輸納而節年積欠仍多至蘇松常州
等府亦自道光三年水災之後民力拮据遞年
展緩尚有未完帶款溯查嘉慶二十四年豁免
積欠案內江省河堰各工借款攤徵未完民欠
先經前督臣孫　等奏奉
恩旨豁免嗣于道光二年間因江安兩省徐鳳泗三府
州屬災傷屢告又經體察情形請照乾隆六十
年豁免定案除借款在嘉慶二十四年以後者
仍按限分徵外其在二十三年以前借款攤徵

未完銀兩續經
奏准部議奉
旨概行豁免在案此次仰蒙
恩旨查豁各款民欠錢糧係以道光十年爲止先據
各藩司具詳道光十年以前積欠攤徵並借項
在道光十年以前而攤徵在十年以後者各屬
均係濱臨江海湖河歲傷屢告查與上屆嘉慶
二十四年及道光二年兩次豁免成案相符詳
請援案一體查辦隨經臣等飭據該司等將各

屬挑築河堤等工借款攤徵銀兩造具已未完
清册送由該管道府州調齊徵簿串根按年按
款徹底盤查結轉再申藩司悉心綜核據實開
報不任稍有隱混茲據江甯布政使楊簣前署
蘇州布政使裕謙將實欠在民未完確數開單
詳請具
奏前來臣等覆加查核江甯淮安揚州徐州海州
五府州屬截至道光十年止應征還銀一百二
十三萬七千六百六十兩五分八釐四毫除已

完解司並報入三次清查參案虧缺及完存屬庫未解共銀四十三萬七千六百五十一兩八錢八分九釐統計實在民欠及因緩帶未完並未屆徵限共銀八十萬八兩一錢六分九釐四毫蘇州松江常州三府屬除孟瀆河續借挑河建閘等銀八萬六千七百二十四兩六錢五分二釐借領在十年以後仍應照案攤徵外截至道光十年止實在民欠並裁緩未完及未屆徵限共銀二十萬六千九百三兩九錢二分二釐

以上江蘇兩屬共民欠未完銀一百萬六千九
百一十二兩九錢一釐四毫均係道光十年以
前借項領辦之工實欠在民並無隱混恭逢
皇上鴻恩浩蕩
惠普寰區合無仰懇
聖慈俯准一體寛免此內雖有未屆徵限而借款領
辦係在十年以前者請援歷辦成案一律豁除
俾濱臨河湖億兆窮黎咸霑實惠感沐
鴻施益無旣極除將送到清册咨部查核外臣等謹

合詞恭摺具

奏並繕清單敬呈

御覽伏乞

皇上聖鑒謹

奏

漕費禁給洋錢摺

奏爲江省洋錢價值浮於紋銀現屆辦理新漕請
禁折給洋錢以速漕務而平市價恭摺奏祈
聖鑒事竊惟財用之道利通於下而權操自上
國家理財制用以紋銀與制錢並行本不許畸輕
畸重從前洋錢流入內地其成色比紋銀爲低
其價值原比紋銀爲賤因小民計圖便利日漸
通行未幾而洋銀等於紋銀又未幾而洋價浮
於銀價道光十三年間給事中孫蘭枝奏奉

旨飭令體察情形悉心籌議惟時江省每洋銀一圓作曹平紋銀七錢三分雖成色遠遜足紋而分兩尚無軒輊民間行使已久若驟爲禁止轉恐窒礙難行當經臣林則徐與督臣陶澍酌議予以限制奏奉

上諭洋錢行用內地既非始自近年勢難驟禁要當於聽從民便之中示以限制其價值一以紋銀爲準不得浮於紋銀庶不致愈行愈廣等因欽此欽遵通行各屬出示曉諭在案當奉行之始洋錢

時價合紋銀七錢一二三分不等官民商旅均屬相安迨日久玩生闤闠開輾轉高擡幾有不可遏抑之勢近日蘇松一帶洋錢每圓概換至曹紋八錢一二分以上較比三四年前每圓價値實已擡高一錢卽兌換制錢亦比紋銀多至一百文以外查蘇州工商輻輳洋錢行使最多每圓加價一錢十圓卽加一兩以一百萬圓而計卽已潛耗紋銀十萬兩平民一切用度卽明爲照舊者暗中皆已加增若論拔本塞源理應

將洋錢全行禁用方爲正辦然習俗狃於便安勢不能驟然阻止卽使嚴申令甲亦恐陽奉陰違若紛紛派委稽查尤慮藉端滋擾惟當於行用最多之處先截其流使奸儈無可居奇庶洋價因而平減查蘇省冬春之際漕船自歸次修艌以至兌足開行用度不少旗丁與州縣交涉之處雖事屬瑣屑未敢上陳而實於漕行之遲速大有關係通省辦漕之州縣或用紋銀或用錢文各有相沿舊制惟蘇松等屬每有以洋錢

折給之事在從前原圖便易迨取數多而需用
急則市中洋價愈昂且南方所用之洋錢一經
渡黃又不適於北方之用是以幫船開行仍須
換銀帶往彼鋪戶利權子母計析錙銖往往於
糧船受兌之前先將洋價擡高以困州縣及至
幫船開行之日又將銀價擡高以困旗丁輾轉
低昂陰爲盤剝以致縣幫交累漕務愈難況洋
錢作價既多則縣幫每多爭執既有爭執勢必
耽延重運開行之遲未始不由于此臣等公同

籌議欲杜洋錢之擡價絕市儈之居奇必先於
辦漕禁用洋錢方可以回積習現在空船歸次
期於早兑早開相應請
旨將漕務內一切費用概禁折給洋錢其向需洋錢
一圓者今悉以紋銀七錢三分核實給發庶市
儈免高擡之價縣幫無爭較之煩不獨圜法得
以均平即漕行亦因以迅速似屬於公有裨如
丁胥夫役人等膽敢抗違或市儈奸商把持壟
斷即由臣等一體嚴拏從重究辦不稍寬貸務

期令行禁止弊絶風清以仰副

聖主利民速漕之至意臣等謹合詞恭摺具

奏是否有當伏乞

皇上聖鑒訓示謹

奏

楊文忠公政書　日集卷八

清末民初文獻叢刊

林文忠公政書

（第二册）

[清] 林則徐 撰

朝華出版社
BLOSSOM PRESS

設法疏銷淮引片

再臣行抵楚境承准軍機大臣字寄道光十七年二月十九日奉

上諭本日據訥爾經額奏稱上年楚省行銷淮鹽共計銷引七十三萬有奇較之銷數最暢之十四年分尚多六千餘引且自辛卯綱每引加斤計算已逾額銷之數實屬大有起色林則徐到任以後自必稽核舊章因勢利導仍當嚴飭各屬設法疏銷不可因甫有起色稍形疎懈至楚省行銷淮南鹽

引本屬一氣相通各該省大吏經朕委任必應熟
籌情勢於劃清界限之中仍有並行不悖之意方
稱辦理妥善林則徐曾經署兩江總督印務於鹽
務素所熟悉其楚省應銷淮南鹽引早應成竹在
胸現當接任之初尤宜盡心籌畫不分畛域督飭
文武員弁巡商實力整頓堵緝鄰私搜查夾帶庶
官引日形疏暢而國課益見充盈矣將此諭令知
之欽此仰見
聖主整頓鹺綱

諄諄訓誨之至意伏查淮南引鹽雖由揚商納課而
實資於楚省行銷誠如
聖諭本屬一氣相通必應熟籌情勢前督臣訥爾經
額於督銷一事本已極力籌維況臣兩次署理
兩江督篆曾經督辦淮鹺尤應痛癢相關曷敢
稍分畛域伏讀
上諭堵緝鄰私搜查夾帶是督銷之緊要關鍵已蒙
指示無遺蓋楚省鄰私來路最廣如川鹽由川江直
下連檣急溜行駛如飛宜昌荊州固已充斥爲

患而粵東粵西兩省私鹽灌入湘江亦皆滿載重船乘流四達寶慶衡州受害為甚襄陽鄖陽安陸等府則與豫陝接壤蘆鹽潞鹽處處可通至應山隨州孝感黃陂麻城黃安等縣又與淮北票鹽地界犬牙相錯此鄰私侵灌之大概也其夾帶之弊緣淮南場鹽運至儀徵向例改捆子包上船裝載由長江泝流至楚路遠日長或託名於滷耗而包內暗加斤兩或藉口於拋撒而包外私帶腳鹽大抵船戶商廝串通弊混捆

工人役受囑放砠嗧斤卽有浮多旣正引被其佔礙此江船夾帶之大概也臣此次由豫省信陽州一帶取道赴楚留心察看該處數州縣皆食淮北票鹽色白味美顆粒亦大每斤市價僅錢三十文而緊連之應山等縣卽係湖北口岸應食淮南綱鹽其鹽由漢口陸運而往價值不止加倍而色味遠遜票鹽民間趨避情形遂如水之就下是卽鄰私侵灌之一端以此類推則川粵蘆潞各私皆可想見現查楚岸存鹽有四

十餘萬引其開江未經到岸者尚不在此數之
內設法疏銷實爲急務臣 惟有恪遵
聖諭將堵緝鄰私搜查夾帶二事實力嚴辦務使令
行禁止弊絕風清斷不敢稍任疎懈除再悉心
籌畫隨時具奏外合將奉到
諭旨欽遵辦理緣由先行附片覆
奏伏祈
聖鑒謹
奏

銅船夾私越卡摺

奏爲銅鉛兩幫船隻均越過鹽卡不聽查驗並於
後幫追獲私鹽請
旨將失察之運員及不即據實稟明之護總兵交部
分別議處以肅鹺政事竊照淮鹽銷路惟楚省
引額最重而鄰私侵灌亦惟楚省路徑最多其
尤甚者四川江船順流直下船艙夾帶視陸路
不啻什倍而滇黔銅鉛皆由川船裝載藉差夾
帶視他船又不啻什倍是以嘉慶二十三年

奏准於湖北巴東縣之官渡口一帶設立總卡川
船經過皆須查驗放行嗣因銅鉛船隻不聽稽
查道光十五年六月間前督臣訥爾經額奏奉
上諭銅鉛船隻自四川裝運北上一路收買川鹽入
楚售賣經由卡隘並不聽候查驗自非督飭嚴查
不足以資鎮壓嗣後銅鉛船經由宜昌府所屬地
方著即飭令該鎮總兵親督卡運各員查驗催儹
倘有水手抗拒及逃散挾制等事即拏交地方官
究辦一面代爲雇覓水手迅速開行以副例限並

著雲貴四川各督撫嚴飭運員務將船價水脚照數給發不准稍有尅扣運船過境飭令沿途各州縣加意稽查如有私行售給該船戶鹽斤即行嚴拏懲治倘不認眞查辦一經楚省查出夾私情事即著行知川省嚴實查參等因欽此仰見

聖主整飭鹺綱杜私衞引之至意歷經欽遵查驗無夾帶者立即放行乃本年三月間據稟貴州龍泉縣知縣童翬領運鉛船二十六隻過官渡口並不泊岸順流直下經巴東縣知縣饒拱辰派

役隨同卡員追赴下游之新灘交護宜昌鎮倭仁布就彼驗放又四月間據稟有署雲南大關同知彭衍墀領運銅船二十四隻過官渡口亦不攏卡兵役追至斗山沱經倭仁布等起獲水手所帶私鹽七百九十三斤當卽換雇水手仍護送開行前進等情臣查彭衍墀所管銅船既有起獲私鹽雖係水手夾帶而該運員失於覺察且任聽越卡不泊咎實難辭至童鞏所管鉛船雖無起獲私鹽而該船越過官渡口卡而至

新灘已歷一百七十五里該處路路可以通私

安知非於越卡之後將鹽賣完始聽驗放其於

船戶肎越避查亦有失察之咎當此疏引杜私

之際誠恐相率效尤大妨鹾務相應請

旨將雲南運銅委員署大關同知事晉甯州知州彭

衔塤貴州運鉛委員龍泉縣知縣童翬交部分

別議處以示懲儆至護宜昌鎮總兵倭仁布理

應欽遵

諭旨親督卡運各員查驗若該船不聽搜查卽應稟

揭乃該護鎮僅以趕往新灘截驗一語含糊具
稟並不將該船越卡情形明白聲敘道閬巴東
縣知縣饒拱辰稟內始有該船並不泊岸順流
直下派役尾追之語飭查屬實是倭仁布前稟
顯係意存遷就亦應請
旨將護宜昌鎮總兵之該鎮中軍遊擊倭仁布一併
交部議處　臣　仍嚴飭該卡文武嗣後有船即驗
既驗即放不得聽其飛越亦不許稍有耽延庶
於鹽務銅運兩無妨礙抑　臣　更有請者向來銅

鉛船隻在川買私諸弊久荷

聖明洞鑒是以特蒙

敕諭雲貴四川各省禁運員之短發水腳懲沿途之

賣給船鹽

聖諭煌煌咸宜恪遵查辦以臣訪聞近來銅鉛船隻

多於川省瀘州馬頭及酆都縣之離沱子忠州

之洋渡溪雲陽縣之城河口巫山縣之江東嘴

青石峽跳石一帶裝買廠店川鹽其經過夔州

關口亦因書役得規聽其偷漏實爲淮綱之害

合無仰懇
敕下四川總督轉飭夔州府於各船過關查稅之便
將所帶私鹽一併認眞查起並飭瀘州酆都忠
州雲陽巫山各州縣欽遵前奉
諭旨加意稽查如敞店私將川鹽賣給船戶卽行嚴
拏懲治倘意存膜視再經楚省獲私除失察透
私之州縣咨會川省查參外其縱漏之夔關一
併查取職名照例議處俾各顧考成不分畛域
以清川私來源臣爲籌疏淮引起見謹繕摺具

奏伏乞

聖鑒訓示謹

奏

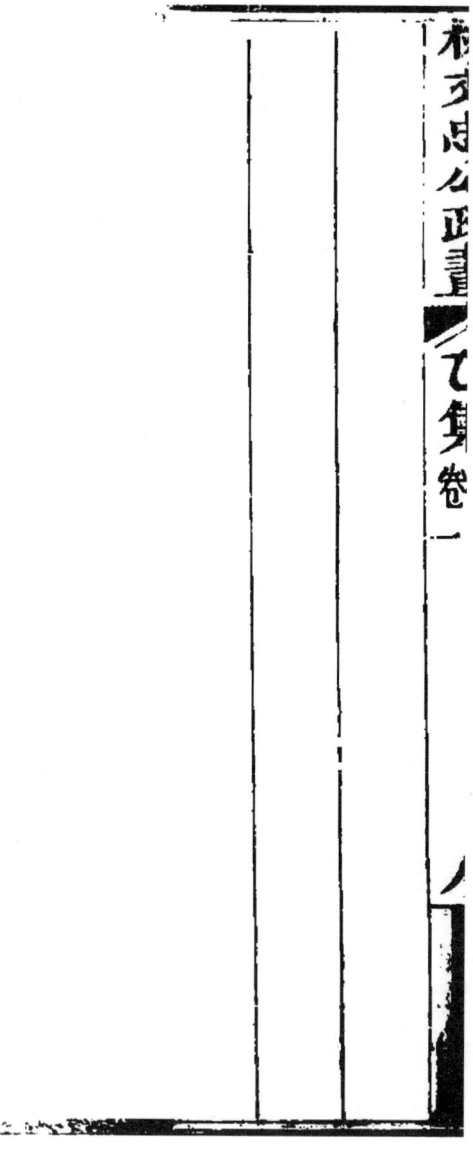

附奏獲私變價撥引提課片

再疏引莫先於緝私臣　蒞楚後督飭各屬印委員弁分投堵緝覈計月餘之內已報獲私販三十八起私鹽一萬八千一百七十餘斤人犯八十六名分飭審辦仍稽查各路卡隘務令認眞緝拏不許稍涉鬆勁惟是未獲之私鹽固有礙於官引卽已獲之私鹽仍暗佔於銷數何以言之緣獲私例應變價分別給賞充公而各地方向來民食祇有此數多銷一分變價之鹽卽少

銷一分額行之引故有州縣緝私甚力獲鹽甚多而該地方額引轉見缺銷者初聞之似不可解及徐察之而後知變價之鹽所佔礙於官引爲不少也然既獲到私鹽若不准其變賣又斷無別項出路而因變賣轉佔正額是緝私與疏引勢且兩妨殊非盡善之道臣愚鹽之分別官私惟以有課無課爲斷變價給賞之例祇以鼓勵獲鹽之人卽一半充公亦僅資各處開銷經費於

國課仍無裨益莫若變通其法將所獲私鹽變賣之價先撥引鹽課則提繳正欵錢糧覈計此外贏餘已足敷給賞充公之用即獲鹽之兵役亦皆不致向隅而變價可補官課之虧即獲私足抵官銷之鈌似亦疏引裕課之一道所有應納課銀由各州縣會同管卡員弁彙繳道庫轉解兩淮歸入該年額引覈數造報如蒙
勅部議准即將本年報獲各案私鹽一律遵辦臣管見所及不揣冒昧謹附片具

奏伏乞

聖鑒訓示謹

奏

審擬監利縣糧書抗土閙局各情摺

奏爲遵

旨訊明監利縣糧書抗土閙局各確情分別定擬恭

摺覆

奏仰祈

聖鑒事竊照承准軍機大臣字寄欽奉

上諭有人奏湖北監利縣隄工向係官徵民修每年歲修土方六十餘萬派徵制錢六萬餘串由該縣籤點董事發給印單收取土費糧書工書等輒用

墨夯私收致董事賠累不足完工又有庫總六人狠狽爲奸被控未結前經詗爾經額派員前往會議章程設立總局收土並公舉誠正首士八人及傾修數十人分段遊修一切事宜不假吏胥士民踴躍而蠹書等遂把持花戶不許赴局完土屢經稟究藐玩如故一年所收土費不及三萬串餘皆盡飽蠹橐本年四月庫總龔紹緒勾通糧書蕭之桐糾眾抗土鬧局毆辱首士秦祖恩等縣令不爲究辦從前吏胥包攬徵收縣令與汛員每年得陋

規數千串今改總局收土不能遂其需索蠹書尤不利於總局百計尋釁本年七月十五日乘該縣公出連夜聚衆千百餘人拆毀總局劫奪册券局中衣物銀錢搶掠一空並毆首士周超伯等多人該縣鄧蘭薰僅拏糧書張艮佐一名略加懲戒其餘首從各犯置之不問又本年荊江水未大漲該蠹書等潛往刨毀潰決二十餘丈致淹毛老等一百四十餘垸下及沔陽漢陽等處皆受其害等語收土修隄改設總局行之一年士民稱便該地方

官自應實力奉行用收實效何以該蠹書等輒因無從漁利膽敢糾眾毀局搶劫肆毆如果屬實大干法紀該縣知縣亟應將首從各犯按名嚴拏從重懲辦倘竟徇庇蠹書一味姑容必致益無忌憚首士畏其淩虐不敢承管局事於民命要工大有關係不可不嚴行查究著訥爾經額周之琦親提現獲糧書張艮佐並飭嚴拏首從各犯務獲秉公審訊認眞研究務即查明潰隄毀局各確情依律究辦並追出抗繳土費以杜包攬而清積弊至該

縣鄧蘭薰徇查有徇縱情事著即據實嚴參毋稍
姑息將此諭令知之等因欽此當經臣周之琦會
同前督臣訥爾經額遵查道光十六年七月間
監利縣朱三工江隄潰決係因滲漏所致已將
防護不力之監利縣知縣鄧蘭薰署窰圻巡檢
戴鴻藻一併參
奏革職賠修奉
旨允行在案承准前因行司委提人卷至省發審即
經究出糧書龔紹緒鄧培元吳德潤均有收用

土費錢文私給墾勞情弊正在查辦間訥鋼經
額旋卽卸事　臣　林則徐到任恭繹
諭旨飭查各款尤重在蠹書之刨毀隄防縣令之得
規徇縱如果屬實倍當從重懲辦然非特委大
員到地確查未易得實卽私收土費亦恐不止
龔紹緒等三人當與　臣　周之琦會商復委到楚
未久之知府但明倫馳往監利會同先經委往
之通判劉萬慶分別嚴查出示招告去後嗣據
但明倫等稟覆勘明朱三工江隄離監利縣城

七十里上年七月十五日午刻江水漲發該隄
滲漏過水致被沖潰事在白晝斷無私挖之人
且該處朱家村民居稠密潰隄時衆皆目擊如
係被人盜決豈肯甘心受害並據該村紳耆等
公具連名切結悉與查勘情形相符其爲無人
刨毀實屬可信又縣令與汎員得受陋規一節
據首士等僉供該縣鄧蘭薰在任每屆上隄防
汎夫馬飯食皆係自發並無派累且改歸總局
收費即係該令任內所辦更可見其無得規情

事至各汛佐雜惟上隄督工之日由總局支給
薪水及夫役飯錢共二千文即於土費內開銷
列入榜示人所共見原因佐雜力難賠墊非州
縣可比是以議明請給並非私取陋規其道光
十四年土費查首士原派之數應收錢七萬三
千餘串局中先後實收四萬餘串中間因有關
局之事首士散回適值工次搶險截流無人經
理該縣鄧蘭薰將局存收土印券調回陸續催
徵費錢二千九百餘串發工濟用此外欠繳土

費除查出龔紹緒等私收外復將欠繳戶名臚
列告示如有交與糧書僅收墨券者許其呈首
換給印券乃招告多日杳無呈首之人亦無控
告庫總糧書別案就近摘傳欠土各大戶訊明
未完土費實係原欠未交並無糧書墨券可繳
等情旋據委員漢陽府知府楊炳堃錄供由藩
司張岳崧臬司程銓詳解前來　臣等隨提人證
逐一會鞫緣龔紹緒即龔振先籍隸監利充當
糧書該縣江隄長三百七十餘里從前歲修章

程由隄長自行收費修築乾隆五十四年改爲官徵官修六十年又改爲簽董承修各給土單收費興辦迨後頻遭水患花戶逃亡責成糧書查戶催追其中頑戶蠹書串通隱寄抗欠不繳董事遂多賠累道光十四年該處士民呈經前督 臣訥爾經額飭委前監利縣知縣唐樹義會同現任知縣鄧蘭薰改議城內設立總局遴選首士八名發給册劵由局徵收土費首士每名日給飯食錢四百文各汛佐雜上隄督工日給

薪水夫役飯食錢共二千文是年周超伯等充當總局首士請照闔縣糧額派土六十一萬一千八百三十三方每方折錢九十六文加硪工二十四文共收錢一百二十文如該年用有盈餘留作次年修費又因改局之初不知花戶的名住址仍令糧書幫收該犯龔紹緒由糧書簽點庫總不能兼充遂令族弟龔紹琨即龔仲璐冒頂糧書私收土錢六十串未繳糧書鄧培元亦收土錢四千八百文吳德潤收土錢三千六

百文曾給花戶筆據名爲墨券十五年各首士以地方遼闊難以催收稟縣另於鄉間分設散局五處每處首士三名每日亦各給飯食錢四百文計總散各局首士共二十三名十五十六兩年派土均由各花戶自行赴局完交不經糧書之手此十四年改設總局後由首士等添設散局及糧書龔紹緒等私收土費之原委也十六年四月毛家口散局首士秦祖恩因糧書蕭之桐承催十四年舊欠費錢不繳令雇工朱正

榜同派往幫催隄工之縣役會辦將蕭之桐鎖拏赴局伊兄蕭之棣及鄰人黃海兒等不服即赴局爭鬧將朱正榜毆傷秦祖恩控縣飭提蕭之桐比催士費旋即繳清拏獲黃海兒等審不認毆致未詳辦是年七月十五日朱三工隄身滲漏該縣鄧蘭薰聞信前往搶護不及致有潰決城內總局首士周超伯等正欲赴隄適有居近總局之糧書張頁佐民人李先懷朱德順周伯讓胡世瀛何利明及未獲之胡世照聲稱田

墓被淹赴局吵鬧將周超伯及局內火夫屈斯文黃道瀧等毆傷並有民人龔經伸龔經輝李先正楊祖欽鄧德華潘學珍姚大幅隨同喧嚷屈斯文等破人乘間竊去錢文衣物周超伯隨以毀局搶奪控縣拏獲張亙佐朱德順李先正等均不認搶飭傳人證未到將張亙佐羈押待質此又首士秦祖恩鎖拏欠繳土費之糧書蕭之桐及糧書張亙佐等因隄潰赴局滋鬧之實情也臣等查糧書龔紹緒等擅用墨券私收土

費雖已供認侵錢六十串及三四串數百文不
等恐尚不止此數復向嚴詰據龔綿緒等堅供
花戶完交土費向必索取印券以憑收執伊等
因與各花戶素來熟悉始肯通融只給墨券現
已追繳到官如此外尚有多收業經委員出示
招告各花戶何肯代爲隱匿自取追呼至十四
年首士派土係不分豐歉按闔縣錢糧統派現
在未完各戶多係被水災區力難繳費伊等實
無朋比爲奸把持抗欠質之首士屬超伯王修

蘭籌亦不能指出憑據詢以此外各書尙有何弊僉稱並無聞見至該縣庫總查係隨時檢點除現充庫總之龔紹緒訊有侵蝕士費卽於本案懲辦外其餘均未指有姓名亦無被控案據復向首士反復開導令其供指均稱不敢妄供矢口不移似無遁飾此案龔紹緒卽龔振先充當書吏輒敢詭列卯名侵蝕士錢至六十串之多實屬玩法若照侵盜錢糧僅擬徒尙不足以蔽辜龔紹緒應比照蠹役詐贓十兩以上發

近邊充軍例擬發近邊充軍糧書鄧培元吳德潤私收土費錢四千六百文及三千六百文不等未便因其先侵後吐寛免置議應照蠹役詐贓一兩至五兩例各杖一百加枷號一個月均照例刺字張良佐等赴局滋鬧若僅依鬬毆律科以笞罪不足示儆張良佐李先懷朱德順周伯讓胡世瀛何利明蕭之棣黃海兒均請照不應重律杖八十張良佐係糧書應加一等杖九十龔經伸龔經輝李先正楊祖欽鄧德華潘學

珍姚大幅在局隨同喧嚷亦有不合各照不應
輕律笞四十均分別折責發落革役職員秦祖
恩充當散局首士因糧書蕭之桐催費不力輒
令雇工朱正榜擅用鐵鍊將蕭之桐鎖挐進局
殊屬妄爲應請照違
制律杖一百革去從九品職銜朱正榜與縣役曾
祥聽從鎖挐應於秦祖恩杖一百罪上減一等
各杖九十曾祥仍革役蕭之桐雖訊無糾衆抗
土實據但身充糧書承催土費久不繳局致被

首士鎖押滋鬧龔紹琨聽從龔紹緒詭列册名
均屬不合並照不應重律杖八十各折責發落
革役周超伯充當總局首士因潰隄赴搶無及
不協輿情已據稟退應與首士王修蘭等均毋
庸議龔紹緒侵蝕士錢照數追完印劵飭給花
戶收執墨劵案結銷燬鐵鍊據供丢棄無從查
起胡世照及屈斯文等被竊錢物飭縣緝獲賊
贜另結監利縣知縣鄧蘭薰查無私得陋規其
審辦蕭之桐張良佐二案亦非徇縱惟於縣書

龔紹緒等侵收土費失於覺察已干例議又朱

三工潰口係

奏明責令該縣賠修之工鄧蘭薰補還新隄雖已

捐賠完竣經該管道府驗無草率而搶險截流

用項仍於續徵土費內開銷殊屬非是相應請

旨將革職留任之監利縣知縣鄧蘭薰即行革任以

示懲儆該縣十四十五兩年工程久經告竣所

有民欠土費多係被水之戶應免著追至各屬

佐雜雖廉俸無多然汎地距隄皆近督工薪水

飯食應令自行開發不准由局再給嗣後總局徵收士費不許假手糧書但恐糧里不清戶名未確應責成該縣押令各書將推收過割之眞名的戶底册逐一編造清楚交局徵收遇有賣田過戶亦卽查明更正務使戶名均歸的實毫無詭混如糧書造册故意舛錯致悞催收查出加倍嚴懲以儆奸蠹至設局期於杜弊本不宜多嗣後仍只於縣城設一總局遴派公正首士四人經理每日每名准給薪水錢三百文按年

更換不准久充滋弊各鄉散局概行裁撤以節

糜費而慎隄防除備供招送部外所有臣等遵

旨查辦緣由理合恭摺具

奏伏乞

皇上聖鑒訓示謹

奏

稽察隄工總局申禁冒稱書吏片

再楚北江漢隄防延袤二十餘州縣歲需修費甚鉅而生息款項有限不得不集費於民查歷來收費辦工或官徵官修或官徵民修或民徵民修三者皆不能無弊蓋費徵於官則必假手於吏胥費徵於民則必諉權於董事吏胥之多舞弊固不待言而董事若不得人亦難駕馭即以監利設局收土一事言之當十四年改設之初即將土方加派訊據首士等供因是年各垸

被水恐難全數收齊是以酌請多派以防不足如有盈餘留爲後用等語獨不思被水之區國賦尚准緩徵豈隄費轉宜多派其不協一也十四十五兩年收過土費約錢六萬餘串而局中薪飯等項已開銷至一萬四百餘串之多雖據僉供逐款榜示實用實銷並無揑冒然於總局之外分設鄉局加添首士多名此皆足以糜經費其不協二也首士秦祖恩擅用鐵鍊將欠費之糧書蕭之桐鎖挐進局致相爭毆在蕭之桐

本非安分自不肯受其欺淩若施諸謹愿之鄉
愚不但不敢與爭並恐不敢赴愬是民間之畏
首士未必愈於糧書其不協三也又查縣卷道
光十四年紳衿公議改設總局條款有著落糧
書催費一條呈縣請行此實自亂其例尤不可
解詰據該首士等同供因不知花戶的名住址
是以仍請飭書幫催夫設局正以杜糧書徵收
之弊而章程條款轉著落其催收是各書侵蝕
之由亦皆首士有以啟之其不協四也溯查該

縣數十年前舊章本係隄長自行收費繼而改爲官徵官修又繼而改爲簽董給單至道光十四年復改爲設局收費法已屢變不宜再涉紛更唯有就總局之章程而加之以稽察局不許多設人不許多充用不許多開費不許多派首士必由公舉不許寅緣濫入不許留戀把持至糧書不許收費而糧戶的名册檔仍須責令攢造惟擇其狡猾之尤痛辦一二庶知儆懼所有局務一切飭縣隨時秉公查覈並責成道府留

必稽察有弊即除有犯即懲如或遷就因循察
出一併參處再楚省糧書工書等名目混稱者
多凡在各鄉分催錢漕經手推收過戶者皆假
借書吏名色哄嚇鄉農其實祇與白役相同並
非在衙署科房辦事而人數甚衆大縣竟以千
計實屬駭人聽聞從前里書册書之名疊經
奏明禁革而若輩互爲鬼蜮總以里糧底册私相
授受故有官革私不革之謠茲臣等復申嚴例
禁並出示遍諭軍民如再有此等冒稱糧工等

書哄騙侵收者許其指名告發即予儘法懲辦
務使永除澆習以肅吏治而杜弊源謹合詞附
片縷陳伏祈
聖鑒謹
奏

籌防襄河隄工摺

奏爲閱視襄河新舊隄工分別督飭籌防搶險並

現在水勢情形恭摺奏祈

聖鑒事竊臣前因大汛期内各屬隄防險工林立郎

於六月間附片

奏明出省督防在案臣由漢陽泝流而上經歷漢

川沔陽天門潛江京山荆門鍾祥襄陽各州縣

將南北兩岸隄工量明丈尺分爲最險次險平

穩三項以便稽查防護其河灘寬遠隄塍高厚

者列爲平穩一項若灘窄溜近而河形尚順隄雖單薄而土性尚堅者列爲次險至迎溜頂沖或對面沙嘴挺出隄前嫩灘塌盡以及土性沙鬆屢築屢潰之處皆爲最險要工逐年必須加培大汛尤資守護且查襄河河底從前深皆數丈自陝省南山一帶及楚北之鄖陽上游深山老林盡行開墾栽種包穀山土日掘日鬆遇有發水沙泥隨下以致節年淤墊自漢陽至襄陽愈上而河愈淺又漢水性最善曲一里之近竟

有紆迴數折者此岸坐灣則彼岸受敵正溜旣
猛卽迴溜亦狂是以道光元年至今襄河竟無
一年不報漫潰唯所潰之處受患輕重各有不
同潰在下游者輕上游則重潰在支隄者輕正
隄則重如漢川以下爲漢瀆尾閭本不設隄謂
之廠畈自此而上沔陽高於漢川潛江天門高
於沔陽京山鍾祥又高於天門潛江設使上游
失事如頂灌足卽成巨災故防守之道尤須於
上游加意本年五月中旬漲水甚驟幾於漫隄

幸上游均經保全其報潰之白魚垸長湖垸二
處一係下游一係支隄情形較輕現在長湖垸
業已補築完竣白魚垸亦已釘樁當飭該縣嚴
催業民集費搶築六月下旬水又加長七八尺
不等現在甫經消落仍恐秋汛復漲禾稼在地
守護不可稍疏而尤莫要於鍾祥京山二縣查
從前鍾京交界之王家營隄工潰決頻聞仰蒙
特命尚書陳若霖等臨工勘估前任湖廣總督嵩孚
駐工督修經黃州府通判周存義建辦石壩三

道挑溜護隄至今十年捍禦極爲得力上年頭
爾經額在總督任內恐此工一逾固限衆心或
有懈弛仍甚可慮復將該石壩三道加培高寬
現任僉臻鞏固惟京山第五段之張壁口與鍾
祥第三工之萬佛寺兩處隄塍目下俱被大溜
衝刷隄身壁立極爲險要臣親勘之後即飭該
府縣估辦護壩並相勢築做盤頭又於迎溜各
段拋塡堅大塊石斜長入水追壓到底以資禦
護業已設法籌辦不敢請動

帑項至上年訥爾經額奏請修復鍾祥縣第十工之劉公菴何家潭兩處潰隄共七百二十八丈並砌辦石壩各工此次經臣親往驗收不獨如式飽錐且較原估更加寬厚似此險要地段須得有此結實工程所有賠修之署鍾祥縣知縣謝慶遠先因該工漫潰奏奉

諭旨革職留任今賠修工竣可否仰懇

天恩准予開復恭候

命下祗遵再襄陽府城之老龍石隄臣亦親至查視

甚屬堅固足資保障除仍督屬加意守護外所有閱視襄河隄工籌防搶險緣由理合恭摺具

奏伏乞

皇上聖鑒謹

奏

襄陽一帶緝私事宜摺

奏爲敬陳襄陽一帶緝私事宜仰祈
聖鑒事竊照湖廣界連數省水陸交衝故行銷引鹽必以堵緝鄰私爲第一要務如襄陽府屬處處與河南連界河南例銷之潞鹽產自山西向係商運商銷官爲稽察商人顧惜身家尚知畏法即有越販亦易查緝自嘉慶二十五年由晉省
奏准改爲商運民銷該處商人將潞鹽運至豫省陝州所屬之會興鎮分廠存貯聽民人隨時購

買不拘引數均許轉運行銷而潞鹽課款甚輕
價值本賤若僅在豫省售賣獲利無多一經灌
入楚境與重課之淮鹽相形則人莫不舍貴而
食賤故襄陽一屬名爲淮鹽引地而民間率食
潞私溯查道光元年以來該府闔屬每有片引
不銷之年即設法銷售亦總不及定額十分之
一雖曾
奏明官運鹽二十萬包減價敵私然徒使商本受
虧於鄰私仍不能敵總緣兩省地勢犬牙相錯

水陸無不可通疊經設立卡隘酌派遊巡而侵越如故自臣到任截至六月底覈計襄陽各卡拏獲人鹽雖亦報有二十餘起然只零星小販未據獲到積窩囤戶及大夥巨梟此次臣親駐襄陽復嚴飭營縣分赴各要隘晝夜偵拏兩日之内據襄陽縣知縣紀昌期拏獲張添祿囤鹽三千餘斤又襄陽城守營千總馬鵬程等拏獲張車等犯並鹽三千三百餘斤現俱委審嚴辦雖一時私販聞風稍可斂戢然病源未除臣一

離襄陽卽難保不又充斥查河南新野縣之白河與唐縣之唐河皆爲潞私順流而下之路是以向於襄陽之兩河口地方設立卡座以堵唐白兩河來船乃梟販日久計生早於未抵兩河口之先卽捨舟改陸凡附近楚境之村鎭皆有舖戶囤積晝則兼賣別項貨物夜則專運私鹽來襄路徑紛歧不能扼其吭領欲緝之於囤聚之地則又礙係隔省地界員弁兵役不免藉口畏難考兩淮鹽法志載毗連淮界之鹽店例應

撤退三十里外誠以淮課最重幾至什倍於鄰省一被鄰私越界售賣在鄰省課輕之地並無所加而淮南課重之鹽盡爲所擠是以連界撤店之例不得不嚴疊經前任各督臣移咨豫省轉飭撤退臣復節次咨催經河南撫臣桂良委員查勘惟是襄陽連界之店距河南省城皆屬窎遠囤戶每有所恃不肯依限遷移若必再俟咨明河南撫臣檄催撤退卽各販之侵越已不可以數計應請嗣後將連界三十里內照例應

撤之鹽店即由襄陽營縣咨會南陽府屬文武
一體差催撤退如再抗不遵撤即將鹽包起到
襄陽充公並將囤戶差拏究辦庶有所儆畏不
致任意挨延至唐河係由南陽縣賒旗鎮下船
白河係新野縣城外下船該處民間附近食鹽
原只計包零買並不必裝載成船其裝船而下
者全爲浸灌楚境此固顯而易見之弊相應請
旨勅下河南撫臣責令南陽府屬縣汛卡員不得縱
令裝鹽下船如有鹽船中途被獲查明由何處

下水即於審辦時隨案聲明將該處營縣交部
議處此外與德安黃州等屬連界之信陽羅山
光山商城等縣越界票私亦請一體撤店以免
浸灌是否有當謹繕摺具
奏並另繕楚豫交界三十里內地名清單恭呈
御覽伏乞
皇上聖鑒訓示謹
奏

校閱兩湖營伍並苗寨情形摺

奏為校閱兩湖營伍並查視鎮筸一帶苗寨情形

恭摺奏祈

聖鑒事竊臣本年蒞任以後於四月間先將湖北省附近各標營官兵次第校閱迨六七月內出赴襄河一帶督防大汛復將襄陽鄖陽施南等處提鎮協標各營分別考校節經具

奏在案嗣即順途閱視安陸荊門兩營因荊州江水盛漲趕往防險幸萬城堤等工均保無虞當

經順閱荆州水陸各營官兵並調宜昌鎮標員
弁到荆考驗事畢由長江下至岳州閱視該處
城守水師兩營復由岳州渡洞庭湖上至長沙
省城會同湖南撫臣訥爾經額閱看撫標左右
兩營暨長沙協官兵並將毆斃首逆藍正樽一
案會覈審辦之後即赴長沙以上之衡永寶三
府屬將永州鎮標三營衡州寶慶兩協官兵以
次校閱其附近之武岡臨武宜章桂陽嶺東等
營亦經調考維時訪知寶慶一帶有山路可通

鎮筸較之折回長沙從常德辰州正站前往者程途差近惟因山高路險處處毗連猺峒向來絕少經行臣思此等險要地方正須於無事之時親爲周歷察其形勢記其阨塞並可於民猺交錯之處以稽查爲彈壓示震懾以聲威遂於邵陽新化漵浦辰谿等縣所轄懸崖深澗之間繞行累日該處山峒多種包穀今歲收成上稔閭閻甚屬安恬嗣於九月初一日行抵鳳凰廳城爲鎮筸鎮及辰沅道一同駐劄之所臣以該

處兵勇向有精健之稱一切技藝固須詳加校
閱而其中尚有桀驁積習尤宜亟爲轉移竊思
訓練二字訓字居練之先更爲切要必其討軍
實而申儆乃可進有勇以知方臣當於該處多
駐數日先將各員弁考畢再將鎮標兵丁與道
標練勇排日考校每日自朝至暮皆閱至數百
名於獎賞發落之時逐一剴切曉諭怵之以
國法激之以天良使知
恩出自

上不得挾而求今出惟行不得狎而玩伊等聽聞之下叩頭流涕其感懼似出眞誠臣復周歷三廳苗寨地方其苗官自守備以及外委咸帶苗兵多名俯伏道旁迎接甚形懍畏又苗舉人生員以及義學師生亦皆在途迎謁均於給賞時諭以循分守法俱各傾聽祗遵所有綏靖鎭標及永綏保靖二協營暨鎭筸鎭轄之沅州靖州綏甯長安四協營亦皆逐一校閱旋由苗疆轉至辰州常德將湖南提標五營乾州永順常德三

協澧州九谿鎮溪河溪永定古丈坪辰州城守洞庭水師八營次第閱畢計自七月至九月閱過湖北十五標營湖南三十二標營及道標各屯員弁兵勇牽計搶箭擡礮中靶分數均在六七成以上長矛刀棍多有可觀軍裝馬匹亦稱整壯凡應入軍政之員弁皆經逐名調考其把總以下不入軍政者如在經過百里之內亦皆調考若汛地寫遠恐曠巡防目前暫緩考驗仍於日後乘便補考世職武舉尚未得缺者亦令

隨同校閱又各營兵丁人數衆多除已閱外有
因隔於程途未便概調者有因限於時日未能
全閱者復經頒發全册責令該管將領校閱登
註以憑遇便抽考或委隔營覆校庶衆兵各項
技藝大概均可周知至員弁中有年力衰邁及
弓馬生踈者臣前已
奏明隨時參劾不必俟至軍政案內始行彙辦計
數月以來降革休致之員弁除把總以下不計
外副將則穆騰額伊齡阿二員遊擊則謝玉陞

盛奎陳增祉三員守備則許勝貴包廷揚鄧高
昇羅玉斌王允年洪明臺六員千總則魏光榮
李定愷宋履泰朱允秀張勝得柴開泰余化瓏
宋代富趙陵霄楊丙一朱長明十一員或革或
休或降已先後
題奏咨部在案俱不歸軍政參劾之內其軍政六
法人員仍應彙齊覈辦 臣 現飭趕回武昌飭催
造冊悉心甄別照例依限具
題再 臣 所過各屬除潁湖間有被水外餘皆一律

豐登米糧市價極平堪以仰紓
宸廑所有閱視營伍地方情形謹繕摺具
奏伏乞
皇上聖鑒謹
奏

控制鎮筸兵勇並察看各提鎮優劣片

再臣此次親駐鎮筸體察情形酌籌控制有正

摺內所未敢盡敘者謹再繕片爲我

聖主陳之緣鎮筸地方在萬山之中其人膂力剛强

而性情剽悍用之於制敵實能奮勇爭先聚之

於平時難免恃强生事駕馭之法本較别處營

伍爲難又自苗疆設立屯防以後民間田産丈

出歸公專靠錢糧以資養贍所以鳳凰廳一隅

之地而兵丁練勇合計有五千餘名之多視他

營不啻數倍在當時原爲懾服羣苗起見今苗
民久經安貼而營屯轉成積重之形明知兵勇
太多而礙難裁減若輩聚集一處角勝爭雄偶
有藉端則此倡彼和若不遂意卽逞忿忘生皆
已習爲固然恬不知怪此次經臣抉其病根大
加訓飭曉以利害禍福尙知感激涕零但易感
者其心而難移者其性是以控馭之法不厭求
詳臣檢查上年挾借案內欽奉
上諭有人奏苗疆善後事宜一摺著訥爾經額裕泰

楊芳會同詳悉妥議具奏等因欽此查原奏內有
將練勇分撥三廳安置以散其勢之語此論本
極扼要惟因紛紛移駐轉恐啟其疑懼之心而
攜帶家口盤費尤多更無所出是以訥爾經額
等仍請暫循其舊臣竊思分散之法與其勒令
移駐強以所不甘何如隨時差遣予以所甚願
葢該處人情粗鄙以有利爲喜以有事爲榮其
受病在此其得用亦在此卽如徵調出師在別
營視爲畏途而該處趨之恐後若尋常差使於

應得錢糧之外加給薪水盤費其踴躍更不待言又其一家父子弟兄同在行伍者甚多經臣逐一查明密記底册凡一家有數人食糧者俱暗抽一人出外差遣使之各有瞻顧仍不明示章程如各卡堵緝私鹽各屬訪拏匪犯之類皆其所優爲者此往彼還絡繹調派似即無形之移駐而自然之分散也現已試行派遣皆甚樂從臣仍隨地隨時嚴密查察如有未能安靜借端生事者立予重辦不稍姑息似亦控制之一

道其在本處則專恃該管鎮道約束有方臣在
彼詳細稽查鎮筸鎮總兵楊芳辰沅道王簡現
辦營屯事務皆能秉公克己甚洽輿情就目下
觀之實屬十分安靜臣仍諄囑該鎮道總須恩
威兼濟嚴而不失之刻寬而不失之濫始可常
服其心至該處山田磽瘠者多收成本薄而又
路途險隘與別處米穀不通今年雨水調勻堪
稱樂歲倘值年成荒歉各兵勇事畜無資即難
保其盡能安謐查從前該處儲備銀穀歷因屯

田歲租缺額各項經費不敷遂致逐漸借支無多存貯經調任撫臣裕泰

奏請清查緣款目紛繁尚未結報現在飭催該道趕緊查明不許稍有含混其應如何籌補之處容再會同撫臣訥爾經額設法籌畫另行

奏辦又查該處民人近日傳播謠言謂嘉慶初年民田塹令歸公原許於三十年之後仍還民產此時年數已逾應請歸還並有欲俟臣到之時聯名呈懇者臣一得訪聞即先飭查何人倡議

嚴行拏究於是其風寢息　臣　復於放告之時將
此事廣爲宣諭以從前苗匪四出焚殺伊等田
產多爲苗佔卽未佔者亦不能耕種無非四散
流亡任其荒廢若不團練丁勇何以戡定頑苗
若不均出屯田又何以養贍丁勇豈可於安常
處順之後頓忘同仇敵愾之心轉欲自撤籓籬
甘尋覆轍該民人等皆無可置喙惟是此等謠
言易動鄉愚之聽　臣　仍諄飭該鎮道嚴密查禁
倘再有以此議煽惑平民者卽須嚴拏究辦總

之鎮筸爲苗疆最要之區而距臣所駐之武昌省城將及二千里邊防關重實有鞭長莫及之虞惟當時刻留心並責成該鎮道務將一切情形隨時據實稟報以憑察奪至該鎮楊芳原籍貴州松桃廳距鎮筸僅百餘里於該處民情士俗洞悉無遺上年鎮筸兵勇戕害委員蘇淸阿經楊芳在籍聞知即赴交界防範所全頗爲不少此次臣至鎮筸接見該鎮據稱年老耳沉恐不足以副

聖慈委任臣見其精神步履均屬健旺並未衰頹惟聽言稍多之際間有一二聽得不真不過再與述說一番似無妨礙其於湖南全省營伍皆曾統轄而苗疆尤資得力自在

聖明洞鑒之中此外兩省提鎮臣巡閱所至皆已屢經接見查湖南提督薛陞久歷戎行雖年越七旬而精力極健在出師自屬老手若論平時營務固不至廢弛亦未見振作似不及湖北提督羅思舉之認真羅思舉出身雖非正路而在湖

北提督任內歷十二年操守甚清能自刻苦地方文武異口同聲其所教演雜技皆有裨軍營實用而製造傷藥療治瘡疽尤為著效士卒民人之疾皆手治之故感激者多該提督自去冬病後差瘦於前然見其上馬登山仍極輕便詢知常時在署兩腳尚繫鐵條其習勞不倦如此似營務不至廢弛至總兵中如湖南永州鎮崇福年力正強辦事頗有才幹可資整飭綏靖鎮明海外親似屬鈍拙而營務卻甚認真現雖六

十六歲精神倘能貫注此次臣考校湖南營伍
該鎮所轄之兵技藝最見出色是該鎮洵堪勝
任惟此後精力何如仍須隨時察看又湖北鄖
陽鎮滿德坤本年進京
陛見回任未久其人材本屬出衆雖年逾六十而勇
鋭之概未衰辦理營務大段不差倘須細爲考
察又宜昌鎮珠爾杭阿在楚省三十餘年情形
極熟惟宜昌爲川江入楚門戸該鎮於督緝川
省私鹽前此似未能盡力近日經臣嚴飭務令

於銅鉛船入境之際親往督查究竟能否改觀
倘須於冬令覈計功過再行據實具
奏臣有考察之責總當整頓營伍不避怨嫌斷不
敢稍有遷就謹將一切情形縷晰附陳伏祈
聖鑒謹
奏

整頓鹺務摺

奏爲敬陳楚省鹺務設法整頓情形恭摺奏祈
聖鑒事竊臣質本庸愚鹽務尤非所習仰蒙
聖慈委任先經署理兩江總督旋復擢授湖廣總督
於鹺政皆責無旁貸不敢不加意講求因講求
而愈知籌辦之難因難辦而益矢轉移之力其
中曲折繁重情形有非循常蹈故所能收其實
效者故必倍加整頓不敢稍避怨嫌現雖積弊
漸除猶恐久而生玩謹將一切辦法爲我

聖主縷陳之伏查兩淮引額除淮北二十九萬六千九百八十二引不在湖廣行銷外其淮南年額應銷鹽一百三十九萬五千五百十引內江蘇安徽江西三省額銷之數僅居四分有零而湖廣銷額幾及十分之六以每引四百斤計之每一萬引即合鹽四百萬斤積而至於七十七萬九千九百餘引之多其爲鹽殆不可以數計此湖廣所以爲淮南最重之口岸也然楚民並不盡食淮鹽如湖北施南一府六縣及宜昌府屬

之鶴峯長樂二州縣均屬例食川鹽湖南郴桂
二州屬并衡州府屬之酃縣共十一州縣例食
粤鹽是楚省境內本有川粤引地則凡犬牙相
錯之處皆不能無影射透漏正不獨湖南永興
一縣熬煎粤鹽以灌淮界久爲粤省之所必爭
也至應食淮鹽之地亦有離淮較遠例准借食
鄰鹽者如宜昌府屬巴東等四州縣之借食川
鹽永州府屬道州等五州縣之借食粤鹽鎮筸
等處苗疆之借食川鹽皆經宜諸令甲雖定例

不許過十斤以上但一人可買十斤合衆人計
之卽不知凡幾矣論者謂行鹽之額定自
國初近來生齒日繁何至歲銷鹽斤轉不能如原
定之數此言殆未深考耳查兩淮鹽法志載
國初淮南歲行綱鹽只九十六萬六百八十四引
迨後綱食遞有加增至嘉慶七年始符現在引
數是淮南現行額引比之
國初原額實多四十三萬四千八百引有零又
國初每引運鹽二百斤至雍正年間定爲每引三

百四十四斤嗣後累次加增至道光十一年始
以每引四百斤爲定額較之三百四十四斤爲
一引者每七引溢出一引以此科算是湖廣所
銷之鹽比前又暗加十餘萬引而不覺也竊思
原定鹽額每以民數爲衡近數年來湖北湖南
兩省報部民數細册約共五千萬人有零除例
食鄰鹽之處至少亦去十分之一其應食淮鹽
者約有四千五百萬人以每人日食三錢照例
科算是每引四百斤之鹽足供六十人終年之

食即以所報民數與應銷引數互相比較已恐有絀無贏且生齒既繁則食鹽之人固多而賣鹽之人尤多民間生計維艱故凡有鹽利可圖之處貧民無不百計挑運四出售私其近川近粵近潞地方與兩淮場竈相距皆遠淮鹽挽運到岸自千餘里至二三千里不等而鄰鹽一蹴即至成本既輕賣價自賤欲令民間舍近食遠舍賤食貴本係極難之事且以鹽課較之則鄰省皆輕而淮綱獨重即如川鹽每包一百三十

五斤在大甯雲陽等廠僅納六分八釐一毫卽
最重之犍爲廠每包亦只一錢三分四釐若淮
鹽一百三十五斤卽該納銀一兩三四錢比川
課加重十數倍又查潞鹽每一百二十引爲一
名完正雜課銀一百兩若淮鹽一百二十引卽
該納銀四百八十兩亦不啻倍蓰雖粵鹽課則
臣未深知而考其總數不逮淮課十分之二其
輕可知夫以重課之鹽而與鄰界之輕課爭售
卽彼此同一官鹽亦必彼贏此絀況又加以無

課之私販紛紛浸灌其勢之不能相敵更不待言且不特此也潞鹽之行於陝西有應從湖北鄖陽府經過者川鹽之行於貴州有應從湖南辰沅等府經過者以淮綱地界而爲鄰鹽必由之路雖欲禁其私賣勢必不能唯因引地既定於前若不保衛藩籬則浸灌更無底止是以嘉慶年間中外臣工屢有奏請以鄖陽改食潞鹽衡永改食粵鹽辰沅改食黔鹽者均經駁飭不准是楚省邊境名爲淮界而實不銷淮鹽之處

又去十之一二所恃以行銷者惟在腹地數郡
耳然自黄州以至武昌漢陽凡鹽船經由停泊
之處其爲夾帶腳私所佔者久已習爲故常又
商民各船由江浙來楚每有船戶水手帶鹽私
售且近來淮北票鹽盛行更由安徽之英山霍
山與河南之光山商城羅山等縣灌入黄州德
安漢陽各處故雖腹地數郡亦愈見其難銷更
有一種棘手情形則以商人完課買鹽發給運
腳皆須用銀而市上鹽斤無非賣錢從前銀價

賤時以千作兩照奏案粱鹽每包價銀三錢科算不過賣錢三百文近因銀貴錢賤三錢庫銀即合錢四百二三十文縱使市上鹽價較前有增而以錢合銀實已暗減岸商水販皆惟利是圖豈甘虧本則招徠愈難今試將高低之鹽一律牽計每引只算銀十四兩湖廣每年食鹽按額即須銀一千餘萬兩以錢計之則須一千五六百萬千文其爲縻重甲於各省是運鹽納課雖在兩淮而輸納營運之貲大都出諸兩楚此

臣所以夙夜籌思而兢兢然惟恐貽誤也臣自
上年三月到任因正二兩月售鹽稀少亟籌設
法疏銷凡所陳奏督屬緝獲各路私鹽及嚴禁
銅鉛船買帶川私與夫襄陽等處撤退鄰境三
十里內鹽店並衡永一帶責成道員督緝各事
宜幸俱仰蒙
訓示並
諭令四川河南各督撫一體稽查俾臣得以嚴飭各
屬加倍懍遵認眞堵拏如宜昌一帶爲川私叢

集之藪則委候補道劉肇紳前往督同宜昌府
知府程家頲查拏究出弁兵繼私分肥情弊從
嚴懲創又襄陽府屬久被潞私侵佔絕無水販
運鹽臣親至其地相度機宜責成安襄鄖道楊
以增改立章程並將施南府知府金石聲奏蒙
恩准調任襄陽該道府一同出力籌辦潞梟漸見斂
退水販即源源運行又衡州一帶亦久不銷引
自臣親到該處飭拏私鹽多起並將卡座
奏改遊巡責令衡永道張晉熙會同湖南鹽道李

褚堂督辦近日粵私差少惟距武昌甚遠倘須
隨時察看又黃州武穴一帶爲鹽船入楚停泊
要口船戸水手與岸上奸販串通賣私日甚一
日臣派委試用知府但明倫駐劄該處凡有鹽
船入境親行催儹並將水痕風色察驗報明如
有水跡不符及無故逗遛立卽究辦聞船戸奸
販皆憚其嚴凡此遠近印委各員分飭籌辦仍
責令湖北鹽道于克襄督同漢岸總卡委員武
昌府同知陳天澤綜司其成此外各府州縣皆

有緝私疏引之責雖楚省向例准其融計銷數
而臣惟恐各屬互相觀望會同撫臣周之琦飭
合鹽道于克襄按月按季覈計各州縣銷數分
別功過先將短銷之黃安縣知縣劉坤琳撤任
查辦於是州縣始知儆懼競思設法督銷又經
該道于克襄捐貲密遣親丁分路緝私尤多起
獲是以統計上年兩省所獲私鹽竟至一百餘
萬斤之多且獲一斤之鹽即提一斤之課不特
有裨庫項並向來捏報邀功朦混搪塞諸弊舉

無所施此皆仰賴

聖主洞燭無遺

允臣獲私提課之奏始得欽遵督辦感懔尤深臣又思鹺務事宜仍須恩威並用若一味嚴緝恐窒礙亦多故又剴切示諭紳民曉以利害大意以爲每人每日食鹽僅止三錢所費不過一文即官鹽不如私鹽之賤而按日分計所爭亦僅毫釐民間日用飲食何在不可節省而獨於必不能已之食鹽計較毫釐貴賤公然犯法食私在

紳衿應革功名在平民應受滿杖明於利害者當不至若是之愚且湖廣錢漕最輕比之江蘇僅及數分之一

聖恩高厚賦額永不加增若於鹽課正供尚相率而背官食私天良安在除既往姑寬免究外嗣後責令紳衿大戶以及鄉團牌保互禁食私犯者公同送究小民見此示諭俱尚聽從又挑賣私鹽之窮民許其改悔投充肩販由各處官鹽子店給票挑赴四鄉賣完繳價如此則肩販各有

生路庶可化莠爲良而偏僻村莊皆有官鹽挑
到不得藉口食私於銷引似有裨益查向來民
間匪類大半出於鹽梟即如襄陽之捻匪紅鬍
爲害最甚總因逼近豫省以越販潞私爲事遂
至無惡不作今自整飭鹽務之後襄陽絕無搶
刦之案並將隔省盜犯拏獲多名是所辦者鹽
務而其效即不止於鹽務也又各處水販在漢
岸買鹽向給水程一紙運到後須由地方官彙
繳臣恐胥役藉端勒索致水販裹足不前是以

變通辦理俾省浮費以示招徠因事屬細微不
敢瑣屑入
告乃准兩江總督臣陶澍移咨欽奉
上諭林則徐會署兩江總督其於鹺務轉運交關之
處熟悉情形現經酌定道里遠近限期由水販交
付鹽行送局齎道不准由州縣催繳可免需索留
難辦理甚爲合宜等因臣跪誦之餘益當欽遵妥
辦水販因此稍沾微利頗見踴躍買鹽惟此縣
之水程轉運別縣售賣者恐致漫無稽考仍應

令其送縣呈查此又隨後續立之章程與前議兩不相悖者也又宜昌府屬例食川鹽之鶴峯長樂二州縣歷由兩淮委員駐劄萬戸沱地方代川辦運原爲保護淮界起見而兩淮鹽政相距甚遥倘有借官行私無憑稽察經臣咨商兩江督臣陶澍改爲由楚省委員駐辦以便約束並只許就近購運四川巫山縣之大寗廠鹽已足以敷民食不准遠赴數千里之犍爲縣裝運花鹽以致下侵荆州等處接准陶澍咨覆意見

亦極相同又從前楚省歷因襄陽宜昌衡州三
處額引不銷壅積
奏明官運商鹽前往減價售賣以敵鄰私此意未
嘗不善而於利弊未能洞澈不免似是而非是
以歷辦並無成效蓋淮鹽成本重大即減之又
減總不能賤於無課之私鹽若不認眞緝私而
欲以官鹽衡其鋒是商本徒虧而鄰私仍不能
敵且商人本爲牟利必抑價以虧其本則商運
愈不前而私鹽愈充斥矣況又訪有一種奸販

轉買減價之賊鹽以灌旺售之引地是爲藉寇
資盜無異剜肉補瘡 臣 將此三處之鹽一槩不
令抑價以杜流弊現在襄陽水販運鹽已多宜
昌亦已通販衡州則官鹽業經運往水販尚未
前來祇須隨時察看情形如水販銷路大暢則
官運固可無需卽有必須官爲倡導之處亦照
時價發售務令鹽色純淨秤足味佳不宜抑勒
減價以致虧本滋弊其揚商向因減價賠墊立
有三鹽名目按引捐貼茲由 臣 咨明兩淮嚴行

裁汰不任藉口賠累致礙鹺政現聞揚商輸課
倍形踴躍而楚岸售得價銀　臣　復不時催解赴
揚不任花銷糜費本届所報銷數有一引即解
一引之銀務使針孔相符胥歸實在不准如前
之漫無憑證要之銷鹽之暢滯上之視乎天時
下之視乎地利而人力總不可不盡　臣　竊思無
可操之劵而斷不敢有未盡之心惟賴
聖慈福庇長使年歲豐登隄防鞏固則民力寬裕而
肥腯之奉旨蓄之供售鹽自當更旺此時所屬

各員雖有籌辦出力之處臣均不敢遽行保
奏致啟易視之心務令一力奉行始終無怠庶幾
暢益加暢至私鹽現獲固多然有私總不如無
私之爲妙果使將來銷引愈多而獲私轉少更
足以見化莠爲良之實效 臣惟禱祠以求不敢
稍有懈忽以期仰副
聖主委任責成於萬一謹將辦理情形縷晰繕摺具
奏伏乞
皇上聖鑒訓示謹

奏

湖南提督移駐辰州摺

奏爲申明舊章請將湖南提督常駐辰州府城以資彈壓恭摺奏祈

聖鑒事竊照湖北湖南兩省營務從前原歸湖廣提督統轄是以提督駐劄湖南之常德府城爲兩省適中之地嗣於嘉慶二年會籌苗疆善後事宜案內准兵部咨以前督臣畢沅奏稱辰州常德均爲雲貴往來孔道而辰州逼近苗疆爲鳳凰永綏乾州三廳門戶距常德較遠未免鞭長

莫及苗疆甫經戡定必得提督常駐辰州稽查
彈壓等語應照所請辦理仍俟一二年後察看
苗地情形安靜再令提督每歲分作上下半年
在辰州常德往來駐劄等情奏奉
硃批依議速行欽此遵於辰州府城建設提督衙門以
資駐劄辦公迨嘉慶六年又經
奏准添設湖北提督欽奉
諭旨所有原駐辰州之湖廣提督著改為湖南提督專
管湖南通省營伍事宜等因欽此欽遵在案是湖南

專設提督既不兼轄湖北自應常駐辰州惟因
辰州逼處巖疆常德近在都會歷任提督每多
駐劄常德非巡閱之年不到辰州與原定章程
殊未符合茲新任湖南提臣楊芳係由鎮筸鎮
總兵蒙
恩簡擢於苗疆營伍最爲熟悉民苗俱極愛戴雖現
在苗地甚爲安靜惟距武昌約二千里卽距長
沙亦千里而遙控制巡防不得不倍加愼重臣
等察覈辰常二府形勢辰州自較常德更爲扼

要且兩處俱建有提督衙署兵制亦久經勻派
一切無須更張應請申明原定章程將湖南提
督常駐辰州以資彈壓仍於季底酌赴常德駐
劄一半月亦不致顧此失彼臣等與提臣楊芳
往返札商意見相同謹合詞恭摺具
奏伏乞
皇上聖鑒訓示謹
奏

籌款生息防守襄隄摺

奏爲酌籌襄河防汛經費請將前發典商局錢捐湊成數改發漢岸鹽商生息俾搶險得資撥用以固隄防恭摺奏祈

聖鑒事竊照湖北地方半係濱江臨漢民生保障全賴隄防而隄工不獨貴在加修更須嚴於防守夏秋大汛日久工長苟有寸節之疎即受沮洳之患　臣林則徐於上年汛漲之際周歷武漢荊襄各屬督視籌防竊見大江情形固甚險要然

江面較爲寬濶氣勢畢竟舒張以防汛而論向不至如襄河之急促襄河上承漢源之遠兼有豫省唐白兩河滙流灌入其泥沙之濁數倍於江而水性之曲亦迴異於江惟濁也故河底淤墊而愈高惟曲也故河勢坐灣而愈險溯自十餘年來襄隄之漫潰沖決殆無虛歲推原其故實因經費支絀致有疎防盖濱漢各州縣隄工除襄陽老龍隄係屬石工向稱堅鞏外其鍾祥荊門京山潛江天門沔陽漢川等州縣南北兩

岸正隄土性多沙易於沖刷且工長計有十六萬六千一百餘丈其旁出之支河各隄尚不在此數之內若與河工比較則一縣地段皆應分作數廳而向無額設堡房旣乏棲息之所況人夫動須雇倩無可支銷卽民間簽舉隄長一二人責管之地太長仍屬有名無實此外自挑積土牛以及一切守水器具費用甚繁而皆無項可辦將欲責之民力則頻年淹浸之處上而

國賦之錢漕下而歲修之夫土尚且催比不前更

安能籌及防險之用將欲出諸官捐則州縣既
須責以清廉又須杜其虧空自銀價昂貴以來
州縣辦公累者什九其力實有不逮以致籌防
棘手呼應不靈一片長隄每有人夫寥寥器具
不周之處是其疎虞失事原在意中
國家經費有常何敢冒昧請項然若因循遷就則
有一處之潰決卽致數處之漫淹輕而展緩錢
糧重卽議蠲議卹揆諸
國計民生均不能不亟爲籌畫臣等與各司道察

覈情形再三商酌與其補救於事後莫若籌備
於未然惟有將生息閒款量爲挹注庶可爲防
汛搶險之資查道光十年襄陽地方因緝捕經
費無出經前督撫臣奏請動支寶武局存錢八
萬串發典生息濟用業蒙
允准迨十六年寶武局暫停鼓鑄案內
奏明將存錢七萬六千餘串發典按年八釐生息
照市價易銀解司收入正鑄款內截至十七年
底已獲息錢一萬一千五百六十四串有奇此

項息錢並未議定作何支用目下襄河防汛最
爲急切要需合無仰懇
天恩俯准援照襄陽緝捕經費成案移撥濟用惟查
十六年發典局錢同所得息錢共八萬七千七
百六十餘串爲數尚覺畸零臣等擬與司道再
行設法籌措量爲捐補湊足十萬串之數如仍
發交各屬典商未免散無統紀擬令鹽道于克
襄發交漢岸鹽商彙總生息按月八釐每年可
獲息錢九千六百串以四千串歸還錢本易銀

解存藩庫其餘五千六百串作爲襄河正隄防
險經費於大汛前分別工程之險易隄段之短
長令於數里設一窩舖或逐段製置檯蓬總使
段段皆有人夫晝夜巡防給以工食並責令挑
積土牛捆紮柴纜多多益善凡一切守水器具
及簑笠梆鑼夜間燈燭皆於息項酌給飭辦令
州縣造册呈報該管道府隨時點驗不許缺額
虛糜所有印委汛員於大汛時均須督同各夫
役及隄長人等無分雨夕常川防守務保無虞

倘敢疎忽失事卽將該印委汎員嚴行參辦隄
長夫役一併治罪既給經費不能再有藉口倘
或奇險疊出用項倘有不敷亦由臣等與司道
設法籌捐幫貼似此一轉移間既不動用正款
而經費藉得從容以冀永慶安瀾仰副
聖主愼重隄防之至意謹合詞恭摺具
奏伏乞
皇上聖鑒訓示再防汎所用一切錢文本極細碎且
此項本息係經籌捐湊足請由臣等覈銷免其

造册送部合并陈明谨

奏

籌議嚴禁鴉片章程摺（戒烟方附）

奏為遵

旨籌議章程恭摺覆

奏仰祈

聖鑒事本年五月初二日准兵部火票遞到刑部咨

開道光十八年閏四月初十日

上諭黃爵滋奏請嚴塞漏巵以培國本一摺著盛京吉林黑龍江將軍直省各督撫各抒所見妥議章程迅速具奏摺併發欽此臣查原奏內稱近來銀

價遞增每銀一兩易制錢一千六百有零非耗
銀於內地實漏銀於外夷自鴉片烟流入中國
其初不過紈袴子弟習為浮靡嗣後上自官府
縉紳下至工商優隸以及婦女僧尼道士隨在
吸食廣東每年漏銀漸至三千餘萬兩合之各
省又數千萬兩耗銀之多由於販烟之盛販烟
之盛由於食烟之衆今欲加重罪名必先重治
吸食請
皇上嚴降諭旨自今年某月日起至明年某月日止

准給一年限期若一年以後仍然吸食是不奉
法之亂民罪以死論等語 臣 伏思鴉片流毒於
中國紋銀潛耗於外洋凡在臣工誰不切齒是
以歷年條奏不啻發言盈廷而獨於吸食之人
未有請用大辟者一則
大清律例早有明條近復將不供興販姓名者由杖
加徒已屬從重若遽坐死罪是與十惡無所區
別卽於五刑恐未協中一則以犯者太多有不
可勝誅之勢若議刑過重則弄法滋奸恐訐告

誣攀賄縱索詐之風因而愈熾所以論死之說私相擬議者未嘗乏人而毅然上陳者獨有此奏然流毒至於已甚斷非常法之所能防力挽頹波非嚴蕆懍茲蒙

諭旨飭議雖以臣之愚昧敢不竭慮籌維竊謂治獄者固宜準情罪以持其平而體

國者尤宜審時勢而權所重今鴉片之貽害於內地如病人經絡之間久爲外邪纏擾常藥既不足以勝病則攻破之峻劑亦有時不能不用也

夫鴉片非難於革癮而難於革心欲革玩法之心安得不立怵心之法況行法在一年以後而議法在一年以前轉移之機正繫諸此書所謂舊染汚俗咸與維新傳所謂火烈民畏故鮮死焉者似皆有合於

大聖人辟以止辟之義斷不至與苛法同日而語也

惟是吸煙之輩陷溺已深志氣無不惰昏今日安知來日當夫嚴刑初設雖亦魄悚魂驚而轉思期限尚寬姑俟臨時再斷至期迫而又不能

驟斷則罹法者仍多故臣謂轉移之機即在此
一年中必直省大小官員其矢一心極力挽迴
間不容髮期於必收成效永絕澆風而此法乃
不爲贅設茲謹就臣管見所及擬具章程六條
爲我
皇上敬陳之
一煙具先宜收繳淨盡以絕饞根也查吸煙之
竹桿謂之槍其槍頭裝煙點火之具又須細
泥燒成名曰煙斗凡新槍新斗皆不適口且

癮難過必其素所習用之具有煙油漬乎其
中者愈久而愈寶之雖骨肉不輕以相讓此
外零星器具不一而足然尚可以他具代之
惟槍斗均難替代而斗比槍尤不可離遇無
槍時以習用之斗配別樣煙桿猶或遷就一
吸若無斗即煙無裝處而自不得不斷矣今
須責成州縣盡力收繳槍斗視其距海疆之
遠近與夫地方之衝僻戶口之繁約民俗之
華樸由各大吏酌期定數責以起獲示以勸

懲除新槍新斗聽該州縣自行毀碎不必覈
計外凡漬油之槍斗皆須包封粘貼印花彙
冊送省該省大吏當堂公同啟封毀碎無論
此具或由搜獲或由首繳或由收買皆許覈
作州縣功過之數若地方繁庶而收繳寥寥
者立予撤參如能格外多收亦當分別獎勵
一此議定後各省應即出示勸令自新仍將一
年之期劃分四限遞加罪名以免因循觀望
也查重典之設原爲斷吸起見果能人人斷

吸亦又何求所謂以人治人改而止也各省
奉文之後應由大吏發給告示遍行剴切曉
諭自奉文之日起扣至三個月爲初限如吸
煙之人於限內改悔斷絶赴官投首者請照
習教人首明出教之例准予免罪然投首非
空言也必將家藏煙具幾副餘煙若干全行
呈繳到官出具改悔自新毫無藏匿甘結加
具族鄰保結立案報查如日後再犯或被告
發或經訪聞拘訊得實加倍重辦其二三四

限之內投首者雖不能概予免罪似亦可酌量減輕惟不投首者一經發覺即須加重蓋四時成歲三月成時氣候不爲不久果知畏法儘可改圖若仍悠忽遷延再三自應擬以誅心之律已非徒杖所可蔽辜除初限以內拏獲者仍照原例辦理外其初限以外四限以內未首之犯拏獲審實似應按月遞加一等至軍爲止其中詳細條款並先後投首如何減等首後再犯如何懲辦之處均請

勅部覈議施行似此由寬而嚴由輕而重不肖之徒如再不知悔懼置諸死地誠不足惜矣

一開館興販以及製造煙具各罪名均應一體加重並分別勒限繳具自首以截其流也查開館本係死罪興販亦應遠戍近因吸食者多互相包庇以致破獲者轉少今吸煙既擬重刑若輩豈宜末減應請一體加重方昭平允但澆俗已深亦宜予以自新之路請自奉文之日起開館者勒限一月將煙具煙土全

繳到官准將原罪量減如係拏獲照原例辦理地方官於一月內辦出者無論或繳或拏均免從前失察處分倘逾限拏獲犯照新例加重自獲之員減等議處其興販之徒路有遠近或於新例尚未聞知不能概限一月投首應請酌限三個月內不拘行至何處准赴所在有司衙門繳煙免罪若逾限發覺亦應論死其繳到之煙土煙膏眼同在城文武加用桐油立時燒化投灰江河匿者與犯同罪

至製造煙具之人近日愈夥如煙槍固多用竹亦間有削木為之大抵皆煙袋鋪所製其槍頭則裹以金銀銅錫槍口亦飾以金玉角牙閩粵間又有一種甘蔗槍漆而飾之尤為若輩所重其煙斗自廣東來者以洋磁為上在內地製者以宜興為高恐其屢燒易裂也則亦包以銀錫而發藍點翠各極其工恐其屢吸易塞也則又通以鐵條而剔戟錐刀不一其狀手藝之人喜其易售奇技淫巧競相

傳習雖照例懲辦而製造如故應請概限奏文一月內將所製大小煙具全行繳官毀化免罪並諭煙袋作坊瓦器窰戶以及金銀銅錫竹木牙漆各匠互相稽查如逾限不首及首後再製俱照新例重辦其裝成槍斗可用吸食者即須論死保甲知情不首與犯同罪

一失察處分宜先嚴於所近也文武屬員有犯該管上司於奉文三個月內查明舉發者均予免議逾限失察者分別議處其本署戚友

家丁近在耳目之前斷無不知應勒限一箇
月查明若不能早令革除又不肯據實舉發
即是有心庇匿除犯者加重治罪外應將庇
匿之員即行革職本署書差有犯限三箇月
內查明懲辦逾限失察者分别降調
一地保牌頭甲長本有稽查奸宄之責凡有煙
土煙膏煙具均應著令查起也恐挾仇訐告之
風固難保其必無但能起獲贓證即已有據
且起一件即少一害雖初行之時亦恐難免

滋擾然凡事不能全無一弊若果吸煙者懼其滋擾而皆決意斷絕正不爲無裨也至開館之房主及該地方保甲斷無不知之理若不舉發顯係包庇應與正犯同罪並將房屋入官

一審斷之法宜預講也此議定後除簡僻州縣犯者本少即有一二無難隨時審辦外若海疆商賈馬頭及通衢繁會之區吸食者不可勝數告發既多地方有司日不暇給即終日

承審而片刻放鬆則癮已過矣委人代看則
弊已作矣是非問罪之難而定讞之難也要
知吸煙之虛實原不在審而在熬熬一人與
熬數人數十人其工夫一耳且專熬一人容
或有弊多人同熬轉無可欺譬如省會地方
擇一公所彙提被控被拏之人委正印以上
候補者一員往審足矣不必多員也臨審時
恐其帶藥過癮則必先將身上按名嚴搜即
餻點亦須敲碎然後點入封門如考棚之坐

號各離只許不准往來問官亦只准帶一丁兩役隨身伺候不許擅離自辰巳以至子丑祇須靜對不必問供而有癮之人情態已皆百出矣其審係虛誣者何員所審即令何員出具切結倘日後別經發覺惟原審官是問

以上六條就臣愚昧之見斟酌籌議未知當否

理合繕摺具

奏伏乞

皇上聖鑒訓示再臣十餘年來目擊鴉片煙流毒無

窮心焉如擣久經採訪各種醫方配製藥料於禁戒吸煙之時卽施藥以療之就中歷試歷驗者計有丸方兩種飲方兩種謹繕另單恭呈

御覽可否頒行各省以資療治之處伏候

聖裁謹

奏

謹將戒鴉片煙經驗數種良方繕呈

御覽

戒煙斷癮前後兩方總論

人之喉管有二食管以主飲食下達二腸氣管以主呼吸周通五臟氣管本屬清虛不受一粒半滴之物若物誤入其中即時咳逆必出之而後快而煙乃有氣無形之物故可吸入呼出往來於五臟雖其氣已去而其味仍留但人之所以得生者胥藉胃間所納穀氣循環於經絡以培養其精神今食煙之人其臟肺慣得煙氣以尅穀氣故常人一日不食五穀則饑而憊食鴉片煙者視五穀猶可緩但對時不吸煙則癮而

儻無他正氣爲邪氣所制也本草所載生煙卽
今之旱煙其氣辛故止於入肺若鴉片則其性
毒而淫其味濇而滯其色黑而入肝腎故一吸
而能透於肉筋骨髓之中一呼又能達於肢體
皮毛之杪徧身內外上下無處不到是以食纔
下咽自頂至踵均覺舒暢遂溺其中始則由漸
而常繼則由常而熟至於熟矣內而臟腑經絡
外而耳目手足皆必得此煙氣而後卽安一旦
無之腎先告乏故呵欠頻作肝因而困故涕淚

交流肺病則痰涎並生必病則痿軟自汗必至是時而起者脾主信故也彼溺乎其中者至是而適受其困矣然溺而知戒不過困於一時溺而不戒則直徇以身命以煙氣勉穀氣引邪奪正其能久乎果其戒之並非難事癮之輕者與體之壯者即無藥方亦可斷絕茲專為受癮深而氣體弱者立前後兩方一曰忌酸丸一曰補正丸忌酸丸即以煙灰和藥為之緣初戒時不能遽絕故以灰代煙也丸里用附子者取其走而

不守能通行一十二經也佐之以柴胡之左旋升麻之右旋沉香之直達下焦四者相合則徹乎上下表裏頃刻而能徧於一身矣顧吸煙之人中氣無不傷者中氣傷則氣不能化精而血衰故用參芪以補肺氣白朮以補脾氣陳皮木香以利諸氣皆所以安其中也中氣既固再有當歸連柏以涼血而生血且連柏能殺附子之毒以生一源之水且制二相之火也氣血兩虛之人保無昏暈非天麻不能止故加以天麻其

用甘草者不但可以補中兼可益血並和諸藥也此方氣血兩補而藥味不雜寒熱並用而於理不悖煉以爲丸吞入於胃行氣於五臟輸精於經絡不俄頃亦卽徹頂踵徧內外無處不到是以煙癮不起諸病不作且有沈木二香氣息芬芳藉附子以行之薰蒸於五臟之中吞至數日後若再取過火之煙吸之不獨臟氣與之扞格卽鼻孔聞之已嫌其臭矣補正丸卽以忌酸丸之方減去黃芪木香二味不用附子且不用

煙灰其餘藥味分兩均與忌酸丸方同凡戒煙者先吞忌酸丸至三五日後每日減忌酸一丸則以補正兩丸替之減兩丸則以四丸替之照此遞推互相加減至忌酸丸減盡再專服補正丸十日或半月後卽連補正丸亦不用服而癮自斷矣此方歴試歴驗具有神效緣有補中益氣之藥日減有煙之一丸以去邪癮日增補正之二丸以助正氣正氣日足邪無所容卽使至重之癮果能痛自改悔照法行之不過略多數

日未有不能斷絕者全身命以保餘生懍
國法而免刑戮凡有血氣必知之人有不覺悟自
新逃塗早返者哉所有方藥製法詳開於左

忌酸丸方

不日戒煙丸而曰忌酸丸者蓋以既用煙灰吞
服之後若與味酸之物同食則令人腸斷而死
故以忌酸名方欲服之者顧名知忌耳

生洋參 五錢 白朮 三錢 當歸 二錢 黃柏 四錢 川
連 四錢 炙黃芪 三錢半 炙甘草 三錢半 陳皮 二

錢半柴胡二錢半沉香二錢忌火木香二錢忌火天麻三
錢升麻一錢半
共爲細末入生附子七錢米泔浸透石臼中
擣如泥再入煙灰一兩攪勻入麪糊同藥爲
丸如小桐子大丸成後共稱重若干約計平
時有癮一分者每日所服之丸須有煙灰一
釐二毫爲度必於飯前吞下否則不驗起初
一二日或多吞些令其微有醉意則有煙亦
不思食矣吞定三五日後每日減忌酸丸一

丸用補正丸二丸頂換吞下

補正丸方各藥分兩俱照前方

生洋參 白朮 當歸 黃柏 川連 炙甘草 陳皮 柴胡 沈香 天麻 升麻

共爲細末用蜜和丸如桐子大以之頂換忌酸丸如初一減忌酸丸一丸則用補正丸二丸吞下至初二則減忌酸丸二丸又用補正丸四丸吞下餘可類推至忌酸丸減盡再服補正丸十日或半月後連補正丸亦不用服

矣如癮重者一劑不能盡除卽多服兩劑癮
亦必斷
忌酸丸加減法
紅白痢加黃芩白芍　夢遺加龍骨牡蠣　諸
痛加重木香元胡索　咳嗽加紫菀炙冬花炙
枇杷葉去毛　咳甚者加杏仁阿膠　熱痰加川
貝母瓜蔞霜　寒痰加半夏南星　若覺下焦
有火加黃柏知母　眼暈加丹皮白菊　小便
短加豬苓澤瀉　水瀉加白茯苓車前　身體

不虛者去洋參換沙參炙芪不必用如無頭暈者不用天麻氣短不足者加蛤蚧尾氣喘者加故紙併加蛤蚧尾

以上或入藥或煎湯送下

附錄簡便二方

忌酸補正前後丸方極靈驗矣而配合兩劑需錢數千文彼憚於斷煙者尙有所藉口或謂一時乏此整項或謂配合費事有需時日卽勸人斷煙者亦未必均肯捐資多製藥丸隨人施給

雖刀圭可以救病如畏難苟安何故又附錄爾

種畏方皆費錢極少而爲效甚捷者庶窮鄉僻

壤之地輿臺奴隸之微但使一念知悔皆可立

刻自醫更何畏難之有嗟夫人孰不欲生若不

於此求生則死於煙與死於法均之孽由自作

耳可不懼哉所有簡便二方附錄於後此二方各自爲

用不相連屬

四物飲

赤沙糖一斤　生甘草一斤　川貝母八錢去心研細　鴉片

灰三錢癮重者四錢

右四物以清水十餘大碗入銅鍋煎兩三時約存三四碗愈濃愈妙將渣濾出取汁貯瓷甕內置靜室無人行處每日早起及夜臥之前各取汁一盃以開水溫服癮即可斷如癮極重者取已煎之汁而重煎之十盃煎成一盃照前再服必效

瓜汁飲

南瓜正在開花時連其葉與根藤一併取下用

水滌淨於石臼中合而擣之取汁常服不數日夙癮盡去甫經結瓜者連瓜擣之亦可用

謹按本草載南瓜甘溫無毒補中益氣截其藤有汁極清如誤吞生鴉片者以此治之即不死是其解毒如神故除癮亦極著效此物最易蔓生雖荒僻村野無處無之惟至冬則藤葉皆枯無汁可取其在夏秋則取之不窮並可不費錢而得凡勸人戒煙者皆宜多取此汁廣貯罈瓮留以濟人可謂不費之惠

臣向所採輯戒煙斷癮藥方共十餘種而歷試有效者以此數種爲最忌酸補正兩丸其法最正四物瓜汁兩飲其用尤便不揣冒昧一併恭錄隨摺進呈是否可以頒行伏候

欽定

鶴峯長樂食鹽專配太甯場以免侵越摺

奏爲湖北鶴峯長樂二州縣例食川鹽只應就近

認配一場以免牽混侵越恭摺奏祈

聖鑒事竊照楚省額銷淮鹽多至七十七萬九千九

百餘引而與川粵潞黔引地處處毗連各處鹽

課皆輕而淮鹽獨重各處鹽本皆賤而淮鹽獨

貴各處運鹽皆順流而下而淮鹽獨逆流而上

故鄰鹽無不越疆佔賣而百姓只圖賤價食私

堵緝之難久荷

聖明洞鑒臣既不敢請融重課於他省又不敢請移食岸於鄰封惟有察其透漏最甚之區設法嚴行禁阻如荊州一府本楚北旺售之地若被川鹽連檣下灌則淮鹽斷難行銷故必於荊州上游之宜昌府屬節節防堵而宜昌所屬卽有鶴峯一州長樂一縣照例應與施南全府同食川鹽若論淮界藩籬固難免開門揖盜但該處荒山磽土窮民粒食維艱川鹽近在咫尺每斤市價不過二十文淮鹽到彼則賣價約須兩倍定

例許其買食川鹽原係體卹之意第恐川販乘
機侵灌便無底止是以鶴峯長樂二州縣所行
川引特由兩淮委員赴彼駐劄萬戶沱地方代
川運售意謂兩淮所委之員自必保護淮界無
如其地距淮南遠至四千餘里委員之有無弊
竇在淮難以周知臣上年察看情形咨商兩江
督臣陶澍改爲由楚委員駐辦以便就近約束
並以鶴長二州縣每年額銷川鹽其止水引五
百六十四張陸引八百十一張本屬不多雖歷

辦章程許於四川之大甯雲安犍爲三場鹽斤通融配運然果只濟該二處民食不圖越界侵銷則專配大甯一場已屬有贏無絀蓋大甯場距委員駐劄之萬戶沱僅四百十五里運售最便雲安場則相距七百餘里其中尚有數十里旱路委員本不願運若犍爲場則相距三千二百餘里更屬遙遙然委員不得其人則轉欲遠運犍爲之鹽以圖影射緣犍鹽色高味美於荆州一帶最利行銷彼請運犍鹽者乃專圖侵灌

荆州並非爲鶴長二州縣民食起見也臣上年
檄委候補道劉肇紳前赴宜昌一帶與該府程
家顯再三訪察知此弊端稟請嗣後鶴長二處
禁配犍爲鹽斤以免侵灌飭據藩司鹽道會議
僉同咨商兩江督臣陶澍意見極合當即移咨
四川督臣轉行該省鹽道知照又恐犍爲雲安
二場少配鹽斤或於課額不無稍絀復經商請
以大甯溢配之課劃抵犍雲二場設使尚有不
敷亦由楚省補解足數總使川課絲毫無短臣

於本年二月間具奏整頓鹺務情形摺內曾將
此事原委彙列上陳欽奉
硃批所論周到妥細勉力而行必有功效欽此欽遵
在案旋據湖北藩司鹽道會詳揀委長樂縣知
縣蔡聘珍經理其事該委員遵照
奏案就近專運大甯場鹽以濟民食閭閻極爲相
安犍鹽始免下灌於荆郡疏銷淮引甫有轉機
適淮川省督臣來咨以鶴長二州縣專配大甯
場鹽與該省原案不符卽補解課項亦恐路遠

轉長有誤銷期造册等語臣復飭司道議覆茲據詳稱鶴峯長樂二州縣均係改土歸流乾隆初年議食川鹽原派引張本無犍爲在内迨乾隆二十二年至五十年始將長樂一縣續增犍爲水引至三百一十張而淮界遂爲犍鹽所灌茲欲嚴杜侵越之害斷不可再行犍爲之鹽至大甯場鹽如果滯銷其課銀同歸川省自可以贏補絀即或不然亦由楚省籌欵解川補足以免課稅虛懸仍請查照前

奏遵辦等情詳覆前來臣查川楚毗連之處彼此銷鹽界限間不容髮若川鹽侵越一分卽淮鹽絀銷一分此乃必然之理果使川課與淮課相等則均之有裨於
帑項臣亦何敢畛域過分今以課額覈之則淮鹽銷得一分幾足以抵川鹽二十分之課其輕重懸殊至於如此似未便聽川鹽之影射而不嚴淮界之藩籬況鶴長原運川鹽本無犍爲在內今議仍還其舊又將額課補足解川是於款項

毫無窒礙而專運大甯近鹽足濟鶴長民食禁
運犍爲違鹽可免直灌荆州截私疏引之方舍
此更無他術臣 因淮鹽積重時時設法督銷竦
手焦心實難言狀不敢因川省現在咨覆稍任
游移致令犍爲鹽斤下充淮界又成痼疾謹將
整頓鶴峯長樂二州縣運務緣由再行縷晰具

奏伏乞

皇上聖鑒訓示謹

奏

[illegible]卷四

三

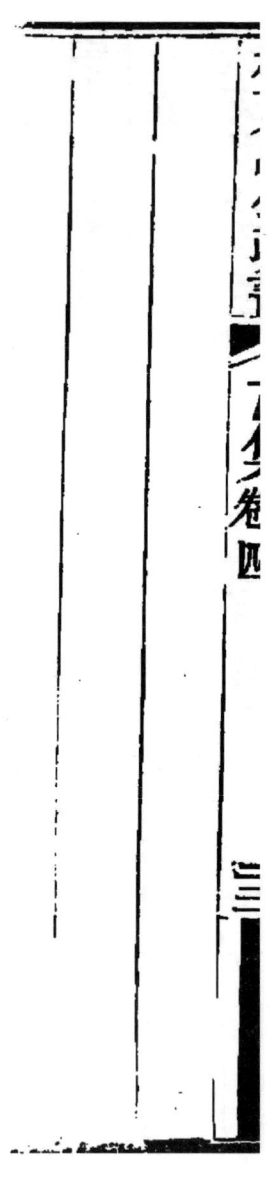

查勘江漢隄工摺

奏爲查視江漢隄工適值襄河秋漲督飭搶護化險爲平並現在水勢已落緣由恭摺奏祈

聖鑒事竊臣前因秋汛屆期水勢正在長發當即親赴各屬查工督防業經附片奏

聞在案臣乘舟溯流而上先抵漢川沔陽二州縣境內卽見汛水驟至業已盈隄拍岸洶湧異常查驗各處報單並量驗沔陽之仙桃鎭誌樁七月初九初十十一此三日內共長水二丈零一寸

漢川北岸之姚兒垸隄長一千九百餘丈香花垸隄長四千二百餘丈均因被水激蕩間段坍矬經該縣趙德轍督率垸民在於隄外排豎木樁捆紮柴欄護隄上加高子堰隄內趕築裏幫極力堵衛三晝夜水漸退落隄乃保全其沔陽州之隄北岸計七十五里南岸計八十五里險處不勝枚舉而周家橫隄尤爲衝要幸柴土料物皆已豫備充盈足資搶護又有西毛台垸一隄形勢坐灣風衝浪激隄內忽有滲水情形甚危

居民挈其家具紛紛遷避該州李兆元與前代理州折錦元均駐該處督率汛委各員集夫搶築臣適至隄上察看形勢尚可不至決裂當諭居民不必驚悸亦不可相率逃避致惑人心正當隨同地方官捧土束薪盡力守護即可保無失事時有署沔陽州州判姚正道赤足立於水中連夜收土督夫塞漏有隙即填防汛之委員彭鳳池亦於上下隄段來往飛催畚挶紛集該隄發漏之處遂得逐漸堵閉並未過水擊通堤

內垸田一望無際皆免淪於巨浸之中實爲至
幸臣復由沔陽上至天門潛江荊門又上而至
京山鍾祥則皆在汎漲已過之後隄身出水較
高民情極爲安貼所有各縣本屆歲修暨捐修
各工除大汛以前完竣
奏明先委道府驗收者此次復經臣自行覆驗外
又據署潛江縣知縣甫經卸事之何渭珍稟呈
近日續修工摺查係於歲修之外復經勸捐興
辦如方家灣戴家嶺卸甲埠白伏垸等處月隄

新豐垸皮家拐之上下屬座及石盤頭暨各垸
老隄加高撐幫之工 臣 皆親往錐驗均係硪砌
堅實足資抵禦此襄河一帶之情形也至大江
水勢向以荆州府城外之楊林磯誌樁爲準自
入七月以來據報初三日長水四尺七寸初五
日長水二尺二寸初九日長水四尺二寸其在
一日間長至數尺之水固不可謂不驟所幸旋
長旋落宣洩較靈較之連日泛漲不消者卽爲
有間 臣 由荆門州水路至荆州府之萬城隄周

歷履勘本年秋汛水勢自交白露後連日大落
已比去年此刻小至一丈有零各段官役兵夫
碁布星羅防護亦皆周密隨卽由荆江順流而
下查看江陵公安石首監利所修土石各工難
易雖各不同辦理均尚如式現居秋分節令水
勢似已就平但距霜降尚有一月之期防護斷
不容稍懈𦤎勘過之處卽責成印委各員實力
嚴防不得始勤終怠致滋貽悞擬再親歷嘉魚
蒲圻咸甯一帶將沿江隄段逐一履勘卽可回

至武昌省城除俟霜降屆期另行照例

奏報安瀾外所有關視江漢隄工悉臻平穩緣由

理合恭摺具

奏伏乞

皇上聖鑒再 臣經過各屬正在陸續收成稻穀雜糧

均屬豐稔市價亦皆平減堪以仰慰

聖懷合併附陳謹

奏

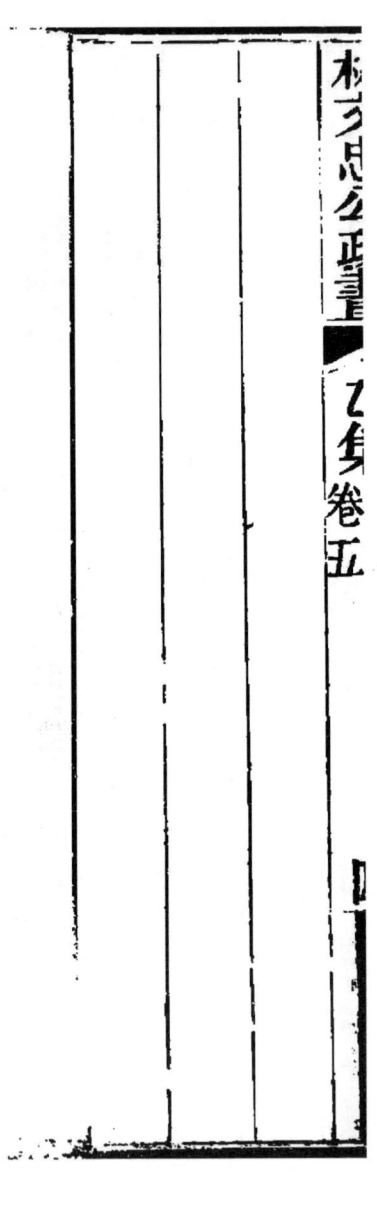

查拏煙販收繳煙具情形摺

奏爲欽陳楚省近日查拏煙販收繳煙具各情形

恭摺奏祈

聖鑒事竊臣前奉

諭旨飭議吸食鴉片煙罪名當經擬具條款恭摺覆

奏在案臣思此事須待各省奏齊上衷

宸斷奉到

諭旨須發祇遵而各省遠近不同定議尚需時日恐

民間以爲久無消息或且不必查辦此心稍放

即不可以復收是以臣與湖南撫臣錢寶琛護
湖北巡撫布政使臣張岳崧熟商目下吸食罪
名雖未定議而查挐總不可稍懈收繳亦不可
稍遲當即飭屬先訪開館興販之人嚴緝務獲
一面會同出示剴切禁戒並捐廉配製斷癮藥
丸二千料在於省城及漢口鎮等處設局派委
妥員收繳煙槍煙斗及一切器具餘煙果係真
心改悔查無不實不盡者稟請暫免治罪並酌
給藥料俾其服食除癮以觀後效旋據漢陽縣

知縣郭觀辰稟報拏獲興販鴉片之朱運升一犯在其船上貨箱內起獲夾帶煙土一千二百餘兩煙膏八百餘兩嗣又於漢鎮邱第祥棧房內拏獲興販之何日昇傳桂芳兩犯起獲何日昇煙土三百五十兩傳桂芳煙土五百兩又鄒阿三馮奉金二犯先期已回廣東在鄒阿三皮箱內搜獲煙土二千零七十兩馮奉金本箱內搜獲煙土九百八十兩又在余萬順棧房內拏獲興販之范永瀣鍾亞長兩犯起獲范永瀣煙

土七百二十兩鍾亞長煙土一千二百五十兩又於在逃之樊瑩漨夾層床內搜獲煙土八百五十兩隨有興販之邵錦璋謝長林范中和等赴府縣自行投首邵錦璋呈出煙土二千餘兩謝長林呈出煙土九百五十兩范中和呈出煙土三百六十兩以上拏獲及首繳煙土煙膏共計一萬二千餘兩又自設局至六月底止已繳煙槍計一千二百六十四桿皆係久用漬油之物煙斗雜具俱全臣於未出省以前卽率同兩

司道府逐一驗明先用刀劈繼用火燒就中精
緻華麗之槍斗極巧盡飾之式樣不勝枚舉其
有餘膏殘瀝者拌以桐油再行燒透將灰投入
江心自此次燒燬以後兩局續繳煙槍又據報
有七百餘桿省外各屬所收亦已陸續稟報尙
未彙計統俟臣回省時驗明燒燬並接湖南撫
臣錢寶琛來信南省收繳煙槍亦有二千三百
餘桿臣查近來鴉片煙流毒之深幾於口有同
嗜地方官以爲滔滔皆是不免畏難苟安幸蒙

諭旨特頒飭議重罪奸徒聞有論死之法莫不魄悸
魂驚不特開館興販之徒聞風遠竄並吸食者
亦恐性命莫保相率改圖 臣 等查看輿情並非
不可挽救是以乘機諭戒寬猛兼施呈繳者姑
許自新隱匿者力加搜捕不追既往嚴儆將來
無非仰藉
聖主德威務令力迴汙俗以目下楚北情形而論除
官製斷癮藥丸外凡省城漢鎮藥店所配戒煙
之藥無家不有無日不售高麗參洋參等藥皆

已長價數倍〇有瞥見路旁婦女在路旁叩頭稱謝據云其夫男久患煙癮今幸服藥斷絕身體漸强等語是其父子家人平日所不能斷者皆恃
國法有以斷之此時新例尚未頒行而情形業已如是總因死罪二字足以怵其心志可見民情非不畏法習俗大可轉移全賴
功令之森嚴始免衆心之渙弛 臣惟當督屬隨時加緊極力剷除俾皆革薄還湻以期仰副
聖主裕國保民之至意其迭經拏獲興販鴉片人犯

之漢陽縣知縣郭覲辰起出煙膏煙土爲數頗
多可否
賞予鼓勵之處出自
天恩謹將現辦情形會同護湖北巡撫布政使臣張
岳崧恭摺具
奏伏乞
皇上聖鑒謹
奏

錢票無甚關礙宜重禁喫煙以杜弊源片

再臣接准部咨欽奉

上諭據寶興奏近年銀價日昂紋銀一兩易制錢一串六七百文之多由於奸商所出錢票註寫外兌字樣輾轉磨兌並無現錢請嚴禁各錢鋪不准支吾磨兌總以現錢交易以防流弊等語著步軍統領衙門順天府五城會議具奏並著直省各督撫妥議章程奏明辦理欽此臣查錢票之流弊在於行空票而無現錢蓋兌銀之人本恐錢重難攜

每以用票爲便而奸商即因以爲利遇有不取錢而開票者彼即昭以高價希圖以紙易銀愚民小利是貪遂甘受其欺而不悟迨其所開之票積至盈千累百並無實錢可支則於暮夜闔欵潛逃兌銀者持票控追終成無着此奸商以票騙銀之積弊也臣愚以爲弊固有之治亦不難但須飭具五家錢鋪連環保結如有一家逋負責令五家分賠其小鋪五家互結復由年久之大鋪及殷實之銀號加結送官無結者不准

開鋪如逢嚴究並拘拏脫逃之鋪戶照誆騙財
物例計贓從重科罪自可以遏其流但此弊祇
係欺詐病民而於
國家度支大計殊無關礙蓋錢票之通行業已多
年並非始於今日即從前紋銀每兩兌銀一串
之時各鋪亦未嘗無票何以銀不如是之貴即
謂近日奸商更爲詭猾專以高價騙人亦祇能
每兩多許制錢數文及十數文爲止豈能因用
票之故而將銀之僅可兌錢一串者忽擡至一

串六七百文之多恐必無是理也且市儈之牟利無論銀貴錢貴出入皆可取贏並非必待銀價甚昂然後獲利設使此時定以限制每兩只許易錢一串彼市儈何嘗不更樂從不過兌銀之人喫虧更甚耳若抑銀價而使之賤遂謂已無漏卮其可信乎查近來紋銀之絀凡錢糧鹽課關稅一切支解皆已極費經營猶藉民間錢票通行稍可濟民用之不足若不許其用票恐捉襟見肘之狀更有立至者矣夫銀之流通於

天下猶水之流行於地中操舟者必較水之淺深而陸行者未必過問貿易者必探銀之消息而當官者未必盡知譬如閘河之水一遇天旱重重套板以防滲漏猶恐不足濟舟若閉閘不嚴任其外洩而但責各船水手以空淺即使此段磨淺而過倘能保前段之無阻乎銀之短絀何以異是臣歷任所經如蘇州之南濠湖北之漢口皆闤闠聚集之地疊向行商鋪戶暗訪密查僉謂近來各種貨物銷路皆疲凡二三十年

以前某貨約有萬金交易者今只賸得半之數問其一半售於何貨則一言以蔽之曰鴉片煙而已矣此亦如行舟者驗閘河之水誌而知閘外洩水之多不得以現在行船尚未擱淺而姑苟安於旦夕也臣竊思人生日用飲食所需在富侈者固不能定其準數若以食貧之人當中熟之歲大約一人有銀四五分即可過一日若一日有銀一錢則諸凡寬裕矣吸鴉片者每日除衣食外至少亦須另費銀一錢是每人每年

卽另費銀三十六兩以戶部歷年所奏各直省民數計之總不止於四萬萬人若一百分之中僅有一分之人吸食鴉片則一年之漏巵卽不止於萬萬兩此可覈數而見者況目下吸食之人又何止百分中之一分乎鴻臚寺卿黃爵滋原奏所云歲漏銀數千萬兩尚係舉其極少之數而言耳內地膏脂年年如此剝喪豈堪設想而吸食者方且呼朋引類以誘人上癮爲能陷溺愈深愈無忌憚徼玩心而迴頹俗是不得不

嚴其法於吸食之人也或謂重辦開館興販之
徒鴉片自絕不妨於吸食者稍從末減似亦持
平之論而臣前議條欵請將開館興販一體加
重仍不敢寬吸食之條者蓋以衙門中吸食最
多如幕友官親長隨書辦差役嗜鴉片者十之
八九皆力能包庇販賣之人若不從此嚴起彼
正欲賣煙者爲之源源接濟安肯破獲以斷來
路是以開館應擬絞罪律例早有明條而歷年
未聞絞過一人辦過一案幾使例同虛設其爲

包庇可知即此此時衆議之難齊亦恐未必不由
乎此也吸食者果論死則開館與興販即加至
斬決梟示亦不爲過若徒重於彼而輕於此仍
無益耳譬之人家子弟在外游蕩靡惡不爲徒
治引誘之人而不錮其子弟彼有恃無恐何在
不敢復犯故欲令行禁止必以重治吸食爲先
且吸食罪名如未奉
旨飭議雖現在止科徒杖尚恐將來忽罹重刑若既
議而終不行或畧有加增無關生死彼吸食者

皆知從此永無重法孰有戒心恐嗣後吃食愈多則賣販之利愈厚即冒死犯法亦必有人爲之是專嚴開館興販之議意在持平而藥不中病依然未效之舊方已耳諺云刖足之市無業屨僧寮之旁不鬻櫛果無吸食更何開館興販之有哉或謂罪名重則訛詐多此論亦似殊不思輕罪亦可訛詐惟無罪乃無可訛詐與其用常法而有名無實訛詐正無了期何如執重法而雷厲風行吸食可以立斷吸食既斷訛詐者

又安所施乎若恐斷不易斷則目前之繳具已是明徵若恐誅不勝誅豈一年之限期猶難盡改特視奉行者之果肯認眞否耳誠使中外一心誓除此害不惑於姑息不視爲具文將見人人滌慮洗心懷刑畏罪先時雖有論死之法屆期並無處死之人即使屆期竟不能無處死之人而此後所保全之人且不可勝計以視養癰貽患又孰得而孰失焉夫舜典有怙終賊刑之令周書有羣飲拘殺之條古聖王正惟不樂於

用法乃不能不嚴於立法法之輕重以弊之輕重爲衡故曰刑罰世輕世重蓋因時制宜非得已也當鴉片未盛行之時吸食者不過害及其身故杖徒已足蔽辜迨流毒於天下則爲害甚鉅法當從嚴若猶泄泄視之是使數十年後中原幾無可以禦敵之兵且無可以充餉之銀興思及此能無股慄夫財者億兆養命之原自當爲億兆惜之果皆散在內地何妨損上益下藏富於民無如漏向外洋豈宜藉寇資盜不亟爲

計臣才識淺陋惟自念受
恩深重備職封圻覩此利害切要關頭竊恐築室道
謀一縱卽不可復挽不揣冒昧謹再瀝忱附片
密陳伏乞
聖鑒謹
奏

牧民忠告 七集 卷五

嗣後辦災應將蠲緩田畝細册隨謄黃榜示片
再查湖北省每遇水旱偏災奉到
恩旨蠲緩錢糧俱係立時飭令藩司刊刻謄黃刷印
多張飛行各屬於被災處所及各鄉莊集鎮僻
壤窮鄉遍貼曉諭並將貼過地方開明清册申
報督撫司道府州衙門察覈再令委員覆查倘
有隱匿朦徵情弊不但一查立見即各處貧民
亦斷不肯甘心緘默必有出而首告之人胥吏
實無所施其伎倆防範本極周密惟被歉地方

不僅一州一縣該州縣中又不僅一村一莊地
名極爲繁瑣謄黄內係恭錄
上諭只能開載某州某縣某某等若干鄉莊應蠲應
緩應遞緩字樣蓋
綸綍須宣詞有體要勢不能將所有地名一一全敘
而各鄉莊零星細碎不一而足雖經各州縣造
具頃畝細册詳送院司查覈而民間未必周知
奸猾胥吏難保不藉某某等字樣高下其手而
狡黠衿民覬覦蠲免卽明知在應徵之列者亦

必獲稱已蒙
恩旨列入緩免之內紛紛訐訟藉控抗糧必應嚴切
防維免滋流弊臣再四思維應請嗣後凡遇辦
災奏到
恩旨刊發謄黃之時即由藩司飭令該州縣將所造
應蠲應緩應遞緩之村莊頃畝細册另行繕榜
隨同謄黃遍貼曉諭並責成該管道府稽查貼
過地方毋許隱匿俾災歉貧民一目瞭然胥吏
更無從滋弊弄法而成熟邨莊亦無可覬覦混

行爭執矣是否有當理合附片陳明伏乞

聖鑒訓示謹

奏

江漢安瀾隄防鞏固摺

奏爲江漢普慶安瀾隄防一律鞏固恭摺

奏報仰祈

聖鑒事竊照江水自川入楚由巴東至黃梅計歷十八州縣始交江西之九江漢水自陝入楚由鄖縣至漢陽計歷十三州縣始出漢口而與江匯除上游依山爲岸不必隄防外江自荆州而下兩岸設隄幾及三十萬丈不獨以導四川之水並湖南廣西貴州諸水凡注於洞庭湖者涓滴

無不入江卽無不賴隄爲障漢自襄陽而下兩
岸設隄幾及十七萬丈亦不獨以導陝西之水
凡豫省西南一帶匯入唐河白河諸水無不奔
赴襄陽與漢合流故統謂之襄河且其水性善
曲泥沙尤多灘嘴易生河形屢變考之志乘自
前代時此塞彼潰已無虛歲我
朝以來遠年案卷雖難盡稽而第觀前督臣汪志
伊於嘉慶十三年
奏辦隄工摺內聲敘乾隆五十三年萬城隄決口

以後連年漫潰各工共五十餘處自數十丈至數百丈不等而自嘉慶十三年至今又三十載除萬城大隄歷年
奏報安瀾外其他漫潰之處稽諸案卷則亦無歲無之總由來源多而水勢太驟泥沙積而河底日高隄下田廬有較水面低至數丈者是以蟻穴之漏卽勢若建瓴而波及之區皆形同仰釜一處潰則處處之橫流四溢一年潰則年年之潰水長淹

國賦所關民命所繫均非淺鮮此臣所以責令各屬喫緊修防不敢稍予鬆勁而伏秋大汛之際尤必親赴荊江襄河等處周歷稽查相形勢以飭加防聚料物以資搶辦此岸有險彼岸相幫上段有險下段同護雖汛水之來忽以尺計忽以丈計不能全有把握而人事之應盡者均不敢不竭其心力在臣一人心力曾有幾何而惟以身先之即人人之心力皆不能不為臣用也伏查今年水勢盛漲之時省城皇華館誌椿長

水至三丈四尺一寸上游萬城隄楊林磯誌樁亦長至二丈六尺二寸是江流已極浩瀚而襄河於七月初九至十一日復隄長二丈有零幾於措手不及幸本屆歲修工段尺寸俱屬認眞磯工無不套打而臣節次所奏改築新隄退挽月隄之處或籌動息款或鳩集捐資以及設法豫備防險經費均經仰奉

恩諭訓誨周詳俾得恪遵辦理今蒙

聖慈福庇處處修防穩固化險爲平現已節過霜降

水落歸槽江漢數千里長隄安瀾普慶並支河
裏隄亦無一處漫口實爲數十年來未有之幸
臣欽感之下兢懍彌深仍當乘此水落之後飭
令該管道府巡歷各隄查照盛漲水痕將應辦
歲修各工及早估辦務令工料愈加堅實丈尺
愈見高寬俾來年汛漲捍衛有資庶幾歲歲安
瀾以仰副
聖主保乂民生至意再管理隄工之員除巡道職分
較大不敢請獎外其府縣暨汛委各員自估修

以至防險固皆分內之事但工長日久亦各著有微勞而費絀事繁每係出於捐辦且歷遇漫工潰口無不即予劾參今於數十年中幸值全境隄防一律保固官民慶忭無不倍感

皇仁可否仰懇

天恩酌加獎勵俾修防各員益知奮勉出自

聖主鴻慈如蒙

俞允容臣會同撫臣擇其尤爲出力者酌保數員恭

候

恩施不敢稍有冒濫所有江漢普慶安瀾緣由謹會

同湖北撫臣伍長華恭摺具

奏伏乞

皇上聖鑒謹

奏

恭報抵粵日期摺

奏爲恭報微臣行抵廣東日期並遵

旨體察洋面堵截情形恭摺奏祈

聖鑒事竊臣上年冬閒進京

陛見於十一月十五日欽奉

諭旨著頒給欽差大臣關防馳驛前往廣東查辦海

口事件所有該省水師兼歸節制等因欽此臣當

即在京請

訓疊聆

恩諭備極周詳蒙
委任之逾恆彌深感奮念責成之重大倍切悚惶
陛辭後於二十三日出京經由直隸山東安徽皆無
停滯惟江西途次連遇大雪間有未能儹行之
處旋即加緊前進以速補遲茲於正月二十五
日行抵廣東省城與督臣鄧廷楨撫臣怡良等
會晤當據告知節次拏獲鴉片煙犯水陸交嚴
羣情頗爲警動迨聞
特派查辦之

旨聲威所被震懾民夷是以駐省年久之夷商喳囒於十二月十二日請牌下澳附搭港腳映船回國其伙仃洋躉船內有港腳嚧船及嚕吐船二隻亦於十二月二十八日回去今年正月二十日又有港腳嘁叵及吔嚹等船咪唎嘡國喋嚦喑及吐咖等船嗹國嘟吐船小呂宋船共十四隻起椗開行二十一日又有港腳嚽叵等船咪唎嘡國嘛叻等船共四隻與前船一同駛去旋據探報拋泊了洲洋面該處爲夷船回國必經

之路現仍嚴行探逐業經先後具
奏等語臣復細加查訪均屬相符惟思夷情詭譎
異常現有鵶片在船未必遽甘回國果否計窮
思遁抑係擇地圖遷均未可定第既經開動其
爲畏憚可知亟應宣示
天威乘勢盡行驅逐以爲清源之計除飭外海水師
確查飛稟相機會辦外至臣先於途次承准軍
機大臣字寄上年十二月十六日奉
上諭本日據鄧廷楨奏籌調師船將備聯幫駐泊洋

面堵截民夷售私並水陸交嚴以除錮弊一摺著
林則徐馳抵廣東後卽將各該處情形悉心體察
所有摺內所議駐洋守堵各事宜會同鄧廷楨通
計熟籌務臻妥善覈實辦理原摺著鈔給閱看將
此諭令知之欽此臣查閱摺內所議分派兵哨各
船在伶仃洋一帶按月輪流堵截無論內地何
項船隻駛近夷船概行追擊倘敢逞兇拒捕格
殺勿論其東路之惠潮等屬洋面口岸一體巡
防似此碁布星羅已足以昭嚴密惟現在夷躉

既經移動自須到處跟蹤卽使該躉船駛出老萬山猶恐內海匪船潛赴外洋勾結是杜絕售私之勁實屬刻不容鬆臣甫經到省於各處島澳口門尚未親歷現在檢閱圖志先與督撫臣在省互相講求擬於旬日之間出赴中路之虎門澳門等處與水師提臣關天培乘船周覽以便相機度勢通計熟籌俟躉船驅除應手之後再往東路察看機宜隨時會同鄧廷楨等覈實辦理總期拔本塞源力迴錮習以仰副

聖主澄清海澨綏戢民生之至意所有微臣到粤日

期並體察大概情形謹先繕摺具

奏伏乞

皇上聖鑒再廣東暘雨應時米糧平減民情均極安

帖足以上慰

聖懷合併陳明謹

奏

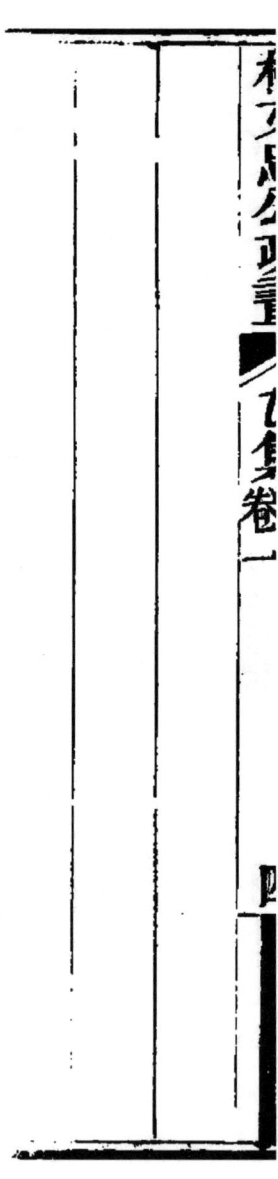

附奏粤省鴉片情形片

再查奸夷喳噸係暎咭唎國所屬之港脚人盤踞粤省夷館歷二十年之久混號鐵頭老鼠與漢奸積慣串通鴉片之到處流行實以該夷人爲禍首伊僅係夷中之一奸販並非該國有職之人祇以狡黠性成轉恃

天朝柔遠之經爲伊護符之計其囤售私以致巨富人所共知道光十六年冬間即經督臣鄧廷楨等遵奏

諭旨查明驅逐而該夷藉稱清理帳目又作兩載逗
遛去冬臣蒙
皇上發交太僕寺少卿楊殿邦等條奏各摺帶來廣
東查辦其摺內所指亦以該夷人為奸猾之尤
臣於未出京時即先密遣捷足飛信赴粵查訪
其人以觀動靜聞十二月間廣東省城互相傳
播以為
欽差大臣一到首拏喳噸究辦該夷人遂即請牌下
澳搭船回國是其飽則颺去固為鬼蜮常情要

在使之不敢再來乃爲善策又伶仃洋面躉船
亦於臣將到之時先後開動二十隻雖夷情叵
測難保不游奕往來而其聞知
諭旨森嚴心懷畏懼亦已明甚矣此時查辦機宜惟
有外樹聲威內加慎重陽示鎮靜陰肅防維使
之生嚴憚之心而發悔懼之念然後曉諭禁止
皆非空言至廣東興販吸食之人固倍蓰於他
省然聞
皇上特遣大臣查辦皆有懼心屢經嚴拏之餘興販

者不能不斂戢吸食者亦不能不戒斷惟民情因見從前旋查旋止以爲官禁未必久長不免有覬望希冀之想臣入境後聞民間無不私探罪名輕重與新例之曾否頒行大抵惟生死關頭足以生其震恐如果定論死之例而寬一年之期即吸食莫多於廣東而以臣察看情形亦可保限外無人罹法若寬而生玩則不惟未戒者不戒即已戒者亦必復食稍縱即逝恐不可挽伏乞

聖明乾斷嚴例早頒庶辦理得有把握臣愚昧之見
是否有當謹附片瀝陳伏祈
聖鑒謹
奏

牧民政書 乙集 卷一

會奏夷人躉船鴉片盡數呈繳摺

奏爲噗咭唎國夷人震懾

天威將躉船鴉片盡數呈繳現於虎門海口會同驗

收恭摺奏

聞仰祈

聖鑒事竊照鴉片來自外洋毒流中國蔓延旣久幾

於莫可挽迴幸蒙我

皇上渙號大宣

乾綱獨斷力除錮弊法在必行且荷

特頒欽差大臣關防派臣林則徐來粵查辦顧茲重
大之任慮非闇陋所勝仰賴
諭旨嚴明
德威振疊不獨禁令行於內地且使風聲播及重洋
復蒙
諭令臣鄧廷楨等益矢奮勤盡泯畛域下懷欽感倍
思併力驅除在臣林則徐未到之先已將窯口
煙館興販吸食各犯拏獲數百起分別懲辦又
派令各師船輪流守堵水陸交嚴並將東路夷

船及住省奸夷先後驅逐節經奏蒙
聖鑒 臣 林則徐於正月二十五日到省亦將會商籌
辦大概情形先行具
奏在案維時在洋躉船二十二隻已陸續起椗開
行作爲欲歸之勢若但以逐回夷界即爲了事
原屬不難惟 臣 等密計熟商竊以此次
特遣查辦務在永杜來源不敢僅顧目前因循塞責
查夷情本皆詭譎而販賣鴉片者更爲奸猾之
尤此次聞有

欽差到省料知必將該夷躉船發令驅逐故特先行
開動離卻向來所泊之伶仃等洋以明其不敢
違抗其實每船內貯存鴉片聞俱不下千箱因
上年以來各海口處處嚴防難於發賣而其奸
謀詭計仍思乘間覓售非特不肯拋棄大洋亦
必不肯帶回本國卽使逐出老萬山以外不過
暫避一時而不久復來終非了局且內海匪船
亦難保不潛赴外洋勾結售買必須將其躉船
鴉片銷除淨盡乃爲杜絕病源但洪濤巨浪之

中未能確有把握因思躉船之存貯雖在外洋而販賣之奸夷多在省館雖不必遽繩以法要不可不喻以理而怵以威臣林則徐當擬諭帖責令衆夷人將躉船所有煙土盡行繳官許以

奏懇

大皇帝天恩免治既往之罪並酌請

賞犒以獎其悔懼之心嗣後不許再將鴉片帶來內

地犯者照

天朝新例治罪貨物沒官等語與臣鄧廷楨怡良酌

商定稿即於二月初四日公同坐堂傳訊洋商將諭帖發給令其齎赴夷館帶同通事以夷語解譯曉諭立限稟覆一面密派兵役暗設防維查各國買賣以嘆咭唎為較大該國自公司散局以後於道光十六年派有四等職夷人義律到澳門經管商梢謂之領事 臣 等發諭之後各國則皆觀望於嘆夷而嘆夷又皆推諉於義律其中有通曉漢語之夷人噡等四名經司道暨廣州府等傳至公所面加曉諭因該夷噡等回

稟之言尙爲恭順當卽賞給紅綢二疋黄酒二
壜著令開導衆夷速繳鴉片未據卽行稟覆至
二月初十日義律由澳門進省其時奸夷嚩咖
等希圖乘夜脫逃經 臣 等查知截回諭責義律
以不能約束之非並照歷屆暎夷違抗卽行封
艙之案移咨粵海關監督 臣 豫堃將各夷住泊
黄埔之貨船暫行封艙停其貿易又夷館之買
辦工人每爲夷人潛通信息亦令暫行撤退並
將前派暗防之兵役酌量加添凡遠近要隘之

區俱令明爲防守不許夷人出入往來仍密諭
弁兵不得輕舉肇釁在 臣 等以靜制動意在不
惡而嚴而諸夷懷
德畏
威均已不寒而慄自嚴密防守之後省城夷館與黃
埔澳門及洋面躉船信息絕不相通該夷等疑
慮驚惶自言愧悔 臣 林則徐又復疊加示諭勸
戒兼施卽於二月十三日據該領事義律稟覆
情愿呈繳鴉片雖時距撤退買辦之期業已五

日夷館食物漸形窘乏臣等當即賞給牲畜等物二百數十件復向查取鴉片確數經義律向各夷人名下反覆追究旋據呈明共有二萬二百八十三箱查向來拏獲鴉片如係外夷原來之箱每一箱計裝整土四十箇每箇約重三斤每箱應重一百二十斤即至日久收乾每箱亦約在百斤以外以現在報繳箱數覈之總不下二百數十萬斤若經奸販轉售則流毒何所不至今設法令其全繳不動兵刑無非仰仗

天威自然畏服臣等欽感之餘仍當倍加慎重誠恐所報尚有不實不盡訪之在洋水師及商賈人等僉稱外夷高大躉船每隻所貯亦不越千箱之數是躉船二十二隻覈與所報箱數不甚相懸當即諭令駛赴虎門以憑收繳除商明留臣怡良在省彈壓防範外臣林則徐臣鄧廷楨均於二月二十七日自省乘舟二十八日同抵虎門水師提督臣關天培本在虎門駐劄凡防範夷船查拏售私之事皆先與臣等隨時商搉務

合機宜自收繳之諭旣頒尤資嚴密防堵茲躉船二十二隻陸續駛至虎門口外關天培當即督率將領分帶提標各營兵船排列彈壓並先期調到碣石鎮總兵黃貴署陽江鎮總兵楊登俊各帶該標兵船分排口門內外聲威極壯粵海關監督 臣 豫堃亦駐虎門稅口照料稽查 臣 等親率候補知府南雄直隸州知州余保純署廣州府同知佛岡同知劉開域候補通判李敦業樂昌縣知縣吳思樹暨副將李賢守備盧大

鐵分派文武大小各委員隨收隨驗隨運隨貯惟爲數甚多一躉船所載之箱即須數十隻剝船始敷盤運而自口外運至口內堆貯之處又隔數十里若日期過促草率收繳恐又別滋弊端臣鄧廷楨擬收至兩三日後先回省署辦公臣林則徐自當常駐海口會同提臣關天培詳細驗收經理一切容俟收繳完竣查明實在箱數與該夷領事所禀有無參差再行恭摺

奏報並取具各夷人永不夾帶切結存案以斷根

株伏思夷人販賣鴉片多年本干
天朝法紀若照名例所載化外有犯並依律科斷之
語即予以正法亦屬罪所應得惟念從前該夷
遠隔重洋未及遽知嚴禁今既遵諭全繳躉船
鴉片即與自首無異合無仰求
皇上覆載寬宏
恩施法外免追既往嚴儆將來並求
俯念各夷人鴉片起空無貲置貨酌量
加恩賞給茶葉凡夷人名下繳出鴉片一箱者酌賞

茶葉五斤以獎其恭順畏法之忱而堅其改悔
自新之念如蒙
恩准所需茶葉十餘萬斤應由臣等捐辦不敢開銷
至夷人呈繳鴉片如此之多事屬創見自應派
委文武大員將原箱解京驗明再行燒燬以徵
實在是否有當臣等謹會同水師提督臣關天
培粵海關監督臣豫堃合詞恭摺具
奏並錄諭夷原稿并夷稟二件恭呈
御覽伏乞

皇上聖鑒再此次距臣林則徐到省拜摺之後已閱

一月先因籌辦未即就緒不敢遽行奏

聞惟事經多日恐廑

聖懷茲謹由四百里馳奏合併聲明謹

奏

附呈諭夷原稿並夷稟二件

謹將臣林則徐示諭各國夷商呈繳鴉片取具永不販賣甘結諭稿並暎咭唎國領事義律兩次覆稟敬謹繕錄恭呈

御覽

諭各國夷人知悉照得夷船到廣通商獲利甚厚不論所帶何貨無不全銷欲置何貨無不立辦是以從前來船每歲不及數十隻近年來至一百數十隻之多我

大皇帝一視同仁准爾貿易爾纔沾得此利倘一封
港爾各國何利可圖況茶葉大黃外夷若不得
此即無以為命乃聽爾年年販運出洋絕不靳
惜
恩莫大焉爾等感
恩即須畏法利己不可害人何得將爾國不食之鴉
片煙帶來內地騙人財而害人命乎查爾等以
此物蠱惑華民已歷數十年所得不義之財不
可勝計此人心所共憤亦天理所難容從前

天朝例禁尚寬各口猶可偷漏今
大皇帝聞而震怒必盡除之而後已所有內地人民
販鴉片開煙館者立卽正法吸食者亦議死罪
爾等來至
天朝地方卽應與內地民人同遵法度本大臣家居
閩海於外夷一切伎倆早皆深悉其詳是以特
蒙
大皇帝頒給平定外域屢次立功之
欽差大臣關防前來查辦若追究該夷人積年販賣

之罪即已不可姑容惟念究係遠人從前尚未知有此嚴禁今與明申約法不忍不教而誅查爾等現泊伶仃等洋之躉船存貯鴉片甚多意欲私行售賣獨不思海口如此嚴拏豈復有人敢爲護送而各省亦皆嚴拏更有何處敢與銷售此時鴉片禁止不行人人知爲鴆毒何苦貯在夷躉久椗大洋不獨徒費工貲恐風火更不可測也合行諭飭諭到該夷商等速即遵照將躉船鴉片盡數繳官由洋商查明共繳若干箱

造具清册呈官點驗收明燬化以絕其害不得絲毫藏匿一面出具夷字漢字合同甘結聲明嗣後來船永遠不敢夾帶鴉片如有帶來一經査出貨盡沒官人即正法字樣聞該夷平日重一信字果如本大臣所諭已來者盡數呈繳未來者斷絕不來是能悔罪畏刑尚可不追既往

本大臣即當會同督撫兩院奏懇

大皇帝格外施恩不特寬免前愆並請酌予

賞犒以奬其悔懼之心此後照常貿易既不失爲良

夷且正經買賣正可獲利致富豈不體面倘執迷不悟猶思揑稟售私或託名水手帶來與爾無涉或詭稱帶回該國投入海中或乘閒而赴他省覓售或搪塞而繳十之一二是皆有心違抗怙惡不悛雖以

天朝柔遠綏懷亦不能任其藐玩應即遵照新例一體從重懲創此次本大臣自京面承

聖諭法在必行且旣帶此關防得以便宜行事非尋常查辦他務可比若鴉片一日未絕本大臣一

日不回誓與此事相始終斷無中止之理況察
看內地民情皆動公憤倘該夷不知改悔惟利
是圖非但水陸官兵軍威壯盛即號召民間丁
壯已足制其命而有餘而且暫則封艙久則封
港更何難絕其交通我中原數萬里版輿百產
豐盈並不藉資夷貨恐爾各國生計從此休矣
爾等遠出經商豈尚不知勞逸之殊形與衆寡
之異勢哉至夷館中慣販鴉片之奸夷本大臣
早已備記其名而不賣鴉片之良夷亦不可不

爲剖白有能指出奸夷責令呈繳鴉片並首先具結者即是良夷本大臣必先優加獎賞禍福榮辱唯其自取今令洋商伍紹榮等到館開導限三日內回稟一面取具切實甘結聽候會同督撫示期收繳毋得觀望諉延後悔無及特諭

附錄義律兩次覆稟

嘆咭唎國領事義律具稟

欽差大人爲恭敬遵諭稟覆事轉奉鈞諭

大皇帝特命示令 遠職 即將本嘆國人等經手之鴉

片悉數清繳一俟大人派委官憲立即呈送如
數查收也義律一奉此諭不得不遵自必刻即
認眞一體順照緣此恭惟稟請明示現今裝載
鴉片之嘆國各船應赴何處繳出至所載鴉片
若干繕寫清單求俟遠職一經查明當即呈閱
也謹此稟赴大人臺前查察施行
嘆咭唎國領事義律敬稟
欽差大人爲遵諭呈單事昨因謹奉大人鈞諭即經
遠職持掌國主所賜權柄示令本國人等即將

嘆咭唎人所有之鴉片如數繳送遠職也現經
遠職查明所呈共有二萬零二百八十三箱恭
候明示查收緣此謹稟赴大人臺前查察施行

附奏夷人現繳鴉片請暫緩斷絕茶葉大黃片

再臣等先後承准軍機大臣字寄道光十九年

正月初九日奉

上諭本日據鄧廷楨怡良片奏查辦粵省鴉片煙情形朕詳加披閱具見肫誠爲國之忱惟當此可乘之機仍應督飭文武員弁趁勢嚴拏毋稍鬆懈務使根株淨盡錮弊全除林則徐計應早晚到粵該督等仍遵前旨協力同心盡泯畛域勉之又勉以副委任至林則徐前此面奏請頒發檄諭曉示外

夷著與鄧廷楨酌商是否可行儻必須頒發著即
妥擬底稿具奏經朕披覽再行檄發等因欽此又

正月二十七日奉

上諭據鄧廷楨等奏通諭各國夷商湔除舊汙並繕
錄諭稿進呈朕詳加披閱措詞正大所見亦屬周
到現在外洋拋泊各躉船是否盡數回國其並非
躉船又非進口貨船往來各洋寄椗者能否絕迹
著林則徐會同該督等嚴飭水師各鎮協營調集
師船在各洋面聯幇追捕毋任再有偷漏其窯口

煙館各犯並著通飭各屬搜拏淨盡以絕根株其
茶葉大黃果否爲該夷所必需倘欲斷絕是否堪
以禁止不至偷越之處並著悉心訪察據實具奏
林則徐面奏請頒發各國檄諭著仍遵前旨與鄧
廷楨商酌妥擬底稿具奏經朕披覽再行頒發將
此諭令知之欽此查外洋拋泊各躉船已據遵諭
呈繳煙土現經臣等恭摺具
奏其並非躉船又非進口貨船往來各洋寄椗者
以東路南澳鎮屬洋面爲較多先經臣鄧廷楨

檄飭該鎮會同潮州道府設法防堵業將停泊舢板夷船八隻驅逐開行於上年十二月二十七日

奏明在案今春以來復據該鎮先後禀報偶有夷船駛至長山尾大金門等洋遊奕亦經舟師實力驅逐全數駛出夷洋此等夷船聞知煙土盡數繳官無所希冀似可不致再來臣等仍檄飭該鎮聯幫堵截以絕覬覦並飭潮州道府嚴查海口以杜偷漏期於粵洋一律肅清其內地窯

口煙館各犯除照舊嚴密查拏外現在民間畏
懼改悔多有願將舊存煙土煙槍等物赴官呈
繳者當於省城分設官局派員驗收並經本省
紳士隨處設局分投勸諭旬餘以來陸續呈繳
甚爲踴躍容俟收有成數另行
奏報至茶葉大黃兩項臣等悉心訪察實爲外夷
所必需且夷商購買出洋分售各路島夷獲利
尤厚果能悉行斷絶固可制死命而收利權惟
現在各國夷商業經遵諭呈繳煙土自應仰乞

天恩准其照常互市以示懷柔所有斷絕茶葉大黃似可暫緩置議如果該夷經此次查辦之後仍敢故智復萌希圖夾帶鴉片入口彼時自當嚴行禁斷並設法嚴查偷越弊端應請於善後章程內另行籌議具奏至臣林則徐面奏請頒外夷檄諭一節原擬抵粵後與臣鄧廷楨悉心商酌如須頒發自應先擬底稿進呈恭候

訓示嗣思暎咭唎國既有在粵之領事義律及住省夷人不如就近諭知飭將鴉片悉數繳官躉船

迅速回國現已辦理應手則檄諭該國之處似
可暫緩須行俟將來奉到部頒罪名新例暨議
定善後章程一併彙同備文照會仍遵節次
諭旨妥擬底稿恭呈
御覽再行頒發所有臣等欽奉
上諭據實覆陳緣由謹附片奏祈
聖鑒謹
奏

卷一

會奏收繳鴉片已逾十分之八卽乘勢清理東
路摺
奏爲虎門收繳夷船鴉片已逾十分之八則可乘
勢清理東路恭摺奏祈
聖鑒事竊臣林則徐抵粤以後與臣鄧廷楨暨撫臣
怡良公同商酌責令夷人將躉船煙土悉數呈
繳由臣林則徐疊加示諭勸戒兼施旋據嘆咭
唎國領事義律禀明情愿將各船存貯鴉片二
萬二百八十三箱陸續駛至虎門呈繳臣林則

徐 臣 鄧廷楨即於二月二十七日自省起程於二十八日馳抵虎門會同 臣 關天培督率文武委員分船收繳業於二月二十九日由四百里

恭摺馳

奏在案惟收繳煙土須將剝船攏近躉船方能盤運而剝船與躉船高下懸殊或用梯升或用繩縋登降已形費力迨起至一半之後躉船水迹浮高須防風浪又必下石壓艙且潮汐時有往來風信兼多順逆一遇風潮相薄剝船不能駛

傍夷船卽勉强攏近而兩相撞擊損壞堪虞不得不暫爲停止時當三月風暴正多竟不免有終日坐守之事臣等同駐海口時刻督催得起卽起不任延緩查各躉船所貯煙土在正艙者皆係番木板箱並用生牛皮封裹極爲堅固其在邊艙者間用口袋裝盛包紮亦甚嚴緊查因板箱多占地位勻擺不開故有改裝口袋者衡以斤兩亦無二致臣等始悟直隸拏獲金廣興商船鴉片案內所起口袋卽係外夷原物也茲

自二月二十九日收起截至三月二十日計已收繳鴉片一萬五千八百八十九箱又一千五百四十七口袋覈之義律原報數目已逾十分之八惟近數日來察看後船煙土較諸在先收繳之船所載漸少雖一時未即收完而覈計大數恐其或有短欠當又派員持諭前赴省城夷樓向領事義律嚴加詰責即據稟覆伊所報數目係在省樓覈算帳據而各船裝載鴉片開有駛往沿海地方如潮州州南澳等處者遠職再行

催回不論現泊何方半月內想可催到定必如數盡繳斷不敢短少等語察其情詞似非虛誑當即准限半月責令迅速發諭往催臣等伏思東路南澳地方屢有夷船駛至自上年驅逐淨盡之後今春仍聞有數船至長山尾等洋游奕雖經該鎮隨時驅逐而夷船旋去旋來是否中路分銷抑係外洋另股悉心訪察冀得端倪惟夷人既不肯輸情衆口亦茫無確據正思俟中路呈繳事竣再行查辦南澳一隅以冀斷絕根

株不使稍留餘孽今據義律於無心中自行吐露是中東兩路實屬一氣相生其躉船雖在伶仃等洋而三板等船分載煙土由外洋駛往南澳覓售誠爲事所必有既經逐層澈究斧鑿相尋正當乘此機關責成該領事將分往南澳各船一概招回悉數呈繳不但原報二萬餘箱之內不准短少一箱如此外尚有多餘亦必儘數收繳總期一律淨盡不任稍有留遺轉不責其原報失實之咎除俟收繳全完另行

奏結外所有現繳鴉片已逾十分之八並乘勢清

理東路緣由謹會同廣東巡撫臣怡良粵海關

監督臣豫堃恭摺由驛馳

奏伏祈

皇上聖鑒訓示再臣鄧廷楨原擬收至兩三日後先

回省署辦公嗣因督率委員起剝堆貯稽查偷

漏弊端未克分身回省茲收繳已有成數即於

拜摺後馳回省垣清釐應辦事宜并督飭嚴拏

陸路囤販吸食煙犯合併聲明謹

奏

覆奏夷商喳噸實已回國現查夥黨一併驅逐片

再，臣承准軍機大臣字寄道光十九年正月二十七日奉

上諭本日據鄧廷楨怡良奏稱諭逐港腳夷商喳噸現在下澳附船回國等語該夷喳噸來粵貿易多年所有躉船鴉片多半係其經營實爲奸夷渠魁現因稽查嚴密恐懼圖歸雖據該督等奏稱該夷請牌下澳於臘月底定可開行但該夷盤踞既久黨羽必多現在各躉船尚未回帆其所存煙泥豈

肯即行拋棄難保不別肆詭謀著林則徐嚴密訪查該夷喳噸是否實已下澳開行確於何日起椗如尚在逗遛即著嚴行驅逐據實覆奏務使奸夷盡去錮弊悉除方爲不負委任將此諭令知之欽此臣查該夷喳噸於上年十二月十二日請牌下澳附搭港腳哄船回國業經臣於

奏報到粵摺內查明聲敘在案茲復欽奉

諭旨著臣嚴密訪查當即欽遵密咨粵海關監督臣豫堃諭飭洋商伍紹榮等確切查稟並札澳門

同知轉諭在澳之西洋夷目唩嚟哆查明喳噸
實係何日自省到澳附搭何船於何日由澳開
行回國據實稟覆一面暗遣妥人改裝前赴澳
門密加訪問去後嗣准豫堃咨據署澳門同知
蔣立昂轉據唩嚟哆稟覆喳噸於上年十二月
十三日由省到澳卽於十六日由澳附搭港腳
唊船開行回國又據洋商伍紹榮等稟同前情
與臣遣人赴澳密查均屬相符是喳噸實已於
上年十二月間搭船回國並未在省在澳逗遛

毫無疑義惟該夷販賣鴉片來粵多年誠如
聖諭盤踞既久黨羽必多所存煙泥豈肯卽行拋棄
臣先經訪得現住省城義和行之咉噸卽係喳
噸之弟又咉吇吔啞咺吇吔啞背喳噸之外甥
並有代伊管帳之吇吔唁亦在該行居住是該
夷雖去而買賣帳目仍有人代爲經理此次義
律稟繳鴉片雖係籠統開報並未分析某夷名
下若干而躉船船戶僉稱喳噸居其大股是該
夷存積之煙不至另有囤貯　臣與督　臣鄧廷楨

面商喳嚘既已逃回務當使之永不敢來方爲善策此時煙土雖已收繳其夥黨亦必驅除如映嚘映呀咃咥𠯈呀咃咥呀咃啱之類現皆給諭洋商令與向賣鴉片著名之夷人嚘咃等一併驅逐回國庶可杜絕奸夷蹤迹免致勾結盤踞誘惑內地良民復貽地方之害所有遵查喳嚘實已回國現在查明夥黨一併驅逐緣由謹

附片覆

奏伏乞

聖鑒謹

奏

會奏夷船呈繳鴉片一律收清摺

奏爲夷船呈繳鴉片現已一律收淸覈較原稟之
數有贏無絀恭摺

奏報仰祈

聖鑒事竊照暎咭唎等國夷人遵諭呈繳躉船鴉片
經臣等由四百里會摺馳

奏迨收逾十分之八卽乘勢淸理東路亦經續行

奏明在案臣等查粤省東路南澳一帶係與福建
漳州府屬洋面毗連該處夷船自上年驅逐開

行之後今春又據稟報有數隻駛至長山尾等洋游奕而福建之布袋等洋近在其北閩亦有夷船旋去旋來緣兩省交界之間逐於粵則竄於閩逐於閩又竄於粵無非因船內載有鴉片隨處覓售茲粵省中路躉船收繳煙土辦理既能應手且究明中東兩路實屬一氣相生亟應由中路而及東路並由粵洋而及閩洋務使兩省海面一體肅清不敢稍分畛域當經臣等諄諭暎咭唎國領事義律繕寫夷信多撥三板小

船分赴東路各洋無論粵界閩界但有夷船寄泊即催令駛回中路虎門與各躉船同繳煙土仍嚴檄南澳鎮率領師船在洋堵逐並帶有通事傳諭夷人繳煙其內港各口責令潮州鎮道府縣嚴禁蛋艇出洋以斷夷船接濟一面飛信知會閩省督撫臣飭屬照辦使兩省聲勢互相聯絡適據潮州府知府易中孚稟知已奉閩浙督臣鍾祥福建撫臣魏元烺派委漳州府知府胡興仁至閩粵交界之分水關與易中孚面商

會辦該府等均即遵照檄飭實力防堵水陸交嚴夷船既不能將鴉片發售又不能有水米接濟勢難久泊復經該領事義律催令一體呈繳即據稟報陸續來至虎門查有咈囒吐船嗶叻𠺕船𠹭𠷈船皆稱從南澳駛來共繳鴉片一千六十七箱又五百十一袋復有唎船𠺕𠿋嘶船囉嘛唎吐船皆稱從福建駛來共繳鴉片二千二百四箱又五十七袋此數船原不在中路伶仃等洋躉船之內每由外洋潛行竄越蹤迹靡常

今亦招至虎門與躉船一體呈繳截至四月初
六日收清合計前後所收夷人鴉片共一萬九
千一百八十七箱又二千一百一十九袋覈之
義律原稟應繳二萬二百八十三箱之數更溢
收一千袋有零據該領事等僉稱委係盡數繳
官不敢絲毫餘剩臣等於親督收繳之際節經
飭令委員每起盡一船卽將各層艙底逐一查
驗不任稍有留遺此次收繳全清夷人成本千
餘萬金已成虛擲諒不敢更尋覆轍惟現值南

風司令各國本年貿易夷船正應陸續到粵計
自彼國開船尚在數月以前未必遽信
天朝如此嚴禁其歷年夾帶鴉片本已習爲故常此
次來船恐亦難免惟一時未便卽寘於法仍須
責令一併繳官臣等現又嚴諭該領事義律將
新來載貨夷船隨到隨查如無鴉片卽具保結
請驗倘有夾帶自行首繳免罪如敢朦混隱瞞
查出不許開艙驅逐回國俟奉到部行新例之
後卽當擬具繳諭底稿恭呈

御覽照會該國明示限期如屆限再有帶來應遵照
大清律例所載化外人有犯並依律科斷之語與華
民同照新例一體治罪貨物沒官始可杜其嘗
試之念臣等又思華夷雖有分界而海道處處
可通即如閩省各洋南與粵界相連北即距粵
甚遠是否尚有夷船在彼游奕粵省無從知悉
除再飛移閩省督撫臣一併乘機查辦外尚恐
夾帶鴉片之奸夷慮及到粵勒繳或從外洋徑
竄迤北各省寄碇售私前數年本已有此情形

此後尤不能不慮應請
敕下沿海各省一體嚴查時加防範若收繳之令隨
在得行卽竄越之蹤亦永遠可杜矣至內地興
販已久流毒甚深囤積之家定必不少一聞夷
船鴉片盡繳正喜奇貨可居雖已力塞其源而
其流尚未有艾總須趁此機會嚴緝痛懲首繳
者許以自新怙惡者寘之重典務在同心協力
自可禁止令行以仰副
聖主造福寰區爲民除害之至意所有夷船鴉片收

徵全清緣由謹會同廣東巡撫臣怡良粵海關

監督臣豫堃恭摺由驛馳

奏伏祈

皇上聖鑒訓示謹

奏

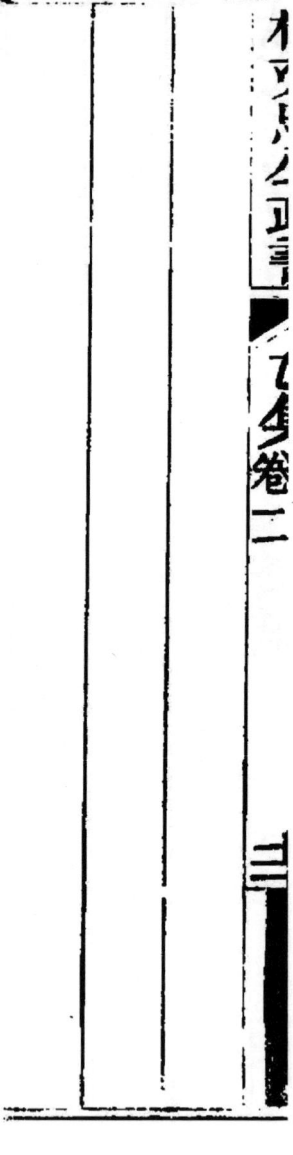

附奏夷人帶鴉片罪名應議專條夾片

再臣林則徐前諭夷人出具甘結聲明嗣後來船永不敢夾帶鴉片如有帶來一經查出人即正法貨盡沒官旋據𠸄咭唎國領事義律稟稱

本國在

天朝貿易恭蒙

大皇帝懷柔歷有二百餘年仰望先教以禁令森嚴惟本國地方較遠或可姑寬期限自開艙後凡有印度之港腳屬地者給予五月為限𠸄國本

地者給予十月為限然後即以新例遵行則各人無不悉知其有此例倘有來粵者自必遵行也又云凡有諭令之處遠職自應恭遞回國以俾本國大臣呈上國主閱覽自可明知也等語覈其稟詞尚屬恭順惟甘結仍遷延未具近日復經諭催又據稟稱倘不能不取結則嘆國人船無奈只得回國等情揆其用意蓋因該國公司散局悉聽夷商自行經理其中良莠不齊且海道迢遙設或因風阻滯逾期即難保在路夷

船竟不稍有夾帶一經出結則此後奸夷帶有鴉片不但本犯罹於重法即該領事亦不能置身事外是以心切遲疑倘非敢違法度且查該夷來粤貿易實係利市三倍不惟以該國之貨牟內地之利並以內地之貨牟各國之利蓋海外島夷之國不知名者不啻盈千累百因無力置船辦貨故不能自達於
天朝而如茶葉大黃絲斤之類則無一國不需此物暎咭唎等國夷商所帶內地貨物非獨本國自

用尤利於分售各國得價倍蓰即使該夷不賣鴉片專作正經貿易而其所謂三倍之利者自在以此度之其斷不肯捨卻廣東馬頭係屬實情所云只得回國者不過憚於具結強顏而出此言未必真心如是即使果因內地法嚴不能帶賣鴉片暫時躲避回國亦於通商大局並無加損查從前每年來船不過數十隻而關稅並不短絀近年多至一百數十隻而鴉片愈以盛行且每船自夷商以至水手總不止於百人合

而計之殊嫌太衆與其多聚奸宄孰若去莠存
良卽加慣賣鴉片之喳噸嚦咃等本係早經奉
旨查逐之人除喳噸已先回國外嚦咃現亦驅逐其
他類此者正須一併嚴驅並令出具甘結永遠
不敢再來方爲正辦論者或恐各夷商因此裹
足殊不思利之所在誰不爭趨卽使此國不來
彼國豈肯不至縱或一年偶少次年總必加多
且聞華民慣見夷商獲利之厚莫不歆羨垂涎
以爲內地民人格於定例不准赴各國貿易以

致利藪轉歸外夷此固市井之談不足以言大義然就此察看則其不患無人經商亦已明甚矣所以鴉片之禁不但宜嚴於百姓實可倍嚴於夷商彼終年之間住內地之日甚多在該國之日轉少非獨食毛踐土且皆積聚貲財比之內地民人受

恩更重豈有導之以樂利而不可齊之以政刑者乎況所來貿易之人不過該國之一販戶並非貴戚達官即鴉片亦皆私帶而來更非受命於其

國主且自道光十四年公司散後一切買賣均
與其國主無干此輩奸夷性貪而狡外則桀驁
夸飾內實恇怯多疑稍縱卽驕惟嚴乃肅查乾
隆年間粵省辦理嘆夷洪任輝等控案動卽監
禁一二三年無敢違抗歷有成案可稽卽近年
奏辦夷案如道光二年之命犯啡叮六年之命犯
嗎嚓嚦嘛皆引名例化外有犯依律擬斷之條
處絞立決夷人無不帖服況鴉片之夾帶彼本
自知理短是以臣等此次痛加呵責不但不敢

狡辯並鬭退無怨言是外夷亦有天良尚非不
可教誨可否仰求
敕部將夷人帶鴉片來內地者應照化外有犯之例
人即正法貨物入官議一專條並暫時首繳免
罪如何酌予限期之處奏請
諭旨通行邊辦俾得諭令各國夷人咸使懍遵嗣後
自必不敢犯法似亦刑期無刑之意是否有當
謹合詞附片瀝陳伏祈
聖鑒謹

奏

楊文忠公三錄 乙集卷二

十七

覆奏查察虎門排鍊礮臺摺

奏爲遵

旨查察虎門海口排練礮臺情形恭摺覆

奏仰祈

聖鑒事竊臣於三月初七日在虎門舟次承准軍機

大臣字寄二月十六日奉

上諭據鄧廷楨等奏籌議虎門海口創造木排鐵鍊添置礮臺礮位一摺已降旨允准虎門海口爲粵海中路咽喉現當籌議海口章程自宜妥爲佈置

以密巡防該督等所請於海面安設木排鐵鍊以
羈絆夷船並添設礮臺添置礮位之處是否有益
著林則徐詳細查察情形據實具奏原摺著鈔給
閱看將此諭令知之欽此伏查粵東中路海口以
虎門爲咽喉 臣此次親至該處督收夷人鴉片
即住在水師米艇寄椗海中四面形勢皆可瞭
望當經留心相度竊見重重門戶實屬險要天
成自伶仃大洋逾龍穴而北兩山斜峙東曰沙
角西曰大角由此以入內洋是第一重門戶也

進口七里有一山屹立中央名曰橫檔其前有一巨石俗名飯籮排又其前小山一座曰下橫檔海道至此分爲二支其右一支多有暗沙左一支以武山爲岸武山亦謂之南山山前水深洋船出入皆由於此此第二重門戸也由橫檔再進五里則爲大虎山其西爲小虎山再西則獅子洋即由黃埔以進省之路是大小虎山乃第三重門戸也此外如蕉門蘆灣山三門口新滘口等處港汊旁出島嶼周迴尚非夷船出入

要津姑不具論以礮臺言之先有橫檔南山兩處均係康熙五十六年所建形勢稍狹嘉慶五年於沙角添建礮臺一座二十年復就橫檔礮臺加築月臺一座又於南山礮臺之西北添建鎮遠礮臺一座各安礮四十位二十三年又於大虎山建礮臺一座安礮三十二位道光十年大角山又添礮臺一座安礮十六位迨十四年冬間提臣關天培到粵適在驅逐夷人嗶嘮啤出口之後與前督臣盧坤商議以大角沙角兩

礮臺中隔海面一千數百丈之遠兩邊礮火均
恐不能得力只宜作爲望臺遇有應行防堵之
時放礮報信其南山鎭遠與橫檔三處礮臺形
如品字中隔水面三百餘丈礮火可期得力惟
南山礮臺地勢過高礮子易於冒過船頂其餘
原建牆垜亦俱單薄於道光十五年會摺
奏准將南山礮臺前面環築月臺名爲威遠又將
鎭遠橫檔大虎各礮臺加築堅厚添鑄七八千
斤大礮分別安配並於橫檔背面山麓及對岸

蘆灣山腳續添永安鞏固礮臺二座安礮四十位二十位不等此十五年以前陸續添建礮臺之原委也維時提 臣 關天培即欲於橫檔山前海面較狹之處創造粗大鐵鍊安根兩岸鐵鍊之下承以木排木排兩端繫以錨纜有事則橫絕中流無事則分拔海岸如門闢闔防堵益嚴以經費未充前督 臣 盧坤任內未及辦理鄧廷楨到後正與關天培商議籌辦旋於十八年夏閒有暎咭唎國夷目嗎咃嘺巡船三隻窺探虎

門見海口布置森嚴畏懼竄去復經鄧廷楨與
關天培欽遵
諭旨倍講修防以鐵鍊木排實為阻擋夷船要具察看威遠鎮遠橫檔各礮臺之間海面較狹安設排鍊兩道足資堵截惟威遠鎮遠兩礮臺雖同在武山脚下而相距尚有里餘排鍊既截中流礮臺尤宜聯絡故又於威遠鎮遠中間添建大礮臺一座安放大礮六十位以護排鍊而壯聲威此鄧廷楨等現在

奏辦之情形也茲欽奉
諭旨令臣詳細查察當又移舟至武山橫檔一帶流
覽登眺此處本係第二重門戶最見緊嚴其海
面自西北量至東南橫寬二百七十餘丈至三
百三十餘丈不等所有排鍊兩道西北皆安根
於武山腳下其東南則第一道安根於飯籮排
之巨石第二道安根於橫檔山腳俱各鑿深石
槽以八千斤廢礮橫安槽底外加鐵箍四道上
扣鐵鍊四條由四而併爲二由二而併爲一中

閘綑合兩頭貫以大鐵鍊八條用大鐵鎖接扣
兩邊以便開闔其木排則以大木截齊各長四
丈五尺合四根爲一小排穿以橫木二道又以
四小排聯成一大排量寬一丈六尺餘寸面底
又各夾以橫木六道箝用大小鐵箍三十口第
一道安大排三十六排大鍊三百九丈零第二
道安大排四十四排大鍊三百七十二丈兩道
排鍊相去約九十丈共配鐵錨棕纜二百四十
副並設划船四隻水兵一百二十名管以把總

二員無事則中閘常開以通出入如須防堵則關閉甚速察看木排篾紮堅固鐵鍊煅淬精融開闔亦俱得法其新建礮臺俯臨兩道排鍊正成扼吭之勢平寬六十三丈高一丈四尺五寸臺牆釘椿砌石垛牆礮洞則用三合土築成安礮六十位後圍石牆九十丈高出山巔除兵房望樓官廳軍裝火藥兩庫尚未竣工外其餘均屬完整演試銅鐵大礮礮子均能遠及對岸山根設有不應進口之夷船妄圖闖入雖遇順風

潮湧駕駛如飛一到排鍊之前勢難繞越卽謂
夷船堅厚竟能將鐵鍊衝開而越過一層尙有
一層阻攔就令都能闖斷亦已羈絆多時各臺
礮火連轟豈有不成灰燼之理似此重重布置
均極森嚴聞黃埔及十三行出入夷人行舟過
此皆懍然生嚴憚心於海防實屬有益惟排鍊
日被鹹水泡浸加以潮汐蕩搖卽木大鐵堅亦
自不能無損若有寸鐵脫扣一木離簰立刻卽
須脩復總使聯成整片百密不任一疎設或遷

就息延則寸節偶乖即全局爲之鬆勁查提臣
關天培於排鍊一事久已殫精竭慮寢食以之
而礮臺工程亦時時躬親督造現在文武員弁
皆極認眞此後歲脩事宜均須由關天培立定
章程使將備弁兵皆諳成法加以時常操演精
熟則海防長臻鞏固邊釁永可潛消堪以仰慰
聖主廑念瀛壖之至意所有詳細查察情形謹繕摺
據實覆
奏伏乞

皇上聖鑒謹

奏

卷二

會奏銷化煙土已將及半情形摺

奏爲遵
旨在粤銷燬煙土會督文武大員公同目擊嚴實稽查以杜弊混而昭震讋現在銷化已將及半先行恭摺奏祈
聖鑒事竊臣等前奏收繳夷船煙土請將原箱解京先於四月十二日奉到
硃批已蒙
諭旨允准謹即欽遵辦理業經收拾裝載正在奏報

起運開復於十八日承准軍機處咨開內閣奉
上諭前據林則徐等馳奏躉船鴉片盡數呈繳請解
京驗明燒燬當降旨允行本日據御史鄧瀛奏稱
廣東距京程途遼遠所繳煙土爲數較多恐委員
稽察難周易啟偷漏抽換之弊等語林則徐等經
朕委任此次查辦粵洋煙土甚屬認眞朕斷不疑
其稍有欺飾且長途轉運不無借資民力著無庸
解送來京即交林則徐鄧廷楨怡良於收繳完竣
後即在該處督率文武員弁公同查驗目擊燒燬

俾沿海居民及在粵夷人共見共聞咸知震讋該
大臣等唯當仰體朕意覈實稽查斷不准在事員
弁人等稍滋弊混欽此仰見我
皇上於覈實除害之中寓體恤民力之意臣等公同
跪誦欽感難名伏思銷燬煙土弊竇最多必須
在在嚴防庶可免於偷漏緣此物流行已久利
之所在衆庶爭趨查道光十七年間臣鄧廷楨
等曾經
奏明奸民向夷船購買鴉片從前每箇價值洋銀

三十餘圓近來止須十六十八圓不等今卽以
錢價覈算每箱亦須六百餘圓合計二萬餘箱
不下一千數百萬圓之值在守正嫉邪之人不
惟糞土棄之且以鴆毒視之而吸食者則竟望
而垂涎興販者更欲居爲奇貨若防範稍不嚴
密卽百弊爲之叢生臣等自收繳以來因虎門
越在海濱須防奸民覬覦卽先相度堆貯之地
計每箱長約三尺高寬半之大房一間纔能堆
至四五百箱之數該處民房廟宇均無覺儆可

容不得已合併數所圍築外牆添蓋高棚勻排
封貯內派文職正佐十二員分棚看守外派武
職十員帶領弁兵一百名晝夜巡邏幸尚不至
疎虞至銷燬之方亦復熟籌屢試向來用火銷
化拌以桐油其法未嘗不善第訪聞焚過之後
必有殘膏餘瀝滲入地中積慣熬煎之人竟能
掘地取土十得二三是流毒仍難盡絕臣等廣
諮博採知鴉片最忌者二物一曰鹽滷一曰石
灰凡以煙土煎膏者投以灰鹽即成渣沫必不

能收合成膏是其相剋之性正可資之以除其害也然使逐箱煙土皆用灰鹽煮化則鍋竈之設必須累百盈千誠恐照管不周轉滋偷漏如其少設又非數月不能銷完茲再四酌商莫若於海灘高處挑穵兩池輪流浸化其池平鋪石底縱横各十五丈餘尺四旁欄樁釘板不令少有滲漏前面設一涵洞後面通一水溝池岸周圍廣樹栅欄中設栅廠數座爲文武員弁查視之所其浸化之法先由溝道車水入池撒鹽成

滷所有箱內煙土逐箇切成四瓣投入滷中泡
浸半日再將整塊燒透石灰紛紛拋下頃刻便
如湯沸不爨自燃復雇人夫多名各執鐵鋤木
爬立於跳板之上往來翻截務使顆粒悉化俟
至退潮時候啟放涵洞隨浪送出大洋並用清
水刷滌池底不任涓滴留餘若甲日第一池尚
未刷清乙日便用第二池其泡浸翻截悉如前
法如此輪流替換每化一池必清一池之底始
免套搭牽混滋生弊端至嚮晦停工即將池岸

四圍柵欄全行封鎖派令文武員弁周歷巡綽
粵東天氣炎熱所用人夫僅穿短袴上身下腳
向俱赤露又於停工放出時與執事工役一同
搜檢不許稍有夾帶試行之初每日纔化三四
百箱迨數日後手法漸熟現在日可八九百箱
至千箱不等當其銷鎔之際膿油上湧渣滓下
沈臭穢熏騰不可嚮邇乃悟此物之能蠱人心
志促人年壽槁人形骸者蓋製造時用物取精
別有奇衺方術非僅如內地栽種罌粟刮漿熬

製已也臣林則徐駐劄虎門與提臣關天培率
同委員候補知府南雄直隸州知州余保純等
逐加佈置隨即函商臣鄧廷楨臣怡良以欽奉
諭旨公同目擊銷燬是在省各員理宜輪流到虎查
覈看視臣怡良因前次銷燬時商明留省此次
輪應先到虎門臣鄧廷楨於臣怡良回省後亦
即乘舟來虎並令藩司熊常錞臬司喬用遷運
司陳嘉樹糧道王篤四員分班輪往接替查視
又咨會廣州將軍臣德克金布左翼副都統臣

奕湘右翼副都統臣 英隆亦各輪流到虎稽查
彈壓粵海關監督臣 豫堃則以虎門本有稅口
更應常川到彼照料稽查在事員弁人等均各
派定執司互相查覈該處沿海居民觀者如堵
只准在栅欄之外不許混入廠中以杜偷漏其
上省下澳夷人經過口門率皆遠觀而不敢褻
翫察其情狀似有羞惡之良胥賴
聖主德威俾中外咸知震讋從此洗心革面庶幾咸
與維新矣至煙土名色亦有不同其黑者曰公

斑土聞係上等之煙白土次之金花土又次之此次劈箱銷化當將各色煙土分別編號登記大抵公土白土居多金花土不及百分之一業已逐箱過秤並口袋所裝者亦皆扣除箱袋覈實淨煙斤兩計自四月二十二日起截至五月初三日已銷過八千三百二十箱又二千一百一十九袋其斤兩共合一百十二萬八千七百二十九斤以全數覈之所化已將及半現仍趕緊銷化不敢草率亦不敢遷延恐廑

聖懷謹將現辦情形合詞恭摺具

奏伏乞

皇上聖鑒謹

奏

奏參因循不振之鎭將分别勒休降補摺

奏爲粵省南澳洋面甫經清理復有外洋䭾到夷船任其停泊累日應將因循不振之鎭將請

旨分别勒休降補以示懲儆恭摺

奏祈

聖鑒事竊照粵省海洋向分中東西三路中路自老萬山以內如九洲伶仃等洋皆各國夷商來粵貿易准其行船之路寄碇聚泊歲以爲常若西路之高廉雷瓊東路之潮州南澳皆夷船例不

應到之區前因南澳鎮所轄長山尾等洋屢有
夷船游奕經臣鄧廷楨節次
奏明檄飭該鎮統帶舟師聯䑸堵截迨臣林則徐
到粵後會同收繳中路躉船鴉片辦理已能應
手因即乘勢清理東路責令暎咭唎國領事義
律將分往南澳各船招回中路虎門一體呈繳
煙土旋有咈囒吐船啤叻咍船囄船等自南澳
駛來繳煙亦經會摺奏蒙
聖鑒在案臣等正冀閩粵洋面一律肅清第慮南風

司令有自外國新來夷船探知中路查辦甚嚴恐被勒繳煙土逕從外洋潛竄東路一帶寄椗售私亟須加意嚴防杜其竄越又念閩省迤北各洋或尚有夷船游奕一經該省驅逐自必仍回粵境南澳一鎮最為閩粵兩省關鍵若此時稍一鬆勁則後來又恐蔓延是以會札疊飭南澳鎮總兵沈鎮邦親帶舟師配足弁兵礮械堵截外洋來船並備火攻船隻隨幫聽用又撥通事隨往如遇閩洋夷船竄回即諭令呈繳煙土

若諭之不從且驅之不去竟須示以兵威俾此
後再有夷船累日停留定行特參去後詎該鎮
於四月初十日來稟轉據署參將謝國泰稟稱
三月二十六日有雙桅夷船一隻由西南外洋
駛至長山尾寄碇謝國泰卽同通事引水赴夷
船諭繳煙土據稱船內無煙因風雨阻隔至四
月初一日向東南而去等語維時該鎮往巡閩
洋布袋澳等處於初七日旋抵粵洋初九日復
見長山尾有夷船一隻向東南遠颺等情臣等

接閲之下殊深詫異查夷船自西南外洋駛至
明係外國新來之船並非由閩省北洋竄回澳
境如果並無煙土希圖銷售情弊該處非夷船
應到之地赴彼何爲乃諭國泰既不能令其繳
土又不能立即驅行任其以風雨爲詞自三月
二十六日起泊至四月初一日始據報開實屬
縱容疲玩該鎮沈鎮邦雖經暫往別洋而長山
尾爲該轄要地一任夷船累日寄泊是事前防
範已疏至初九日長山尾再見之船係在該鎮

折回以後究竟該船從何駛至未據報明顯係初一日報開之船未經遠去仍在長山尾一帶逗留沈鎮邦一味因循含糊飾稟若不嚴參示儆是南澳一帶前船雖已押回繳土而後船又復踵至售私藏垢納汙伊於胡底查署海門營參將水師提標左營遊擊謝國泰年力就衰巡防漸懈相應請

旨勒令休致其南澳鎮總兵沈鎮邦於兩省交界洋面莫展一籌難勝水師專閫之任惟年力正强

操舟亦熟尚不至於廢棄可否請
旨降爲遊擊都司以示懲儆仍留粵省水師酌量補
用並令隨船出洋以觀後效其所遺南澳鎮總
兵員缺緊要並請
旨迅賜簡放以重職守是否有當臣等謹會同廣東
水師提督臣關天培合詞恭摺具
奏伏乞
皇上聖鑒訓示謹
奏

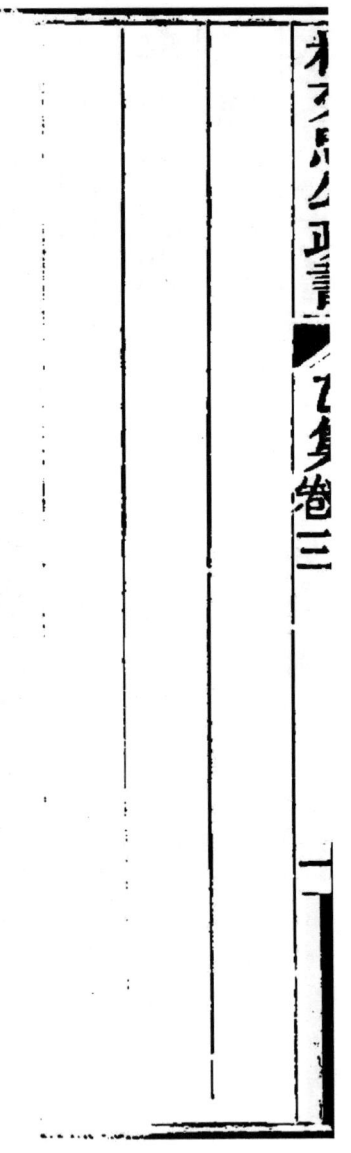

附奏東西各洋越竄夷船嚴行懲辦片

再臣等察訪夷情因知外國商船來粵貿易者必先在該國請領牌照經過夷埠俱須驗明並於開船之時須給禁約條款諄諭不許在於中華滋生事端酌限往返程期如未領牌照擅自行船查出即治其罪船亦充公是外夷禁令森然並非縱其所如漫不加察而商船載來貨物動值數十萬金彼旣愛惜重貲自必懍遵法度故貨船到粵必皆報關候驗納稅投行雖近年

以來每有夷商夾帶鴉片情弊要亦先向躉船寄頓始敢駛進黃埔斷無甯駛重船東奔西竄之理惟因獲利太厚販運愈多各國雖聞有之而以港腳一處爲尤甚港腳地名曰𡀔𠿘喇曰𡀔嘪曰嘪噠喇𡅏皆爲𠸄咭唎所屬之港口卽華言所謂馬頭也距𠸄咭唎本國尚有兩月路程而其來至內地則比咪夷爲近奸夷利慾熏心罔顧厲禁往往由外洋乘風竄駛越過廣東中路直趨東路之南澳以達閩浙各洋來去頻

仍便成熟游之地在
天朝彌綸廣大無不徧示懷柔即其所不應至之處
違禁頻來亦惟自謹修防其究至於驅逐而止
奸夷習知其故相率效尤沿海文武員弁不諳
夷情震於㗖咭唎之名而實不知其來歷遇有
夷船駛至不過循例催行如其任催罔應亦即
莫敢誰何甚有桀驁夷船膽敢以槍礮相恐嚇
而官船因未奉有明文轉不便擅用火器如道
光十四年閩浙總督臣程祖洛所奏情節曾奉

諭旨飭令督撫等務當隨時體察情形以靖洋面等
因欽此欽遵在案以臣等近日訪聞乃知此等
奸夷並未領照經商而敢偷渡越竄若被該國
查出在夷法亦必處以重刑況
天朝禁令森嚴豈有轉以內地各洋為其逋逃藪之
理且如內地奸民出海潛赴夷洋滋事揆諸
國法正宜按例治罪倘在外已被夷人戕害適足
蔽辜豈尚聽其鳴冤許為報復乎以此對觀互
證度勢揆情愈知越竄之夷船不必空言驅逐

惟有嚴行懲辦乃可震懾其心總之有牌照而
行中路者則爲經商之船無牌照而竄東西各
路者卽爲偷渡之船經商之船倘須區分良莠
偷渡之船明係有莠無良槍擊礮轟皆其自取
似不爲過且此等越竄船隻小者爲三板夷划
大者亦不過雙桅夾板迥非貨船躉船高大堅
厚之比卽船內礮械亦極有限甚至安假礮於
船旁畫礮眼於艙板祇以虛張聲勢粉飾觀瞻
師船果能奮勇剿除何患不能相敵卽云夷人

乃亡命之徒官兵不值與之對仗亦尚有便利之法可操勝算祇須雇募沿海之善泅者多駕拖船滿載車薪備帶火器分爲數隊占住上風漏夜乘流縱放即或前隊未能得手後隊絡繹復來夷船中觸處皆引火之物未有不可以焦爛者此令一行不待實有其事而奸夷先已膽落似亦懾服之一法也臣等爲杜絕鴉片肅清海洋起見是否有當謹附片瀝陳伏祈

聖鑒訓示謹

奏

會奏銷化煙土一律完竣摺

奏爲虎門銷化煙土公同覈實稽查現已一律完竣恭摺奏祈

聖鑒事竊臣等欽遵

諭旨將夷船繳到煙土二萬餘箱在粵銷燬所有覈實杜弊並會督文武大員公同目擊情形已於五月初三日銷化及半之時先行恭摺會奏在案嗣是仍照前法劈箱過秤將煙土切碎拋入石池泡以鹽滷爛以石灰繞俟戳化成渣於

退潮時送出大海臣等會督文武員弁逐日到廠看視稽查其間非無人夫乘機圖竊而執事員弁多人留神偵察是以當場拏獲之犯前後共有十餘名均即立予嚴行懲治並有賊匪於貯煙處所乘夜爬牆鑿竊偷土亦經內外看守各員弁巡獲破案現在發司嚴審尤當按律重辦其遠近民人來廠觀看者端節前後愈見其多無不肅然懔畏並有咪唎㗂國之夷商嚹與嚠咍咬哶嗹等攜帶眷口由澳門乘坐三板向

沙角守口之水師提標游擊羊英科遞稟求許
入棚瞻視 臣 等先因欽奉
諭旨准令在粵夷人共見共聞咸知震讋曾經出示
曉諭是以該夷等遵諭前來且查夷商[口經]等平
素係作正經買賣不販鴉片人所共知因准派
員帶赴池旁使其看明切土搗爛及撒鹽燃灰
諸法該夷人等咸知一一點頭且皆時時掩鼻
旋至 臣 等廠前摘帽斂手似以表其畏服之誠
當令通事傳諭該夷等以現在

天朝禁絕鴉片新例極嚴不但爾等素不販賣之人
永遠不可夾帶更須傳諭各國夷人從此專作
正經貿易獲利無窮萬不可冒禁嘗私自投法
網該夷人等傾耳敬聽俯首輸誠察其情形頗
知傾心向化隨飭公同賞給食物歡欣祇領而
去至臣等前
奏烟土名色本有三種曰公斑曰白土曰金花迨
後復經劈出原箱另有一種小公斑每箱貯八
十個其式樣比行常之公斑較小而箇數倍之

故每箱斤兩不相上下每箇用洋布包裹製造
亦較精緻訪聞此種在外國係最上之煙價值
極貴是現在所化煙土竟有四種臣等近日於
邸鈔中伏讀
上諭煙膏煙具多有假造其弊不可勝言等因欽此
仰見
聖明務求真實力戒欺朦之至意臣等愚昧之見欲
辨其僞必須先識其真未知近時各處所拏獲
者皆係何種煙土若以外夷原籍之物互相比

較則眞僞似可立辨不至混淆謹將現在四種
煙土每種各留兩箱可否卽將此八箱作爲樣
土如蒙
准令解京卽委便員搭解並不費事倘亦無須解送
則此時粵東每月俱有各屬拏獲解省驗燬之
煙亦可隨同銷化現除暫存此八箱外計已化
煙土湊合前奏之數共有一萬九千一百七十
九箱二千一百一十九袋其斤兩除去箱袋實
共二百三十七萬六千二百五十四斤截至五

月十五日業已銷化全完斯時蕩穢滌瑕幸免
毒流於四海此後除奸拯溺尤期約立於三章
庶幾仰副我
聖主除害保民之至意所有銷化煙土完竣緣由臣
等謹會同水師提督臣關天培粵海關監督臣
豫堃合詞恭摺具
奏伏乞
皇上聖鑒訓示再虎門現在無事臣林則徐亦暫回
省城商辦一切合併聲明謹

奏

會奏夷船互市情形並空躉開行隻數摺

奏爲彙報外夷貨船往來互市情形並回空躉船開行隻數恭摺奏祈

聖鑒事竊臣等前奏收繳夷船鴉片欽奉

諭旨各國夷商業經遵繳煙土自應加恩准予照常互市以示懷柔等因欽此臣等當即恭錄咨會粵海關監督臣豫堃一體欽遵辦理惟因外國新來貨船開行在數月之前恐尚未知嚴禁仍帶煙土且查向來積弊夷商所帶之土皆於到後

卸在伶仃等洋之躉船然後進口是未進口以前應先設法稽查以杜私卸臣等會飭署澳門同知蔣立昂暨香山協副將惠昌耀等查照糧船勾水之法將新到各貨船吸水尺寸先用丈杆自水面量至艙面註明印單粘於夷船艙以為記認仍造册報明以俟進口時覆驗水跡有無浮高即可辨其有無私卸復咨會海關監督親至黃埔將貨船逐一盤驗如有夾帶自必不能藏掩隨有咪唎堅國之吻喋喇船嗹咬船

⿰口經船⿰口美喇船嚧吱船⿰口賓吱船⿰口所嗌船⿰口川噸船呵啫船共九隻販運洋米棉花洋布黑鉛等貨均於量明水誌之後進口查驗俱無夾帶鴉片並有帶來買貨洋錢十五萬數千圓據通事等稱夷船攜帶洋錢近年頗爲罕見尤可爲不賣鴉片之明證此外有咪唎⿰口堅國之吡唎一船⿰口英咭唎所屬港腳之啵唎一船於勾水之後不敢進口旋即駛向老萬山外徑行回國其爲帶有鴉片無從覓售又恐覆驗水痕不能卸載是以潛

逃回去情事顯然但旣未流毒中華卽不便窮
追肇釁此新來貨船之情形也其原泊黃埔夷
船滿載內地貨物出口者計港腳則有嘩哋呻
等十五船咪唎㗝國則有咲啿呍等八船共船
二十三隻亦皆先後乘風駛出老萬山此又內
地貨物照常通往外國之情形也至已經繳清
煙土之躉船自應驅逐回國　臣等於收上後傳
諭領事義律早爲遣回茲查港腳之喊唎船囋
啞船吧哋喇船嗑啡喱船嘞船咪唎㗝之啊吧

船小呂宋之咪船共八七隻已先後駛出老萬山回國其餘有候修船者有候帶貨壓載者並有其船業已破爛不能衝風破浪難以回國擬折賣與人者臣等分別覆查尙皆實情除仍分飭師船嚴加防範並不時查催驅逐外現在洋面澳門均屬安靜所有貨船往來互市情形及躉船回國隻數臣等謹會同粵海關監督臣豫堃

合詞恭摺具

奏伏祈

皇上聖鑒謹
奏

會奏續獲人煙槍具摺

奏為粵東查辦鴉片續獲人煙槍具覈實確數恭

摺具

奏仰祈

聖鑒事竊照鴉片之毒比於砒鴆然世之死於砒鴆者千萬人而一耳若鴉片則吸食者病於癮而死興販者罹於法而亦死是死於鴉片者幾於十人而一於此而不併力掃除貽害伊於胡底言之切齒思之寒心臣鄧廷楨臣怡良既疊奉

諭旨嚴飭查拏刻圖滌蕩迨臣林則徐仰承
巽命來粵查辦海口事宜以大患務當力祛不敢稍
存畛域除起獲夷船煙土以清來源外又經會
同切劄各屬文武隨時隨地悉力搜拏以冀濁
流漸息游自臣鄧廷楨臣怡良節次
奏報至本年三月底止計共獲人犯一千六百名
煙土煙膏四十六萬一千五百二十六兩九錢
八分煙槍四萬二千七百四十一枝煙鍋二百
一十二口及煙具等件均經仰蒙

聖鑒在案臣等伏思吸食者雖善於諱匿囤販者雖巧於收藏而鬼蜮情形斷難掩其鄉鄰耳目因復通飭各屬逐鄉選舉公正紳士議立族黨正副挨次編查保甲使之保良攻匪有犯即擒茲自四月初一日起至五月十八日止據各屬文武先後報獲煙案一百四十起販賣煎熬吸食人犯共一百九十二名煙土一萬二千七百七十三兩七錢九分煙膏二百一十二兩五錢八分五釐煙槍一千二百四十五枝煙鍋三十六

口又陸續撈獲煙泥二百六十四兩二錢煙膏
一十六兩六錢六分煙槍二百四十三枝煙鍋
一口又民間首繳槍煙一項臣鄧廷楨臣怡良
於未經接奉
硃批飭令酌覈之先據各屬稟報收繳煙土一十六
萬九千三百零七兩五錢五分煙膏四千六百
零五兩零二分煙槍二萬六千零五十枝煙鍋
三百一十六口綜計煙土煙膏共重一十八萬
七千一百七十九兩八錢零五釐煙槍二萬七

千五百三十八枝煙鍋三百五十三口犯經隨時發司嚴審如係遠道情輕人犯即飭該管府縣究詳分別懲辦報獲槍煙等件因雷瓊二府離省寫遠或僻在海南計其獲數無多飭即就近解道確驗燒燬具報其潮州一府道里雖亦迢遙惟所獲大起實多數居通省十之八九多則眞僞易淆而抽換偷漏之弊恐亦在所不免是以飭令與附近各府廳州均將煙槍一體解省由臣等親率司道營員眼同驗明彙燒以歸

夥實而絕濠混伏查粵東地處海濱番船絡繹匪徒趨利若鶩骫法營私較他省爲多亦較他省爲易當茲查辦喫緊未嘗無怵心悔禍之人而嗜痂者以腐臭爲神奇牟利者視土囊爲金穴若不持以定力盡絕萌芽不但疇昔之藏乘間復出吹吸之輩饞吻重張且恐外夷窺伺鉗網之疎仍肆浸淫之計前功可惜痼疾安瘳臣等惟有協力同心督屬勉益加勉根株一日未淨卽購捕不容一日或疎必使舊染胥蠲以仰

副我
聖主崇德好生除惡務盡之至意除再通飭各屬文
武員弁奮力查拏務將開窨設館販賣吸食各
匪犯多方弋獲煙土實力窮搜不許支飾畏難
稍涉縱漏外所有續獲人煙槍具緣由臣等謹
合詞恭摺具
奏伏乞
皇上聖鑒訓示謹
奏

木犀山房　乙集卷四

瀝陳民間煙土槍具仍宜收繳片

再廣東距京遥遠臣近日始閲三月邸鈔欽奉

上諭嗣後拏獲吸煙人犯不准以呈繳煙膏煙具入

奏其從前投首不實之犯仍著各督撫等嚴飭該

地方官隨時查察如有再犯即加重治罪以杜朦

混而歸覈實將此諭令知之欽此現在部文尚未

行到而臣就邸報中跪誦再三仰見我

皇上於爲民除害之中

示覈實戒欺之要

嚴明訓飭感懔交深臣恭繹
聖諭所指收繳之弊約有三端一則恐以拏獲之犯
作為自首希圖減罪也一則既繳之後官不復
查聽其吸食也一則地方官塞責邀功假造煙
膏煙具以滋朦混也凡此三弊皆臣所切齒痛
恨矢以極力掃除者茲蒙
訓諭提撕彌欽覈實從嚴之
至意敢不倍加釐剔務絕根株惟是濱海愚民無知
誤會近日紛紛傳播轉謂煙禁已弛有傖有土

仍聽存留前此赴鄉查訪之紳耆輒被鄉民恃
頑抗阻謂已奉
旨免繳何得多事此等藉詞搖惑以嚴爲寬實屬詐
妄之尤亟宜痛加懲創除嚴拏重辦外惟念臣
等所辦收繳之法並非令罪人自行投首官不
復查亦不敢聽州縣塞責邀功假造朦混伏求
皇上恕臣愚昧容其據實瀝陳查鴉片久已盛行廣
東尤甚所謂遍地皆是早在
聖明洞鑒之中即使此後外夷斷絕來源正恐內地

國積之多數年用之不能盡在　臣與督撫　臣等
盡力督拏無日不有獲犯起贓然察看向來陷
溺之深與到處窩藏之密地方遼闊民俗兇頑
島澳既不可勝窮胥役又大都難恃是即設法
拏獲亦祇千百中之什一如必掃數拏盡竊恐
遙遙無期因思保甲之行本係詰奸良法每鄉
總有公正紳士良善耆民五家十家之間耳目
最為切近興販吸食斷難瞞其鄰人故保甲有
五家連坐之條在官者因即藉以儆衆如一家

有犯責四家以告發否則與之同罪而爲鄰右
者既知其人有犯恐必連累及身又念比屋相
親不忍遽寘於法則必多方勸戒悚惕而禁止
之並取其煙槍膏土彙繳於官官則驗明即收
並不詰其姓名來歷蓋明以留其廉恥而實則
杜其避趨故第收之於例應舉發之族鄰而不
收之於律許減輕之罪犯猶恐不實不盡一面
購線查拏有犯即懲其於何人曾繳何人未繳
拏者本不過問犯者無可藉詞此所以不相妨

而適相濟也夫有鴉片即有吸食勢所必然在官多一分之收即在民少一分之食誠能減之又減以至於無似亦有益無損之事且吸食之人其畏收繳轉甚於畏查拏蓋查拏不能無漏網況父兄溺愛親族礙情雖恨子弟之吸煙而恐其到官問罪轉必多方為之隱瞞有收繳之一途則凡家人骨肉戚友鄉鄰平日勸之不從者至此皆得悚以功令之嚴奪其物以祛所嗜是一人之癮衆人斷

之旣立死罪以懾其心復飭收繳以去其疾迫
之以不得不斷之勢正所謂以生道殺民而比
閭族黨間變化愧厲之方備焉保受和親之俗
成焉故報繳者雖見其多並無公然免罪之犯
而報獲者並行不悖實無繳後不查之人蓋以
保甲禁鴉片而寓收繳於編查猶之以保甲查
教匪卽應收其經卷以保甲治械鬬卽應收其
器械其理一也至假造之弊惟不驗乃至破賸
果其驗之則眞僞判然難逃衆目故煙土必用

刀剖開煙膏必以火燃試不惟全假者卽時發覺卽攙和者亦立見區分若煙槍則外面一觀已有生熟之別又劈破以視其內必其煙油久漬乃爲舊槍卽新槍尚不能相混而他物所假更無論矣現在粵省所收膏土槍具惟僻遠隔海之雷瓊二屬爲數本少免令解省外其餘各屬悉經通飭解驗且不獨收繳者當驗而拏獲者更當驗蓋收繳無功可見惟拏獲始足見功地方官如存邀功之心則與其假造而報收繳

不如假造而報挐獲之爲得也夫以粤省作僞
之風命案尚有頂兇盜案亦有買犯要在上司
認眞乃不受其朦蔽耳況鴉片獲利最厚弊竇
最多有賣放正犯眞贓而以從犯假贓報獲者
有獲時明係眞贓而侵吞偷換解時變作假贓
者詐僞叢生何所不至然既不能因查挐之有
僞遂並查挐而停止之則收繳中之眞假或亦
責成臣與鄧廷楨等逐一調驗如有假造惟臣
等是問且查粤省自上年以來未曾於鴉片案

內保舉一員是既不使邀功安敢聽其朦混　臣
到粵以後疊准鄧廷楨等將解省之煙土等物
移同查驗間有一二攙和之膏土搪塞之新槍
皆必剔出發司澈底究辦此後更當責成地方
官先自劈驗再行封解如有不實即將該州縣
嚴參示儆又如煙槍一物　臣　始亦以爲不過如
尋常之煙桿耳斷癮與否於槍何與迨屢獲煙
犯細加研訊始知溺於鴉片之人直以其槍爲
性命緣新槍不能過癮總須平素用熟有煙油

久漬其中者方能適口故一槍有值數十金百
餘金者甚至父子兄弟間不肯相假其陷溺之
深如是所以欲去其癮先去其槍有如理髮而
奪其櫛作字而奪其筆雖酷嗜者亦無可如何
非第使之明志也謹查
大清律例內禁止賭博必並賭具而嚴禁之蓋有具
則有賭無具即無以爲賭也煙之需槍恐或類
是臣前於邸鈔中見有破罪團禁而仍羣聚吸
煙者是因破案而不收槍之故若不收槍則未

犯案者固難望其自儆卽已犯案者仍不甘於
棄槍將使在家獨吸之人合之而同吸於囹圄
並將各處散吸之人徙之而聚吸於配所竊恐
輾轉流傳其勢更難於禁止矣凡人不見可欲
則心不動煙入於目槍入於手欲其口之不饞
不可得也吸旱煙者若無煙桿亦有不能不歇
之勢然旱煙之新桿尚可將就而鴉片之新槍
與無槍同由此觀之收槍之法或亦禁煙者所
不廢耳至自首一節現在粵省固無其事而

大清律例明有此條除殺人不准首外小而尋常罪犯大而習教爲盜尚皆准首設有人煙癮已斷本身出首察看得實似亦只得遵例辦理未便竟不准首致與定例兩歧而與怙惡不悛之人亦無區別惟流弊必須嚴杜倘州縣將拏獲之犯揑爲投首定當以故出人罪嚴行參辦而罪人首後復犯似宜即照新例定罪不得仍與初犯者同科始足以昭警戒伏念我

皇上明罰勑法因恐臣工不知振作是以

訓飭加嚴而無知蚩氓相率傳訛轉幸
明諭之頒冀遂深藏之術若因此頓更大局非獨前
功可惜更虞挽救無方且風聞外夷於呈繳之
後知內地民人煙可不繳不無反脣相稽者於
國體尤有關係臣仰蒙
委任專辦此事下懷實深焦急不揣冒昧披瀝密陳
如臣言謬妄難行應請
皇上破其顓愚示以懲儆倘蒙
俯念臣心無他惟冀於公有濟可否

特頒申諭將
前旨係爲覈實查辦正以從嚴之處明白宣示嗣後
寓收繳於保甲責大吏以督查如有州縣以挐
作首以假混眞不行嚴參者事發以徇庇論而
總不得藉口希圖免繳俾天下臣民憬然領悟
庶久藏之毒物漸收獲以無遺頂感
鴻慈倍無旣極再督臣鄧廷楨與臣籌議意見相同
因接奉
硃批令其酌覈亦已自行另片覆

奏惟係專差齎遞恐到京在臣此摺之後合併聲

明伏祈

聖鑒訓示謹

奏

會奏擬具檄諭㖿咭唎國王底稿恭候

欽定摺

奏爲遵

旨擬具檄諭㖿咭唎國王底稿恭呈

御覽仰祈

欽定事竊臣林則徐上年在京

陛見面奏禁止鴉片一事擬須發檄諭曉示外夷容

俟到粵與督臣鄧廷楨等酌商奏請

訓示迨到粵之後節次欽奉

上諭著與鄧廷楨商酌妥擬底稿具奏經朕披覽再
行頒發等因欽此維時臣等諭令在粵之嘆咭唎
國領事義律及住省各夷人呈繳躉船鴉片辦
理正屬應手因思外國重洋遙隔尚可暫緩檄
行當將就近諭夷緣由合詞附片覆
奏嗣奉
上諭嘆咭唎既有在粵領事及住省夷人經該大臣
等就近諭知辦理應手所有檄諭該國之處亦著
暫緩頒行統俟議定興販吸食各罪名頒行新例

時於善後章程內另行詳細籌議仍遵前旨擬稿
進呈再行頒發欽此仰見
聖主因時制宜周詳
指示之至意臣等曷勝欽感茲新例業已頒到所有
內地興販吸食並夷人夾帶鴉片各罪名均經
議定因查粵省成案凡欽奉
諭旨事涉外夷者大都由督撫臣聯銜照會該國王
欽遵辦理此次既頒新例自應宣示重洋咸使
懷

德畏
威遷善遠罪除一切善後章程容俟詳細籌議另
奏外所有檄諭外國之稿應先酌擬進呈唯查各
國夷船來至粵東者如西洋夷人久住澳門幾
成土著自可就近給諭毋庸遠寄出洋其咈囒
哂嗬囒大小呂宋雙鷹單鷹嗹國喘國近年買
賣較稀惟暎咭唎之船最多咪唎㗼次之但咪
唎㗼並無國主只分置二十四處頭人擬難遍
行傳檄暎咭唎國現係女主年紀亦輕然聞號

介係其所出則該國似宜先須檄諭臣等不揣
冒陋謹會同商擬底稿另摺恭錄進
呈伏祈
聖鑒折衷俾有體要敬候
欽定發回之後再議須發其餘各國俱先諭知在粤
夷目夷商倘該夷目等稟請移知其國主然後
奏明酌發是否有當臣等謹合詞恭摺具
奏伏乞
皇上聖鑒訓示謹

奏

擬諭暎咭唎國王檄

謹擬頒發檄諭暎咭唎國王底稿恭候

欽定

爲照會事洪惟我

大皇帝撫綏中外一視同仁利則與天下公之害則爲天下去之蓋以天地之心爲心也貴國王累世相傳皆稱恭順觀歷次進貢表文云凡本國人到中國貿易均蒙

大皇帝一體公平恩待等語竊喜貴國王深明大義

感激

天恩是以

天朝柔遠綏懷倍加優禮貿易之利垂二百年該國所由以富庶稱者賴有此也唯是通商已久衆夷良莠不齊遂有夾帶鴉片誘惑華民以致毒流各省者似此但知利已不顧害人乃天理所不容人情所共憤

大皇帝聞而震怒

特遣本大臣來至廣東與本總督部堂巡撫部堂會同查辦凡

內地民人販鴉片食鴉片者皆應處死若追究
夷人歷年販賣之罪則其貽害深而攫利重本
爲法所當誅惟念衆夷尚知悔罪乞誠將躉船
鴉片二萬二百八十三箱由領事官義律禀請
繳收全行燬化疊經本大臣等據實具奏幸蒙
大皇帝格外施恩以自首者情尚可原姑寬免罪再
犯者法難屢貸立定新章諒貴國王嚮化傾心
定能諭令衆夷兢兢奉法但必曉以利害乃知
天朝法度斷不可以不懔遵也查該國距內地六七

萬里而夷船爭來貿易者爲獲利之厚故耳以
中國之利利外夷是夷人所獲之厚利皆從華
民分去豈有反以毒物害華民之理即夷人未
必有心爲害而貪利之極不顧害人試問天良
安在聞該國禁食鴉片甚嚴是固明知鴉片之
爲害也既不使爲害於該國則他國尚不可移
害況中國乎中國所行於外國者無一非利人
之物利於食利於用並利於轉賣皆利也中國
曾有一物爲害外國否況如茶葉大黃外國所

不可一日無也中國若靳其利而不恤其害則夷人何以爲生又外國之呢羽嗶嘰非得中國絲斤不能成織若中國亦靳其利夷人何利可圖其餘食物自糖料薑桂而外用物自綢緞磁器而外外國所必需者曷可勝數而外來之物皆不過以供玩好可有可無既非中國要需何難閉關絕市乃

天朝於茶絲諸貨悉任其販運流通絕不靳惜無他利與天下公之也該國帶去內地貨物不特自

資食用且得以分售各國獲利三倍即不賣鴉片而其三倍之利自在何忍更以害人之物恣無厭之求乎設使別國有人販鴉片至嘆國誘人買食當亦貴國王所深惡而痛絕之也向聞貴國王存心仁厚自不肯以己所不欲者施之於人並聞來粵之船皆經頒給條約有不許攜帶禁物之語是貴國王之政令本屬嚴明祇因商船衆多前此或未加察今行文照會明知

天朝禁令之嚴定必使之不敢再犯且聞貴國王所

都之嘛喇及嘶噶嘛嗳喻等處本皆不產鴉片
惟所轄印度地方如㕭啊啦嗹嗹啦囉㕭唄叭
噠嗶嘞嗶嘛唋哇數處連山栽種開池製造累
月經年以厚其毒臭穢上達天怒神恫貴國王
誠能於此等處拔盡根株盡鋤其地改種五穀
有敢再圖種造鴉片者重治其罪此眞興利除
害之大仁政天所佑而神所福延年壽長子孫
必在此舉矣至夷商來至內地飲食居處無非
天朝之恩膏積聚豐盈無非

天朝之樂利其在該國之日猶少而在粵東之日轉
多弼教明刑古今通義譬如別國人到暎國貿
易尚須遵暎國法度況
天朝乎今定華民之例賣鴉片者死食者亦死試思
夷人若無鴉片帶來則華民何由轉賣何由吸
食是奸夷實陷華民於死豈能獨予以生彼害
人一命者尚須以命抵之況鴉片之害人豈止
一命已乎故新例於帶鴉片來內地之夷人定
以斬絞之罪所謂為天下去害者此也復查本

年二月間據該國領事義律以鴉片禁令森嚴
稟求寬限凡印度港腳屬地請限五月暎國本
地請限十月然後即以新例遵行等語今本大
臣等奏蒙
大皇帝格外天恩倍加體恤凡在一年六箇月之內
悞帶鴉片但能自首全繳者免其治罪若過此
限期仍有帶來則是明知故犯即行正法斷不
寬宥可謂仁之至義之盡矣我
天朝君臨萬國儘有不測神威然不忍不教而誅故

特明宣定例該國夷商欲圖長久貿易必當懍
遵憲典將鴉片永斷來源切勿以身試法王其
詰奸除慝以保乂爾有邦益昭恭順之忱共享
太平之福幸甚幸甚接到此文之後即將杜絕
鴉片緣由速行移覆切勿諉延須至照會者

附奏新頒夷人治罪專條內請酌易字樣片

再臣等准刑部咨通行夷人治罪專條內開一
夷人帶有鴉片煙入口圖賣者爲首照開設窯
口例斬立決爲從同謀者絞立決等語在衡情
定議之意以入口二字爲關鍵原因海洋遼闊
口以外直連夷洋口以內始爲內地劃清界址
本極分明惟覈諸粤省貿易章程尚有不得不
防其影射之處緣廣東中路通商向以船進虎
門乃爲入口番船初到之時先於虎門口外寄

椗如擔杆山銅鼓洋大嶼山伶仃洋尖沙嘴仰船洲琵琶洲上下磨刀沙灣石笋九洲沙瀝潭仔雞頸等洋皆向准夷船寄泊之所此等洋面雖皆在老萬山以內而老萬山並無口門無從稽察是以定例夷船必雇引水小船報明引入虎門口內停泊黃埔始得開艙驗貨按則納稅投行互市其在虎門以外寄泊中路各洋者皆未入口之船也而私售鴉片之弊正在於此蓋由中路而東而北則歷潮州南澳以達閩浙北

洋凡甯波上海山東天津奉天之商船皆所通
行由中路而西則本省之高廉雷瓊船隻往來
亦絡繹不絕所有各路興販鴉片多在洋面舟
次與夷人交易盤運過船即或在口內議買亦
須赴口外運貨此內地快蠏拖風等艇所以乘
間出沒而夷人囤貯鴉片之躉船常泊伶仃等
洋職是故也口內夾帶鴉片者無非民船向來
拏獲之案歷歷可據若夷船夾帶入口雖亦難
保必無然經總散各洋商逐層保結又於入口

之後卽行開艙起貨立見底蘊故夷人所帶鴉片每先卸於口外躉船然後入口今若以是爲界彼正得以藉口趨避難保不於虎門口外再設躉船恐辦理又形棘手且嘆國領事義律於繳煙完竣之後曾據具稟懇求在澳門裝貨臣等以其顯違定例批駁不准該領事尚懷觀望是以近日他國之船進黃埔者已有十四隻而嘆咭唎所屬港腳之船尙停虎門口外之尖沙嘴一帶支飾遷延臣等惟飭師船嚴密防範一

面示諭各夷船如無鴉片即應入口報驗有鴉
片而首繳淨盡者亦准入口若自揣不敢報驗
即日揚帆回國亦尚可免窮追倘透漏售私萬
難曲宥此時該夷正在憚於入口故口外之弊
比之口內尤當嚴防可否仰懇
聖裁將新例入口字樣酌易為來內地等字稍示渾
涵俾無可以藉口之處恭候
命下祇遵臣等為夷情狡獪加意周防起見不揣冒
昧合詞附片瀆陳伏祈

聖鑒訓示謹

奏

會奏巡緝營員訪有劣蹟請革審摺

奏為原派巡緝營員於撤巡後訪有劣蹟請

旨革職審辦恭摺奏祈

聖鑒事竊照廣東各海口囤販鴉片偷漏紋銀久已積為弊藪而港汊叢雜防範難周是以向設巡船分投查緝既不能不派委備弁亦不能不雇用眼線但其中奉公守法者緝捕多非所長而破案得力者又難保別無私弊惟有信賞必罰懲勸兼施獲犯既多固未便沒其勞績一有弊

實即不敢稍予姑容蓋此輩駕馭之難各省皆
然而尤莫甚於粵東諸案皆然而尤莫甚於鴉
片也即如前任兩廣督臣盧坤任內捐設巡船
維時副將秦裕昌以捐職都司王振高帶領壯
丁徐廣素諳捕務稟准隨船巡緝先後獲犯多
名經盧坤將王振高飭發香山協水師効力並
賞給徐廣記委頂戴嗣升任撫臣祁𡎴兼署督
篆復於拏獲盜犯潘亞有等案內奏奉
諭旨王振高著該督留心察看如果一二年後再著

勞績即奏請以都司補用欽此臣鄧廷楨抵任後
因王振高尚須察看當發陸路南韶連鎮差委
旋經部駁仍發水師効力並未派令巡查嗣因
捕務緊要修復巡船以資緝匪據署臣標中軍
副將韓肇慶派委守備戴文彪千總蔣大彪倫
朝光仍帶記委徐廣壯丁梁恩陞等往來外海
內河巡查緝捕先後拏獲載運紋銀出洋販賣
鴉片以及鹽梟土盜各犯共二百六十五名起
獲紋銀番銀共六萬二千六百餘兩煙土一萬

六百餘箱均經
奏報題咨在案除戴文彪奉部簽陞江西都司今
已病故外倫朝光蔣大彪以疊獲紋銀先後
題陞守備梁恩陞亦以獲犯勞績拔補外委嗣於
十七年秋間臣鄧廷楨與前撫臣祁𡎴承准
廷寄因有人陳奏王振高徐廣郎赤沙廣梁忠郎
梁恩陞等暗開窯口等因
諭旨查究當經欽遵密查實無開設窰口憑據合詞
恭摺覆

奏並附片瀝陳此等用以緝捕本屬棄短取長仍
不時留心察看如查有弊端卽從嚴懲辦不敢
稍存廻護荷蒙
聖鑒各在案此後臣鄧廷楨更加留心察看雖據報
拏獲鴉片贓犯絡繹不絕而獲銀之案較前頓
少因思巡船出赴外海究恐稽察難周安知不
恃特委之名藉端嚇詐且慮各處營縣因有另
設巡船轉相觀望遂於十八年撤去前項巡弁
以專營縣責成一面追查從前委巡之王振高

及近年之蔣大彪等有無假公濟私尚未得有
實據臣林則徐奉
命來粵密訪海洋利弊知先後管駕巡船之弁丁以
及眼線人等多不理於人口而亦未得確憑迨
五月內銷化夷船煙土事竣由虎門回至省垣
訪得前在巡船充當頭舵之馮亞潤周亞保等
併拏到案提同常作眼線之已革外委保安泰
隔別研訊據供巡船拏獲販煙運銀各案匪犯
俱在水次截拏人贓並獲並無妄拏邀功挾嫌

栽害情弊惟所解煙土如有零星餘剩各船間
或勻分若在偏僻口門遇著販煙之船亦有送
給洋銀聽其開去等語是侵匿賄縱之弊已屬
顯然臣等立提王振高倫朝光梁恩陞徐廣反
覆詰訊雖不敢盡行狡賴而供詞尙多閃鑠且
因守備蔣大彪引
見未回倫朝光等率皆諉諸蔣大彪一人其爲前此
通同舞弊現在推卸避就尤可概見當此力除
鴉片之際正須肅清捕務杜絕欺朦臣鄧廷楨

先因各該弁獲犯多名雖經隨案聲請
恩施予以升擢今既查有劣蹟愧恨交深必當倍加
嚴辦斷不敢意存迴護稍予姑容致負
聖明委任除外委梁恩陞記委項帶徐廣均已由臣
鄧廷楨斥革並將王振高捐納都司職銜咨部
革退一面行文前途截拏將大彪回粵聽審外
相應請
旨將准陞水師提標後營守備蔣大彪順德協右營
守備倫朝光一併革職以便提同各犯證嚴審

確情按擬懲辦以爲備弁營私者戒臣等謹會
同水師提督臣關天培合詞恭摺具
奏伏乞
皇上聖鑒訓示謹
奏

會奏嘆夷抗不交兇嚴斷接濟查辦情形摺
奏爲嘆咭唎國領事義律因求在澳門裝貨不准輒將該國貨船阻留口外圖賣新來鴉片適有夷人毆斃華民命案抗不交兇照例斷其接濟並勒兵分堵海口該夷與奉逐各奸夷均已畏懼出澳寄住貨船臣等往來香山虎門相機督辦先將大概情形恭摺奏
聞仰祈
聖鑒事竊臣林則徐奉

命來粵與臣鄧廷楨等宣示
天威夷人咸知震慴前經收繳躉船鴉片二萬餘箱
維時咦咭唎國領事義律在省城夷館自行查
數報繳前後連具十餘禀情詞均甚恭順臣等
於批諭之中時加稱奬該領事亦自以為榮斷
形踴躍躉計繳清煙土較原禀溢出尚多論者
以為咦夷平日桀驁性成今乃倒篋傾筐怗然
馴伏是千里之重貲盡擲卽百年之痼疾可除
而臣等熟計深籌尤以本年來船夾帶為慮蓋

該國遠在數萬里外當其開船之日尚未知
天朝新例如此森嚴旣而潛帶而來必思顧其成本
而中國力除巨患正當於得手之際拔盡根株
豈得將新船轉予放鬆致使前功盡棄是以臣
等請定治罪專條並立限期首繳仰荷
聖明俞允飭定新例頒行其新例未到之先各國貨
船即已陸續到粵當令洋商通事諭知現辦章
程船內無鴉片者進口報驗有鴉片而自首全
行呈繳者准予

奏請免罪並許驗明進口若自揣不敢報驗卽日
揚帆回國亦免窮追使各國夷商得以早定主
見迨頒到新例又復傳諭周知截至七月初八
日進口報驗夷船共一十七隻經粵海關監督
臣豫堃驗明均無鴉片准其開艙貿易不進口
而回國者亦有三隻其中卽有鴉片當不至毒
流內地惟嘆咭唎所屬港腳貨船到時本亦卽
擬進口旋被義律阻止停泊虎門口外之尖沙
嘴一帶緣義律為該國領事該國主給與權柄

得以約束衆夷先前繳土之時力能號召南澳福建等處之船悉行駛回虎門一體呈繳迨繳完後義律稟辭下澳尚據遞具一稟云違禁犯賣一弊悞及正經貿易貽累人之家業其害甚重亟須設法早除此弊於常久如准委員來澳會同妥議章程其違禁犯賣之弊可冀常遠除絕等語臣等以爲眞心除弊大加批奬並會委佛山同知劉開域赴澳與之覈議且將

奏准須賞之茶葉一千六百四十箱發往給賞以

便空躉迅速回帆詎劉開域未到之先義律於
四月二十四日續遞一稟云本國船隻進埔須
候奉到國主批諭方可明白轉飭或蒙格外施
恩令在澳門裝貨感戴靡旣等語臣等接閱之
下均相詫異始知前稟章程一語乃係別蓄詭
謀蓋澳門孤峙海隅實可周通內地向惟西洋
夷人惟設貿易額船二十五隻起卸貨物不納
關稅自明代而已然暎夷惟利是圖久深艷羨
故於繳土之後希圖破例效尤此端一開則粤

海關幾同虛設且溯查嘉慶年間鴉片之浸淫
流毒皆由澳門國聚發販年盛一年道光二年
葉恒澍犯案始將澳門國所撤散其後變爲躉
船令躉船之積土甫除若澳門之國所又起何
異驅虎進狼故不得不决絶批駁且貨船皆從
該國給予牌照令赴內地經商豈有已經到粵
始候該國王批諭之理亦於稟內指破其謊義
律詭計不行闇然消阻委員劉開域到澳伊遂
不理問其定何章程據稱不准在澳裝貨便無

章程可議即傳領茶葉亦不敢領臣等以此項
奏准給賞原係出於格外既無福承受即不值給
發此後凡有批諭伊皆不肯接收在犬羊之性
無常原不必與之計較然有不可聽其觀望者
如繳清煙土之空躉尚有一半未行奉
旨驅逐之奸夷亦有數名未去不能因其不接諭帖
轉任逗留故仍委員赴澳嚴催並飭令西洋夷
目協同攆逐至該國貨船陸續來粵計至此時
已有三十二隻之多該夷商滿載而來將本求

利無不早圖進口開艙貿易乃被義律一人把持阻撓俱在尖沙嘴一帶聚泊廣東天氣炎熱各船中如洋米洋布棉花等貨難免潮濕霉爛業已怨懟同聲臣等令洋商通事齎諭分赴各船剴切開導催令進口咸稱義律係伊國領事不得不惟令是從而其中潛帶鴉片之奸夷既不甘呈繳又不願空回則正樂於遷延冀以私售禁物現因各口查緝嚴緊整箱煙土不能運入內洋而蛋艇漁舟與番船毋相貼近乘間買

其零土以圖轉售獲利者節經文武拏獲已據確切供明且查夷人私放三板裝載鴉片潛赴偏僻口門以木片爲招帖寫明鴉片一個洋銀幾圓字樣隨潮流入海口以賤價誘人售買是義律之勒令夷船聚泊口外仍爲圖賣新來鴉片恐被進口搜查起見夷情詭譎如見肺肝即無別滋事端亦不得容其於附近口門佔爲巢穴況夷人酗酒打降習以爲常五月二十七日尖沙村中有民人林維喜被夷人酒醉行兇棍

毆斃命經新安縣梁星源驗明頂心及左乳下
各受木棍重傷訊據見證鄉鄰僉稱係嘆咭唎
國船上夷人所毆衆供甚爲確鑿諭令義律交
出兇夷照例辦理將及兩月延不肯交臣等給
與諭函亦竟始終不接竊思人命至重若因嘆
夷而廢法律則不但無以馭他國更何以治華
民義律肆意抗違斷非該國王令其如此安可
聽其狂悖而置命案於不辦任奸宄以營私壞
法養癰臣等實所不敢恭查嘉慶十三年嘆國

兵頭嘟嚕嚹等在澳門違犯禁令欽奉
諭旨即實力禁絕柴米不准買辦食物等因欽此此時
義律與各奸夷均住澳門前以裝貨爲詞顯有
佔踞之意今更種種頑抗自應遵照嘉慶十三
年之例禁絕𠸄夷柴米食物撤其買辦工人臣
等於七月初八日馳劄香山縣城勒兵分布各
處要口俾知儆畏仍曉諭在澳華民及西洋各
國夷人以此舉專爲𠸄夷違犯不得不制以威
與別國均無干涉毋庸驚擾且查例載夷商銷

貨後不得在澳逗留等語今該夷既不進口貿
易是不銷貨即不當住澳應與奉逐各奸夷均
照例不准羈留臣等諭飭之後澳內西洋夷目
亦即遵諭一同驅逐自七月初九日至十九一
旬之內義律率其家眷暨奉逐未去之奸夷噸
嗹等並散住澳內唤夷共五十七家恐行遷避
出澳寄住尖沙嘴貨船及潭仔空躉船上據署
澳門同知蔣立昂香山協副將惠昌耀等稟稱
該夷窮蹙倉皇已覺十分兢懼等語臣等察其

平日飲食居處華靡相夸今寄住客船顯有抑欝難堪之狀又經禁賣食物雖其船內糗糧不乏之而所嗜之肥醲燔炙日久必缺於供且洋面不得淡水須於山澗汲泉若汲道俱斷此一端即足以制其命彼貿易斷不肯歇手衆夷正不得齊心要令就我範圍似已確有把握惟倔强之性未嘗稍受折磨此番控馭周防尚不免稍需時日而欲永杜鴉片之害實以此爲喫緊機關夫便稍涉游移復貽後患查潭仔與澳門相

近而尖沙嘴則與虎門相近臣等酌商調度擬
往來於香山虎門之間或合或分自當隨時受
辦旣不敢冒昧以僨事亦不敢示弱以長驕必
俟交出兇夷堵淨煙土貨船進埔報驗空躉悉
數開行一切恪遵法度然後給還買辦工人仍
准住行住澳凡在粵東士庶旣知夷人習爲虛
憍並知臣等愼密修防沿海閭閻現俱十分安
謐堪以仰慰
聖懷謹將辦理大概情形會同廣東巡撫臣怡良水

師提督臣關天培粵海關監督臣豫堃合詞恭

摺具

奏伏祈

皇上聖鑒謹

奏

會奏九龍洋面轟擊夷船情形摺

奏爲暎夷義律於出澳後率領該國夷船以索食爲名突向師船開礮經參將賴恩爵等奮勇抵禦大挫其鋒該夷旋向澳門同知投遞懇求說帖並託西洋夷目代爲轉圜臣等仍當相度機宜酌籌勦撫先將現辦情形恭摺奏祈

聖鑒事竊照暎咭唎國領事義律前因求在澳門裝貨不准輒將該國新來貨船阻留尖沙嘴洋面圖賣鴉片並主令奸夷空躉任意逗遛又命案

抗不交兇給諭亦不接受是以臣等斷其接濟
並勒兵分路嚴防義律與住澳各㕷夷悉行遷
避出澳經臣等於七月二十四日會摺具
奏在案嗣知被逐奸夷多住尖沙嘴船上臣林則
徐臣鄧廷楨當即移駐虎門就近調度臣關天
培自七月以來常在沙角洋次督領本標師船
與調到之陽江碣石兩鎮舟師排日分合操練
以振軍威並加派弁兵協防排鍊添雇水勇裝
配火船以備隨時調遣旋據探報義律將該國

貨船中挑出船身較大之嘚唿喇吐等船兩隻

及屢逐未出之空躉數隻一併湊集礮械假扮

兵船又有自夷埠新來之兵船一隻番梢礮械

較多拋泊各夷船之前恃爲保護臣等於各路

水陸要口雖已嚴密佈置不使一處空虛仍諄

諭領兵各員不得輕舉肇衅原冀義律早知悔

悟果能交兇繳土將貨船陸續進關即可撤去

兵防照常貿易詎七月二十九日接據大鵬營

參將賴恩爵稟稱該將帶領師船三隻在九龍

山口岸查禁接濟防護礮臺該處據尖沙嘴約二十餘里七月二十七日午刻義律忽帶大小夷船五隻赴彼先遣一隻擺上師船遞稟求爲買食該將正遣弁兵傳諭開導間夷人出其不意將五船礮火一齊點放有記名外委之兵丁歐仕乾彎身料理軍械猝不及防被礮子打穿脇下殞命該將賴恩爵見其來勢兇猛亟揮令各船及礮臺弁兵施放大礮對敵擊翻雙桅飛船一隻在旋渦中滾轉夷人紛紛落水各船始

退少頃該夷來船更倩於前復有大船攔截鯉
魚門礮彈紛集我兵用網紗等物設法閃避一
面奮力對擊瞭見該夷兵船駛來幫助該將弁
等忿激之下奮不顧身連放大礮轟擊夷人多
名一時看不清楚但見夷人急放三板下海撈
救時有兵丁陳瑞龍一名手舉鳥槍斃一夷人
被回礮打傷陣亡殆至戌刻夷船始遁回尖沙
嘴計是日接仗五時之久我兵傷斃者二名其
受傷重者二名輕者四名皆可醫治師船間有

滲漏桅篷亦有損傷均即趕修完整嗣據新安縣知縣粱星源等稟報查夷人撈起屍首就近掩埋者已有十七具又漁舟疊見夷屍隨潮漂淌撈獲夷帽數頂並查知假扮兵船之船主嘮嗎喇吐手腕被礮打斷此外夷人受傷者尤不勝計自此次對仗以後巡洋舟師均恨奸夷先來尋衅巡緝愈嚴八月初五日寅刻守備黃琮等率領兵勇在潭仔洋面偵見蝦笱小艇靠攏夷船一隻帶同引水認明係屢逐未去之明嘥

哪甍船知风潛賣鴉片當即上前查拏該甍船水手數人即先跳入小艇飛槳逃竄其在船之人正欲開礮經黄琮等先擲火斗火礶船中火發衆夷始行走出除鳧水登岸外獲解伙長工人二名現飭審究該咞嘶哪甍船亦即被火燒燬並無傷人各據稟報前來臣等查噗夷欺弱畏強是其本性向來師船未與接仗祇係不欲釁自我開而彼轉輕視舟師以爲力不能敵此次乘人不覺膽敢先行開礮傷害官兵一經奮

力交攻我兵以少勝多足使奸夷膽落卽空躉屢驅不去故智復萌一炬成灰亦可懲一儆百正在察看該夷動靜以籌操縱機宜茲八月初九日接據署澳門同知蔣立昂等稟稱初七日義律潛至澳門該同知等聞信正欲驅逐旋據西洋夷目代遞義律說帖一紙內寫嘆咭唎國領事義律敬字上澳門軍民府大老爺清鑒義律在粤有年每奉大憲札行辦事無不認眞辦理而此次豈有別心乎蓋義律所求者惟欲承

平各相溫和而已謹此奉知等語並據西洋夷目以義律懇求伊等代爲轉圜欲請該同知訂期與該夷目面商會議明定章程義律仍已回船不敢留澳等情臣等覈其帖內雖無狂悖語句第自謂認眞辦事而竟潛賣鴉片庇匿兇夷自謂豈有別心而以索食爲名先行開礮是其言又安可遽信然既經此番摧挫其懍畏之狀亦已情見乎詞在臣等所責其遵令而行者亦不過繳土交兇貨船進口等事並非苛以所難

究竟西洋夷目所請代爲稟商之處是否即能
將此數事遵照辦理抑或另有干求臣等已批
飭署澳門同知蔣立昂於會議後續晰稟陳以
憑覈辦此後義律果能恪循法度不越範圍自
當宣布
皇仁寬其既往若萬不得已仍須制以兵威臣等亦
已密定機宜蓄養精鋭於山海形勝逐一詳細
講求且察看水陸官兵似亦皆能用命總期上
足以崇

國體下足以懾夷情不致稍畏一日之難致貽百
年之患以仰副
聖主恩威並濟中外兼綏之至意除俟籌議覆到覈
明准駁再行具
奏外所有現辦情形謹合詞恭摺具
奏伏祈
皇上聖鑒再廣東沿海閭閻仍俱十分靜謐各國貨
船照常進口計自本年五月至今已進二十五
隻合併聲明謹

奏

會奏巡閲澳門情形摺

奏爲會同巡閲澳門抽查華夷戸口傳見西洋夷

目宣示

德威恭摺具

奏仰祈

聖鑒事竊照廣東澳門一區在廣州府香山縣之東

南距縣治一百三十餘里東西南三面環海惟

北面陸路可達縣城自縣城南行一百二十里

曰前山寨設有海防同知暨前山營都司駐劄

再迤南十五里建有關牐一座駐兵防守爲扼吭拊背要區出關即入澳境溯自前明許西洋夷人寄住歲輸地租銀五百兩由香山縣徵收澳內營造夷樓棟宇相望並建礮臺六座以防他夷其房屋除西夷自住外餘皆賃給別國夷人居住而以嘆咭唎國爲較多西夷挈眷而居歷今三百餘年踐土食毛幾與華民無異雖素稱恭順不敢妄爲而旣與各島夷朝夕往來即難保無牟利營私售賣鴉片情事本年臣林則

徐奉

命來粵與臣鄧廷楨悉意商酌以躉船雖在外洋而

澳門實爲夷商聚集之所且其間華夷雜處漢

奸勾串尤多若不從澳門清源則內外綫索潛

通仍恐漸成弊藪是以於四月間檄委署佛山

同知劉開域署澳門同知蔣立昂香山縣知縣

三福署香山縣縣丞彭邦晦仿照編查保甲之

法將通澳華民一體按戶編查毋許遺漏並督

同該夷目搜查夷樓有無屯貯鴉片旋據該員

等查明戶口造册呈送計華民一千七百七十二戶男女七千零三十三丁口西洋夷人七百二十戶男女五千六百一十二丁口嘆咭唎國僦居夷人五十七戶並查明虎門收煙之時有嘆夷咽嚱吐將躉船煙土偷運八箱入澳被西洋夷目查拏將原土押交嘆國副領事參遜一體呈繳又據稟該夷目自行拏獲夷人啞嗯[口時]零煙在馬頭焚燒將啞嗯[口時]收監按照夷法問罪出具此外並無存貯煙土甘結稟請親臨查

辦前來臣等因驅逐嘆國住澳奸夷由省移駐
香山遂於七月二十五日自香山起程二十六
日清晨統領將備管帶弁兵整隊出關該夷目
嘶嚧嗎吔吵率領夷兵一百名迎於關下兵總
四人戎服佩刀夷兵肩鳥槍排列道左隊內蕃
樂齊作俟臣等輿衛行過兵總導領夷兵蕃樂
隨行至新廟夷目嘶嚧嗎吔吵具手版禀謁命
之進見該夷免冠曲身意甚恭謹臣等宣布
恩威申明禁令諭以安分守法不許屯貯禁物不許

徇庇奸夷上負

大皇帝撫綏懷柔至意該夷點頭領會據向通事聲

稱夷人仰沐

天朝豢養二百餘年長保子孫共安樂利中心感激

出於至誠何敢自外生成有干法紀現在隨同

官憲驅逐賣煙奸夷亦屬分內當為之事等語

以手拄額者三敬謹退出臣等當即賞以絹扇

茶糖並頒賞夷兵牛豕麪腊數十事番銀四百

圓再辭乃受臣等即入三巴門經三巴寺關前

街娘媽閣至南灣督率隨員抽查夷樓民屋均
與册造相符其賃給嘆夷房間自各夷離澳後
現俱關閉覆加訪察自春間查辦以後該西洋
夷樓實無存貯煙土情事隨由南灣仍回前山
所有經過三巴媽閣南灣各礮臺俱發一十九
礮詢之澳人稱係該國大禮以示尊敬不輕舉
行兵總率領夷兵送至關牐始行撤退臣等沿
途察看不但華民扶老攜幼夾道歡呼即夷人
亦皆疊背摩肩奔趨恐後恬熙景象

幬載同深此臣等巡視澳門之實在情形也臣等伏
思夷人心性反覆靡常挾詐懷私事所時有如
果始終馴伏固當撫之以恩若使微露矜張即
當繩之以法此次因查辦鴉片執法綦嚴澳夷
震懾
天威是以倍形恭順惟該處華夷叢雜最易因緣爲
奸應請於每年秋間查照現在編查之法檄飭
澳門同知督同香山駐澳縣丞編查一次造册
通詳再由督撫兩司分年輪替前往抽查如有

澳夷屯販禁煙及庇匿別國賣煙奸夷等弊即
行隨時懲辦以清弊藪而靖夷情似於邀徼防
維不無裨益是否有當謹合詞恭摺具
奏伏乞
皇上聖鑒訓示謹
奏

卷六

清末民初文獻叢刊

林文忠公政書

（第三册）

[清] 林則徐 撰

朝華出版社
BLOSSOM PRESS

會奏諭辦嘆夷情形摺

奏為嘆夷領事義律請將現泊粵洋夷船聽官搜
查出具實無鴉片切結其命案兇夷亦願懸賞
察究並奸夷空躉均請勒限逐回謹將臣等諭
辦情形恭摺奏祈
聖鑒事竊臣等前因嘆夷種種違玩照例斷其接濟
不許住澳該夷旋向九龍師船覓食先行開礮
我軍奮力回擊大挫夷鋒復將逗留賣煙之躉
船燒燬一隻該夷領事義律急向澳門同知遞

字懇求並託西洋夷目代爲轉圜臣等當將相
機勦撫緣由於八月十一日恭摺奏
聞在案臣等復思義律所遞之字似知悔罪輸誠然僅託諸空言尚未見於實事保非暫作緩兵之計別生譎詐之謀益當整肅軍威嚴防靜鎮一面仍給諭帖責令呈繳新煙勒交兇手並將繳
清煙土之空躉奉
旨驅逐之奸夷速飭全行回國即令署澳門同知蔣立昂傳諭去後茲疊據蔣立昂稟覆八月十五

日義律送給回信內稱接到軍民府來文轉發
大人傳諭條款領事極欲欽遵
聖旨將違禁之鴉片全行絕除自應即赴澳門敘論
以憑貴憲稟覆等語十七日義律至澳門與西
洋夷目同見蔣立昂復經該署同知將臣等諭
內各條嚴切面諭據通事傳譯義律口稱前因
冒犯嚴威疊奉諭飭業已悔悟欲求轉乞憲恩
情詞極爲恭謹詰以奉諭條款如何遵辦義律
答稱未敢自行稟覆仍具說帖求爲轉稟隨將

說帖呈出已據逐條登覆蔣立昂因見所覆尚有未協面爲駁飭復據義律添寫一紙統求蔣立昂先行請示蔣立昂即將原件稟送並請覈示前來臣等查閱所覆各條文義不甚通暢而覈其大義尚屬遵諭奉法不敢抗違如諭繳鴉片一節據其登覆意以該國有帶鴉片之船先已令其回去現泊尖沙嘴各船俱請官憲搜查若有鴉片即將貨船盡行沒官嗣後在粵貿易夷人與隨時來到之船不論船主商人傭工般

計俱令逐名出結由義律加具印結方准貿易未出結者不准開艙永遠照此辦理如不認真必致自取咎戾等情臣等查嘆夷貨船住泊尖沙嘴不即進口原爲圖賣新煙起見且節次挐獲賣煙奸民已據供認在夷船零買確有明證是其所稱並無煙土之說實不可信若不切實查辦何能盡絕根株臣等忿激之餘已先與水師提臣密爲布置將柴草火藥裝配多船擬將帶煙不繳之船盡予燒燬以除其害然究以未

分皂白不忍玉石俱焚繼又再四熟商計惟臨
以重兵逐船搜檢庶可分良莠而示勸懲今該
夷自願請搜察其情詞似極切實臣等復又多
方訪察蓋該夷因見臣等堅持數月料已無可
希圖遂將新到之煙陸續帶回夷埠是以前有
夷船三隻先後駛回近日復有三板夷划紛紛
開去且拏獲出海買煙奸民彭亞開等訊據供
稱伊於八月初旬帶銀前往向買卽據夷船回
覆現無鴉片伊卽放空回來等語是現在夷船

已無煙土似非虛誑惟已去之土固可不必窮
追而現泊之船必須逐號搜查以昭覈實臣等
現又諭令義律將尖沙嘴所泊暎國貨船挨其
到粵先後挨次親驗其貨物盡行盤至剝船逐
件搜查果無夾帶鴉片即先押送入口本船搬
空之後再行備細查明如此則耳目昭彰自無
影射掩藏之弊並恐載煙回去夷船利心不死
或竟潛赴東西兩路冀圖分銷臣等現又飛飭
沿海各營准備師船嚴密防範並由中路抽撥

兵勇跟蹤躧緝如有此等夷船駛至即行開礮
夾擊務使遺孽肅清至出結一節若論尋常夷
事原恐習爲具文而 臣 等體察夷情最重信字
是以 臣 林則徐初次諭令該夷呈繳煙土即先
揭出此一層迨義律稟繳二萬二百八十三箱
或疑其言未必能踐而深悉夷情者咸決其必
無失信嗣果繳淸煙土有贏無絀是其不肯食
言已有明驗今其所擬逐名出結分寫漢文夷
字由該領事加具印結即係遵照 臣 等原諭辦

理自應准其所請惟查夷所擬出結語句與現行新例尚不盡符臣等現又寫具結式諭令遵照繕寫若不如式具結永不准其貿易以此杜外來之鴉片實足以昭信守於夷情明有範圍暗有把握非具文所可同日而語也至林維喜命案據義律稱審得五人酗酒皆無兇殺之罪又稱當日上岸滋事亦有咪唎嚁人請再細訪等語當經蔣立昂以此案供證確鑿兇手實係暎夷之言向其駁詰義律無可置辯遂添寫說

帖一紙聲明懸賞洋銀二千圓報知何人毆斃
憑據倘能發覺即會官憲代稟等情臣等復查
義律船内現在實有拘押夷犯五名其非有意
匿兇倘屬可信而實情不能審出原亦無怪其
然至咪唎嘡人於羣毆林維喜時並不在場不
獨該國夷人稟辯甚明即岸上各見證供亦如
一且嘆夷獨託漢奸劉亞三等與屍親說和其
爲並無咪唎嘡人在場更無疑義臣等諭知義
律以所拘五人中如不能審定正兇何妨送請

天朝官員代爲審明祇當辦一應抵之人其餘仍皆發回斷不連累如仍自審則再限十日亦必可以審明毋得再圖延緩此外如空躉回國請候北風開行被逐奸夷請留兩名在粵皆經蔣立昂面加駁飭隨又代求回澳理清事件六日內如數揚帆而去臣等以所請尚在情理爲日亦屬無多當將此一層傳諭允准仍派委文武在澳稽查催逐不任踰限並諭西洋夷目一體查催以上各事宜除俟逐一清釐再行分別覈

奏外所有現在諭辦情形謹會同水師提督臣關
天培合詞恭摺具
奏並繕錄義律原遞說帖恭呈
御覽伏乞
皇上聖鑒訓示謹
奏

覆奏責令夷人出結甫經遵依片

再臣等先於春閒收繳煙土之時即經諭令夷人務即出具嗣後永不夾帶鴉片切結呈送而該夷均不敢具結繼又多方開導堅執如前且據義律稟稱倘不能不取結則㕫國人船無奈祇可回國等語臣等當以該夷回國之言並非出自眞心不過憚於出結强顔而作此言蓋一經出結則此後稍有夾帶不但本犯罹於重法即該領事亦不能置身事外是以必切遲疑當

經據實奏蒙
聖鑒在案嗣經御史步際桐條奏以查辦夷船鴉片
雖責以萬分切實之結亦將甘心出具徒開含
混之路等語欽奉
諭旨著林則徐鄧廷楨悉心籌畫務使弊源盡絕永
杜含混之端等因欽此臣等竊思夷人正不敢出
結如可免取最爲省事繼又反覆籌商若竟任
其抗結則夷人夾帶之念斷不能一日忘蓋夷
人最重然諾即議一事訂一期從不爽約其覥

出結之事絕無僅有非比內地公牘結多而濫以致視爲泛常彼愈不肯輕易具結卽愈知其結之可靠亦愈不能不向其飭取是以設法辦理直使該夷計窮心懾至今始克遵依臣等不敢因有人條奏正可藉以自便遂存趨易避難之見致負

委任謹合詞附片覆

奏伏祈

聖鑒謹

奏

會奏暎國躉船奸夷現已驅逐並飭取切結情

形摺

奏爲暎國躉船奸夷現已盡行驅逐其具結進口

貨船查明實無鴉片未進口者飭取切結聽候

查驗方准貿易命案兇手仍須勒兵催交恭摺

奏祈

聖鑒事竊臣等前因暎夷義律阻攔該國貨船庇匿

致命兇手並逗留空躉奸夷當經示以兵威斷

其接濟該夷計窮力絀隨即悔罪求誠所有節

次傳諭情形歷經奏
聞在案嗣於九月初九日承准軍機大臣字寄欽奉
上諭著林則徐等趁此警動之際力除弊竇所有該
國大小船隻游奕洋面跡有可疑者均著驅逐出
境等因欽此臣等遵查暎國夷船應行驅逐出境
者莫先於躉船自四月間煙土繳情即經嚴催
回國雖當時已開七隻而其餘尚在遷延總因
該船前泊伶仃囤貯鴉片比之攬載他貨獲利
倍蓰是以觀望徘徊冀俟煙禁或有稍弛之時

復還故業迨八月間巡洋舟師將呣嚌哪躉船
燒燬之後該夷始覺驚慌不敢再圖久泊除喊
哌喇啞二船已賣與咪喇㗶夷人改裝貨物又
吐啐咈囒吐二船查已破爛零星折賣外計駛
出老萬山回國空船共二十三隻復查本年春
間臣鄧廷楨
奏明哈仃洋面躉船本係二十二隻今逐回並燒
燬折賣之船合而計之轉多於前奏之數蓋因
收繳煙土時曾經義律將竄往南澳福建各洋

船隻陸續招回此等載煙夷船亦應與躉船一
同驅逐故也至應逐奸夷先經臣鄧廷楨
奏明者有顛哋吪啉咍叮叮嗽三名嗣臣林則徐
於嚴驅喳顛案內
奏明尚有伊弟咉顛及其外甥咉呀哋唖三孖哋
唖管帳呀哋信四名均應驅逐又臣等會同密
訪復有應逐之咽義吐噫吃吱等連前統共一
十六名飭令一併驅逐飭據引水人等按日挨
名查報某夷附搭某船於某月某日開行某日

出老萬山外回國上下衙門均有報案現在實已全去此躉船與奸夷均經驅逐淨盡之情形也至唤夷貨船來粵先被義律阻留不令進口亥思以此挾制再賣新煙迫見各口查拏緊嚴難以圖賣須於夜間張帆起椗潛出萬山經臣等查知大船已去六隻小船約十餘隻其為將煙載回夷埠確鑿無疑是以近日情願搜查明因煙已離船得以放心無恐惟思夷洋之新嘉坡新埠等處距粵不過半月海程安知狡獪奸

夷不將鴉片暫行寄頓俟此次搜查畢後再圖
偷運而回所恃以怵其貪利之心者惟賴有
欽頒新例定以斬絞罪名自奉到部文遍行宣示衆
夷咸有戒心臣等先於收繳煙土之時即經飭
取生死甘結該夷堅不肯具蓋以繳煙係一時
之事尚可藉以求生而具結乃長遠之事適恐
自陷於死也然彼所畏憚者在此則我所以制
馭之者亦正在此故臣等不敢藉詞中止亦不
敢畏難苟安相持數月以來直至逐出澳門斷

其接濟且值礮擊火燒之後該夷始愿具結惟
結內但云如有鴉片將貨物盡行沒官而於人
即正法字樣仍不肯寫所以臣等前摺
奏明另須結式飭令遵照繕繳當飭印委各員率
同洋商通事傳諭去後不但義律多方退縮而
且各船船主貨主併爲一詞以爲性命攸關倘
有水手私帶些微恐遭連累抑或兵役栽贓誣
指難以辯寃臣等復諭以水手等係夷商應管
之人本宜先自查搜豈能容其私帶至查船有

官作主兵役焉敢栽贓萬一意外遭誣定予訊明反坐何庸過慮總之不帶鴉片則雖具結不至加刑若帶鴉片即不具結亦必處死多方開導近日始有該國之嚉喇噹唧等船陸續遵式具結經文武官員於虎門黃埔兩處分別查驗實無夾帶鴉片情弊當即妥為帶引許其開艙照常貿易現在統計各國已進黃埔之船共有四十一隻且經粤海關監督臣豫堃驗明各夷船於貨物之外另帶洋錢來粤買貨現有一百

一十二萬六千餘圓日後更不止此似可爲不
賣鴉片之明證此後遵式具結者悉許進口驗
貨貿易如抗不具結或結不如式之船即可毋
庸查驗驅令速回似此一律飭遵先使該夷常
懷畏死之心乃足奪其貪利之念而又嚴之以
查驗密之以偵拏正經貿易者加以優待倘有
帶煙發覺立正刑誅總惟一意堅持不因其恫
喝刁難稍爲摇動庶可永除巨患至毆斃林維
喜之兇夷雖據義律禀稱囚禁五人在船而既

不能審出正兇又不肯送出聽審日來並欲解回該國照依夷例辦理已飭委員等諭令斷不准行大抵該夷於一切事宜槩一分則就緒一分鬆一步則越畔一步且其居心叵測反覆靡常即如近日雖已具禀求誠而尚有嗶喻兵船一隻來自夷埠名為護貨實亦不可不防臣等仍與提臣關天培鼓勵水師官兵靜則嚴防動則進勦總不稍示柔弱務俾悉就範圍以冀弊絕害除俾紓

宸廑臣等謹會同廣東巡撫臣怡良水師提督臣關
天培粵海關監督臣豫堃合詞恭摺具
奏伏祈
皇上聖鑒謹
奏

楊忠介公全書 乙集 卷六

會奏穿鼻尖沙嘴疊次轟擊夷船情形摺

奏爲暎國貨船正在具結進口被該國兵船二隻
攔阻滋擾卽經舟師擊逐逃回尖沙嘴窺伺陸
路營盤復經我兵據險俯攻疊次轟擊將尖沙
嘴夷船盡行逐出不使佔爲巢穴現只散泊外
洋不敢近岸臣等仍飭嚴行堵禦一面綏撫良
夷以示
恩威而安貿易恭摺奏祈
聖鑒事竊照暎夷領事義律前因抗違法度當經示

以兵威旋據悔罪求誠已將躉船奸夷盡驅回
國其甘結亦經議具惟命案尚未交兇臣等以
夷情反覆靡常雖已具稟乞恩仍將夷埠兵船
暗招來粵名爲護貨恐有奸謀業於前摺
奏明靜則嚴防動則進勦不敢稍示柔弱旋於九
月二十八日由驛遞到回摺伏讀
硃批朕不慮卿等孟浪但誡卿等不可畏葸先威後
德控制之良法也相機悉心籌度勉之慎之等因
欽此又欽奉

上諭當此得勢之後斷不可稍形畏葸示以柔弱雖據該夷領事義律浼西洋夷目懇求轉圜但該夷等詭詐性成外示恐懼內存叵測不可不防著林則徐等相度機宜悉力籌畫如果該夷等畏罪輸誠不妨先威後德倘仍形桀驁或佯爲畏懼而暗布戈矛是該夷自外生成有心尋衅既已大張撻伐何難再示兵威林則徐等經朕諄諭諒必計出萬全一勞永逸斷不敢輕率僨事亦不致畏葸無能也等因欽此臣等跪誦之下仰見我

皇上先幾洞燭
訓示嚴明數萬里外夷情毫髮難逃
聖鑒臣等服膺銘佩遵守彌虔其特蒙
恩賞呼爾察圖巴圖魯名號並照例
賞戴花翎以副將卽陞先換頂帶之參將賴恩爵等
感激
天恩益圖報効凡在將弁士卒亦皆感奮倍常提臣
關天培督率舟師數月以來常駐虎門二十里
外之沙角礮臺巡防彈壓間赴三十里外之穿

鼻洋面來往稽查近日各國貨船絡繹具結俱
經驗明帶進黃埔𠸄國貨船中首先遵結者曰
[口彎]喇亦已進埔貿易其次遵結者曰噹啷於九
月二十八日正報入口詎有該國兵船二隻於
午刻駛至穿鼻其一即七月內向九龍滋擾之
吐嘧其一則近來新到之嘩喻硬將已具結之
噹啷貨船追令折回不得進口提臣關天培聞
而詫異正在查究間吐嘧一船輙先開放大礮
前來攻擊關天培亟令本船弁兵開礮回擊並

揮令後船協力進攻該提督親身挺立桅前自
拔腰刀執持督陣厲聲喝稱敢退後者立斬適
有夷船礮子飛過桅邊剎落桅木一片由該提
督手面擦過皮破見紅關天培奮不顧身仍復
持刀屹立又取銀錠先置案上有擊中夷船一
礮者立刻賞銀兩錠其本船所載三千斤銅礮
最稱得力首先打中吐嘧船頭查夷船制度與
內地不同其爲全船主宰者轉不在船尾而在
船頭粵人呼爲頭鼻船身轉動得此乃靈其風

帆節節加高帆索紛如蛛網皆繫結於頭鼻之
上是日吐嚌船頭撥鼻拉索者約有數十夷人
賜天培督令弁兵對準連轟數礮將其頭鼻打
斷船頭之人紛紛滾跌入海又奏陞水師提標
左營遊擊麥廷章督率弁兵連轟兩礮擊破該
船後樓夷人亦隨礮落海左右艙口間有打穿
嘩喻船不甚向前未致受創接仗約有一時之
久吐嚌船上帆斜旗落且禦且逃嘩喻亦隨同
遁去我軍本欲追躡無如師船下旁灰路多被

夷礮擊開內有三船漸見進水勢難遠駛而夷
船受傷只在艙面其船旁船底皆整株番木所
爲且全用銅包雖礮擊亦不能遽透是以不値
追勦收軍之後經附近漁艇撈獲夷帽二十一
頂內兩頂據通事認係夷官所戴並獲夷履等
件其隨潮漂淌者尚不可以數計我師員弁雖
有受傷並無陣亡惟各船兵丁除中礮致斃九
名外有提標左營二號米艇適被礮火落在火
藥艙中登時燃起燒斃兵丁六名繼已撲滅又

有受傷之額外黃鳳騰與受傷各弁兵俱飭妥
爲醫治此次吐嘧等前來尋衅固因前在九龍
被擊意圖報復而實則由於義律與圖賣鴉片
之奸夷暗中指使臣等訪知義律於該國煙土
賣出一箱有抽分洋銀數十圓私邀夷埠兵船
前來以張聲勢每次送給勞金數至巨萬到粵
後全船伙食皆從各貨船湊銀供給無非恃其
船堅礮利以桿濟貪臣等併力堅持總不受其
恫喝所定具結之令雖據義律勉强遵依但不

肯繕寫人創正法字樣而九月間復有該國富
商數人至澳門集議又謂義律但慮人之正法
而各商尤慮貨之沒官反覆刁難迄無定議所
喜該國猶有良夷如嚀喇嚪唎二船屢諭之餘
頗知感悟甫與他國夷商一體遵式具結臣等
加意優獎冀為眾夷之倡而義律與該國奸夷
恐此結具後鴉片絕不能來遂痛恨該二船之
首先遵具慫恿吐嘧等兵船與之尋衅生事因
嚀喇已進口內無可如何探知嚪唎入口之時

趕來追捉適我師在口外彈壓輒敢開礮來攻
是滋擾雖係夷兵而播弄實由義律誠如
聖諭佯爲畏懼暗布戈矛自外生成不得不大張撻
伐經提臣關天培統師攻擊雖已逃竄不遑究
以師船木料不堅未便窮追遠躡則仍須扼其
要害務使可守可攻查該夷船所泊之尖沙嘴
洋面羣山環抱浪靜風恬奸夷久聚其間不惟
藏垢納汙且等負嵎縱壑若任其踞爲巢穴貽
患曷可勝言臣等自嚴斷接濟以來已於尖沙

嘴一帶擇要紮營時加防範本意祇欲其畏威
奉法仍聽貿易如常原不忍遽行轟擊而乃抗
不具結匿不交兇追兵船由穿鼻被創逃回仍
在該處停橈修理實難容其負固又奚恤其覆
巢節據派防各文武稟稱尖沙嘴迤北有山梁
一座名曰官涌恰當夷船脊背之上俯攻最爲
得力當即飭令固壘深溝相機剿辦夷船見山
上動作不能安居乃糾眾屢放三板持械上坡
竄探即經駐劄該處之增城營參將陳連陞護

理水師提標後營遊擊之守備伍通標等派兵
截拏打傷夷人二名奪槍一桿餘衆滾崖逃走
遺落夷帽數頂九月二十九日夷船排列海面
齊向官涌營盤開礮仰攻數次我軍紮營得勢
礮子不能橫穿僅從高處墜下計拾獲大礮子
十餘箇重七八斤至十二斤不等官兵放礮回
擊即聞夷船齊聲喊叫究竟轟斃幾人因黑夜
未能查數十月初三日該夷大船在正面開礮
而小船抄赴旁面乘潮撲岸有百餘人搶上山

岡齊放鳥槍僅傷兩兵手足被增城右營把總
劉明輝等率兵迎截砍傷打傷數十名刀梶上
均沾血跡夷人披靡而散帽履刀鞘遺落無數
次日望見沙灘地上掩埋夷屍多具初四日夷
船又至官涌稍東之胡椒角開礮探試經駐守
之陸路提標後營遊擊德連將大礮擡礮一齊
回擊受傷而走臣等節據稟報知該處疊被滋
擾勢難歇手當又添調官兵二百名派原任遊
擊馬辰暨署守備周國英把總黃耆華帶往會

勦復思該處既占地利必須添安大礮數位方可致遠攻堅復與提臣挑撥得力大礮六門委弁解往以資轟擊並派熟悉情形之候補知府南雄直隸州知州余保純帶同候補縣丞張起鵾馳往會同新安縣知縣梁星源相度山梁形勢妥爲佈置復札駐守九龍之參將賴恩爵都司洪名香駐守宋王臺之參將張斌亦皆就近督帶兵械移至官涌併力夾擊茲據會稟十月初六日該文武等均在官涌營盤會同商定諸

將領各認山梁安設礮位分為五路進攻陳連陞伍通標張斌各為一路賴恩爵及馬辰周國英黃者華為一路德連洪名香為一路該縣梁星源管帶鄉勇前後策應晡時夷人在該船桅上窺見營盤安礮卽各趕裝礮彈至起更時連放數口打來我軍五路大礮重疊發擊遙聞撞破船艙之聲不絕於耳該夷初猶開礮抵拒迨一兩時後只聽咿啞叫喊竟無回擊之暇各船燈火一時滅息棄椗潛逃初七日天明瞭望約

已逃去其半有雙桅三板一隻在洋面半沉半
浮餘船十餘隻退遠停泊所有篷扇桅檣繩索
槓具大都狼狽不堪該文武等因夷船尚未全
去正在查探間即據引水等報稱查有原扮兵
船在九龍被礮打斷手腕之嘚嗯喇吐及訪明
林維喜命案係伊水手逞兇之哆唎兩船尚欲
潛圖報復該將領等因相密約故作虛寂之狀
待其前來窺伺正可痛勦果於初八日晡時哆
唎併嘚嗯喇吐兩船潛移向內漸近官涌後船

十餘隻相隨行駛我軍一經瞭見仍分起趕赴五路山梁約計礮力可到即齊放大礮往定頭船攻擊恰有兩礮連打咯喇船艙擊倒數人且多落海漂去者其在旁探水之夷划一隻亦被擊翻後船驚見即先折退而咯喇一船尤極倉皇遁去無暇回礮計官涌一處旬日之內大小接仗六次具係全勝惟初八日晚間有大鵬營一千斤大礮放至第四出鐵熱火猛偶一炸裂致斃順德協兵丁二名除與穿鼻洋面陣亡兵

丁及受傷兵內如有積故者一體咨部請卹外

現據新安縣營稟據引水探報吐嘧嘩喻兵船義律三板暨𠸄夷未進口大小各船自尖沙嘴逃出後各於龍鼓脅洲赤瀝角長沙灣等處外洋四散寄泊查粵省中路各洋為漢夷通商總道雖皆可許泊舟亦須察看形勢隨時制馭即如道光十四五年間夷船藉稱避風輒泊金星門該處地屬內洋不得任其逼處經臣鄧廷楨嚴行驅逐至今不敢進窺年來改泊尖沙嘴詎

於入口之先出口之後暫作停留尚無妨礙今
歲佔泊日久儼有負固之形始則抗違繼且猖
獗是驅逐由其自取並非釁自我開此次勦辦
之餘於澳門既不能陸居於尖沙又不能水處
苟知悔悟儘許回頭若義律與吐嘧等尚以報
復爲心則堅壘固軍靜以待之亦自確有把握
不敢輕率畏葸致失機宜至貿易一事該國之
國計民生皆繫於此斷不肯決然捨去若果嘆
更憚於具結竟皆歇業不來正咪唎㗆等國之

人所禱祠而求冀得多收此利者與其開門揖
盜何如去莠安良而良莠之所以分即以生死
甘結爲斷臣等現又傳諭諸夷以
天朝法紀森嚴奉法者來之抗法者去之實至公無
私之義凡外夷來粵者無不以此爲衡並非獨
爲𠸄咭唎而設此時他國貨船遵式具結者固
許進埔即𠸄國貨船亦不因其違抗於前而並
阻其自新於後又如𠸄國彎喇之船已在口內
聞有穿鼻官涌之役難免自疑臣等諭令地方

印委各員誼切開導以伊獨知遵式具結查明並無鴉片洵屬良夷不惟保護安全且必倍加優待復經海關監督臣豫堃親至黃埔驗貨特傳[口彎]喇面加慰諭該夷感激涕零惟噹啷一船被吐嘧嚇唬之後尚未知避往何處臣等飭屬查明下落護帶進埔倘吐嘧兵船復敢阻攔仍須示以兵威總期悉就範圍仰副

聖主綏靖華夷之至意現在沿海閭閻照常安貼堪

以上慰

宸懷所有現辦情形謹會同廣東巡撫臣怡良水師
提督臣關天培粤海關監督臣豫堃恭摺具
奏伏乞
皇上聖鑒謹
奏

會奏察看暎夷反覆情形摺

旨不准交易摺

奏爲察看暎夷反覆情形仍爲圖賣鴉片起見遵
旨不准交易俾知儆懼並以折服各國夷情恭摺
奏祈
聖鑒事竊照暎咭唎國貨船於九月底正在具結進
口旋被該國兵船二隻攔阻滋擾我兵水陸疊
擊將該兵船及尖沙嘴各夷船盡行逐出外洋
經臣等於十月廿六日恭摺具

奏在案嗣承准軍機大臣字寄九月二十三日奉
上諭前後駛回各船難保不潛赴東西兩路冀圖私
銷著即派員跟蹤偵察嚴飭沿海各營認眞防範
至所出切結如果可靠自必漸就肅清儻該夷追
於勢蹙暫作緩兵之計日後再有反覆即當示以
兵威斷絕大黃茶葉永遠不准交易俾冥頑之徒
知所儆懼等因欽此臣等跪讀之下仰見我
皇上料夷情之反覆
示儆懼於冥頑

訓諭周詳彌深欽服查臣等先於收繳煙土事竣當
以此後不許夷人再賣鴉片理應取具遵依甘結
以飭繕甘結聲明如有夾帶鴉片人即正法貨
物沒官字樣義律先本抗違迨數月相持屢經
折挫八月內始據禀稱情愿具結惟所寫字樣
尚與新例不符臣等念其畏罪輸誠冀可再加
開導是以將其原遞澳門同知說帖繕錄奏
聞詎該夷陽奉陰違早不出
聖明所料至九月間義律復招夷商數人在澳門集

議彼此推卸刁難此即反覆之始也該國有⿰口彎
喇噹唧二船均遵式具結⿰口彎喇先進黃埔而噹
唧船正在入口被義律潛約吐嘧兵船將其攔
回以致與師船互相礮擊其爲反覆莫甚於此
且前遞說帖內云毆斃林維喜命案兇手巳懸
賞二千圓令人報知至九月底乃將囚禁在船
之夷人五名均欲解回該國照夷例辦理是其
反覆之形不一而足而究其所以反覆之故實
因慣賣鴉片奸夷利心不死前雖巳將新煙帶

回夷埠而往來夥黨尚多仍思乘機偷運伊恐
甘結一具性命難逃而義律利其抽分與之朋
比忽恭忽踞皆有譎謀臣等前已傳諭諸夷奉
法者來之抗法者去之暎夷既不遵約束與其
開門而揖盜何如去莠而安良茲蒙
訓諭嚴明尤當恪遵辦理當即函商粵海關監督臣
豫堃會同出示曉諭自十一月初一日起停止
暎咭唎國貿易除未經停止以前暎夷有將貨
物轉賣與別國夷商者既據遵式具結查無鴉

片即係正經貿易業已移步換形尚可不追既往當與嚌喇等一體准令進口外其餘責成洋商認明𠸄國來船一概停其交易所有大黃茶葉二物查大黃每年出口本屬有限不過附搭藥材項下𠸄夷所銷尤少惟茶葉在所必需然有綠茶黑茶之分𠸄夷所銷多係黑茶現在嚴密稽查不使影射偷漏查向來夷船到粵以𠸄咭唎為最多自嚴辦鴉片以來各夷埠均有傳聞以鴉片出自𠸄國此後該國買賣可減別國

買賣可增如嚏國喘國及單鷹嘽啵啦等國歷年不過偶來一二船本年來者特多是他夷皆有欣欣向榮之象而咪唎㗼國之船現來四十五隻則比往屆全年之數已有浮多尤見

天朝聲教覃敷並不少此嘆咭唎一國而義律之勾結吐嚙等虛張憍飾玩法營私該國以七萬里之遙其主若臣未必周知情狀今他國通商如舊而嘆國獨停若該國查察情由係因圖貢鴉片抗違

天朝新例則內而自知理曲外而顏面何存彼亦不肯容義律等之詭計奸謀以自壞其二百年來之生計也伏思斷絕鴉片首貴杜其來源而杜源總在夷船無他謬巧譬之防守河工鴉片之來如黃水然惟有嚴隄防以禦之紋銀之出如清水然惟有閘牐壩以束之本年以來收繳已化之煙土值銀千餘萬兩人所共知而新來之鴉片半途聞信折回及到粵畏拏運回者訪聞亦復稱是故本年暎夷來船本較往年爲少今

旣發令斷絶該國貿易所有洋商行鋪均不敢
與之私售惟當覘其有無悔懼眞情再行覈辦
至他國遵照具結進口查無鴉片者已有船六
十二隻並據查報帶來洋錢將及二百萬圓臣
等仍當時刻稽查防其潛代暎夷走私偷賣不
敢因他夷之遵式出結卽遽信爲無他其先已
具結之噹啷一船雖係暎國夷人而早知遵循
法度現被義律等扣留口外日後若求入口仍
當帶進黃埔不宜與觀望營私之他船一例辦

理以示區別至前後駛回各船誠難保不潛赴
東西兩路希冀私銷臣等仍遵
諭旨密派文武跟蹤偵察並嚴飭沿海各營認眞防
範總期該夷鴉片無處可售庶使海面肅靜以
仰副
聖主除患保民之至意所有現斷嘆夷貿易緣由謹
會同廣東巡撫臣怡良水師提督臣關天培粵
海關監督臣豫堃合詞恭摺具
奏伏乞

皇上聖鑒訓示謹

奏

隆八年又設澳門同知一員駐劄距澳十五里
之前山寨專司夷務佈置本極周詳惟近日夷
人變詐多端澳務愈形喫重當此認眞釐剔之
際控馭尤貴得人必須官職較大之員方足以
窮竇源而制驕縱查有新授高廉道易中孚儉
約自持能耐勞苦辦事勇敢頗著威名現已交
卸潮州府篆即赴高廉新任臣等公同商酌擬
即委令該道暫行駐劄澳門督同澳門同知等
查辦夷務舉凡稽察澳夷額船斷絶㖇夷冒混

緝拏漢奸接濟一切責成該員董率辦理其高
廉道本任政事較簡儘可包封在澳覈辦惟高
廉兩郡秋審向由該道提勘屆期前往不過月
餘即可竣事至澳內棲止之處舊有粵海關監
督行署一所係屬空閒可借與該道駐劄以資
辦公惟澳門華夷雜處布惠尤貴宣威小事修
刑大事修戎實爲事所時有既經畀以事權即
當予以兵衞查前山寨設有內河水師都司一
員帶兵三百六十三名向歸香山協管轄應請

由該道節制遇有緩急聽其調遣高廉道本兼
兵備體制亦屬相符俟整頓一二年後如果諸
夷就範鴉片肅清再將該道撤回高廉以重職
守臣等愚昧之見是否有當謹會同撫臣怡良
附片
奏祈
聖鑒謹
奏

覆奏遵
旨體察漕務情形通盤籌畫摺

奏爲遵
旨體察漕務情形通盤籌畫恭摺覆
奏仰祈
聖鑒事竊臣承准軍機大臣字寄七月初四日奉
上諭前據金應麟奏請將漕運事宜量爲變通已有
旨交兩江總督江蘇巡撫等妥議具奏矣著陳鑾
裕謙即將原奏內所指各情節體察情形通盤籌

畫仍俟林則徐到任後再行會商務臻妥善據實
具奏將此諭令知之欽此臣　因奉差在粵未見金
應麟原奏請俟江蘇省將原奏咨到即當體察
籌議先於八月內附片奏
聞在案嗣准署江蘇巡撫布政使臣　裕謙鈔錄金應
麟原奏移咨到粵臣　細閱奏內所陳查辦六條
處分一條皆辦漕切要之事自應大加整頓力
挽積疲而其附片採訪見聞亦不得已而求變
通之法惟是漕務勢成積重如醫家之治久病

見證易而用藥難蓋他端政事祇求官與民兩相安而已獨漕務則糧戶輸之州縣州縣兌之旗丁而旗丁領運於南斛交於北則又有沿途閘壩與通倉經紀操其短長故弊常相因而事難獨善即論病根所起南北亦各執一詞以北言南則謂州縣浮收以致旗丁勒索旗丁勒索以致到處誅求而以南言北又謂旗丁既被誅求安得不勒索而州縣既被勒索安得不浮收每以反脣相稽鮮能設身處地於是官與民競

丁與胥競即官與官亦各隨其職掌以顧考成而無不相競而凡刁生劣監訟棍包戶奸胥蠹役頭伍尖丁走差謀委之徒亦皆乘機挾制以衣食寢處於漕亦圖私也而害公矣本爭利也而交病矣原奏謂近年州縣臨漕規避挾制上司莫可誰何此亦難免之事蓋寬之固不啻教猱升木即嚴之亦不過掩耳盜鈴各處類然而蘇松爲尤甚蘇松之漕果治則他處當無不治

臣前在蘇省雖歷五次冬漕祇求無誤正供實

不敢言無弊茲奉
諭旨飭議謹憶往時所歷情形與原奏互相參酌分
擬四條或正本清源或補偏救弊或爲補救外
之補救或爲本源中之本源近則先計一時違
則勉圖經久不揆固陋謹逐條另繕清摺恭呈
御覽伏候
聖裁惟差次未帶案卷竊恐記憶舛訛如蒙
聖明採擇可否
發下署兩江總督臣陳鑾署江蘇巡撫臣裕謙覈對

案據並將本屆冬漕有無堪以照辦之處酌酌
具奏請
旨定奪是否有當謹繕覆
奏伏乞
皇上聖鑒訓示謹
奏謹將籌議漕務四條繕具清摺恭呈
御覽
一議正本清源必使自南至北皆無例外苛求
然後可以杜州縣之浮收絕旗丁之勒索要

不能專禁一處故其事極難然果法在必行則亦不敢因難而阻也臣竊擬一簡便之法曰縣督幫收緣州縣一經開倉則逐日用度不勝枚舉不獨幫費繁重已也與其進倉出倉時日耽延耗費無算何如合收兌爲一事就糧船爲倉廒查每年重運過後本次總有減歇及屆造之船先令依限修造一經開漕先以此船收米回空到後速催修艙接續貯收收完一船即取一船關結先開離次州縣

於岸上搭蓋篷廠令花戶斛米交船丁與民
相授受而官監之務使平斛響攩顆粒不得
浮加其米色之高低胥由州縣持平不任旗
丁欺壓蓋在官既無需染則理直氣壯即禁
止令行不但旗丁無敢刁難即索規包抗之
徒皆可執法從事而小民胥免浮折徵收可
決公平矣惟就中窒礙者有三一則舂篩白
糧採買糯米一切夫工折耗口袋麻繩向由
州縣津貼一則逃亡絕戶廢地老荒向由州

縣墊補一則票册紙張夫役飯食篷廠薪燭
向由州縣措辦一收新漕皆無從挹注但能
責州縣以潔已不能責州縣以解囊即幫費
不花一錢而虧漕悞運之患自若況重船不
能不雇而走又人所共知者乎不得已仍仿
成法而變通之溯查丁代民勞之始每石原
有耗米六斗六升辦運極爲充裕嗣將耗米
劃出四斗起運歸公其餘二斗六升折徵銀
一錢三分由糧道批解倉場衙門以充支放

公用故有二六輕賚之名而丁不與焉又有篩颺耗米一款每石給二升七合有零專以貼丁嗣則奏准米歸通倉其貼丁之款由縣折銀支給復有漕贈一款正耗二米每石贈銀一錢改兌之米每石贈銀五分原由糧戶津貼旗丁故謂之贈迨後此款內每石劃出二十七文分給北壩名曰箇兒錢又於雍正七年前大學士尹繼善奏准革除江蘇漕弊每米一石津貼銀六分半歸旗丁半歸州縣

近聞此款專歸丁收凡此皆貼漕之大略或
載全書或見部案班班可考今果力辦清漕
似須統核倉場經紀以及旗丁州縣每處應
得漕務款項實有若干其用度萬不可少者
若干徹底查明通盤籌畫凡有可以取資之
款各支各用彼此不許侵尅其實在無從設
措者即不得不參酌成法仍著糧戶貼銀蓋
完米既顆粒無浮則糧戶受益不少而縣幫
辦公掣肘之處糧戶亦無不周知從前中外

條陳每有八折收漕之議事多流弊自不可行若仿尹繼善奏准章程參考歷來成案比較現在情形則每石酌貼銀三四錢似亦不詭於正可否責令各府州細加察看由司道議詳督撫分别

奏明予以限制將大小戶一律徵收比之目下完漕定可減輕過半如縣幫再有婪索糧戶再有抗延以及後手之尖丁白規之生監惟有儘法痛辦而已雖然疲幫軍船不得不裁汰

也查江淮興武二幫因無屯田疲名久著然
尚有造費貼息其最不堪者如太倉後幫滁
蘇幫太河二三幫債積巨萬船壞八九不調
劑不能出運卽調劑亦無完膚且孤寡廢疾
之流皆其債主沿河攔索以累百計故津貼
到手卽罄而開行數里卽停索債者認船不
認人謂之黑帳惟船去然後債去雖定例各
幫額船不許缺少然負重灑帶雇募買補與
夫加一免雇亦例內所許通融者與其強留

之而各幫效尤何如酌減之而米歸灑帶抑或減疲幫之額以添殷幫之船似宜責成糧道體察辦理勿以原額拘之庶可悉歸完善矣雖然閘壩關纜不得不酌減也查重運挽過清江浦向稱三閘五壩每船關纜夫錢不過十餘千至二十餘千爲止嗣因清江一閘亦難挽放而臨黃各壩復有加添道光二年前漕臣李鴻賓所定水榜則稱四閘九壩近年復加至十四壩每處關纜皆以頭二三進

爲差年增一年每船渡黄需錢百餘千至百
數十千不等固由水勢湍急而夫頭之乘危
勒詐委員之暗地分肥薄人於險實爲可惡
欲除其弊先須大減委員留一二實心者專
其責成以每日所放船數分勤惰以所放之
有無失事核功過其壩座設法減少關纜夫
錢悉定其數刊榜曉諭此外沿途各閘亦皆
照行如有訛詐立置於法似可以杜其弊雖
然候補衞弁不得不甄别也捐納衞官分發

到淮圖差使者無非圖規費耳從前自南而北漕委不過二十餘人迨道光七年奏定重運不得過四十員回空不得過二十八員至十六年又有不得過八十員之奏總由候補人衆難令空閒然與其調劑而累丁何如酌留而汰冗或量其膂力改補營職或按其捐數量改佐雜似亦可以疏通矣雖然通倉使費不得不核實也查通倉經紀以米爲生凡米之好醜斛之贏縮俱不難隨手改移故費

足則秕稗亦珠璣費不足則釜鍾當升合不
獨旗丁惟命是聽卽各省糧道恐亦莫可如
何惟賴本管官爲之裁制而已查糧船有帶
北存公一款本係從幫費內劃出以爲墊費
聞近年存公款銀每不敷用以致墊債愈多
則累丁之故可想似宜准令各幫旗丁於抵
通交米後將經紀有無勒索禀知該管糧道
卽由道彙取丁結逕揭部科一次如有指出
賍款准予查辦按實者寘之重典或可互相

鈐制至賦出於田理宜清丈頃畝以除寄莊飛灑之弊丁起於屯理宜稽核衛地以裕貼造贍運之資此亦本源之所應治而不能期諸旦夕似當從容以理之者也

一議補偏救弊漕務已成積重若一時不能驟改亦須補救有方金應麟原奏所陳本已詳悉茲 臣所議有於原奏中融會者有於原奏外推詳者在縣在幫各有六事一則核舊章以去太甚也查蘇松糧戶向分大小而收數

因有短長大戶愈占便宜則小戶愈受苛刻
彼此相較有數十等之差於是小戶效尤亦
詭寄於大戶而辦漕愈難矣今雖未能遽令
書一斷不可過於偏枯該管府州耳目切近
應令確查所屬州縣歷年收兑舊章援以爲
準不及者曲在民太過者曲在官隨地隨時
持平核辦至近年祠堂公產假託者多即義
產息田亦竊善舉之名以遂短漕之計應令
散歸各戶照衆徵完以杜影射有挾制者罪

之總以去其已甚爲主一則治經造以除弊匿也查近歲完漕不但徵新且多帶舊其中分年分限各屆完數不同民閒要見由單始可照數完納而闔縣糧戶多者數十萬少亦十數萬一切完帶之數瑣碎畸零官吏難以周知不得不假手於里甲莊差統名謂之經造而若輩居爲奇貨不以實徵戶册與官不以易知由單與民私折暗包以完作欠迨至兌漕緊急硬將短數交官而加貼之多早經

肥已遲悮把持莫此爲甚應令州縣於開漕之先速將由單散給並將給單日期出示通諭各糧戶如五日內單未到手許控經造若單到手而不完納另差查催倘已由經造折收匿不稟官者一經發覺立辦重罪一則清訟米以杜抗延也查收漕之事固少持平而告訐之人總非善類無糧而上控則索規可知有糧而上控則躲避可知控案固須審明正供豈容藉抗應將上控之糧戶由赴訴衙

門押令到倉交完本名下米石始行准理一則稽丁胥以憑懲蠹也查漕書記書倉差斗級以及管倉管廒家人皆不能不用若輩姦多良少非魚肉百姓卽侵盜本官飛串灑米搬戶掛籌等弊難以枚舉甚且結尖丁而分肥於後手引訟棍而調處以居閒破案卽逃浮蹤莫捉應先責令州縣將此等的實姓名年貫住址並其家屬親丁詳列册內送該管府州覆查一有弊端立卽提究如查造不實

提挈不到惟該州縣是問至總運廳差亦須裁減並永禁坐倉以免句結滋弊一則嚴截串以杜豫虧也州縣闒茸之員閒有漕前先截板串或挪解下忙錢糧或墊辦修倉鋪底其串或給書差或付錢鋪無非明虧暗損挖肉補瘡至臨漕而無所措手矣更有不肖之員暫時署事將值交卸趕將善區美戶截串先徵此爲營私悞公之尤必須重辦一則消漕尾以實庫貯也江蘇漕額之大有一縣而

可抵湖南北一省者漕船催開緊急斷不能守待闔縣疲戶一律全完故州縣墊漕萬不能已所謂漕尾是也惟其恃有現存未徵之串得交後任接徵而後任又以新屆錢漕爲亟未遑兼顧一輾轉間舊串流交久之幾成廢紙應責令州縣按年分月帶徵二成徵不足者著賠則雖往復乘除總無五年以外之漕尾而庫款庶免虛懸至有一種取巧州縣將短縮太甚之大戶故意不徵留作漕尾移

交者察出特參與大戶一同懲辦庶可示儆
此在縣之六事也其在幫者亦有六事一則
復冬兑以符儹限也查漕船例應冬兑冬開
嗣因節節爲難不能悉符舊制近年疊奉
諭旨統限四月初十以前全數儹至清江渡黄北上
定須懍遵
欽限不得刻逾但冬間若不多兑春間必不能早開
而旗丁慣以米色爲詞停兑議費且其意欲
令米石在縣倉發熱過後始行上船故兑愈

疲而費愈重漕亦愈遲嗣後冬間須儘縣中
所收之米全行兌幫不得任丁刁揩庶來春
祇須找兌差可速漕矣一則按兌米以給津
貼也幫費卽不能遽裁而頻歲疊加何以爲
繼惟當欽遵嘉慶二十二年九月所奉
諭旨統以米石多寡按水次舊章酌給津貼作爲一定
限制如再格外需索卽當治罪而給付之法
總惟兌一石之米給一石之費如兌多給少
不依州縣給多兌少不依旗丁有逐日兌單

爲憑自足以昭公允至於未兑以前責在州
縣既兑以後責在旗丁歷奉
諭旨嚴明定須敬謹遵守若兑竣之後勒揹逼關及
空船先開隨後趕米皆旗丁誤漕大弊必須
重治其罪一則别虚船以昭核實也查加一
免雇及輪減存次之船並不受兑出運而仍
給與行月苫蓋已屬格外從優豈得復爭津
貼應查照從前奏案此項虚船不准混索幫
費致全幫延緩開行如違即當嚴辦一則實

行月以防正虧也查旗丁行月米糧皆計口授食之需升合不容短少乃近聞縣幫串合折乾每船有折米數十石及百餘石不等獨不思沿途食米不足致虧正糧誰執其咎嗣後水次如有此弊縣幫一體治罪一則懲水手以節身工也糧船水手有額雇在船者有遊幫短縴者總之皆兇狠之徒或師傳盤踞老堂或頭船勒薦夥黨偶遇風水阻滯卽藉端勒加身工甚至毆丁折艙大爲幫累近年

疊經嚴辦略見欽戢嗣後如有勒加身工之
水手卽於所在地方儘法懲創不稍姑息毋
使旗丁被累方免悞公一則定輪開以齊跨
兌也蘇松等屬向有調幫章程原使酌劑均
平而船數米數不能恰合故一縣之米有兼
兌數幫者一幫之船又有跨兌數縣者與其
按縣全開不如按幫爲便應飭糧道排定日
期每縣先輪一幫開行週而復始其跨兌者
合輪數縣遂齊一幫以免參差似亦可以速

漕利運此在幫之六事也
一議補救外之補救查原奏片稱兌費斷不能
減南糧恐不能來有謂宜於糧船大修時將
船改小以一分二即免剝費閘費有謂宜於
淮上建廒貯米即令小船運京有謂宜令蘇
松常鎮杭嘉湖等府逐年試辦海運仍將兌
費提存藩庫此三者皆不得已而求變通之
法也臣查中途建倉以利轉盤與古之洛口
倉相彷本係成法但核計一廒貯米約五六

百石大者亦止千石以南漕四百萬石計之每廒貯一千石即須廒座四千就令減半轉運二千廒亦不可少經費殊覺浩繁且淮上逼近河湖亦恐難以擇地若糧船以一分二過閘既覺輕鬆遇淺又免盤剝誠利運卹丁之善策然查南漕起運之船約有四千隻其中本已區分大小江廣之船最大浙次之蘇又次之緣江廣重運直下長江小船難禁風浪若江浙之船改小而江廣不改則閘河磨

淺起剝仍費周章且卽江浙之船所載正漕照例只四百石此外則爲加載負重而又有例准攜帶土宜自不能强小船以受大船之載若因改船而船數驟加一倍是欲去累而累轉增矣且大修較之折造例限尚隔三年領項亦少三分之一當大修而令其折造丁必藉口抗延尚有未屆大修者尤不能一律勒改是一幫之船有大有小旣難稽核而剝費亦所省無幾是以臣未敢輕議更張也竊

謂三者之中惟海運曾經辦過尚有成案可
循若按候放洋得乘南風北駛春夏二季中
一船必可兩運如以涉險為慮則沙船往來
關東每歲以數千計水綫風信皆所精熟祗
令裝載六七分已合鬆艙之數則風暴無虞
也如慮米石出洋易滋影射查南北洋面沙
船鳥船各有所宜本難越駛倘恐萑苻竊發
自應護以舟師且每歲沙船所運關東豆石
雜種不知凡幾奚獨於載米而疑之海運若

行或以官運或以商運或運正供額漕或運
採買米石尙當細酌情形另行從長計議惟
原奏有將兌費提存藩庫以實庫項之議查
道光六年辦理海運雇募沙船每石給價七
錢若兌費另提則雇資安出且旣明提兌費
又奚能禁止浮收如謂輪年提費補虧正恐
一年提存難補節年虧缺若提者自提虧者
自虧於事仍恐無濟大抵海運尙屬可行而
所以行之者不同設或規費漸增亦與河運

奚擇惟現在河運甚形棘手未卜日後如何
而海道直捷易通亦不敢不豫留地步如蒙
飭令議行容臣到兩江之任再與江蘇撫臣及司道
等詳細籌商會同具
奏請
旨定奪理合聲明
一議本源中之本源臣愚竊維
國家建都在北轉粟自南京倉一石之儲常糜數
石之費奉行既久轉輸固自不窮而經

國遠猷務爲萬年至計竊願更有進也恭查雍正
三年
命怡賢親王總理畿輔水利營田不數年墾成六千餘
頃厥後功雖未竟而當時效有明徵至今論
者慨想遺蹤稱道勿絕蓋近畿水田之利自
宋臣何承矩元臣托克托郭守敬虞集明臣
徐貞明邱濬袁黃汪應蛟左光斗董應舉輩
歷歷議行皆有成績
國朝諸臣章疏文牒指陳直隸墾田利益者如李

光地陸隴其朱軾徐越湯世昌胡寶瑔柴潮生藍鼎元皆詳平其言之以臣所見南方地畝狹於北方而一畝之田中熟之歲收穀約有五石則爲米二石五斗矣蘇松等屬正耗漕糧年約一百五十萬石果使原墾之六千餘頃修而不廢其數卽足以當之又嘗統計南漕四百萬石之米如有二萬頃田卽敷所出倘恐歲功不齊再得一倍之田亦必無虞短絀而直隸天津河間永平遵化四府州可

作水田之地聞頗有餘或居窪下而淪爲沮洳或納海河而延爲葦蕩若行溝洫之法似皆可作上腴　臣　考宋臣郟亶郟喬之議謂治水先治田自是確論直隸地方若俟衆水全治而後營田則無成田之日前於道光三年舉而復輟職是之故如仿雍正年間成法先於官蕩試行興工之初自須酌給工本若墾有功效則花息年增一年譬如成田千頃即得米二十餘萬石或先酌改南漕十萬石折

徵銀兩解京而疲幫九運之船便可停追十
隻此後年收北米若干概令驗其一半之數
折徵南漕以爲歸還原墊工本及續墊佃力
之費行之十年而蘇松常鎮太杭嘉湖八府
州之漕皆得取給於畿輔如能多多益善則
南漕折徵歲可數百萬兩而糧船旣不須起
運凡漕務中例給銀米所省當亦稱是且河
工經費因此更可大爲撙節上以裕
國下以便民皆成效之可卜者至漕船由漸而減

不虞縣散水手之難而漕弊不禁自除絕無

調劑旗丁之苦

朝廷萬年至計似在於此可否

飭下廷臣及直隸總督籌議酌辦之處伏候

聖裁

會奏遵
旨宣布暎夷罪狀並設法驅逐該國船隻出口摺
奏爲暎夷於禁斷貿易之後旋又具禀乞恩經臣
等嚴行批駁堅與之絕現復欽遵
諭旨列其罪狀宣布各夷並設法驅逐該國船隻出
口恭摺
奏祈
聖鑒事竊臣等於十一月二十九日承准軍機大臣
字寄奉

上諭林則徐等奏轟擊夷船情形一摺覽奏均悉暎
咭唎國夷人自議禁煙之後反覆無常前次膽敢
先放火礮旋經剴諭僞作恭順仍句結兵船潛圖
報復彼時雖加懲創未即絕其貿易已不足以示
威此次吐嘧夷船復敢首先開放大礮又於官涌
地方占據巢穴接仗六次我兵連獲勝仗並將尖
沙嘴夷船全數逐出外洋該夷必懷叵測已可概
見即使此次出具甘結亦難保無反覆情事若屢
次抗拒仍准通商殊屬不成事體至區區稅銀何

足計論我朝撫綏外夷恩澤極厚該夷等不知感
戴反肆鴟張是彼曲我直中外咸知自外生成尙
何足惜著林則徐等酌量情形卽將嘆咭唎國貿
易停止所有該國船隻盡行驅逐出口不必取具
甘結其毆斃華民兇犯亦不値令其交出噹喇一
船無庸查明下落並著出示曉諭各國列其罪狀
宣布各夷俾知嘆夷自絕天朝與爾各國無與爾
各國照常恭順仍准通商倘敢包庇嘆英潛帶入
口一經查出從重治罪其沿海各隘口並距夷埠

不違之各海島均著林則徐等相度機宜密派員弁兵丁嚴加防護毋稍疏懈等因欽此臣等跪讀之下仰見我
皇上乾綱獨斷震疊諸蕃
訓示嚴明俾有遵率下忱感慄莫可名言當卽恭錄
諭旨咨會提臣關天培欽遵辦理伏查暎夷自呈繳煙土以後種種違玩反覆無常總因賣煙奸夷冀留後路若使稍為寬假適足墮其詭謀是以商同定議欽遵前奉

諭旨自十一月初一日起停止該國貿易業於十一
月初九日具
奏在案嗣於十一日該夷義律遣人前赴沙角礮
臺向提臣呈遞夷稟一件由提臣咨送前來臣
等公同拆閱內稱實心欲求承平無不肅敬
欽遵
天朝律例又稱茲時所求惟欲仍作正經貿易凡事
大清律例等語雖欲明其奉法究係一片空言臣等
度其此次具稟懇求仍不過如八月間僞作輸

誠伎倆當以現今
奏明封港不與爾國交易皆由爾之自取並非
天朝無故絕人爾不悔悟於前此時懇求已晚等語
嚴切批示仍咨會提臣飭令提標中軍遣令引
水傳諭去後復思暎夷貨物久貯在船易於壞
爛今聞停止貿易竊恐影射圖銷而各國夷商
利其運腳抽分難保不無私行夾帶叉經嚴諭
洋商傳知各國夷人不准代為轉運進口並責
成洋商將進口貨物詳細辨認如敢扶同含混

卽行加重治罪迄今二十餘日該夷巡船貨船停泊長沙灣等處外洋雖風浪靡常仍遷延未去此封港一月以來之實在情形也玆復祗奉
訓言當卽欽遵出示曉諭臚其罪狀宣布各夷俾知
聖明用惠用威惟其自取旣以絕奸夷之望亦以安良賈之心至於該國貨船停泊外洋本未進口玆聞
天威震怒自當讋懍罔怳惟奸夷之夾私者固仍冀售私卽良夷之載貨者亦未肯棄貨裵回觀望

勢所必然諒非空言所能諭遣　臣　等再三計議
惟有嚴查影射以絕其銷貨之心廣緝奸徒以
斷其售私之路先之以文告繼之以兵威使其
計無復之必將窮而思返若敢始終留戀卽何
惜擣穴焚巢惟外洋遼闊異常仍不得不審度
機宜加以愼重此又　臣　等悉心籌議之梗概也
抑　臣　等更有請者當粵東准通貿易之時載煙
夷船尚且游奕各洋分投圖賣茲粵港既經禁
止該夷無可希圖而其售私牟利之心未必卽

能盡泯竊恐改裝艀板由黑水夷洋越赴各路潛圖銷售除粵省東西兩路業經飭行沿海鎮協營寨併力巡查州縣文員嚴防口岸以杜偷運外其沿海各省以福建爲最近浙江江蘇次之應請

敕下各直省督撫一體嚴行防堵以絕去路所有嘆夷貿易業已封港並遵

旨籌議緣由謹會同廣東巡撫臣怡良廣東水師提督臣關天培合詞恭摺具

奏伏乞

皇上聖鑒訓示謹

奏

燒燬匪船以斷接濟摺

奏爲嘆夷被逐出口之後仍在外洋寄椗逗留現
將攏近夷船各匪船痛加燒燬拏獲接濟漢奸
嚴審懲辦使奸夷無所希冀以免覬望售私恭
摺奏祈
聖鑒事竊臣等前奉
諭旨斷絕嘆咭唎貿易將該國船隻盡行驅逐出口
當經欽遵辦理并列其罪狀宣布各夷復嚴禁
他國夷商不許私代嘆夷帶運貨物即他國貨

船出入盤查搜驗亦皆加倍從嚴業經節次
奏蒙
聖鑒在案查嘆夷貨船自驅出外洋之後節據引水
人等查報陸續起椗揚帆駛出老萬山外夷洋
者約有十餘隻而觀望留連不肯捨去者尚復
不少並有新從彼國來粵已過老萬山始知封
港因不准進口祇在外洋徘徊寄泊者　臣等既
將該夷乞恩之稟嚴行批駁堅與之絕復令齎
給批稟之通事引水等嚴切傳諭以此次封港

係欽奉

大皇帝特頒

諭旨因該夷抗違法度不許在粤通商斷難希圖影

射若不作速回帆設遇風火不測皆爾等自作

之孽雖悔何追惟該夷貪狡性成帶私者固思

乘間覓售即載貨者亦豈甘心棄地而義律虛

憍素著未曾受此折磨今斷其貿易布其罪狀

伊既全無顏面勢必别畜詭謀於是海上傳聞

謠言不一有謂暎夷會集各埠兵船同來滋擾

者有謂來船一二隻滿載礮火將逗留之貨船盡扮兵船者有謂該夷去秋求准通商已將新烟載回夷埠今貿易既斷轉無顧忌奸夷載去別貨仍將鴉片換來設計誘人玩法者臣等竊思前兩說本係恫喝固不足信而自去年責令繳烟以後各處海口早已戒備不虞況此時既絕其通商豈可不防其叵測無論該夷有無兵船續至即現在之吐嘧嗶嘛兩船未去慮其頑抗之意妄誇礮利船堅各夷船恃爲護符謂可

阻我師之驅逐臣等若令師船整隊而出遠赴
外洋倂力嚴驅非不足以操勝算第洪濤巨浪
風信靡常即使將夷船盡數擊沉亦只尋常之
事而師船既經遠涉不能頃刻收回設有一二
疎虞轉爲不值仍不如以守爲戰以逸待勞之
百無一失也惟後一說以爲貿易既斷轉無顧
忌傳聞貨去烟來如果蓄此奸謀倍當防其流
毒蓋粵洋漁船蜑艇之多幾不可以數計其人
貪利亡命無不遠赴外洋而奸夷加意招徠啗

以倍蓰之利卽一蔬一薪亦皆厚給其值並以鴉片與之兌換使之兩獲其利利愈重則命愈輕故夷船寄椗雖遙而冒險犯法以趨之者聞已漸相環集此又斷其貿易之後更出一種私弊不可不亟亟剷除者臣等再四思維惟有以奸治奸以毒攻毒卽與提臣關天培密商販平時所裝大小火船卽雇漁蛋各戶敎以如何駕駛如何點放每船領以一二兵弁餘皆雇用此等民人以爲水勇先赴各洋澳分撥埋伏候至

夜深各船俱已熟睡察看風潮皆順即令一齊
放出乘勢火攻將此等環附夷船各匪船隨燒
隨拏許以燒得一船即給一船之賞如能延燒
夷船倍加重賞此臣籌畫之辦法也茲接關天
培函稱正月二十七日丑刻原任遊擊馬辰帶
水勇四十名由東涌上下濠前進加都司銜之
守備盧大鉞帶水勇頭目盧麟等由屯門前進
以都司用之守備黄琮由后海青山前進把總
楊雄超帶水勇四十名與千總王應鳳外委朱

鎮邦余興邦黃文祥區鎮江各由長沙灣前進將近夷船寄椗之處出其不意一齊發火復將噴筒火礶乘風拋擲燒去屠牛换土之大海船一隻買運烟土之艚船一隻大買辦艇一隻大扒艇一隻蝦笱辦艇三隻雜貨料仔艇一隻賣果子餻餅之扁艇十五隻又將夷船高頭三板前後延燒該夷駕駛逃開撲救漸熄未經沈沒又燒燬海中沙灘所搭蓬寮六處所有逼夷各奸民除在船燒斃及鳧水脫逃淹斃不計其數

外生擒身穿夷袴腳穿夷鞵之匪犯黃添福及
接濟匪犯陳水生喬亞先林亞長鍾亞受劉亞
五袁亞二巫亞二梁得勝林亞得其十名派委
備弁管解來省審辦等情臣等查此次燒燬運
土及濟夷匪船大小共二十三隻蓬寮六處除
燒斃淹斃各犯外生擒十名不惟足懾漢奸之
心亦可以寒嘆夷之膽現將解到各犯嚴審重
辦以示儆戒出力之弁兵水勇由臣等分別超
拔獎賞以昭激勸並飭時加查探如夷船尚未

遠颺匪船旋又趨附仍當相度潮信風勢再予
會合焚燒緣奸民貪利忘生懲創不得不重而
奸夷誘人玩法拒絕亦不得不嚴至別國出入
夷船均遵禁令出具不敢夾帶鴉片並添具不
敢暗代暎夷運貨切結臣等仍多派妥幹員弁
於各口加倍嚴查總期杜弊清源以仰副
聖主訓諭諄諄之至意所有現辦情形臣等會同水
師提督臣關天培粵海關監督臣豫堃合詞恭
摺具

奏伏乞

皇上聖鑒訓示謹

奏

卷一

密陳駕馭澳夷情形片 附夷信

再澳門寄居西洋夷人歷三百年之久貨物自行收稅蓋屋轉賃他夷暎咭唎人早已垂涎其地自嘉慶十三年間暎夷突占澳門礮臺旋經
天朝官兵驅逐從此西夷始有戒心而澳中夷眾良莠不齊難保不被暎夷句通煽誘必使該夷官明於大義上感
天朝恩澤下顧夷眾身家始可固藩籬而資捍衛上年暎夷義律於繳清鴉片以後即有在澳門裝

貨之請經　臣　林則徐嚴切批駁不許開端伊之
詭計不行因而多方違抗七月間將澳內五十
七家㖹眾全行驅逐出澳散住各船而該夷每
以三板駛近澳門潛行窺探是其處心積慮未
嘗一日忘也嗣經不准通商尤恐其鋌而走險
故於澳門水陸加倍嚴防既經前督　臣　鄧廷楨
奏請將新升南澳鎮總兵惠昌耀留香山協之任
復與　臣　等
奏請將高廉道易中孚駐澳彈壓均蒙

聖慈俞允其水陸官兵陸續調派分布澳內澳外要隘者各數百名計已足資策應惟澳地三面皆臨外海暎夷貨船自經逐出之後仍恃有吐嘧嗶唅兩兵船為之護符不免乘間遊奕本年正月初間義律與夷人數名乘坐該夷兵船至九洲停泊義律等潛放三板私行入澳　臣　等接稟卽飭嚴拏旋據該道易中孚等以西洋夷目稟稱澳內華夷雜處若兵役圍拏恐致擾動懇請稍緩自必驅逐等語　臣　等諭令限以日期驅逐

淨盡若過期尚有嘆夷在澳則西洋貿易亦即
暫停蓋馭夷不外操縱二端而操縱只在貿易
一事夷性靡常不得不以此爲把握自責令西
夷驅逐嘆夷之後義律已即出澳而尚有嘆夷
嚤㗔咥咃二名逾期未去臣等當將西夷貿易
示諭暫停一俟嘆夷全逐出澳仍即照常通市
緣西洋夷人在澳內者有
天朝聲威可恃而其出洋之船一至夷界則畏嘆夷
之强顧後瞻前勢所難免臣等責其容留嘆夷

停其澳中貿易則西夷有詞可謝而嘆夷遂無
地可容迨其逐去而貿易復開仍無損西夷生
計但係駕馭權宜之術不敢明宣惟有據實密
陳仰乞
聖明垂鑒至現准軍機大臣字寄欽奉
諭旨據曾望顏奏稱請封關禁海又另片奏澳夷互
市定以限制著悉心妥議具奏等因欽此容臣等
與水陸兩提臣暨粤海關監督備細熟商總期
計出萬全始敢籌議定議另行會摺覆

奏再現值防夷喫緊之際必須時常探訪夷情知其虛實始可以定控制之方茲臣等訪獲暎夷與西洋往來書信六封密令諳曉夷字之人譯出漢文另錄清摺恭呈

御覽謹

奏

謹將訪獲暎夷義律吐嘧與澳門西洋兵頭近日往來密信六封譯出漢文鈔錄清摺恭呈

御覽

暎咭唎領事義律寄澳門西洋兵頭信

義律寄信與西洋兵頭敦阿特雁阿加西阿打

西爾威拉賓多現在暎咭唎在中國貿易首領

事為

欽差及省中官府強霸之事我今以暎咭唎國家之

名懇請求准將暎人存下貨物運至澳門囤貯

棧房依澳門章程納稅今我所求之事並非立

意欲破中國人所定之章程將暎國貨物在澳

門出賣與中國人不過立意欲將暎國之貨物

放於平安之地步使各空船可以開身我今不必多言惟望爾貴人施仁厚之德與嘆咭唎之人我甚感激不淺至我時常思想欲將澳門變爲長久大利益之處我等思想之事時候已至欲將貨物交澳門代理發賣其權係在爾貴人手上以我想來此事亦並未破中國人所立之章程今我求爾貴人熟思此事

一千八百四十年正月初一日在澳門洋面窩拉疑兵船上首領事義律具此外夷本年正月初一日乃是內

地上年十一月二十七日理合聲明

西洋兵頭囘信

西洋兵頭囘覆管理暎咭唎在中國貿易首領事貴人義律之前明鑒澳門兵頭等接得正月初一付來之信欲將暎咭唎船上之貨物搬到澳門不過欲將各貨放於平安地步使各空船可以囘國觀此信中之事我見得自己不能有如此大權囘答此件大緊要之事兼以須依管理澳門地方之法律我亦無如此大權可能定

奪此事故我卽將首領事之信知會此處之西洋底大家商議我等必中雖欲應承惟因中國官府禁止我等不准與首領事有來往我等雖欲將就首領事惟因例禁不能如我等所願故不得已推辭首領事所請現在我等并不爲所失不能在澳做中國與外國貿易之利益而憂愁乃爲不能遵首領事請帶貨物到澳囤積之事而憂愁現在我亦不必多寫書信解明因何不依首領事所請帶貨到澳門囤貯之事蓋首

領事曾在澳門居住數年諒已知道在澳西洋人與中國官府之交情尚望忠厚之嘆咭唎國王保護澳門以免我等受從來所未受過之艱難危險今我等已定奪不能如首領事所請故特寫此囘信與首領事求首領事明鑒體察

一千八百四十年正月十六日在澳門敦阿特厘阿加西阿爾威拉賓多印此外夷本年正月十六日乃是內地上年十二月十二日理合聲明

嘆咭唎夷官吐嚙致西洋兵頭信

窩拉疑兵船船主吐嚧寄信與西洋兵頭敦阿特哩阿加西阿打西爾威拉賓多我現在實不隱瞞爾貴人因爲中國官府出如此要重之告示黏在澳門牆上其中言語暎咭唎住澳之人讀之盡皆驚惶爾貴人亦知道保護暎咭唎人之性命乃係我之專責目下之事乃關于我之重任欲遣一隻兵船進至澳門港口不獨爲保護在澳居住之暎咭唎人亦可以守著澳門以爲有事時退步之計而兵船進澳門並無打仗

之意我正願爾貴人不必理我等與中國之事

如此我亦十分恭敬爾貴人

一千八百四十年二月初四日在澳門洋面寫

拉疑兵船上吐嘧印此外夷二月初四日乃是內地正月初二日理合聲明

西洋兵頭回信

接爾貴人來信云要遣兵船一隻進澳門港口

之事似是與我等國中對敵蓋兵船進口乃懸

來禁止之事即爾貴人之國家亦未必令爾攻

敵我等之道理當水師官特魯里時亦併未有帶兵船進澳門港口之事今　爾貴人之非我特講明如果欲遣兵船到澳門港口乃是不公義之事現在爾貴人所行之事與爾貴人去年所見甚是不同爾貴人若如此言行相違我必將爾貴人之事聲明與嘆國及我等國家知道矣

伏望上天保護於爾貴人

一千八百四十年二月初四日在澳門敦阿特

厘阿加西阿打西爾威拉賓多印此

吐嘧又寄西洋兵頭信

我今對爾說知爾於本日付來之信我已經收到今復有信與爾貴人現在嘆咭唎人要在西洋旗下居住爾肯保護否抑或爾竟任嘆咭唎各人如前六箇月被人苦磨不肯保護耶如果實是不能保護嘆咭唎人須要嘆咭唎人離去澳門爾貴人據實說明我亦立將兵船撤去離此處澳門港口并即將爾所說之話知會我本國之人

一千八百四十年二月初四日在嵩拉疑兵船

上吐嘧印此

西洋兵頭回信

本日内附來問我之信緣我乃係我等國王命來代理此處事情之人我今明回答與爾此處地方與我等國王所管之别處地方不同管别處地方可以給别國人居住若此處給别國人居住此處地方之居民卽不得安靜又受驚嚇之事斷斷不能難道現在嘆咭唎人到船居住

豈卽有各樣擾害乎豈必須到此處居住以爲
保護乎前時嘆咭唎人在澳門居住我亦曾一
體保護此乃實在事情人所共知管理在中國
之嘆咭唎貿易首領事曾讚揚於我卽爾自己
亦曾稱揚於我惟現在此處之事情已比從前
不同中國一封禁伙食所有各樣貿易事務皆
已敗壞矣爾亦知道我等國家與中國相交之
章程律例除卻破壞船隻到來修理之外從未
有何等船隻進至澳門港口我今以我等國家

之名請爾出令吩附海阿新兵船離去此處港口俾我可盡心保護我國家之人民在此地方得以平安㖫咭唎人不要想我留他們在此處居住我亦必守與中國人所定之章程定不肯違背之只是中國與㖫國兩邊之事我皆不理如在爾之第一封信內所說一樣在爾不過係爲爾自已所愛之重任依行如此冒失之事以違犯我等之法律在此等行爲豈得謂之好道理此封信乃我在議事亭與西拏底等會議時

所寫在爾只是指出嘆咭唎人不在澳門居住之難處並不思及西洋五千人爲嘆咭唎人朋友之情亦受重累自首領事囘到此處之後所有之貿易皆要停止所有之稅餉爲西洋兵丁之費以爲係嘆咭唎人平日之平安爾亦當思念及之爾若不念我對爾說之事我即將近來九箇月內所有之事宣布與通天下知道求各國依公義判斷我又對爾說知爾所行之事不獨犯我國法律乃亦有犯於嘆咭唎國家之法

律伏望上天保佑于爾

一千八百四十年二月初四日在議事亭內敦

阿特厘阿加西阿打西爾威拉賓多印此

覆奏曾望顏條陳封關禁海事宜摺

奏為遵

旨悉心籌議恭摺覆

奏仰祈

聖鑒事竊臣等承准軍機大臣字寄道光十九年十

二月十一日奉

上諭本日據曾望顏奏夷情反覆請封關禁海設法

勸辦以清弊源一摺及另片奏澳夷互市貨物亦

請定以限制等語著林則徐怡良關天培郭

并傳諭豫堃知之欽此臣林則徐臣怡良謹將鈔
發原摺細加閱看並傳知臣豫堃一體領閱因
關各國夷人事務祗宜慎密商辦未便遽事宣
揚復經函約臣關天培臣郭　於查閱營伍
之便過省面商茲已詢謀僉同謹將察看籌議
情形爲我
皇上敬陳之查原奏以制夷要策首在封關無論何
國夷船概不准其互市而禁絶茶葉大黄有以
制伏其命封關之後海禁宜嚴應飭舟師將海

盜劓捕盡絕及禁大小民船概不准其出海復
募善泅之人使駕火船乘風縱放而以舟師繼
之能擒夷船即將貨物全數給賞該夷未有不
畏懼求我者察其果能誠心悔罪再行奏懇
天恩准其互市仍將大黃茶葉毋許逾額多運以為
箝制之法所論甚切所籌亦甚周 臣等查粵東
二百年來准令諸夷互市原係
推恩外服普示懷柔並非內地賴其食用之資更非
關榷利其抽分之稅況自上冬斷絕嘆夷貿易

以來疊奉

諭旨區區稅銀何足計論大哉

謨訓中外同欽臣等有所秉承更可遵循辦理絕無所用其瞻顧卽將各外國在粵貿易一律停止亦並不難惟是細察情形有尙須從長計議者竊以封關禁海之策一以絕諸夷之生計一以杜鴉片之來源雖若確有把握然專斷一國貿易與概斷各國貿易揆理度勢迥不相同蓋鴉片出產之地皆在暎咭唎國所轄地方從前例

禁寬時原不止暎夷販烟來粤即別國夷船亦多以此爲利而自上年繳清躉船烟土以後業
經奏奉
恩旨概免治罪卽未便追究前非此後別國貨船莫不遵具切結層層查驗並無夾帶鴉片乃准進口開艙惟暎咭唎貨船聚泊尖沙嘴不遵法度是以將其驅逐不准通商今若忽立新章將現未犯法之各國夷船與暎咭唎一同拒絶是抗違者擯之恭順者亦擯之未免不分良莠事出

無名設諸夷稟問何辜臣等卽礙難批示且查𠸄咭唎在外國最稱强悍諸夷中惟咪唎㗰及佛蘭西尚足與之抗衡然亦忌且憚之其他若荷蘭大小呂宋嗹國喘國單鷹雙鷹啿啵啦等國到粤貿易者多仰𠸄夷鼻息自𠸄夷貿易斷後他國頗皆欣欣向榮蓋逐利者喜彼絀而此贏懷忿者謂此榮而彼辱此中控馭之法似可以夷治夷使其相鬪相睽以彼此之離心各輸忱而內向若概與之絕則觖望之後轉易聯成

一氣伙結圖私左傳有云彼則懼而協以謀我

故難間也我

天朝之馭諸夷固非其比要亦罰不及衆仍宜示以

大公且封關云者爲斷鴉片也若鴉片果因封

關而斷斷亦何憚而不爲惟是大海茫茫四通八

達鴉片斷與不斷轉不在乎關之封與不封卽

如上冬以來已不准嘆夷貿易而 臣等今春查

訪外洋信息知其將貨物載回夷埠轉將烟土

換至粵洋並聞奸夷口出狂言謂關以內法度

雖嚴關以外汪洋無際通商則受管束而不能
違禁不通商則不受管束而正好賣烟此種貪
狡之心實堪令人髮指是以臣等近日更不得
不於各海口倍加嚴拏有一日而船烟並獲數
起者可見𠽾夷貨去烟來之言轉非虛捏不然
以外洋風浪之惡而𠽾夷仍不肯盡行開去果
何所圖若如原奏所云大小民船概不准其出
海則又不能緣廣東民人以海面爲生者尤倍
於陸地故有漁七耕三之說又有三山六海之

諭若一概不准其出洋其勢即不可以終日至
捕魚者只許在附近海內此說雖亦近情然既
許出洋則風信靡常遠近幾難自定又孰能於
洋面而阻之即使責令水師查禁而晝伏則夜
動東拏則西逃亦莫可如何之事臣林則徐上
年刊立章程責令口岸澳甲編列船號責以五
船互保又令於風帆兩面及船身兩旁悉用大
字書寫姓名以及里居牌保惟船數至於無算
至今尚未編完繼又通行沿海縣營如有夷船

竄至該轄無論內洋外洋均將附近各船暫禁
出口必俟夷船遠遁始許口內開船其平時出
入漁舟逐一驗查只許帶一日之糧不得多攜
食物若銀兩洋錢尤不許隨帶出口庶可少除
接濟購買之弊至大黃茶葉二物固屬外夷要
需惟 臣等歷查向來大黃出口多者不過一千
擔緣每人所用無幾隨身皆可收存且尚非必
不可無之物不值爲之厲禁惟茶葉歷年所銷
自三十餘萬擔至五十餘萬擔不等現在議立

公所酌中定制不許各夷逾額多運即爲箝制
之方然第一要義尤在沿海各口查拏偷漏若
中路封關操之過蹙而東西各路得以偷販出
洋則正稅徒虧而漏卮依然莫塞是以制馭之
道惟貴平允不偏始不至轉生他弊若謂他國
買囘之後難保不轉賣𠸄夷此即內地行鋪互
售尚難家至日見而況其在域外乎要知𠸄夷
平日廣收厚積本有長袖善舞之名其分賣他
夷以牟餘利乃該夷之慣技今斷絶貿易之後

卽使從他夷轉售一二亦已忍垢蒙恥多喫暗虧譬如大賈殷商一旦僅開子店寄人籬下已覺難堪惟操縱有方備防無懈則原奏所謂該夷當畏懼而求我者將於是乎在矣至於備火船練鄉勇募善泅之人等事則臣等自上年至今皆經籌商辦理惟待相機而動卽各山淡水上年本已派弁守之始則夷船以布帆兜接雨水幾於不能救渴繼而覔諸山麓隨處汲取不窮則已守不勝守似毋庸議總之馭夷宜剛柔

互用不必視之太重亦未便視之太輕與其涇渭不分轉致無所忌憚曷若薰蕕有别俾皆就我範圍而且用諸國以併拒諸夷則有如踣鹿若因㖆夷而並絕諸國則不啻驅魚此際機宜不敢不慎況所杜絕者惟在鴉片即原奏亦云凡有夾帶鴉片夷船無論何國不准通商則不帶鴉片者仍皆准予通商亦已明甚彼各國夷人原難保其始終不帶若果查出夾帶應即治以新例不但絕其經商如其無之自不在峻拒

之列也又另片請將澳門西洋貿易定以限制
查上年 臣 林則徐先已會同前督 臣 鄧廷楨暨
臣 豫堃節次商議及之嗣經核定章程諭令澳
門同知轉飭西洋夷目遵照即如茶葉一項每
歲連箱准給五十萬斤仍以三年通融併計以
示酌中之道其他分條列款該夷均已遵行本
年正月澳內容留嘆夷即暫停西洋貿易迫其
將嘆夷驅出仍即准令開關亦與原奏請議章
程不謀而合至所請責令澳夷代嘆夷保結一

節現既不准𠸄夷貿易自可毋庸置議臣　等彼
此商酌意見相同謹合詞恭摺覆
奏伏乞
皇上聖鑒訓示再此摺係臣　林則徐主稿內有密陳
夷情之處謹請毋庸發鈔合併聲明謹
奏

尖沙嘴官涌添建礮臺摺

奏爲籌議添建礮臺兩座以資控制而重海防恭

摺

奏祈

聖鑒事竊照廣東水師大鵬營所轄洋面延袤四百餘里爲夷船經由寄泊之區其尖沙嘴一帶東北背負岡陵西則有急水門雞踏門東則有鯉魚門佛堂門而大嶼巨島又卽在其西南四面環山藏風聚氣波恬浪靜水勢寬深暎夷船隻

久欲倚爲巢穴而就粵省海道而論則凡東赴惠潮北往閩浙之船均不能不由該處經過萬一中途梗阻則爲患匪輕上年因暎咭唎桀驁不馴抗違禁令經 臣等與前督 臣鄧廷楨調集官兵在尖沙嘴迤北之官涌等處山梁扎營安礮分爲五路痛加勦擊該夷兵船二隻貨船數十隻始皆連夜遁去但恐兵撤之後仍復聯檣聚泊勢若負嵎必須扼要設防方足以資控制隨飭候補知府余保純署大鵬營參將賴恩爵

新安縣知縣梁星源會同周歷履勘旋據該員等稟稱尖沙嘴山麓有石腳一段其形方長直對夷船向來聚泊之所又官涌偏南一山前有石排一段天生磐固正對夷船南洋來路若兩處各建礮臺一座聲勢既相聯絡而控制亦極得宜等語當經飭令將兩臺高寬丈尺及開築地平並建造牆垛礮洞弁署兵房神廟望樓藥局馬路一切工料價值覈實確估據該員等呈送圖說淸摺臣等逐一核算並委員詳細稽查

凡有可以撙節之處復經酌量核減計尖沙嘴
礮臺估需工料銀一萬七千九百五十一兩零
官涌礮臺估需工料銀一萬四千四十六兩零
實係省之又省必不能少竊思此項工程係屬
防夷要務斷不可緩第
國家經費有常仍不敢請動
帑項臣等當與藩臬運司公同籌畫查有前山營
生息一項係由洋商捐銀發交當商生息前於
嘉慶十四年奏明作爲添設前山營兵餉之用

按年覈實支銷已歷三十餘年之久因而存有
積併盈餘截至道光十九年五月底報部册開
實存銀五萬三千八百餘兩除大鵬營現議更
改營制所需添造快船建立衙署及製備新兵
器械另摺請在此款動支外核其成數尚足以
敷動撥前項礮臺工料之需合無仰懇
聖恩俯念礮臺工費爲防夷所需而捐款息銀與庫
項有間
准於商捐前山營生息一項銀兩動支兩座礮臺經

費並請循照舊章將動用銀兩總數於册內開
除造報免造工料細册報銷感荷
鴻慈倍無旣極至此項工程因夷務喫緊之際先已
購料興工赶緊建築務於夏令南風盛發以前
一律全完以資防制計兩臺應安大礮五十餘
門亦已於腹地各營酌其緩急情形先行運撥
濟用一面籌資購補期於普律森嚴以仰副
聖主綏靖海疆之至意所有籌議添建礮臺緣由據
藩臬運司會詳前來臣等謹會同廣東水師提

督臣關天培合詞恭摺具
奏伏乞
皇上聖鑒訓示謹
奏

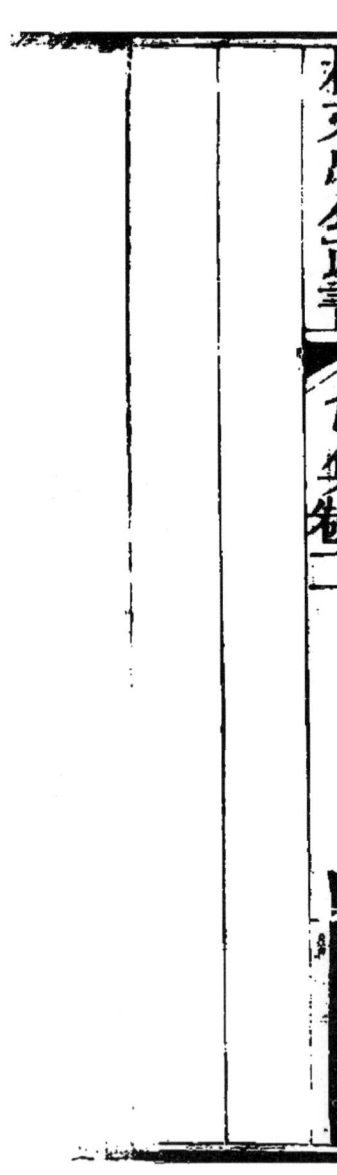

請改大鵬營營制摺

奏爲察看廣東水師情形大鵬營現居緊要籌議改設副將並添撥移改官兵船隻等項以資守禦而重海防恭摺

奏祈

聖鑒事竊照廣東虎門海口爲中路扼要之區於嘉慶十五年設立水師提督駐劄其地西則香山東則大鵬形成兩翼查香山協向駐副將管轄兩營額設弁兵一千七百零九員名兵力較厚

大鵬原止一營額設參將一員管轄洋面四百餘里其中有孤懸之大嶼山廣袤一百六十餘里是以道光十年已將大鵬分爲兩營而所設弁兵只九百九十八員名較之香山營制已有軒輊且所轄尖沙嘴洋面近年更爲夷船聚泊之區該處山高水深風浪恬靜夷船倚爲負嵎之固上年調集官兵痛加勦擊始行全數退出恐兵撤之後仍復聯檣而來佔爲巢穴當又相度形勢在於尖沙嘴及官涌兩處添建礮臺二

座現在工程將竣已於另摺縷析
奏報在案臣等復查尖沙嘴官涌兩處既經建設
礮臺必須調兵防守但大鵬左營額設參將一
員守備一員千總二員把總三員外委五員額
外外委二員步守兵四百九十七名右營額設
守備一員千總一員把總三員外委五員額外
外委二員步守兵四百七十五名除分班出洋
外尚不足以敷巡守據該營縣會議請添經臣
等與水師提督臣關天培再四籌商應將大鵬

改營爲協撥駐副將大員統帶督率與香山協
聲勢相埒控制方爲得力但官兵俸餉歲需支
應
國家經費有常未敢遽議增添惟有就通省各營
設法抽撥幷於水師各缺酌量改抵以歸簡易
飭據司道核議會詳併咨准陸路提督臣郭
核覆前來臣等查外海水師副將共有四缺
內除香山協應與大鵬分張兩翼毋庸更議外
其龍門一協地處邊陲與越南夷地緊連崖州

一協係烟瘴之區且外臨大海內控黎人均爲邊疆要地未便改抵惟澄海一協雖與閩省接壤而上接南澳下連潮州有水陸兩鎭爲鄰尙屬易資聲援應將澄海協副將改爲大鵬協副將移駐大鵬所轄扼要之九龍山地方居中調度其澄海協之都司改爲大鵬協副將中軍都司兼管左營事務駐劄大鵬所城並於大鵬左營添設把總二員外委二員額外二員步戰守兵連新添外委額外名糧共二百九十一名大

鵬右營添設千總一員把總一員外委二員額外二員步戰守兵連新添外委額外名糧共二百零九名以把總一員兵七十五名專防右營官涌礮臺以把總一員駐防九龍礮臺將原駐九龍礮臺之千總一員移防左營尖沙嘴砲臺併帶新設額外外委一員兵丁一百三十名又以外委一員兵丁十五名防守前經裁撤今應設汛與尖沙嘴對峙之左營紅香爐汛又大鵬額設大小米艇六隻撈繒船三隻分撥配巡不

敷派遣應添大中米艇四隻左右營各半以千總一員把總一員外委二員兵丁二百零四名配駕又添快船二隻以額外二員兵丁五十六名配駕其餘外委一員額外一員兵丁十二名隨防九龍聽候副將差遣所添員弁船隻先儘水師各營移撥應請在陽江鎮右營抽撥千總一員海門營抽撥把總一員外委一員龍門協左營抽撥外委一員龍門協右營抽撥外委一員陽江鎮右營抽撥大米艇一隻海安營抽撥

大米艇一隻龍門協左營抽撥中米艇一隻海門營抽撥中米艇一隻又在龍門協右營抽撥撈繒船一隻歸入海安營配緝所需配船弁兵舵工口糧隨船移撥支給至議抽兵丁五百名水陸匀撥水師應抽兵丁二百五十名現在外海內河防堵巡緝在在需人若概於額設步守兵內抽撥未免顧此失彼應在水師提鎮協營酌量抽撥步兵三十七名守兵九十四名酌裁馬兵改補步兵一十名連撥外委本身步糧三

名其得步兵五十名守兵九十四名尚需添補
步兵二十五名守兵八十一名在水師各營馬
糧較多營分將馬糧三十三名改爲守兵步糧
較多營分將步糧一百六十四名改爲守兵均
各歸還原營兵額同馬兵所改步兵一十名遞
年節存馬步糧料等項銀兩撥補增添步守兵
丁一百零六名歲需經費之用此外仍需把總
二員外委一員步兵連外委本身名糧七十五
名守兵一百七十五名應於督標五營及永靖

營酌抽把總二員陸路提標五營酌抽外委一員其原食馬糧一分勿庸隨撥併於陸路各營勻撥步兵七十五名守兵一百七十五名其兵二百五十名均歸大鵬入額其外委仍食本身步糧並在大鵬步兵數內添設額外外委四員仍支本身名糧以資差遣至澄海地方應將澄海協改爲澄海營卽將大鵬參將移駐作爲澄海營參將澄海原有守備二員分爲左右二營左營守備駐劄蓬州所城右營守備駐劄樟林

所城均未便移改將大鵬左營守備改爲澄海
左營中軍守備駐劄縣城經管兩營錢糧其澄
海左營守備改爲左營左軍分防守備仍駐蓬
州有營仍循其舊以資防守所有現改大鵬協
副將都司及澄海營參將左營中軍守備左營
左軍分防守備俱照舊定爲外海水師題補之
缺其水陸各營抽撥兵丁所需糧餉公費紅白
等項以及一切軍裝器械俱由各營撥出隨帶
毋須另添澄海協改駐參將守備有原設副將

都司衙署可以棲息辦公大鵬所城改設都司
亦有守備原署可住其防守礮臺弁兵即住礮
臺均毋須另建衙署惟大鵬添設大快船二隻
各營無可抽撥應另行製造計每隻需用裝造
工料銀四百三十二兩二船共銀八百六十四
兩歲需弁兵口糧燂洗以及修費等項約需銀
一千四百餘兩又九龍地方改駐副將紅香爐
添設汛防應建衙署兵房以及大鵬新兵應製
號衣器械等項所需經費均須預籌查有前山

營生息一項從前係由洋商捐出本銀十萬兩
發交當商生息以作添設前山營兵餉之用除
每年支用外截至道光十九年五月底止實存
銀五萬三千八百餘兩除另摺
奏請動支添建尖沙嘴官涌兩礮臺工料其銀三
萬一千九百餘兩外所有此次添造快船及建
造衙署製給新兵號衣器械等項用費均請於
此項息銀內動支毋庸請動
帑項如此改調添設因地制宜似於海疆控制大

有裨益如蒙

俞允所有添造快船應建衙署兵房製給新添步守兵丁軍械等項　臣　等卽飭令地方文武會同確估辦理其改設副將等官應行鑄換關防並一切營制抽撥細數及未盡事宜統容另行咨部核辦再前山營生息本銀係由洋商捐出與正雜錢糧不同每年止將收支實存數目報部查核今請動支此項息銀以作添造快船衙署製給軍械經費應俟動用後將支用總數於冊內

開除造報懇免備造工料細册報銷合併陳明

臣等謹會同廣東水師提督臣關天培陸路提

督臣郭　合詞恭摺具

奏伏乞

皇上聖鑒訓示謹

奏

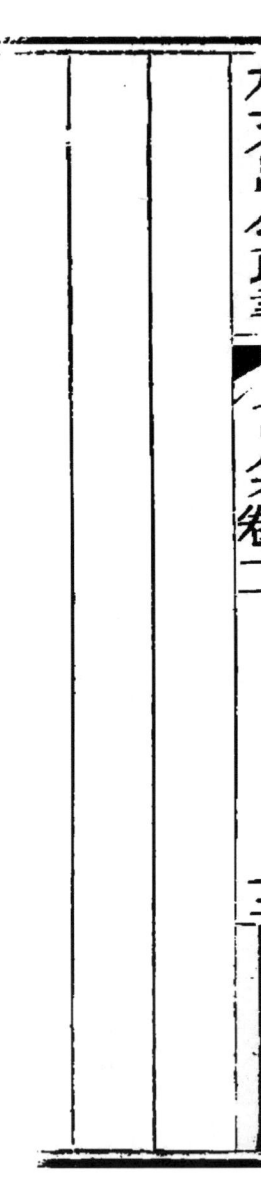

請將烟犯財產充賞片

再粤東鴉片之多本什百於他省自上年查辦至今除收繳夷躉二萬餘箱外其起獲内地民人與販囤藏者亦不下五十餘萬兩皆經陸續燬化期於盡滌前污察看各屬府縣城廂凡在耳目昭著之地大都漸就肅清而鄉曲郵莊山重水複往往恃其僻遠藏垢納污舊時既不少窩存聞拏又轉相寄頓或深房密室守以婦女而莫能窺或祠廟山林埋以坑窖而無由識甚

至裝爲棺柩假作墳塋詭祕萬端出人意表間有訪聞破獲者全藉眼線密爲伺察於其藏匿處所探知眞確乃得搜起原贓若眼線不眞搜查無獲則奸民有所藉口轉恐釀成事端故從前烟禁鬆時患在得規包庇迨禁嚴而情僞疊出又患在託名愼重瞻顧畏難蓋趨避者衆人之常情而因循者官場之積習以爲拏獲不多不過責以疏懈若辦理不善即恐坐以從尤而且僱線先須給資獲案又須重賞賞不重則作

線之人不來卽來者亦必不確其能爲精確之眼線必與烟犯素相親密之人所以不避怨嫌引官指拏者無非圖利耳激於義憤固無其人挾仇邀功亦不多見惟利重則衆人爭趨雖親密者亦不相顧此粤東風氣一時難以轉移而不得不乘機以導之者也官予以利卽爲官用否則走私護私皆其慣技未有不轉爲私用者矣爲私用則私愈不得破而官愈不得知故官必須不惜重貲而後能用此輩然近日州縣無

論其未必樂於捐資卽欲捐而無可捐之資亦安得而責之若營汛武弁則潔已者已難其人更何從語以出資僱線之事雖臣等於報獲案犯疊經捐銀給賞而究不足爲常外此則籌款勸捐事皆窒礙倘因無資購線以致若輩轉助販私則長惡滋奸所關匪細查上年軍機大臣議准浙江撫臣烏

奏立禁烟章程內稱嗣後守口兵弁能將商漁船隻所帶成箱烟土拏獲者將船及貨一半賞給

首獲之人餘貨分賞同查之人又海船偷帶烟
土無論舟人行戶能將藏匿處所指明首告即
將船貨給予舉發之人等語是海船夾帶鴉片
首報之人即時得邀重賞而內地之窩販似亦
可以例推且新例窯口烟館與販之本犯與知
情租雇之業主船戶其房屋船隻皆應一律入
官是破案之後產業已爲官物然若必俟由官
召變始以價銀充賞則延緩需時竊恐有名無
實仍不足以示勸蓋州縣承領估變例應會同

委員勘造估册上下衙門層層駁估總須報部核定方能作準往往累月經年十不變一而空房封鎖已爲鄉鄰作踐匪丐潛蹤又安得有人承受有司憚於賠累甘受遲延處分故歷來入官未變之產案牘纍纍皆其明驗也竊思信賞必罰法既不可枉膏亦不可屯與其候變無期何若即時充賞且如米穀出洋被獲本有船貨給賞之條而卡隘緝拏私鹽亦有車畜並賞之例今鴉片之害較之私運米鹽奚啻霄壤則報

獲之賞似亦不可獨虛應請嗣後拏獲販賣鴉片之案於審明定讞後除烟土烟膏烟具悉數繳官燬化外所有該犯船貨產業概准分別給賞無論在洋在岸一體照行倘有栽烟誣賴希圖冒賞亦必確審實情遵照新例不分首從按法嚴辦庶查拏首報之人有所圖而不相隱庇亦有懼而不敢誣妄而囤販爲奸之輩藏烟雖密破案不難於杜絕根株似有裨益如蒙

俞允所有粵省已獲各案臣等均即飭屬遵辦並請

免其造册咨部以省案牘是否有當謹合詞附

片具

奏伏乞

聖鑒訓示謹

奏

焚剿夷船擒獲漢奸摺

奏爲欽遵

批諭嚴密防範𠸄夷並經設法焚剿夷船擒獲

接濟漢奸謹將辦理情形恭摺

奏祈

聖鑒事竊臣等前次附片具

奏𠸄夷逗留外洋常懼火船猝往焚燒並傳聞該

國有大號兵船將至加意嚴防各緣由欽奉

硃批無論虛實總當不事張皇嚴密防範以逸待勞

主客之勢自判彼何能爲也勉之欽此仰見我
皇上運籌決勝洞燭夷情臣等跪誦服膺莫名欽感
伏查嘆夷近日來船所配兵械較多實仍載運
鴉片探係該國嗌啊啦等處夷埠聞知內地辦
烟嚴緊銷路日稀而夷埠新舊烟土存積纍纍
不肯輕棄是以減跌價值用三桅大船滿載而
來而奸夷遂藉以揚言恫喝冀可准其貿易之
求迨見臣等拒之益堅不爲所動其到粵之吐
嘧嘩喻嘟嚕嚧兵船三隻並現在續到之咯吧

吐兵船一隻亦祗在外洋往來游奕此東彼西
總無定處日則暗放三板分運烟土引誘奸民
零星賤賣夜則拋錨寄碇並招集辦艇環護支
更瞭望以防我兵火攻此外別無動靜誠如
聖諭實無能爲惟思峻拒㗝夷原爲斷絕鴉片乃奸
夷仍私在外洋售賣卽奸民必販至內地行銷
積弊何日能清前功尤慮盡棄且該夷詭計百
出竟不憚虧本以誘愚民查近日公班大土一
箇僅賣洋銀五六圓較之前年秋冬價減十分

之七並訊據先後獲到烟犯供稱有以鵝鴨十
隻換得公班土一箇者並有買過一二次卽可
向夷人賒烟者在彼總欲愚弄沿海之漢奸以
阻撓當官之禁令實屬可惡已極　臣等於前次
燒燬接濟匪船二十三隻之後仍嚴飭水陸文
武力拏通夷匪犯並設法懲創奸夷因其防備
甚周未易乘機下手先於四月間據新安縣
知縣梁星源稟報會同營弁在小濠海邊續燒
辦艇四隻蓬寮五間又獲夷船上廚工梁亞次

等六名除與所獲潛買烟土各犯並案審辦外
一面函商水師提臣關天培以夷船最畏焚燒
仍惟以所畏者設法制之隨經關天培委令副
將李賢都司馬辰守備黃琮盧大鉞林大光選
帶能事把總潘丞蔡楊雄超廖鎮邦關東及外
委盧麟等密授機宜相度形勢分帶兵勇四百
餘名暗伏島澳並多雇素諳夷語線民假裝濟
夷辦艇作爲內應仍於各隘口分派弁兵防堵
五月初九日乘夜半月落時候各隊火船移近

磨刀外洋夷船聚泊處所占住上風出其不意
火船闖進夾燒各線民亦於假辦艇內同時縱
火有吧喱夷船上身穿白衣唤夷持械跳出經
外委盧麟揮合水勇方亞早等奮力殺斃四人
其餘夷眾連船全行燒燬各將備督率把總潘
永蓁楊雄超等乘夷船亂奔之際將火箭火礶
噴筒等物紛紛拋擲又將載有烟硝之夷船燒
燬一隻另有夷船一隻桅帆著火棄椗駕逃經
夷眾將火撲救先後延燒大小辦艇十一隻又

燒燬近岸篷寮九座其衝突竄逃各夷船彼此
撞碰叫喊不絕夷人帶傷跳水燒斃溺斃及被
烟毒迷斃者不計其數我兵並無被害惟於殺
斃吧哩船上夷人時有水勇二名被夷劍斫傷
手膀尚不甚重該將備等於火發後分投截拏
逸艇適有罟船一隻慌忙奔竄當將人船並獲
其船內有烟盒烟槍及各種烟具一併起出又
有棄艇逃赴篷寮及由篷寮復逃之犯亦俱拏
獲計先後獲犯姜亞連等十三名現在行提嚴

審辦理此次該英夷猝遭焚剿傷斃已多而嘟
嚕噎船上帶兵之夷官嚽啐啪嚏亦在該船病
斃並查悉夷兵吸水受毒患病者甚眾似此頻
經受創當亦共知
天朝重地非幺魔異類所可玩法偷生如再抗不回
帆抑或別滋奸計 臣 等仍惟恪遵
批諭不事張皇明則以逸待勞倍森嚴而鎮靜暗則
相機而動期震讋其貪頑一切機謀密之又密
以仰副

聖主訓誨諄諄之至意至唤夷未銷貨物恐其私行
寄頓影射進口節經臣等會同粤海關監督臣
豫堃逐一嚴查即他國貨船中稍有形蹟可疑
者如咪唎㗳國之啖吐一船吐嘰一船呂宋國
之吻噸一船因查閱該國船牌貨單譯出漢文
與現船所載貨物未盡符合立即逐出不准進
口嗣後尤當時加釐剔務使各國夷人咸知法
度嚴明不敢希圖朦混以肅海禁而絕詭謀所
有現辦情形謹會同水師提督臣關天培恭摺

具

奏伏乞

皇上聖鑒謹

奏

查獲汛弁黎祥光等串詐客船片

再粵東河道綿長時有匪艇出沒不得不分遣兵役管駕巡船往來梭緝而查弊之人難保非即舞弊之人是以屢飭縣營嚴查舉發不准稍有徇庇茲據署清遠縣知縣黃炳然三水縣知縣浦國仁先後禀報有南海縣客民林裕利在韶州府城買得鐵釘一百五十餘擔領有關口稅單遣夥曾顯揚雇船運赴佛山發賣本年三月初六日船至清遠縣石基河面被巡船撥搶

鐵釘一百一十餘擔尚存三十餘擔初九日船
至三水縣胥江河面復被該處弁兵搬搶均勒
寫失水字據原領稅單被初處搶鐵船上丟棄
河中經該事主林裕利之兄林裕勝呈報該二
縣會營勘訊逼稟並據各該管將領查明揭報
將汛弁黎祥光歐國泰盧廷彪黃安邦同各汛
兵何得剛等並請斥革解省審辦臣當飭提訊
據該汛弁兵僉供因清遠營大燕汛一帶水溜
河寬恐有販私偷漏留倚線民密加偵探本年

三月初六日線民白亞彪報有客船運載私鐵經過該汛目兵何得剛稟明界排汛額外歐國泰轉告把總黎祥光帶同三四兩號巡船駕至石碁河面趕赴客船聲稱緝私趕出鐵釘搬入四號巡船其時客夥曾顯揚祗以空言分辯初未說有稅單迨把總黎祥光趕到詢以若非私販有何爲憑該客夥甫將稅單呈驗該把總始知誤向搜查而四號巡船已搬有鐵釘七十二簍先載回營該把總遽被控告當將稅單丟棄

河中令寫失水字據希圖寢事該客船仍載餘
鐵前行其大塘汛外委黃安邦亦因線人誤報
帶同本汛及附近各汛兵丁駕船至三水縣晉
江河面守候初九日見該客船經過指為走私
搜得鐵釘三十二簍搬載回汛該客夥將原有
稅單被大燕汛弁丟棄令寫失水緣由詳晰言
明該弁兵亦恐告發令其照寫失水字據船聽
開行各汛弁所起鐵釘均已賣銀分用此訊據
大燕大塘等汛各弁兵所供客船經由清遠三

水兩縣石基胥江河面先後被搜鐵釘之大略
情形也查該客船所載鐵釘既執有關口稅單
自非私販大燕等汛弁兵即使先係誤搜迨見
稅單何以不即還贓轉向勒寫字據且大燕汛
既經搜過未將人船截留大塘汛弁兵何得更
疑其為走私將鐵釘全行搬載回營況鐵釘並
未繳官竟各瓜分售賣明係假巡緝為由串同
搶奪迨發覺提省復因事主客夥未到恃無質
證隱匿真情即各該管守備亦難保無庇縱情

事現將清遠右營守備伍志雄署三水營守備
事千總余孔彰均先撤任調至省城備質員缺
另委接署其犯事之把總黎辭光盧廷彪外委
黃安邦額外歐國泰同各汛兵何得剛等一併
褫職革糧發司飭傳事主客夥勒集未到犯證
研審確情據實按擬照例分別
奏咨外臣與撫臣暨水陸提臣仍嚴飭各文武於
員弁兵役實力稽察防閑如有骫法營私務即
痛加懲創以安商旅而靖地方謹將查獲弁兵

串詐現在審辦緣由附片奏

聞伏乞

聖鑒謹

奏

追奪張石氏誥封摺

奏爲核辦控案查有再醮婦女冒受

封典應行追奪

誥軸以重名器恭摺

奏祈

聖鑒事竊照本年二月間有籍隸新會縣寄居南海

縣之張石氏赴臣衙門遞呈以伊夫原任福建

閩安協副將張保在日曾於嘉慶十五年間將

銀二萬八千兩交付職員伍燿南生息置產有

書信收單爲據道光二年夫故四年該氏自閩
回粵上年二月向討被吞控縣未結等情當查
張保郎係嘉慶年間投誠之洋盜張保仔曾任
副將身故其生前果否將銀託人置產被吞自
須查有確據方可着追郎經批司飭縣錄案申
送核辦並因張石氏呈內自稱命婦果否受有
誥封亦須查明以防假冒去後茲據南海縣知縣劉
師陸稟覆此案據張石氏與伍耀南在縣控訴
訊無中證爲憑所繳信單飭令伍耀南當堂寫

字核對筆蹟迥不相符該氏現年六十五歲先
嫁鄭一爲妻夫故之後改嫁與張保爲繼室道
光元年曾經請有
封典稟請核辦前來臣查張石氏自閩回粵十有六
年其夫張保在日果有交存伍耀南銀二萬八
千兩何肯任欠多年近始出控且既稱嘉慶十
五年交銀置產維時張保已在廣東省城入伍
何難將伍耀南代置各產之契收回執業而轉
任其侵收花息至三十年之久尤非情理況所

執信單乃本案要據經該縣比對筆蹟絕不相符又無中證爲憑明係揑造圖詐業已飭縣速行究結勿任狡延至張石氏前夫鄭一乃從前廣東洋盜之渠魁黨夥蔓延橫行海上倖逃顯戮自伏冥誅張保卽張保仔本係蜑戸幼嗣鄭一爲子並受安南國僞封鄭一斃後接管幫船所聚大小匪艇數百隻盜夥數萬人刦掠商民戕傷將士其罪逆更有甚於鄭一粵省濱海郵莊受其荼毒之慘至今閭巷傳聞痛心切骨卽

嘉慶十五年閒悔罪乞誠其中反覆情形亦非一次均有舊案可稽當時在事諸臣舍劓言撫亦係爲民蘇困事出權宜現在遞呈之張石氏即鄭一之妻改適張保以疊作萑苻之眷屬竟濫邀翟茀之光榮是其名節俱虧實恐玷汙章服查命婦夫亡再嫁按律尙應擬罪追奪所以勵貞操而重名器也今張石氏係再嫁後請

封光爲冒混現尙恃係命婦平空捏詐纏訟不休自

應奪其原請

誥軸追部察收仍將該氏飭族約束稽查庶足以儆
奸邪而維風化 臣 謹會同廣東巡撫 臣 怡良恭
摺奏
聞伏乞
皇上聖鑒訓示再查張保之子張玉麟曾蔭千總現
年二十七歲並未投營亦有被控聚賭之案併
飭審明虛實另行覈辦合併陳明謹
奏

咦夷續來兵船情形片

再咦咭唎夷船逗留外洋臣等疊飭各將弁帶

領兵勇火船設法焚剿於五月初九日乘夜縱

火燒燬夷船三隻業經會摺奏

聞在案查該夷自貿易斷後每揚言兵船多隻即日

到粵臣等不爲所動而仍密爲之防除上年所

到之吐嚧嘩喻兩船與近時續到之嘟嚕噎咯

吧吐兩船在外洋游奕情形先已查明具

奏外茲據澳門文武稟據引水探報五月二十二

日望見九洲外洋來有兵船二隻一係大船有礮三層約七八十門其一較小有礮一層二十三日陸續又來兵船七隻均不甚大礮位亦祇一層又先後來有車輪船三隻以火焰激動機軸駕駛較捷此項夷船前曾到過粵洋專爲巡風送信兹與各兵船或泊九洲或赴磨刀或赴三角外洋東停西竄皆未敢駛近口門 臣 等查中路要口以虎門爲最次卽澳門又次卽尖沙嘴一帶其餘外海內洋相通之處雖不可勝數

然多係淺水暗礁祇足以行內地之船該夷兵
船不能飛越所有虎門各礮臺先已添建增修
與海面所設兩層排鍊相爲表裏猶恐各臺舊
安礮位未盡得力復設法密購西洋大銅礮及
他夷精製之生鐵大礮自五千斤至八九千斤
不等務使利於遠攻現在該處各礮臺計有大
礮三百餘位其在船在岸兵勇隨時分撥其有
三千餘名至澳門地方自
奏委高廉道易中孚與

奏留升任之香山協惠昌燿會同防範先後派駐
兵勇亦有一千三百餘名又尖沙嘴一帶新建
礮臺兩座業已趕辦完工並設法購辦大礮五
十六位分別安設其附近山梁駐兵其有八百
餘名此外各小口及內河水陸要隘亦皆添兵
多名協同防堵聲勢已皆聯絡佈置並不張皇
現在該夷兵船亦祇飄泊外洋別無動靜即使
此後漸圖窺伺而處處皆有準備不致疎虞此
時商旅居民極爲安謐即他國在澳夷人亦皆

各自貿易安靜如常而臣等密察周防總不容一刻稍懈且隨處偵拏接濟嚴斷漢奸務合盡絕句通俾其坐困第恐在粤無可乘之隙該夷船趁此南風盛發輒由深水外洋揚帆竄越臣等現又飛咨閩浙江蘇山東直隸各省飭屬嚴查海口協力籌防以冀仰紓
宸念謹合詞繕片附陳伏乞
聖鑒謹
奏

咦夷兵船情形片附夷帖

再咦咭唎來粵兵船除上年所到之吐嗌嗶喻
兩船及本年續到之嘟嚕嚧喀吧吐兩船先經

隨時

奏報嗣於五月二十二三等日又到大小兵船九
隻車輪船三隻遊奕外洋東停西竄臣等示以
鎮靜不事張皇而仍嚴密周防於水陸各要隘
加礮添兵處處準備並嚴拏接濟杜絕句通復

將籌辦情形於五月二十五日附片奏

聞在案茲查近日該暎夷又先後到有大小兵船十
隻車輪船二隻仍止散泊外洋別無動靜並揚
言不先尋釁諒欲懈我軍必旋於海灘上插一
木牌寫有漢字說帖妄稱內地船隻不准出入
粵省門口俟英國通商再行無阻又稱魚船日
間出入不爲攔截各邑鄉里商船可赴英國泊
船之處貿易等語查暎夷中有嗎哩噠能書漢
字上年一切夷稟皆出伊手此次說帖諒卽該
夷人所寫揣其鬼蜮伎倆一則希圖挾制通商

一則招引奸徒與販與其所稱不先尋釁之言

又大相剌謬當經函囑提臣關天培如果該嘆

夷膽敢攔阻行舟即當示以兵威不容滋擾又

查該夷說帖內有國主命伊前往中國海境據

實奏明之語而先來之咯吧吐一船及後到之

咘啉嘛等船八隻車輪船三隻又據引水稟報

於五月底及六月初間先後駛出老萬山東向

揚帆而去瞭望無蹤飭據洋行總商伍紹榮等

轉呈咪唎㗎夷稟譯出漢字內稱聽說嘆夷兵

船係赴浙江江蘇又有人說往天津等情臣等
復查夷情詭譎凡事矯飾虛張固難憑準而現
値南風盛發外洋浩無界限亦無從遏止前行
如其駛至浙江舟山或江蘇上海等處該二省
已疊接粵省咨文自皆有備不致疏虞若其逕
達天津求通貿易諒必以爲該國久受
大皇帝怙冒之恩不致遽遭屏斥此次斷其互市指
爲臣等私自擅行倘所陳尙係恭順之詞可否
仰懇

天恩仍優以懷柔之禮

勅下直隸督 臣 查照嘉慶二十一年閒暎國夷官囉咡啊咪吐嘚等自北遣回成案將其遞詞人由內河逐站護送至粤藉可散其牙爪較易就我範圍倘所遞之詞有涉 臣 等之處惟求

欽派大臣來粤查辦俾知

天朝法度一秉大公益生其敬畏之誠不敢再有藉口事關控制外夷 臣 等管窺所及謹合詞附片

密陳並將該夷說帖另錄清摺恭呈

御覽伏乞
聖鑒訓示再沿海閭閻現俱照常靜謐合併聲明謹
奏

抄錄夷帖

謹將㖗夷兵船所出漢字說帖鈔錄清摺恭呈

御覽

大英國特命水師將帥爲通行曉諭事照得粤

東大憲林鄧等因玩視

聖諭相待英人必須秉公謹度輒將住省英國領事

商人等詭譎强逼揑詞誆騙表奏無忌故此大

英國主欽命官憲著伊前往中國海境俾得據

實奏明

御覽致使太平永承妥務正經貿易且大英國主恭
敬
皇帝懷柔內地安分良民嚴命本國軍士設使民人
不爲抗拒卽當凜行保全各人身家產業是則
該民無庸驚懼乃可帶同貨物接濟赴到英師
之營汛定要施惠保護給爾公道價錢也且大
憲林鄧揑詞假奏請奉
皇帝停止英國貿易之諭以致中外千萬良人吃虧
甚重緣此大英國將帥現奉國主諭旨欽遵爲

此告示所有內地船隻不准出入粵東省城門
口兼嗣後所指示各口岸亦將不准出入也迨
俟英國通商再行無阻本將帥纔給符官印發
檄曉諭所應經商之港口不爲攔截又沿海各
邑鄉里商船亦准往來可赴英國船隻停泊之
處貿易無防特示

嚴辦烟案栽贓入犯片

再臣等嚴拏鴉片尤必重辦栽贓緣差役眼線皆非正人在密查暗訪之時斷不能不用而假公濟私之弊實不可不防是以諭飭各屬凡帶差役線人查拏烟案必先將其人搜檢一過無夾帶者方許上前又獲到烟犯一名即令獲犯之人將如何查拏情形當堂詳細供指使烟犯聞知無可置喙然後再向該犯追究鴉片來歷以成信讞而杜侵欺第烟犯情節各不相同有

不必栽贓者亦有不能栽贓者如平日本係著名窯口及積慣興販早爲人所共知或聞拏先逃久而始獲則雖棄贓滅迹亦不能末減其辜其或首夥先後到案供證僉同或查獲帳簿發單已有賣烟確據則亦不待起出鴉片始能定其罪名所謂不必栽贓者此也又如盈箱累篋攙入別貨之中地窨夾牆藏於密室之內一經破獲爲數孔多非外人所得預埋即挾仇亦難誣陷則犯供雖或狡展而眾證卽是確憑所謂

不能栽曬者此也所最宜防者惟零星之小土
與熬熟之烟膏價賤物微人必因而叵測每獲
此種烟犯臣等無不加倍留神如本年三月間
有清遠縣人鄧亞帶假造烟膏裝貯一小錫盒
預藏莫亞三柴船內商囑譚亞得張安等引同
差役往拏圖詐當經訪獲訊認不諱又據番禺
縣獲到羅定人李亞有糾同林亞士陳超等攜
帶烟膏至番禺縣桑周氏家藉搜查鴉片為名
搶得番銀及首飾衣服等件又據歸善縣營會

獲兵丁何連升等將鄉民首繳之烟土二塊向
王大受羅亞玉等栽害藉稱搜查搶取番銀四
員八員不等又據新會縣訪獲從九品職銜周
如齡卽周超宇因素知同縣之張亞信有錢怕
事商同族弟周導澄等攜帶烟槍一枝烟盒一
箇指爲張亞信之物將其擄捉圖詐銀三百兩
未成經該縣訪獲周如齡質認屬實此外未經
栽贓平空訛詐之何伯達等及甫造假士卽被
訪緝之周亞榮等亦經逐一拏獲隨時發審飭

屬按例嚴辦總期法無枉縱罪當情眞庶足折
服人心即以湔除積習謹將歷辦情形合詞附
片奏
聞伏祈
聖鑒謹
奏

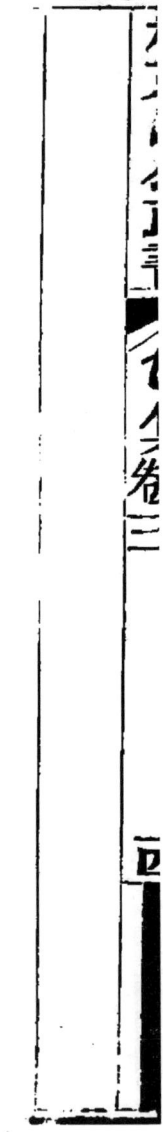

嘆夷兵船移泊枝椅沙情形片
再嘆夷兵船先後到粵內有數船復出老萬山
俱經臣等將來去情形隨時
奏報並該夷寫有漢字說帖妄稱欲阻內地行舟
及該國王遣令前往中國海境奏明等語又經
照錄夷帖恭呈
御覽在案茲查六月初十前後該嘆夷兵船內有七
隻及車輪船二隻又陸續開出老萬山揚帆遠
去而日內據報復到有兵船三隻雖保非即前

開之船去而復至統計現在共有夷船十隻雖仍散泊外洋而間有一二船乘潮駛至相距虎門五十餘里之椗椅沙一帶遇見內地出入之鹽船商船即潛遣三板攏近探詢官兵消息廹內地各船駛近口門則又不敢追問蓋夷船所恃專在外洋空曠之處其船倘可轉掉自如若使竟進口內直是魚遊釜底立可就擒勦辦正有把握而彼亦揣摩已久深悉情形不敢冒死輕入每日東飄西泊莫定行蹤夜更遊奕不停

深恐我兵復用火船潛往燒燬揣其狡獪伎倆
無非挾制通商勢不得不示以兵威難容久滯
此時水陸各要隘悉已周防一切制勝機宜均
與水師提臣關天培密爲商定因現值南風盛
發師船出口係向南行尚須加意愼重一得可
乘之隙卽當整隊放出外洋大張撻伐臣等相
機籌辦總求計出萬全不許將備弁兵藉口遷
延亦不敢任其孟浪至民間習見夷情虛矯仍
俱靜謐如常堪以仰紓

宸注所有近日夷務情形謹合詞繕片附陳伏乞

聖鑒謹

奏

議覆葉紹本條陳捕盜事宜摺

奏爲遵

旨查議捕盜事宜謹就粤省情形力加整頓恭摺覆

奏仰祈

聖鑒事竊准部咨欽奉

上諭鴻臚寺少卿葉紹本奏捕盜事宜一摺著各直

省督撫妥議具奏欽此臣等查原奏臚列四條如

移會隣封協捕嚴懲牌保咨留守望宜責同郡

審案不累事主此皆申明定例自宜實力奉行

況粵省盜賊視他省爲尤熾是以例上另立專條以廣東內河刦案夥聚四十人以上或行劫三次或脫逃二三年後就獲應斬決者均加梟示恭請

王命先行正法誠以海濱蠻野不得不加倍從嚴也

臣等竊見廣東弭盜之難別有數端而尋常之弊不與焉一則良盜難分也他省之民良自良而盜自盜廣東不然平時耕種之民遇有貧夜糾刦者但以發財去三字隨路招呼鮮不欣然

同往故一同爲盜之人彼此每不相識卽人數
亦無可稽甚至田舍素封衣冠巨族亦皆樂於
一試若惠潮地方則竟有以盜起家轉因黨與
太多不能破案人不敢指官不得拏者並有通
族皆盜通鄉皆盜一拏卽恐滋事不得不略審
機宜設法誘獲者此盜風所以未易戢也一則
互刦難防也他省之盜只圖得財廣東之盜並
因仇起此鄉往刦彼鄉此縣往刦彼縣爲盜者
並非貧苦竟以挾嫌行强被盜者不卽呈官輙

先糾人報復逭事過則彼此互控各匿眞情並指局外爲主謀扳富家爲窩主案情變幻歧之又歧此盜情所以未易詰也一則原贓難起也盜案以贓爲憑贓眞然後盜確故別省緝盜之法以查贓爲先廣東則盜贓移赴墟場無不立時賣盡及至輾轉售賣大都不識姓名是以歷辦盜案獲贓者少無獲者多部臣查核案情亦皆覆准此係歷久相沿辦法今若必令逐案起贓又恐差保藉端向當鋪衣莊索詐而犯之狡

展案之懸宕將因是而愈紛此辦法之未易輕改也一則夥黨難究也訪聞粤東巨盜每先密結親信匪黨發誓拜盟如遇破案到官彼此各自熬刑不相供指即獲正賊嚴訊往往供出同夥非富即仇雖傳到審虛立時省釋其人業已受累而眞夥未經供出聞風轉已遠颺地方官即設法訪查驟難得手至各縣紳衿中多有攻匪保良之公約不知起自何時其始所保所攻未嘗不當迨久之而漸成袒庇難免黑白混淆

臣等惟當諭令禁止以祛流弊此查緝之未易得實也一則花紅難繼也廣東積習官欲獲盜必須先出花紅從前原爲急公迨後竟成常例盜愈著名則花紅愈重若稍吝嗇即無從購覓線人其有關於官員處分者家屬親隣愈以居爲奇貨即臣等亦有欲禁而不能驟禁之勢況花紅而外解犯辦罪所費尚多地方官年遇數起盜案賠累多端恐開虧挪之漸此經費之未易措籌也以上各情形臣等惟有隨地隨時力

加整頓總必求臻實效不使徒托空言即如保
甲為弭盜之源而奉行非循故事巡警為詰奸
之要而委用務在得人凡水路之巡船陸路之
更練沿郵之望樓保寨均不許有名無實除本
年春夏二季獲犯一千三百八十八名已於另
摺核
奏外仍惟諭飭水陸文武各員勤益加勤密更求
密冀萑苻歛戢閭井安恬以仰副
聖主綏靖海疆除莠安良之至意所有遵

旨查議緣由據司道會詳前來謹合詞恭摺覆

奏伏乞

皇上聖鑒謹

奏

嘆逆兵船續籌剿堵摺

奏爲嘆逆在粵兵船雖未敢滋事而漸有擄船尋

釁情形現又續添兵勇酌籌水陸剿堵以期早

靖夷氛恭摺

奏祈

聖鑒事竊照嘆咭唎兵船陸續到粵去住靡常截至

本年六月下旬尚存七隻業將往來船數並周

密防堵情形隨時奏

聞在案該嘆夷自上年斷其貿易以來日播浮言或

稱剿有多船踵至或稱攔截內地行舟無非挾
制逼商圖銷鴉片 臣等恪遵
批諭不事張皇而各口防兵倍加嚴整彼見拒之甚
力無隙可乘故來者既隨到隨開剿在者亦旋
停旋駛是先前猶未尋釁尚可使之自困不值
海上交鋒今則已在浙洋妄肆鴟張罪大惡極
自知上干
天朝震怒難望仍準通商在粤夷船遂亦漸形猖獗
竟將海運鹽船先後擄去十四隻甚至槍斃民

船舵工盛全幅一名並傷水手杜亞發一名華
民憤切同仇指引弁兵在洋拏獲白夷吐嗹嚩
一名黑夷嘶唎及吃吐兩名解官究辦該暎夷
又信托在澳西夷代求釋放並稱如不允准即
欲進澳滋擾藉端恫喝情實難容雖現在暎夷
兵船七隻內又向老萬山外駛去一船其火輪
船去而復回者亦止一隻惟該國尚有載貨帶
烟各船約二十餘隻同泊在洋其船亦有礮械
難保不串謀生事亟應痛予剿除前經陸續調

集各營大號米艇二十隻並雇募紅單船二十
隻拖風船二十六隻於選配兵丁之外復募挑
壯勇千餘名製配礮火器械遴委將備管帶先
於內洋逐日督操以備戰攻之用又前後購備
大船二十餘隻均交水師提 臣 關天培分派各
將備隨帶應用 臣 林則徐擬於本月二十日帶
印登舟赴離省八十里之獅子洋將所練各兵
勇親加校閱如技藝均已精熟卽擇日整隊合
其全出大洋併力勦辦 臣 林則徐亦赴虎門駐

劄與提 臣 就近籌商隨時調度 臣 怡良現值秋
闈期近仍駐省城支應一切署廣州將軍 臣 奕
副都統 臣 英 先於五月間聞有暎夷兵船
來粵卽經預選滿營水陸精兵一千名咨會 臣
等隨時調遣當因省垣重地防守尤爲緊要仍
令按段稽察以備策應而壯聲威惟查師船在
大洋接仗恃佔住上風仍須相度機宜於風潮
順利之時始令進發不敢輕率僨事亦不敢遷
延失時如能迅獲勝仗擬卽由驛奏

聞仰紓
聖廑至澳門地方久爲暎夷所覬覦而西洋中奸良不一亦難保無暗與句結之人卽此次所獲暎夷與西夷本無干涉而乃代爲稟求釋放並以進澳滋擾之言虛張挾制雖所獲暎夷無足輕重然此時若徇所請則損威示弱轉無以戢叵測之心臣等不得不嚴行批駁惟西夷旣稱兵單力薄各有戒心自應振我軍威於代爲保護之中卽寓鈐制防維之道查澳門先調兵勇千

餘名在關閘一帶巡防兵力尚未甚厚臣等現
又添調督撫兩標官兵連前其合二千名派委
督標參將波啟善署肇慶協副將多隆武署撫
標守備程步韓等帶入澳內與升任香山協副
將惠昌耀等會合防堵仍責成
奏委駐澳之高廉道易中孚悉心籌策務協機宜
不得稍涉優柔致貽後患並先曉諭西洋夷眾
以澳門係
天朝疆土伊等累世受廛渥荷

深恩豢養今恐𠸄夷進澳滋擾該西夷力不能敵是
以特遣重兵來澳與爲保護不使他族得以占
居如西洋中竟有昧良之人潛與𠸄夷句結卽
須獻出懲治倘竟被其愚弄轉而阻撓官兵是
大昧於順逆存亡之理必至玉石俱焚後悔何
及且澳內一無出產日食所需悉資內地卽使
𠸄夷占澳一經斷其接濟彼亦無以自存第不
忍使西夷並受其害惟專心內向則外侮自不
敢欺陵爲此明白開導諒西夷亦不至爲𠸄夷

所愚而澳門得此重兵當亦可期靜謐總使恩
威並濟操縱咸宜以冀仰副
聖主綏靖華夷至意所有續籌勦堵情形臣等謹會
同署廣州將軍臣宗室公弈　副都統臣宗室
英　水師提督臣關天培陸路提督臣郭
合詞恭摺具
奏伏乞
皇上聖鑒謹
奏

卷四

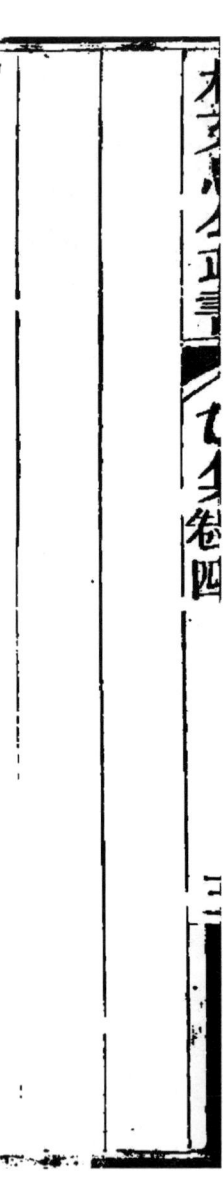

密探定海夷情片

再臣等因粤洋現有𠸄船自必常通浙信是以
屢經設法密探定海情形偶有覓得夷信譯出
漢文知此次領兵攻定海城者名曰啼𠴲啉其
統兵之夷目一人名曰咖啞㕗啤係東印度水
師提督所坐夷船最大名曰麥爾威厘有礮七
十四門該船進定海港口時碰於大礁之上底
穿一孔入水甚深幾於沈沒又有帶兵夷官職
分頗大之呵嚩哘被我師打死現在𠸄逆甚望

定海居民回至該處與之同住而民人屢招不至所出章程亦無人肯信沿海漁船悉皆避去各夷船本係隨帶鵶片售作資糧今已火食無多轉瞬風色將轉均甚愁急等情是其伎倆之窮已可概見臣等竊思粵省民人患其與夷相習而此時浙省之民轉欲其習於夷而後便於行事若如夷信所言火食無多又恐風色將轉是正有可乘之機與其交鋒於海洋未必卽有把握莫若誘擒於陸地逆夷更無能爲或將兵

勇扮作鄉民或將鄉民練爲壯勇陸續回至該
處詐爲見招而返願與久居一經聚有多人約
期動手殺之將如雞狗行見異種無遺惟機緘
不可洩露現聞該逆中有咭吐噠一名僞爲定
海縣官其人能爲華言更須防其詭計臣等已
具密函飛致浙江撫臣烏　斟酌辦理第係遥
揣情形未知當否謹再附片密陳伏祈
聖鑒謹
奏

卷四

關閘地方樊石洋面疊將逆夷擊退摺

奏為粵省水陸官兵堵禦嘆逆疊將逆船擊退傷斃夷匪多名現仍遵旨加緊嚴防恭摺奏祈

聖鑒事竊照嘆咭唎在粵兵船先俱散泊外洋未敢生端尋釁迨聞逆黨滋擾浙洋之信遂亦漸見鴟張業經臣等將續調官兵雇船募勇酌籌勦堵情形於本年七月十九日會摺奏

聞並陳明臣林則徐親赴離省八十里之獅子洋校閱兵勇就近調度在案拜摺後臣林則徐即於二十日至獅子洋泊舟將本年所派各備弁豫練壯勇技藝逐一親加校閱如演放大小礮位拋擲火毬火礶撒放火箭噴筒以及爬桅跳船各技與水師官兵一體演試均尚可觀隨即順赴虎門與水師提臣關天培熟商剿辦旋據防守澳門文武各員禀報七月二十二日未刻暎逆嗶喻崙等帶領該夷各兵船潛放三板十餘

隻與火輪船一隻乘東風長潮之際由九洲外
洋駛至近澳迤北之關閘一帶突然開礟該處
係前山營赴澳門經由旱路兩邊皆海中有天
然甬道一條因在蓮花峯脚下土人象形名之
爲蓮花莖其適中之地豎一關門並設有關閘
汛把總一員稽查來往蓋以禁止住澳之西洋
夷人不使越此而北也惟是澳門有西夷所立
礟臺六座而關閘至前山一帶爲華夷交涉處
所向無官建礟臺雖有把總酌帶汛兵巡防守

望而地當空曠除兵房數間之外障蔽全無　臣
等先已慮及逆夷伺間擣虛恐必乘潮滋擾以
圖洩忿早經添派兵勇協防該汛並飭據高廉
道易中孚酌築土墩分置大小礟位是日在事
文武瞭見夷兵船突如其來卽時開礟迎擊因
該逆火船相距較遠其三板易於轉動見岸上
礟口所向彼卽閃避故甫經交鋒之頃夷船被
礟者無多迨閘內閘外官兵一齊趕到高廉道
易中孚率同署澳門同知蔣立昂香山縣丞湯

聘三由南而北署肇慶協副將多隆武督標參
將波啟善等由北而南署提標遊擊阮世貴等
在中間往來援應升任香山協惠昌燿率領師
船駛至青洲海面水陸夾擊將夷船前後桅柁
打傷並擊沈三板數隻礮斃逆夷落水者不計
其數復有續至夷船趕來助勢經香山水師兵
丁羅名贊曾有艮麥朝彪三人連轟數礮立斃
夷兵目一人及夷兵十餘名夷船且戰且逃至
戌刻俱向九洲大洋竄去該洋潮勢最急不能

撈獲夷屍惟岸上及淺灘陸續檢獲夷礮彈子大小二百餘個重十餘斤至三十斤不等計接仗至三四時辰之久查點我兵陣亡者六人壯勇內亦傷斃三人俱經優加獎卹其帶兵營員內參將波啟善與水師守備陳宏光頭面受傷均堪醫愈自關閘至澳門一帶咸保無虞署香山縣知縣吳思樹因訪聞逆夷尚謀進犯前山以圖報復即由香山縣城挑帶鄉勇馳赴前山策應併雇繒船八隻在內河隘口堵禦 臣 林則

徐當又添調南韶連鎮總兵馬殿甲帶兵七百名三江協副將陳連升帶兵三百名擇要分駐以壯聲勢計沿海陸路先後調防兵勇已及八千名布置俱甚聯絡又據水師探報逆夷兵船俱由九洲仍竄遁東之磨刀洋面間有駛至伶仃洋之北及礬石赤灣等處游奕臣林則徐當與提臣關天培在沙角海口鼓勵各船兵勇整隊出洋探蹤迎擊茲據稟報八月初五日卯刻在洽水角瞭見火輪船一隻駛至龍鼓面即令

快艇及原雇梔風各船先往追躡各放礮火擊其船腰該火輪船即刻逃去隨探得龍穴西南有夷兵船一隻其東首又有夷兵船四隻三板五隻我師追至申刻候選都司馬辰與護提標右營游擊王鵬年同坐一船首先攏近喋嗵之船奮勇接仗督令把總李亮記委毛旭升連開三千斤銅礮二門將其前面頭鼻打壞其船上拉繩之人紛紛喊嚷滾跌落海該船先猶開礮回拒彈如星飛有礮子嵌入師船頭桅量深五

寸迨被我師攻敗傷斃多人夷眾手忙腳亂僅放空礮或係船上礮子用盡亦未可知是時有他船趕護前來又經師船開礮轟擊斷其繩纜不能駛進惟於我師回擊他船之際喋嚦船即乘隙隨潮南竄時已昏黑不及窮追當將各船收回於亥刻仍抵沙角查點弁兵受微傷者僅止數名即被礮各船間有損壞亦皆易於修整次日據漁船撈獲夷帽五頂夷鞋二隻及夷船上打落油纜三節長二丈餘帆檟一根長九尺

餘又轉軸一箇係夷船起碇推桅所用均經繳到師船請賞併據稱初五日晚見有夷屍數十具隨潮漂去又據引水探報夷人撈獲屍具在磨刀山根瘞埋內有伙長一名礮手三名夷兵十一名併據新安縣稟同前情臣等查此次嘆逆疊受創懲應知震懾惟其犬羊成性鬼蜮居心難保不別肆奸謀另圖報復又聞夷埠尚有兵船續至益當加意防閑且臣等前奏查知夷船越竄江浙緣由茲承准軍機大臣字寄欽奉

上諭著林則徐等嚴密周防於水陸各要處處準備
併嚴拏漢奸毋使句通接濟該督等仍當示以鎮
靜不事張皇是爲至要等因欽此謹卽恭錄咨會
提臣欽遵辦理查現在澳門虎門俱有重兵駐
劄附近之香山新安等縣亦已撥械添兵愼固
封守其四面當海之南澳達濠碙州瓊州等以
及孤懸島嶼瀕海邨莊均飭處處準備併將出
入之漁蛋各艇愼密稽查嚴杜句通接濟仍與
在事文武恪遵

訓諭務示鎭靜不許稍事張皇各市廛安謐如常足
以仰紓
宸念所有連次勦堵逆夷情形謹會同水師提督臣
關天培陸路提督臣郭　合詞恭摺具
奏伏乞
皇上聖鑒再臣怡良因鄉試屆期入闈監臨臣林則
徐即由虎門回省合併陳明謹
奏

議覆團練水勇情形摺

奏爲遵

旨查議團練水勇情形恭摺覆

奏仰祈

聖鑒事竊準部咨道光二十年七月初二日奉

上諭給事中沈鑅奏請飭沿海各省團練水勇一摺

著沿海各將軍督撫等酌量地方情形妥議具奏

欽此並鈔録原摺前來臣等查粤東漁人蜑户以

及濱海居民多以採捕爲生不畏風濤之險土

人所稱爲水鬼者隨在有之如新安縣之大澳香山縣之淇澳陸豐縣之高螺饒平縣之井洲向有善泅之人傳聞能於海底晝行夜伏並能於船底鑿漏沈舟上年粵省驅逐鴉片躉船臣林則徐與臣怡良暨調任督臣鄧廷楨密商即擬貲以爲用迫經雇募多名逐加演試亦僅能於內洋淺港往來鳧泛求其深泅數丈潛伏多時者實乏其人始知向所傳聞乃係言過其實茲臣阿精阿到任後留心諮訪並據副都統臣

宗室奕　告知前署將軍時亦曾於操練旗營水兵之便會同副都統臣宗室英　試過水勇技藝所見遠不及所聞然當防夷喫緊之時恐此輩被其句作漢奸或為盤運鴉片利之所在不免爭趨仍惟收而用之在官多一水勇即在洋少一匪徒與給事中沈鑅現在所陳似已不謀而合又因粵省沿海口岸有三千六百餘里之遙額設水師兵丁實不足以敷分派自上年以來或由民間自行團練以保邨莊或由府縣

雇覓壯丁以資捍衛即如中路一帶所雇練勇用以協防磯臺隘口並配入拖風紅單等船者已有一千五百餘名疊次隨同焚剿唤夷藉可以壯軍威而助兵力惟是雇用此輩流弊亦多權宜雖在暫時而駕馭必須得法蓋其來從烏合非比有制之師而又獷悍性成每易藉端生事即令舉出頭目亦係素與習熟之人分既不足以相臨權亦不足以相制全在管帶之員弁猛寬並濟鈐束有方故當其招募之時即令查

明親屬取具的保詳開名册各給腰牌示以拊循厚其雇值平日勤加操練漸以化其囂陵臨事不藉衝鋒祇令備爲策應其犒勞賞卹仍予從優使有顧戀之心不萌他念第口糧安家一切用費較繁且若輩久處行間習知虛實其中亦有所不宜故又須加意防維隨時稽察果能遵守紀律出力向前則留營酌編入伍否亦酌量資遣妥爲管束以杜日後非爲是雇募水勇之策係屬因時制宜而欲其能發能收則惟有

妥籌經理始可防其流弊也臣等謹就粵省地

方情形邉

旨查議並會同廣州副都統臣宗室公奕　臣宗室

英　合詞恭摺覆

奏是否有當伏乞

皇上聖鑒訓示謹

奏

密陳夷務不能歇手片

再臣渥受

厚恩天良難昧每念一身之獲咎猶小而

國體之攸關甚大不敢不以見聞所及敬爲

聖主陳之查此次暎逆所憾在粵省而滋擾乃在浙省雖變動若出於意外其窮蹙正在於意中蓋逆夷所不肯灰心者以鴉片獲利之重每歲易換紋銀出洋多至數千萬兩若在粵得以復興舊業何必遠赴浙洋現聞其於定海一帶大張

招帖每鴉片一斤只賣洋錢一圓是卽在該國孟啊嗌等處出產之區尚且不敷成本其所以甘心虧折急於覓銷者或云以給雇貲或云以充食用並聞其在夷洋各埠賃船雇兵而來費用之繁日以數萬金計卽礮子火藥亦不能日久支持窮蹙之形已可概見又夷人向來過冬以氈為暖不著皮衣蓋其素性然也浙省地寒勢必不能忍受現有夷信到粵已言定海陰溼之氣病死者甚多大抵朔風戒嚴自然舍去舟

山揚帆南竄而各國夷商之在粤者自六月以
來貿易爲嘆夷所阻亦多氣憤不平均欲由該
國派來兵船與之講理是該逆現有進退維谷
之勢能不内訌於必惟其虚憍性成愈窮蹙時
愈欲顯其桀驁試其恫喝甚且別生祕計冀得
陰售其奸如一切皆不得行仍必帖然俛伏臣
前此屢經體驗頗悉其情即此時不値與之海
上交鋒而第固守藩籬亦足使之坐困也夫自
古頑苗逆命初無損於堯舜之朝我

皇上以堯舜之治治中外知鴉片之爲害甚於洪水
猛獸卽堯舜在今日亦不能不爲驅除
聖人執法懲奸實爲天下萬世計而天下萬世之人
亦斷無以鴉片爲不必禁之理若謂夷兵之來
係由禁烟而起則彼之以鴉片入內地者早已
包存禍心發之於此時與發之於異日其輕重
當必有辨矣臣愚以爲鴉片之流毒於內地猶
癰疽之流毒於人必也癰疽生則以漸而成膿
鴉片來則以漸而致寇原屬意計中事若在數

十年前查辦其時吸者尚少禁令易行猶如未
經成膿之癰內毒或可解散今則毒流已久譬
諸癰疽作痛不得不亟爲拔膿而逆夷滋擾漸
洋即與潰膿無異然惟膿潰而後疾去果其如
法醫治托裏扶元待至膿盡之時自然結痂收
口若因腫痛而别籌消散萬一毒邪內伏誠恐
患在養癰矣溯自查辦鴉片以來幸賴
乾斷嚴明
天威震疊躉船二萬餘箱之繳係嘆夷領事義律自

行遞稟求收現有漢夷字原稟可查並有夷紙
印封可驗繼而在虎門燬化烟土先期出示準
令夷人觀看維時來觀之夷人有撰爲夷文數
千言以紀其事者大意謂
天朝法令足服人心今夷書中具載其文諒外域盡
能傳誦迨後各國來船遵具切結寫明如有夾
帶鴉片人卽正法船貨沒官亦以漢夷字合爲
一紙自結之後查驗他國夷船皆已絕無鴉片
惟嘆逆不遵法度且肆鴟張是以特奉

諭旨斷其貿易然未有淅洋之事或尙可以仰懇
恩施今既攻占城池戕害文武逆情顯著中外咸聞
非惟難許通商自當以威服叛第恐議者以爲
内地船礮非外夷之敵與其曠日持久何如設
法羈縻抑知夷性無厭得一步又進一步若使
威不能克即恐患無已時且他國效尤更不可
不慮臣之愚昧務思上崇
國體下懾夷情實不敢稍存游移之見也即以船
礮而言本爲防海必需之物雖一時難以猝辦

而爲長久計亦不得不先事籌維且廣東利在通商自道光元年至今粵海關已徵銀三千餘萬兩收其利者必須預防其害若前此以關稅十分之一製礮造船則制夷已可裕如何至尚形棘手 臣節次伏讀

諭旨以稅銀何足計較仰見

聖主內本外末不言有無誠足昭垂奕禩但粵東關稅既比他省豐饒則以通夷之銀量爲防夷之用從此製礮必求極利造船必求極堅似經費

可以酌籌創禆益實非淺鮮矣臣於夷務辦理
不善正在
奏請治罪何敢更獻芻蕘然苟有禆
國家雖頂踵捐糜亦不敢自惜倘蒙格外
天恩寛其一線或令戴罪前赴浙省隨營効力以贖
前愆臣必當殫竭血誠以圖克復自粵省各處
口隘防堵加嚴察看現在情形逆夷似無可乘
之隙藉堪仰慰
宸懷謹繕片密陳伏祈

聖鑒謹

奏

番務完竣赴任日期摺

奏爲甘省番案現無應行會辦事宜欽遵

批諭前赴陝西巡撫新任謹將起程日期恭摺

奏報仰祈

聖鑒事竊臣仰荷

恩綸補授陝西巡撫仍留甘肅會同布彦泰達洪阿

籌辦番務當卽具摺叩謝

天恩並請將會辦事竣於到任之前先行進京

陛見欽奉

硃批毋庸來京可赴任時即赴新任欽此臣跪誦之
下敬繹再三既不敢以瞻就下忱再行瀆請而
本任之職守與番務之情形尚須權其緩急查
本年沿邊各卡隘防守綦嚴並無野番竄入惟
上冬循化廳卡外之黑錯寺番賊劫殺洮州土
司一案官兵赴彼緝兇膽敢抗拒戕害不得不
懾以軍威是以數月以來臣未敢遠離甘省當
與督臣布彥泰等疊次
奏明添兵易將恪遵歷奉

諭旨攻其要害殲厥渠魁務使番族等知威知懼茲

經達洪阿帶兵勦辦將主令抗官之僧寺及恃

衆濟惡各番莊悉行焚燬賊番巢穴爲之一空

其逃至果岔地方希圖負嵎爲固者復經痛加

勦擊斬獲甚多餘衆乞命投誠隨經收撫將田

地招良承種大兵凱撤回營計此案先後解到

番犯共有六十三名除西甯鎮總兵站住所獲

內有訊係株連之人業經隨時釋放外其餘均

已分別勘辦另行會摺具

奏又本年以來拏獲番賊漢奸多起亦就其情節
輕重會覈罪名分別
奏咨完結達洪阿於撤兵後經過省城與督臣布
彥泰及臣面述一切遂回青海本任布彥泰以
奏准親巡邊隘亦在料理起程臣前由西甯回至
蘭州已閱四箇月現與布彥泰達洪阿訪詢輿
論咸謂向來番匪出沒靡定雖不敢保其久遠
無事而此時野番之懾伏邊隘之安恬實與去
歲情形判若霄壤臣思近年番匪鴟張原因弁

兵怯懦所致卡隘幾同虛設既不能堵賊於未來之先入山視爲畏途又不能擊賊於失事之後卡內則有漢奸熟番爲之引路通信卡外則有番僧巨寺爲之匿犯窩贓是以來去自如肆無忌憚不獨民間疊遭劫掠即飛官亦若泛常不獨草肥始出迨兒即寒冬亦多肆擾經此次大加懲創之後番衆知喇嘛寺院不足恃爲護符我兵知大礮擡槍實能遠攻克敵軍威既振賊膽自寒加以督臣帶兵親往各卡周歷巡閱

新任提臣台湧不日卽可到甘亦能力加整頓
臣現在別無應行會辦之事而陝省文闈伊邇
巡撫例應監臨所有科場事宜亦須先期督辦
免致臨事周章是以臣謹遵前奉
硃批可赴任時卽赴新任定於六月二十四日由蘭
州起程除俟行至西安接受撫篆另行專摺
奏報外所有察看甘省現無會辦事宜謹遵
批諭赴任緣由理合繕摺具
奏伏乞

皇上聖鑒謹

奏

卷一

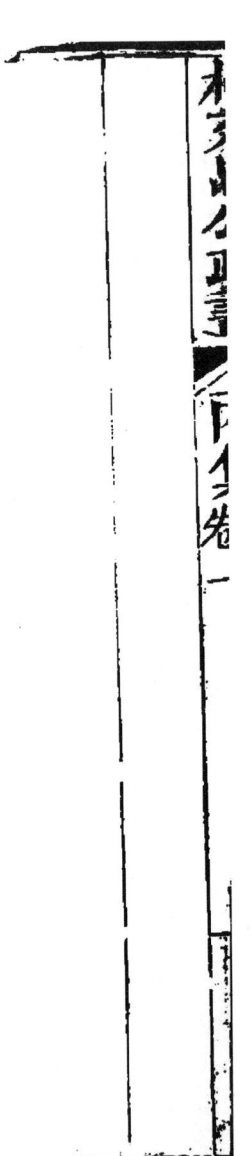

請將渭南縣余炳熹量加鼓勵摺

再陝省之渭南富平大荔蒲城一帶久爲刀匪出没徑途緣此數處回族最多素以爭鬬爲能搶竊爲利與刀匪互相句結勢燄益張攫財物則彼此分贓聞緝拏則糾同抗拒有窩巢以爲藏身之固有器械以爲抵禦之資不獨兵役避其兇鋒即州縣營員亦不免望而卻步雖訪知著名惡黨亟應搜捕驅除而轉思惜費憚勞不如省事又恐負嵎恃衆易致損威且即破一巨

巢獲一大夥而又慮及在逃餘犯或設計報復
或捏控抵制其爲累者正多並又憚於干吏議
之嚴因起獲火器刀矛而轉咎其從前之失察
是畏累之心愈甚卽緝匪之勁愈鬆諱飾因循
漸至養癰貽患 臣現將此等錮習剖析開導務
令極力破除州縣中果能緝捕認眞有犯必獲
不獨寬其既往並當奬其微勞若仍存遷就私
心畏難粉飾必卽立加參劾以杜各屬效尤此
次渭南縣知縣余炳燾督率兵役親挐此案匪

徒計先後格殺擒獲三十餘名奪獲火器軍械
多件實能除暴安良不避艱險並於先事豫知
布置周密安詳故雖兵役多受槍傷而辦理尚
能妥速不致釀成巨患民間輿論咸謂除一禍
根若各州縣皆能似此認眞匪類何從託足可
否將該縣余炳燾量加鼓勵俾州縣咸知激勸
之處出自
皇上逾格恩施謹附片陳
奏伏乞

聖鑒訓示謹

奏

籌議銀錢出納陝省礙難改易摺

奏爲遵

旨籌議銀錢出納事宜體察陝省情形據實具

奏仰祈

聖鑒事竊照前准部咨奉

上諭穆彰阿等奏遵旨會議御史劉良駒條奏銀錢畫一章程一摺銀錢並重本係制用常經果能隨時酌覈不使輕重相懸裕國便民兩有裨益未可輒稱窒礙不思設法變通著該督撫等各就地方

情形詳細體察悉心妥議具奏務使法立可以推行不致滋弊毋得任聽屬員巧爲推諉稍存畏難苟安之見僅以一奏塞責欽此又軍機大臣會同戶部議覆內閣侍讀學士朱嶟條奏貴錢濟銀一摺奉

旨依議欽此並抄錄各原奏咨行到陝當經前撫臣轉飭司道暨各府州酌覈籌議臣到任後復經詳飭細加體察設法變通不許畏難推諉去後茲據司道彙覈屬稟會議具詳前來臣思銀錢

相輔而行利散於民而權操自上果能廣用錢
之路自足持銀價之平惟變通本以濟時而制
宜首須因地查部議章程四條本以陝西列入
陸路六省之内固已知其非比東南各省一葦
可杭而仍議令查明有無内河水路原冀一處
能通舟楫卽於一處先令試行無如陝省七府
五直隸州所屬九十一廳州縣之内錯處於南
北兩山者計已五十九處重巒疊嶂車轍尚不
能通此外三十二處雖屬平原之地亦無内河

水路可達省垣是以行旅往來非車卽馱並有馱載亦不能通之處則須雇夫背負腳費愈繁此費若出諸官則恐滋虧空之端若取諸民又恐啓派累之弊是陸路之難以運錢實係限於地勢似不能勉强而行也且陝省銀錢市價長落無常有時竟與別省迥異如本年七月內臣甫到西安省城每紋銀一兩可換制錢一千八百餘文迨至九十月閒每兩僅換錢一千二三百文不等較前兩月頓減錢五百餘文之多衆

人皆以爲詫異訪詢其故則僉稱歲歉糧貴之
時銀價必然跌落其理亦不可解如果此後銀
皆落價似亦相宜然又忽低忽昂不能豫料且
當陝省銀賤之際鄰省銀價仍昂而未聞有市
儈販錢來陝買銀以圖獲利者可見陸路運費
太大不能取贏若以市儈所不能爲者責令有
司爲之其勢自更不易查內閣侍讀學士朱嶟
原奏請將各屬銀錢視省垣時價爲準今以陝
省觀之即有難以作準者如省城現在銀賤而

各屬之銀偏貴則領錢而回者不能與該處銀價相敵州縣不甘賠累即難强以遵行且缺分衝僻不同錢糧多寡亦異有此屬之所解而爲彼屬之所領者領錢之人非即解錢之人稍有參差遂滋爭執似亦非上司所能强制若論常年稅課原可銀錢並收但查陝省額徵商筏稅以及地畝牙當鹽茶磨鐵各課每年共銀六萬八千五百餘兩內除鹽課項下支給西安將軍養廉銀一千六百兩外其餘皆應報部候撥此

正部議所云撥解之款應照舊徵銀不能改議
者也以工程言之近年應修各工概因經費短
絀奉文停止即間有刻不可緩奏准辦理之工
亦係爲數不多通年無幾或因本有息款始准
支銷與其改用錢文仍不如加意撙節之爲有
益也惟陝省留支項下有可以變通用錢之處
如文武各官養廉公費並各屬額支夫馬工料
及各關局額支收稅書役口食等款俱可搭放
錢文查道光二十三年覆奏陝局減卯開鑄案

內即已議准凡養廉等項每領銀一兩內搭錢一百文抵作銀一錢每年共搭錢三萬六百四十三串三百六文共扣回庫銀三萬六百四十三兩三錢六釐按季報部現仍遵行無異是變通用錢之議陝省所辦已在他省之先其未經搭錢者現扣六分平頭計每年扣銀亦在二萬兩以上若再加搭錢文則減平一項轉覺扣不如數且即使此等款內再令減銀添錢亦不過杯水車薪於大局似仍無濟至兵餉項下未便

再搭錢文則前撫臣李星沅先已奏荷
恩俞自毋庸議當此權衡制用上廑
宵旰疇咨臣但有一得之愚斷不敢存苟安之見惟
就陝局情形細加體察實有難以改易者亦有
業已變通者應請仍循舊章庶免轉生窒礙所
有遵
旨籌議緣由謹據實恭摺覆
奏是否有當伏乞
皇上聖鑒訓示謹

奏

酌籌平糶量撫極貧片

西安同州鳳翔乾州等府州屬本年夏秋被旱收成歉薄業經　臣將咸甯等廳州縣應納銀糧倉穀酌請分別緩徵

奏蒙

恩允在案惟此次受旱之區二麥多未播種即其已種出土者亦因久不得雪未能穩固盤根來年生計所關難免人心惶恐是以　臣前經

奏明先擬酌辦平糶查西安等四府州屬現存常

平倉糧共有一百一十餘萬石向因久貯在倉恐致霉爛故有推陳易新存七出三之例每年冬春酌量出借秋後收納還倉今遭此歉年據各屬稟請推廣章程勿限存七出三之數多爲借給以期民食有資但　臣細核情形竊以爲出借之例止宜行於常年若歉歲則須改出借爲平糶於貧民乃有實濟緣陝省常年出借惟擇素有恒產之戶秋後有糧收入者令其春借秋還若隨時買食之貧民則恐其力不能還不肯

輕爲借給此歷辦之情形也茲值歲歉價昂此
等買食貧民正虞食貴亟須爲之調劑不應轉
將倉貯糧食借與素有恆產之人然竟借給貧
民又恐有借無還徒致積爲民欠故與其照案
出借不如照例平糶之爲宜也第平糶有應嚴
防之弊竇亦有應變通之章程如例載奸商牙
蠹揑名零買囤積射利本應按律治罪然治之
於揑買之後何如杜之於未買之先臣與司道
熟商正值編查保甲之時即責令地方官統將

戶口確切查明分晰註册凡應准平糶之貧戶
核其大小幾口塡給印單一紙令其憑單買糧
每一次准將五日之糧一併糴回隨於單內蓋
戳仍交該戶收執爲下次買糧之據仍分別各
鄉排日匀糴週而復始如此辦理可免擁擠之
虞而囤積射利之徒亦不能希圖冒混矣其章
程有應變通者如出糶有額減價有數固應示
以限制又糶價錢文應由州縣易銀先解司道
存庫隨後發還買補亦屬層層稽核之道但辦

理若過於枸執恐吏胥轉得因緣爲奸查地方
官惟在得人知該州縣本不可信即不可令其
辦荒果其可信則既委其經手平糶應即責其
手買還無論糧之多寡價之增減總以能發
能收使原額倉糧顆粒無虧爲止似不必節節
請示以及一解一還徒勞往返轉爲滋弊之端
且該州縣果能經理有方則初處糶得價錢尙
可賫向別處糧賤之區再行購買轆轤轉運所
濟更多是倉糧祇能供一次平糶之需而轉運

更可收斂亦平糶之益其要歸於擇人妥辦而已至此外極窮之民以及老幼廢疾即使減價平糶彼亦無力買食其爲顛連困苦尤可矜憐
國家經費有常何敢遽行議賑惟有官爲收養俾免餓殍在途現在西安省城收養者已有三四千人市廛悉皆清靜各屬亦令一體酌辦並勸有力之戸量出錢米各濟各鄉使其受者知情予者見德則卹貧即所以保富而地方亦藉獲安恬以期仰副

聖主軫卹窮黎之至意所有酌籌平糶及量撫極貧
緣由理合附片陳明伏乞
聖鑒謹
奏

覆奏部議陝甘捐輸經費再行詳覈摺

奏爲陝甘捐輸經費遵照部議再行籌畫覈辦恭

摺奏祈

聖鑒事竊准戸部咨稱議奏陝甘捐輸番案經費應

准給予餘限兩月扣至二十七年二月底一律

截止所捐銀兩原爲番案而設擬令湊足七十

萬兩分貯陝甘兩省藩庫加謹封貯以資儲備

其所請提銀四十萬兩發商生息一節原因常

年設卡遊巡豫爲籌計但發商每年輸息亦祇

獲息四萬兩設遇急需而所發本銀難以剋期收回似宜實存在庫提用較爲便易應令該督撫等查照現議將該省緩急情形通盤籌畫詳加酌核再行奏辦其十一月以後所收捐銀及餘限內續收銀兩均應報部撥用藉資周轉所有歸完減平銀六萬六千七百兩迅卽委員批解部庫毋稍稽遲又附片奏稱陝西第三次捐輸收銀六十餘萬兩除現經議令湊歸陝甘兩省藩庫外計數儘有盈餘擬卽在此項內提銀

三十萬兩以充收買商米之用立卽委員解赴
天津道庫交納毋稍遲誤等因具奏奉
旨依議欽此咨到臣等欽遵辦理除陝西省已委試
用同知雍載慶等三員各管解捐輸銀十萬兩
分作三起均已於正月起程赴天津道庫交納
不敢稍有稽遲外其議定以七十萬兩分貯陝
甘藩庫一節查甘省捐局三次奏報其收銀十
一萬一千八百餘兩除應解部歸完原借減平
銀數尚不敷存貯之數自應卽由陝省覈撥解

甘並陝西藩庫封貯之項均各專案報部仍照
臣等前摺所請遇有重大事宜必須專摺
奏明方准動用以重公項而備不虞惟現准部議
既令臣等將緩急情形通盤籌畫詳加酌核再
行奏辦遵即往返熟商從長計議不敢僅顧目
前潦草塞責竊以番務爲甘省最累之端自古
至今不知辦過若干次數果有一勞永逸之法
前人早應絕其根株必不肯將就一時仍貽後
來之累無如該番衆等族類既不可勝數栖帳

又並無定居且無恆業以資生但恃擄奪爲長
技捕一處則一處暫爲斂迹辦一年則一年僅
免鴟張如有關顧不到之時防範未周之地彼
即狼奔豕突無惡不爲即如前年鉅案叢生上
年賊蹤稍斂此中無他謬巧總惟嚴防卡隘勤
拏漢奸賊未來則分兵遊巡賊既至則合兵勦
擊雖不能盡期破獲究不敢稍任空虛然如此
辦理則須有常年額支之經費有臨事急需之
經費所謂臨事者如遇大股抗拒必須多用兵

威若上年剿辦黑錯寺之類即部議所云存庫提用較爲便易亦即臣等前摺所云必須奏明方准動用者是也若常年阨要防卡防河及分派遊巡之弁兵欲其認眞嚴守不敢躲避虛報則不得不另給口分使之果腹有資始能勇奮從事以是計之即終年安然無事亦須二萬兩上下方敷給發以無已之支發若取諸藩庫封貯之項自然日見減少且該年之中又難保無臨事亟需奏請動用之款則年復一年不久

即歸烏有臣等苟但顧目前此數年內未必不可敷衍而爲久遠之計似生息一項勢不可無即如前摺所請於捐項提出四十萬兩發商生息經部臣核明每年祇可獲息四萬兩原係爛照數計再不能斷有加多然若以二萬兩爲添防及遊巡舟兵口食之需仍以二萬兩歸本則二十年後本已歸足息仍長流較之全由封貯款項支發日見消耗似爲久遠之圖查陝局捐輸自第三起具

奏之後又有續收銀二十九萬餘兩豫計截至二
月底止陸續呈捐者當復不少覈數總有盈餘
合無仰懇
皇上天恩俯念邊境防番在在皆須設備所有臣等
前請提銀四十萬兩生息一項仍求
恩准辦理庶兩藩庫封貯之款可期永遠存留不至
日久消耗實於邊務有裨現據兩省司道稟稱
查近年陝甘商力亦甚疲乏或須將生息分數
酌量減輕之處容臣等察看各屬情形再行分

別核辦總期有裨公事無拂輿情其自十一月
以後至餘限期內所收捐銀除發商生息外自
應遵照部議全行報撥但查甘省地連關外每
年所需兵餉四百餘萬悉由江浙豫東等省及
長蘆兩淮撥解前來程途既遠陸運維艱若將
捐輸條款抵解他省協甘之餉似可稍省輾轉
解運之煩而他省應行解甘餉銀又可另為就
近撥注如此一轉移閒於
帑項並無出入盈縮而運費節省實多似一舉而

數善備焉臣等通盤籌畫彼此札商意見相同
是否有當謹合詞恭摺具
奏伏乞
皇上聖鑒謹
奏

覆奏漢回情形片

再臣在四川途次承准軍機大臣字寄道光二十七年五月初二日奉

上諭李星沅密奏辦理回務體察情形等語據稱此次剿辦雲州回匪揆度機要內回富而外回貧外回強而內回弱與其濫殺而徒滋藉口不如密計而先務攻心且邊郡不知有法由來已久莫如持平執法俾漢回同體犯則重懲行保甲以清內匪團練以禦外匪各等語着林則徐於到任後詳加

體察酌量情形悉心籌辦原片鈔給閱看另摺奏
回犯張富於投誠後隨往緬甯勸諭漢回旋被該
回匪逼令入夥嗣訊據犯供張富在雲州觀音閣
被矛戳傷身死旋據回寨繳到犯屍檢驗被傷處
所與訪獲該犯之母妻等所供相符現仍解省驗
訊辦理等語亦著林則徐詳細訪察張富果否被
矛致斃及屍傷犯供等是否確鑿萬不可輕信人
言遽以爲實總當設法研求務得實據詳悉覆奏
將此諭令知之欽此臣 跪誦再三並將

發下李星沅原片詳加閱看其所云漢回同體執法
持平與其濫殺而徒滋藉口不如審計而先務
攻心等語洵係熟察情形務求公允之論伏思
漢回搆衅不過民與民讎迨至糾眾抗官則兵
不得不用然已疊經剿辦尤須永冀安恬前此
永昌之後緬甯又起緬甯之後雲州又起懲創
非不痛切而仍反覆無常總由人人以報復爲
心即處處之猜疑易起加以游匪造言挑釁漢
回多爲所愚意欲藉以復仇而不知適以自害

彼則利其焚奪人已陷於敗亡此種匪徒最爲可惡前督臣李星沅及兼署督臣程矞采節次懲辦者業已不少猶恐潛蹤匿迹煽惑爲奸故外匪一日不除卽禍根一日不斷如何始能淨絕現臣與撫臣均在加意講求此時以軍務而言似善後特爲餘事而以清源而論則杜患正貴深籌竊思漢回雖氣類各分而自

朝廷視之皆爲赤子但當別其爲良爲匪不必歧以爲漢爲回果能各擇其良以漢保回以回保

漢協力同心共驅外來游匪則所謂同體者非
復虛言而所謂攻心者毋煩勁旅與李星沅前
所密陳似相脗合惟 臣 甫經抵任一切未及週
知容當體以虛心持以實力不敢以目前息事
稍任各屬文武相率因循至張富一犯之死雖
人言皆以爲實 臣 到滇所訪並無異辭而仰蒙
諭令設法研求斷不敢遽行輕信竊思犯屬欲其生
不欲其死或不免指僞爲眞而仇家欲其死不
欲其生必不肯隨聲附和張富爲回中稔惡漢

民與之深仇積恨者實繁有徒臣現以審究漢奸爲由酌提人證暗查與張富仇恨最深者數名倏提到向其窮詰庶幾水落石出眞贋不致混淆除再詳細研求務得實據另行覆

奏外謹先附片陳明伏祈

聖鑒謹

奏

審辦雲州等處漢回各匪摺

奏爲審明前在雲州等處糾衆抗拒劫殺之漢回各匪分別定擬並將情重之犯六名即行正法以昭炯戒恭摺奏祈

聖鑒事竊照調任督臣李星沅片

奏飭據順甯文武在雲州之新村訪拏新興州外回黑臉馬五等犯因其持械拒捕經兵役將黑臉馬五馬滿大二犯格殺割取首級生擒匪黨郭望年張小老李春有馬庭汶馬富呂會原六

名飭解來省審辦迨臣程矞采到任後復飭搜捕匪黨先後據臬拏獲回匪董老官漢匪范小黑二一犯亦經具

奏在案嗣又獲范小黑之黨張小沅一名提同前獲各犯至省委員確審玆據審明議擬由藩臬兩司覆審招解前來臣等率同在省司道親提研鞫緣董老官係陝西渭南縣回民向在雲南雲龍州一帶小本營生郭望年即郭老四又名郭老九係四川銅梁縣漢民先年移至雲南新

興州居住張小老係新興州漢民李春有係新
興州回民馬庭汶即馬老二馬富即馬老四均
係宜良昆明等縣回民因會原係會澤縣漢民
同在順寗縣屬傭工范小黑張小沅均係順寗
縣漢民張小沅係范小黑妾張氏之姪道光二
十六年十月初六日有回民黑臉馬五因在新
興州地方與褚發榮張五公登等買米口角邀
約張小老李春有並馬萬等前往毆打將張五
公登等毆斃七命張小老李春有僅止在場助

勢並未傷人因聞差拏嚴緊黑臉馬五聲言回
民張富等與伊素識現在雲州聚眾滋鬧起意
邀郭望年並張小老李春有前往隨同燒搶郭
望年等應允同行維時董老官亦聞雲州回民
滋事因係同教起意前往幫助十一月十三日
行至順甯縣屬狗街地方路遇回民馬老四張
花嘴馬隴老蕭老二及不識姓名回民約一百
五十餘人董老官訴述前情邀允同往沿途搶
掠漢人村寨共四五家二十日兵練前往捕拏

董老官因同夥多由烏合不相認識令眾人各
用白布包頭派馬隴老在左蕭老二在右伊與
馬老四張花嘴居中各帶五十餘人分作三股
迎敵當經兵練打敗連夜逃走其時殺傷該匪
幾人不及查數二十四日逃至永平縣屬龍街
地方兵練復往截拏董老官喝令眾人拒敵致
殺練丁二人該犯同夥亦被殺死三十餘人其
餘各自逃散十二月初八日黑臉馬五等途遇
素識之馬庭汶馬富呂會原告知情由邀約入

夥馬庭汶等不允黑臉馬五等許給工錢令馬庭汶等背負行李馬庭汶等貪利允從偕抵雲州地方黑臉馬五等又令馬庭汶等挑水煮飯看守房屋十四日黑臉馬五與張富等帶同郭望年張小老李春有並不識姓名多人在觀音閣抗拒官兵張富被兵練戳傷身死郭望年張小老李春有亦各殺練丁一人十七二十一等日官兵疊次圍攻該匪等均在場隨同拒敵迨後敗回逃往各村寨遇便搶掠不記次數此畫

老官及先經格殺之黑臉馬五等各自起意糾同夥匪拒殺練丁之情形也又漢民范小黑於二十六年十一月閒因聞雲州回民滋事與張小沅並村人張九称劉榮蔣小祥馬俊馬小二李小三張貴各自集練防堵十二月二十六日右甸街期范小黑因回民屢向漢民爭鬧起意乘回民趕街糾衆搶奪既可洩忿又可得贜使用遂向張小沅等並伊姪范坤告知邀允入夥又令張小沅等轉糾王三楊耀春楊二聾子並

不識姓名五十餘人各執器械同往街上喊搶
回民攔阻被張九和等殺死十餘人張小沅亦
用矛戳傷朱萬春左腭左肋身死各搶錢米布
疋逃走是夜逃往保山縣屬猛庭回寨回民聞
風逃避范小黑喊同衆人乘勢搶掠張九和等
殺死回民數人張小沅亦用矛戳傷不識姓名
回民左臂倒地匪夥王三乘勢砍落頭顱並有
回民馬聯超之家屬亦於是夜被匪戕害嘗經
兵練趕往圍拏將匪夥殺退各散二十七年三

月十一日經騰越明光隘土守備左大雄將范
小黑拏獲其子范小幅生糾邀張小沅與楊燿
春楊二聾子並不識姓名多人欲將范小黑劫
回左大雄帶練攔拏楊燿春楊二聾子各殺練
丁一人維時范小黑業已押解先行未被劫去
其匪夥亦被格殺三人惟右甸街及猛庭寨回
民被殺名數並被何人殺死因人多勢亂不及
看明此范小黑等糾衆搶殺及張小沅聽從奪
犯未成之情形也節經各地方文武先後禀報

前督臣李星沅派委員弁帶領兵練勦捕業將
首要各犯拏獲審明分別辦理具
奏一面札飭搜捕餘匪嗣據該管文武暨委員卸
順甯縣知縣楊覲卸署順雲營參將劉思禮前
赴新村訪拏除格殺黑臉馬五等割取首級外
將郭望年等六名拏獲又在姚州赤額坪地方
會同該州將董老官拏獲左大雄亦將范小黑
解赴永昌旋又據署右甸經歷蔡踵武稟報拏
獲張小沅一犯當因該犯等情罪重大均飭提

省審辦茲臣等率屬提訊據各供認前情不諱查律載謀叛但共謀者不分首從皆斬又例載搶奪財物聚眾十人以上執持器械倚強肆掠果有兇暴眾著情事者照糧船水手之例分別首從定擬又糧船水手夥眾十人以上執持器械搶奪爲首照強盜律治罪又強盜已行但得財者斬又搶奪殺人者擬斬立決各等語此案董老官因聞雲州回民滋鬧起意糾眾往助搶掠村寨復兩次率眾拒敵致斃練丁二人郭望

年張小老李春有亦各隨同已死之黑臉馬五
及張富等抗拒官兵各殺練丁一命均屬情同
叛逆查張小老李春有倘有在新興州助勢毆
斃張五公登等一案情罪較輕應歸此案從重
擬結與董老官郭望年均請比照謀叛者斬律
擬斬立決范小黑因藉回民滋事起意糾眾持
械搶掠回寨以致同夥殺死回民多命實屬兇
暴眾舊合依糧船水手夥眾十人以上持械搶
奪為首照強盜律治罪強盜已行但得財者斬

律擬斬立決張小沅聽糾入夥殺傷回民各一
人復聽從中途奪犯應請從重照搶奪殺人者
斬立決例擬斬立決當此彈壓漢回翦除外匪
之際該犯等未便稽誅臣等於審明後卽恭請
王命飭委臬司曹泰署督標中軍副將福陞將該犯
董老官郭望年張小老李春有范小黑張小沅
六名綁赴市曹卽行處斬並傳首犯事地方梟
示使匪類聞風知儆馬庭汶馬富呂會原訊止
受雇服役尙無隨同燒搶及抗拒官兵情事應

請於郭望年等斬罪上量減一等從重發新疆
給官兵爲奴仍各照例刺字馬庭彶馬富係屬
回民照例調發案係比照辦理各犯家屬財產
請免緣坐查抄逸犯馬老四張九和等並范小
黑之子范小幅生是否已被官兵格殺抑尚在
逃仍飭地方官確查嚴緝毋任漏網黑臉馬五
等業已格殺應毋庸議至張五公登等命案容
臣程矞采另行審擬具
題永昌緬甯雲州善後諸事現俱次第辦理地方

安堵如常合併附陳除全案供招咨部外所有

審明辦理緣由臣等謹合詞繕摺具

奏伏乞

皇上聖鑒敕部核覆施行謹

奏

卷一

附審辦回民丁燦庭京控案片

再滇省迤西一帶漢回近日情形 臣 等正在繕

片縷陳冀以仰紓

宸念適承准軍機大臣字寄道光二十七年七月初

二日奉

上諭本日據都察院奏雲南回民丁燦庭等控告香

匪串謀滅殺無辜一摺已明降諭旨交林則徐等

審辦矣此案控關奸匪挾讎尋衅串謀倡亂被害

至一萬餘命之多如果屬實必須徹底根究水落

石出庶足以服難民之心而除地方之害林則徐程矞采甫經到任無所用其回護著即平心研鞫毋枉毋縱務將棍徒會匪嚴行查禁首惡各犯從重懲辦以紓積忿而快人心儻係從前辦理不善亦應據實平反奏明辦理不得因案已將就了結顢頇塞責遂將萬餘人之屈抑鬱而不伸代人受過已屬不可況數萬生靈之沉冤身爲大吏者竟置之不問耶凜之慎之原呈著鈔給閱看將此諭令知之欽此臣等跪誦之下仰見

聖上軫念生靈務伸冤抑再三尋繹欽凜同深除俟
回民丁燦庭等由部咨解到滇提同人證遵
旨平心研鞫不敢將就顢頇外伏查永昌順甯緬甯
雲州一帶漢回節次搆衅已越兩年 臣 程矞采
甫於本年四月間到任 臣 林則徐係於六月間
始到誠如
聖諭無所用其回護但本末躬親其事則原委未易
深知是以於未奏
諭旨之前即無時不明查暗訪並恐先前在事各文

武不免意存掩飾難以確究眞情因查迤西道
王發越係於本年三月始抵新任當將善後事
宜責成妥辦並確查節次鬬殺根由又以普洱
府同知耿麟從未經手該處軍務委令署理順
甯府篆即與新派之委員文山縣知縣陸葆一
同密察情形據實稟覆疊接該道等來稟以目
下彈壓巡防倍加嚴緊倘無別起衅端惟報復
之心彼此均不能泯緣漢回積讎已久累世各
不相能溯查道光元年十三年十九年皆有

奏辦兩造械鬬焚殺多命之案第尚不至如此此次
之甚彼時回民亦曾赴京疊控有卷可稽就赴
訴之一事而言則原告無非理直被告無非理
曲剖斷似極不難而統全案之原委而言則此
造直中有曲彼造曲中有直糾纏實爲不了蓋
一讎即有一報而所報偏非所讎崑岡之玉石
俱焚城門之池魚殃及兇頑煽毒而良善受災
事之不平固莫有甚於此者然欲按名伸理而
法又有時而窮緣漢回彼此報復皆起於倉猝

之間往往因游匪外來遂成烏合之勢回匪合則漢村倐爲灰燼漢匪合則回寨立見摧殘人多勢亂之時被殺被燒者先已魂驚魄散卽起死者而問其孰殺亦復不能指明又何從爲之搜捕惟訪有匪類卽拏拏有匪類卽辦則兇手自在其中然欲訊其所殺何人彼亦諉諸不識姓名而不能指實此辦法所以綦難也查前此節次用兵皆稱剿辦回匪而未嘗及漢民者緣回衆先有擄禁官弁戕害將備劫放重囚抗拒

官兵等事是以向其攻剿而漢民中之匪類雖
於回民混殺亂搶究尚不敢抗拒官兵彼回民
見官兵剿回則以爲助漢而漢民見官吏殺回
不盡又以爲助回無非只顧私讐而不知官法
前蒙
發下李星沅密片亦云回漢無不怨官者職是故耳
卽如丁燦庭等現在京控詞中所訴之冤與臣
等衙門所接回呈大意亦略相似其最稱冤屈
者係指前年九月初二夜永昌七哨漢民將城

內回民男婦老幼概行擅殺之事雖其所呈八千餘丁口之數核與賀長齡原奏永昌城內本有住家回民四千餘人之語不符卽道府廳縣及委員前後所稟亦均無八千餘人之多除再由臣等細查以期覈明實數外卽就四千餘人而言亦幾於全無遺類是該處七哨漢民之兇橫慘毒實屬駭人聽聞總緣永昌一帶距省窵遠蠻野成風向有鄉民私設牛叢火竿以禦盜賊偵獲一匪卽任意陵虐致死並不報官原呈

所稱道光十三年閧棍等活埋民命知縣查究
被圍知府親往救解反被勒結等情雖現在查
無案據而所指未必無因迹其恃眾逞兇歷經
禁止不悛甚堪髮指然當回漢互爭之際無不
豕突狼奔地方官惟激變是虞一時力難禁止
由於威約之漸以致太阿倒持言之實深憤懣
自有永昌擅殺之事而雠衅愈結愈深遂致不
可收拾案查原任督臣賀長齡於二十五年十
二月將該處漢民萬林桂等照光棍例斬決又

於二十六年七月將漢民楊老九等照殺一家二命例斬梟此皆七哨之亂民均經

奏辦有案其辦理不善之道員羅天池署知府恒文等亦經查明參奏迨李星沅接任又將羅天池奏請永不敘用亦無非因永昌漢民擅行殘殺不能阻止之故在回民仍以此等匪類懲辦尚少難令甘心每以縱匪殺良歸咎於官此誠無辭以解然謂官有助漢滅回之見則是已甚其辭觀於焚殺漢民之回匪官亦未嘗一一究

辦是謂之無能則可謂之偏護則未必然漢民一面之辭本不免於失實況其所切齒者在九月初二之事亦思初二以前與初二以後回衆之兇橫何嘗在情理之中以臣等訪聞此案自二十五年四月間因回民在板橋唱曲譏笑漢民起衅漢民打毁清眞寺業已調處賠銀而回民張世賢丁泳年等尚復糾聚多人疊撲板橋不服彈壓先將漢人張占魁殺斃是月內漢民三次鬬敗被燒樊家屯窰門口二寨官兵赴援

亦被拒傷迨七月間外回聚於猛庭者甚眾乃
又進攻悶毋車寨燒枯柯街及陶家寨又燒大
田街攻丙麻世職高朗死之都司楊朝勳守備
潘惠揚及兵丁百餘人俱被該回擄去此皆九
月初二以前回民逞兇之事即丁燦庭等現詞
亦自認燒搶枯柯等處戕傷官弁並在蓮花寺
擄官擄兵各情而以難回誤罪四字巧自掩飾
實不知其欲蓋彌彰也至九月初二以後則該
回與官兵接仗於永昌城外之小松寨游擊朱

曰恭死之其燒燬漢民村庄亦復指不勝屈迨二十六年春間回匪黃巴巴復經傳帖聚衆數千人在大了口搶客銀四千八百餘兩燒順甯之江橋攻永昌之飛石口又在永昌官坡接仗致千總趙發元外委楊廷佐都司繆志林把總趙得和先後陣亡四五月間則又撲營於大麥地接仗於烏鴉河都司韋成賁守備嚴方訓把總解鑣金鼇皆死之維時回衆攻右甸城搶五里寨復有竄赴崇化將南澗巡檢砍傷者九月

聞該回逃犯馬嘓海與海老陝等又糾黨至緬
甯聲稱報復十九年互鬭之讎燒殺擄搶爲日
甚久其雲州之回又將出決紋犯打奪二名至
十二月間雲州街道十九條漢民房屋均被回
衆燒燬計三千數百間並遍燒猛郎等漢寨三
十餘處官兵趕往剿辦至本年正月內甫得息
事以上各情又皆在前年九月初二以後該回
民等呈內絕不敘及其爲諱匿可知在滇省漢
人紳庶咸云回民之殺漢民前後統算實數倍

於漢之殺回　臣等本末目覩情形無從燭照數
計惟節次蔓延之大概不敢不詳細訪查故曰
就赴訴之一事而言剖斷似極不難而統全案
之原委而言糾纏實爲不了也　臣林則徐到任
之後體察情形與　臣程矞采備細熟商此時斷
不可再行用兵致濫殺而轉滋藉口卽緝拏匪
類亦須先除外匪而內匪始可漸清所謂外匪
者本係無籍游民自稱爲回而未必眞回自稱
爲漢而未必眞漢何處搶殺卽隨何處勷兇此

等匪徒現在拏到即辦並處處嚴查保甲務使無地容身其所謂內匪者如漢回同壤而居安分者即爲良生事者即爲匪若必一時窮治追溯搜查則查漢而漢人即目爲護回查回而回人又目爲護漢漢回各執一說分辯不清治絲而棼終非了局 臣等竊謂目前所最亟者在彈壓之使不妄動化導之使不互疑是以前飭文武將弁昌順甯等處無論絕產逃產官爲悉數清釐無論漢民回民官爲設法招復漢回中各

有紳衿耆宿以及掌教頭人責令於本處同類之中自相約束又令各具互結以回保漢以漢保回永禁侵陵務敦和睦現有數處善良紳士已自議立章程交相保護臣等即先給予獎賞以樹風聲不日將屆秋收先須杜其聚衆搶割之習故於緊要處所皆須多留兵弁防範稽查仍嚴飭帶兵各員妥爲約束不得藉端生事一面將以上辦法剴切示諭與漢回相見以心未知成效果否能臻惟有勉竭愚誠冀相感動至

於棍徒首惡尤在不動聲色嚴密兜擒斷不敢
姑息畏難致令養癰成患除控案容臣等確訊
另
奏外所有現辦情形謹先附片密陳伏乞
聖鑒謹
奏

審擬湯丹廠漢回互鬭各犯摺

奏爲審明湯丹廠漢回挾嫌互鬭致斃回民多命

燒屍燬房獲犯分别按例定擬恭摺奏祈

聖鑒事竊據署東川府知府李德生稟報湯丹廠漢

回互鬭致斃回民多命燒屍燬房等情當經前

督臣李星沅兼署巡撫任内飭令查勘嚴拏究

辦旋據署府稟報先後獲犯蘇耀等二十八名

經前督臣李星沅於奏覆回匪廠匪各情形摺

内陳明

聖鑒在案臣程矞采到任後一面嚴飭剿拏逸匪一面飭將現獲各犯分起解省審辦茲據委員雲南府桑春榮等審明由按察使普泰議擬招解前來臣等提犯親鞫緣已死漢民倖坤發羅起潰及現獲之任連甲杜潰阮汝詳李小四王士銀任東姚亭潰張彩張添幅李萬蘇耀阮潮玉呂珍詳胡中潰戚小二王潮有潘提年潘啞吧趙端工羅起濼羅起沅蕭玉淋楊受淋與已死回民馬四銅錘及現獲之馬成潰馬石詳桂小

蘇馬得亮馬二一草包均係巧家所屬湯丹廠住
人已獲漢民許成孝籍隸湖南武崗州寄居湯
丹廠充當客長回民清眞寺後向有泉水歷係
漢回公共取用道光二十六年十二月間因天
時晴旱馬四銅錘等將水攔堵不准漢民挑取
倖坤發等理論仍照舊規漢回因此未睦是月
二十八日漢民蘇耀赴廠賣糖回民馬石詳向
賒不允互相爭吵馬石詳之祖馬成潰袒護邀
允桂小蘇馬得亮馬二一草包並在逃之回民白

添發桂小鞍各持棍趕往馬成潰喝令桂小蘇將蘇耀拖翻棍傷兩臂膊兩腿漢民趙添發杜蔭沅攏勸馬石詳毆傷趙添發胸膛馬得亮馬二草包等亦將杜蔭沅毆傷各散蘇耀向倖坤發訴述倖坤發許俟開年再爲理講二十七年正月十三日倖坤發令羅起潰往邀馬成潰等前往評理適馬四銅錘在彼向斥多事羅起潰轉回告知倖坤發因回民遇事逞強起意糾毆洩忿遂向呂珍詳許成孝阮潮玉蘇耀商允倖

坤發令以回民阻水欺漢之言傳播鬭眾分投糾約呂珍詳等其糾得漢民羅起潰任連甲杜潰阮汶詳李小四王士銀任東姚亭潰李萬胡中潰戚小二王潮有潘趕年潘啞吧趙端工羅起濼羅起沅蕭玉淋楊受淋及在逃之呂小平春呂大眼睛許小老劉四鍋頭楊花松陳七劉刁三徐老五等二十七人倖坤發亦糾約不識姓名漢民三十餘人呂小平春等又轉糾得不識姓名漢民二十餘人其八十餘人在禹王宮

會齊馬四銅錘聞知亦聚集回民桂小蘇馬得亮馬二草包及在逃之白添發桂小轍馬七馬二花馬三存保馬老六張幅銀馬占鼇馬連沅馬有淋馬有受馬大話張小五張老二白小喜陳鍘刀並已死之馬小發甲馬小詳馬波玉馬占春馬洪發馬丁花子馬小葨受馬四塊瓦白小八三馬正保馬尚平陳姓等三十一人並白添發等所糾之不識姓名回民二十餘人其五十餘人在清眞寺防禦十八日上午倖坤發率

眾各持刀矛至清眞寺地方喊罵馬四銅錘亦
率眾執持刀標從寺內趕出彼此互鬭倖坤發
將馬四銅錘並馬小發甲一併戳傷羅起潰將
馬小詳戳傷白添發馬汶玉趕攏亦各將倖坤
發羅起潰戳傷姚亭潰亦將馬汶玉戳傷均各
倒地維時馬占春馬洪發馬丁花子陳姓並不
識姓名回民二人各向任連甲杜潰阮汶詳李
小四王士銀任東爭鬭被任連甲等各自戳傷
亦俱跌地與馬四銅錘等均各斃命李萬用矛

戳傷不識姓名回民左胳膊該回民逃跑未斃尚有回民馬小蓑愛馬四塊瓦馬小八三馬正保馬尙平及不識姓名回民六人被何人致傷身死彼時人衆勢雜各犯看覷不明未能供指餘回因力難抵敵往後退跑被漢民喊追倉猝復自行跌岩斃命八九人呂珍詳許成孝阮潮玉蘇耀胡中潰戚小二王潮有潘趕年潘啞吧趙端工羅起灤羅起沅蕭玉淋揚受淋等均止在後助勢並未傷人嗣漢民等分路走散呂小

平春復帶同不識姓名漢民十餘人並邀張彩
張添幅陳七分追逃走各回民呂小平春與張彩
路經新店房有回民何石甲等上前喊拏張彩
跑走何石甲之子何小科拔刀趕砍張彩轉身
奪獲回戳其胷膛殞命張添幅與陳七行至山
神廟被回民楊興發等攔住欲毆張添幅分辨
楊興發拔刀撲砍張添幅亦拔刀抵戳楊興發
閃避適其幼弟楊小老走攏致被張添幅誤傷
肚腹致斃張彩張添幅當各逃走呂小平春陳

七復帶人各將何石甲楊興發房屋打毀呂小平春因傷斃回民多命起意燒屍滅迹希圖掩飾遂令李小四胡中潰徐老五並不識姓名漢民六人將各屍身檢齊其三十餘具連夜背至清眞寺院內搬取堆存柴草點燃將各屍燒燬因火星被風吹落屋內草堆致將寺屋燃燒時附近回民均因畏事移避近寺房屋亦被燃燒多間此漢回挾嫌互鬭傷斃回民多命燒屍燬房之原委也旋據獲犯解省經委員等審明由

臬司招解 臣 等親提嚴鞫各供前情不諱臣等
以蘇耀等被馬成漬等毆傷係屬一時爭角何
以倖坤發事後扛幫輒爲鬨衆聚鬭恐另有起
衅別情並被糾被殺漢回亦恐不止此數其燬
屍燒房是否實係呂小平春起意有無因該犯
在逃扶同狡飾再三究詰僉供倖坤發原因邀
馬成漬等理講被馬四銅錘村斥挾忿並因回
民阻水與漢民本有未睦是以聽糾助毆委無
另起釁端至被糾漢民被殺回民實止此數其

燒屍滅迹委係呂小平春起意房屋係被延燒
並非故意燒燬不敢隱匿各供不移案無遁飾
查例載廣東等省糾眾互毆之案如審係械鬭
讎殺糾眾至四十人以上致斃彼造十命以上
首犯擬斬立決梟示其隨從下手傷重致死應
行擬抵者均各依本律例擬抵傷人及未傷人
者亦各按本律例分別治罪至彼造倉猝邀人
抵禦並非有心械鬭者仍照其毆本例科罪又
律載同謀共毆人致死下手致命傷重者絞監

候餘人杖一百又鬭毆殺人者不問手足他物金刃並絞監候又因鬭毆而誤殺旁人者以鬭殺論又例載回民結夥三人以上共毆之犯但有一人執持器械者不分首從發雲貴兩廣極邊烟瘴充軍又聚衆執持兇器傷人發邊遠充軍又糾衆互毆案內餘人如有輾轉糾人數至五人以上者無論曾否傷人卽照原謀律杖一百流三千里又毆故殺人案內殘毀死屍其聽從指棄之人照棄屍爲從律杖一百徒三年各

等語此案漢民倖坤發因蘇燿被回民馬石詳賒糖爭鬧馬成濆糾人將蘇燿毆傷事後往邀理論並挾馬四銅錘村斥之嫌起意糾約八十餘人持械互鬬致斃回民三十餘命該犯鬬殺馬四銅錘馬小發甲二人實屬首惡非尋常互毆可比例無治罪明文應比照廣東等省械鬬斃殺糾衆至四十人以上致斃彼造十命以上者首犯斬決梟示例擬斬立決梟示該犯已當場被殺仍照例戮屍傳首犯事地方示衆羅起

潰任連甲杜潰阮汝詳李小四王士銀任東姚
亭潰各自鬭殺回民馬小詳馬占春馬洪發馬
丁花子陳姓馬汝玉並不識姓名回民等各一
命應仍照本律問擬除羅起潰已被戳斃應毋
庸議李小四聽從毀屍輕罪不議外任連甲杜
潰阮汝詳李小四王士銀任東姚亭潰均各依
鬭毆殺人者不問手足他物金刃並絞監候律
擬絞監候第聚衆持械非同尋常鬭毆且回民
之傷斃多命皆由該犯等助鬭濟惡所致情節

較重現當彈壓漢回滋事必須執法持平將兇
暴大加懲創此等鬭殺回民多命之犯按律俱
應情實未便日久稽誅致長嚚陵惡習所有任
連甲等七犯應請
旨加擬立決俾各匪咸知儆戒亦足以折服回眾之
心漢民張彩張添幅於倖坤發等互鬭之時先
未在場後經呂小平春邀追逃走各回張彩被
回民何石甲等喊拏爭鬭致將何小科戳傷身
死應照鬭毆殺人律擬絞監候張添幅亦因被

回民楊興發等攔毆爭鬧致誤傷楊小老身死
應照因鬭毆而誤殺旁人以鬭殺論鬭殺者絞
監候律擬絞監候秋後處決漢民李萬聽糾用
矛戳傷不識姓名回民應照聚眾執持兇器傷
人例發邊遠充軍漢民呂珍詳許成孝阮潮玉
蘇燿訊止聽糾助勢並未傷人惟各輾轉糾約
五人以上應照互鬭案內餘人如有輾轉糾人
數至五人以上無論曾否傷人即照原謀律杖
一百流三千里例各杖一百流三千里內呂珍

詳許成孝係在廠充當保長客長于倖坤發糾衆爭鬭之時並不力爲勸阻輒聽從與衆糾約致釀多命應請從重發新疆地方當差回民桂小蘇等聽從馬四銅錘糾往抵禦並未傷人惟先與回民馬得亮馬二草包馬石詳等聽從馬成潰結夥持械將蘇耀等毆傷內馬成潰與馬石詳等雖祖孫其犯惟係侵損於人應以凡人首從論除馬成潰已在監病故外桂小蘇馬得亮馬二草包馬石詳均應照回民結夥三人以

上其毆之犯但有一人執持器械者不分首從
發雲貴兩廣極邊烟瘴充軍例發雲貴兩廣極
邊烟瘴充軍與呂珍詳等各犯分別發配折責
安置漢民胡中潰聽糾助勢並未傷人惟事後
聽從呂小平舂燒屍滅迹應照毆故殺人案內
殘毀死屍聽從撞棄之人照棄屍爲從律杖一
百徒三年例杖一百徒三年定地充徒折責拘
役限滿詳釋漢民戚小二王潮有潘趕年潘啞
吧趙端工羅起潾羅起沅蕭玉淋楊受淋訊止

在場助勢並未幫毆均應照其毆餘人律杖一百俱酌加枷號兩箇月滿日折責發落以示懲儆回民馬四銅錘糾眾互鬭並馬汶玉戳斃人命均罪有應得已各被殺身死俱毋庸議避害回民及被延燒回房已飭據該府廳妥為招撫給資苫蓋均無失所該處泉水飭令仍照舊規漢回公同取用不得爭競廠地現俱靜謐除飭令該府廳隨時稽查約束務使漢回日久相安毋得稍滋釁隙並嚴緝逸犯呂小平春等務獲

究辦並全案供招咨部外謹將審明定擬緣由
合詞恭摺具
奏伏乞
皇上聖鑒勅部核覆施行謹
奏

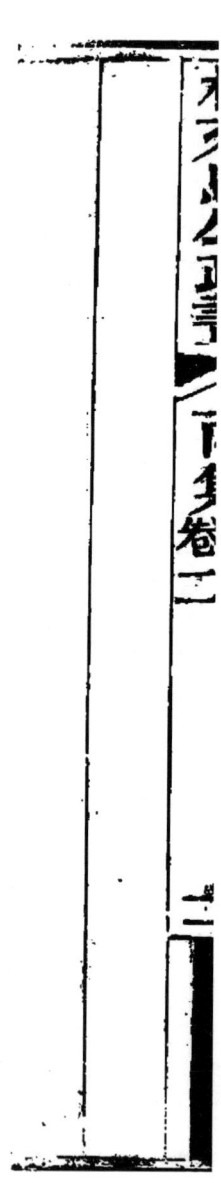

姚州白井漢回互鬬大概情形摺

奏爲姚州與白鹽井相連地方漢回尋釁燒殺業已彈壓解散現經獲犯審究並查勘辦理情形恭摺奏祈

聖鑒事竊查姚州地方漢回雜處白鹽井在其境內該州北界白塔街一帶係爲赴井通衢本年八月十九日據署楚雄府寶俊楚雄協副將尚宗慶轉據署姚州知州咸孚稟報八月十三日漢民王開汶等因回民沙汶英藏頓軍器盤查爭

鬧致有殺傷漢回因此構衅于十五等日在白塔街等村互相燒殺當經會訊親往查辦稟請派調官兵彈壓並據白鹽井提舉李承基稟報聞有回匪欲與井民尋衅該井爲辦課重地恐被騷擾請兵防堵各等情　臣等當即檄飭楚雄府協隨帶弁兵并飭甫經出省之委員麗江府裴驄順道前赴該處並檄調新授鶴麗鎮總兵音德布護武定營參將王濤就近酌帶弁兵馳往會同彈壓去後嗣據該鎮府協等查稟先經

府協前往彈壓飭令各掌教頭人曉以利害遍
爲傳諭並聞官兵前至遂經解散息爭惟肇衅
首要及逞兇各匪俱已竄匿現在嚴密緝拏務
獲究辦臣林則徐於
奏委重綸署理普洱鎮總兵揩內業將姚州漢回
衅爭已息鶴麗鎮總兵音德布應須會同緝犯
尙駐姚州緣由陳明
聖鑒一面飭令該鎮府等確查起衅根由並漢回民
被燒房屋傷斃人數據實具報嚴拏首要各犯

認眞審辦並將被害漢回妥爲撫䘏勿任失所茲據該鎮府暨委員等禀稱查因姚州回民偰三穀馬幗艮偰伊㕻等諗知白井竈長漢民羅晴川家道殷實商謀糾搶私將器械寄藏素好之張汝淮陳典家內因在偰小雙茶鋪漏洩其事被井民聞知報經該提舉僉差將偰三穀並張汝淮陳典等拏獲起獲刀械等件送署馬幗艮逃逸起意糾約回民報復卽令馬小班等運送器械於八月十三日至白塔街回民沙汶英

家藏歇經該處漢民王開汶盤問爭鬧沙汶英之戚偰小老將王開汶戳傷身死漢民高添佑馬致禾等前往理論沙汶英恃强辱罵致相爭鬭高添佑等將偰小老戳斃並傷斃沙汶英家男女九命及不識姓名回民二人將其房屋打毀回民馬幗艮等漢民高添佑等因此搆衅附近漢回亦各隨聲附和于十五等日互相燒殺查勘白塔街洋泒北關官屯等村漢民被燒房屋共二千六百八十餘間山腳官庄二村回民

被燒房屋共二百六十餘間漢民查報傷斃男女三百二十七丁口內經獲屍驗明被殺被燒及跌巖落水致斃者一百三十四丁口回民查報傷斃男女六十五丁口內經獲屍驗明被殺被燒致斃者二十二丁口此外並無屍身是否尚有逃亡抑係查報不實現復逐處清查俟得確數再行具報並聞白井關外回民亦有燒殺之事該處僅住回民十餘戶均已搬避未據親屬投報究被何人殺害致死幾人屍棄何處現

亦確切查訪俟得有端倪起屍驗辦計白井姚州楚雄縣先後拏獲滋事回漢各匪倮三竅張汝淮陳典馬幗頁倮有盈馬春漢倮金蒭倫馬成名倮汶盈倮老抓馬玉山蕭小定倮新成馬致禾胡小萬春李映祥倮世瀠倮世恩倮有功楊旭倮小雙等二十二名並案內要犯倮伊麽因指拏黨匪倮有盈自圖減罪致被倮有盈砍戕斃命驗明屬實惟各犯供多狡展逸匪尚未全獲現仍上緊偵緝嚴審務得確情錄供詳辦

被害者均已按戶撫恤逃避者陸續招徠安集不致失所等情前來臣等查該漢回等因口角鬬爭輒敢糾眾互相燒殺以致傷斃多命燒燬房屋多間實屬逞兇不法現查漢民被傷人命多於回民十分之八漢民被燒房屋亦多於回民十分之九雖其中互有曲直而回民之強悍爲尤甚應將兩造首惡黨匪嚴行懲辦以昭炯戒不敢稍任輕縱除飭將現獲各犯研審確供並上緊嚴緝逸犯按名務獲歸案審辦另行按

擬具
奏外現在姚州地方俱已安靜白井照常煎銷仍
飭該鎮府及委員等妥爲查辦務使漢回日久
相安不得再滋釁隙所有武定營弁兵已徹歸
伍其音德布隨帶弁兵俟緝匪事竣亦卽徹回
謹將查勘辦理大概情形先行合詞恭摺具
奏伏乞
皇上聖鑒訓示謹
奏

甄別鹽提舉州縣各員摺

奏爲甄別昏庸謬妄及難勝民社各員請

旨分別革職勒休改教以飭官方恭摺奏祈

聖鑒事竊維立政之道察吏爲先如其措置乖方識見適形其闇汶聰明誤用心術每中於回邪又或相率因循則公務必多廢弛臣等於接見屬員時無不留心考察臣林則徐前於校閱營伍之便並經到處訪聞據該管府州察稟前來臣等督同司道詳加體訪查有白鹽井提舉李承

基人本平庸井地係其專管平時不理民事該民以煎鹽爲業家多殷實回匪因而恐嚇詐財若井民喊告到官卽爲分別查拏剖斷曲直立加懲創以儆其餘回匪定生畏懼乃聽井民膚愛之愬輒令以原執被送至倚官勢而報私仇追回民益肆囂陵卽架以謀逆重情請兵救護

臣等就近發兵前往彈壓業經解散該提舉覔欲將回民剿殺殆盡妄作條陳又復私僱外來無業遊民作爲練丁幾至激成事變種種荒謬

罔知事體之重輕除案犯交府州拏解研審究

懲另摺奏

聞外應請將該提舉李承基先行革職如查有別項情事及虧短經徵課項再行據實嚴參又嵩明州知州黃際昌在任有年性耽麴蘗平時專恃官親辦事故人皆得分肥前次領運京銅竟至短交十餘萬斤現在查照例限追繳若仍令其回任勢必至虧倉庫錢糧應即勒令休致又署邱北縣知縣黎崇基才屬中平該縣盜賊滋多

緝捕未能得力該署令性情疏懶難期振刷精神又署師宗縣知縣陳溶壤地與邱北毘連民夷雜處訟獄繁興該署令聽斷不勤捕務亦欠起色查黎崇基係進士出身現已准補麗江縣尚未令其赴任陳溶由拔貢教習期滿分發來滇補缺有需時日該二員年力強壯文理尚優應請均以教職改補又候補直隸州州判山毓柏向多嗜好心地不醕舉動尤爲躁妄曾經署理廳縣不洽輿情實屬聲名狼籍未便旣往不

咎稍事姑容應請即行革職謹就臣等見聞所
及核實
奏參此外查有庸劣之員再行糾劾斷不敢自甘
徇隱見好屬員有負邊圻
委任所遺白鹽井提舉員缺例應在外陞調麗江縣
缺滇省現有應補人員容臣等照例請補合併
陳明所有甄別緣由謹合詞恭摺具
奏伏祈
皇上聖鑒訓示謹

奏

清末民初文獻叢刊

林文忠公政書

（第四册）

[清] 林則徐 撰

朝華出版社
BLOSSOM PRESS

飭提永昌京控人證未據報解情形片

再臣等因永昌漢回久挾夙讎互相殘殺終非了局要在彈壓之使不敢動化導之使不互疑是以仍留鎮將大員帶領未徹官兵駐彼防範並飭迤西道親歷永順一帶督同府縣曉諭紳衿掌教務敦和睦永禁侵陵疊次刊發告示諄諄開導令其各具切結以漢保回以回保漢又爲之清釐田產招復流亡使知相安則樂利有餘相讎則身家兩失其紳衿掌教等亦卽轉相

勸戒議立條規不獨具結呈官且各書和約同誓於神以明其無反覆臣等接據文武稟報亦卽優加獎賞以誘其悔過遷善之誠竊冀自茲以後兵革可以不興卽留防各兵亦惟盡此殘冬皆可徹回歸伍惟先有兩起回民京控欽奉

諭旨交臣等審辦其原告丁燦廷等一起於十月十七日由部咨解到滇又杜文秀等一起亦於十一月初三日咨到應卽飭提被告人證解省以憑質訊惟查原呈所列被證自百餘名至二百

餘名不等人數太多勢難盡行提解當經札飭
該道府等分別首要次要其於控案情節無甚
關係者祇須就地取供彙送覈辦惟被回民呈
內指係香匪串謀滅殺無辜者不能不提至省
城與原告質對虛實乃歷今多日總未解到雖
因永昌距省寫遠難免遷延而訪聞該處漢民
業已糾聚匪徒將應解之人意圖抗匿藉稱本
年正月內該處有問擬軍罪之張杰萬重二名
由官起解被回匪攔路殺死此次若解赴省亦

必在途被害不敢起身該道等諭以揀派文武幹員多帶兵役沿途護送務保無虞開導再三而哨民總不願解查該處爲保山縣所轄地分七哨南三哨尚可理喻其北四哨强悍成風就中金鷄板橋二哨尤多匪徒燒香結會風聞十餘年來往往挾讎擅殺平民匿不報官若官爲查問則沿村吹號糾人每欲恃衆困辱官長地方官恐急則生變致蹈辦理不善之愆因而隱忍彌縫但冀事端寢息養癰本非一日積習殊

可深憂前者漢回搆釁猶祇民與民爲讎今明
知京控兩案奉
旨交審而膽敢糾約庇匿意欲抗官此風實不可長
惟該道府均未將情形具稟臣等馳糸轉深現
又諭飭妥爲曉諭設法提解固不可操之過促
致滋決裂之虞亦不得匿不稟聞轉釀邊隅之
患所有提解控案未能就緒情形臣等謹據實
聞伏乞
附片奏

聖鑒謹
奏

籌辦永昌哨匪起程日期摺

奏爲保山縣七哨匪徒打奪解省人證隨又焚燒縣署劫放獄囚殘殺城內回民及在官丁役鎮道府縣現俱被困在城道路梗塞文報沈滯不得不調兵剿辦臣林則徐擬赴大理府就近調度仍先出示散其黨羽以蕆首要各犯作速就擒地方仍歸綏靜謹將籌辦情形恭摺奏祈

聖鑒事竊臣等前因永昌回民兩起京控欽奉

諭旨交審飭提被告人證解省日久未見解到訪聞

該處漢民欲將應解之人抗匿不解而未據該道府具稟永昌距省十九站當又疊札飭查並將所訪大略情形於上年十二月十六日合詞

附片具

奏在案嗣經查據保山鄰境各文武先後探報十一月二十九日永昌府縣會營帶兵押解京控案內被證至離城四十里之官坡被保山哨民劫去次日又擁入城內焚燒保山縣署監犯盡行放出先經招復之回民現被搜殺無存沿途

哨民聚集阻塞道路搜檢公文凡有關係之件均不能遞送江橋板片已被折去各等情迨十二月二十五日始接據該處鎮道及府縣營員會稟則稱十二月初一日起解京控人證周曰庠等九名行至官坡因聞前途有回匪聚衆圖搶該被證等恐被殺害哭求緩解是日街期衆民紛紛跪求因人多擁擠周曰庠等走散旋報城內回民放火延燒縣署監獄漢民救火匪回齊出搶殺被兵練格殺多命監犯亦乘間逸出

等語臣等查保山城內文報業已多日不通而此次鎮道府縣等會稟忽然同日遞到其詞又皆畫一而核與鄰境文武所報情節大相懸殊此中愈多疑竇當復疊遣弁兵差役分投飛探並查有由保山逃出之腳夫數人陸續傳訊始知該處七哨匪徒不下數十萬人每聚眾時用牛角一吹無不蜂擁而至此次打毀京控人證實係十一月二十九日之事其時文武帶領兵役雖有數百名無如哨匪累萬趕來搶擄亂放

有騰越鎮標外委胡恩榮左臂被礮子打穿存
亡未卜各文員乘坐之轎俱被打碎武員軍械
馬匹被奪一空其次日即係十二月初一日各
文武正在會議辦理此案未開城門忽有無數
哨匪越城擁進聲稱搜殺回匪查保山城內有
甫經由官招復之回民百餘人逃赴縣署聲喊
救命該哨匪遂追趕至縣一齊放火將縣署全
行燒燬回民盡行殺斃並有騰越廳回民來府
應試亦被殺多名又以各衙門及公館有回子

藏匿恃衆搜殺並將迤西道之家丁誤認爲回
人殺死二名其赴縣監放囚之時有縣役張五
攔阻亦被殺害所有在城文武隨帶丁役無多
其永昌協兵丁亦係該處之人勢難恃其捍衛
自鎮道府縣以及各委員皆被困窘在城每日
市糧限數出糶該處有瀾滄江一道爲省城及
東路各屬赴永必由之路該哨匪將江橋板片
折去並聚多人把守如有公文遞過哨匪即攔
截折看立時撕毁永平縣遣遞公文差役亦被

殺死二人其餘各處隘口均被匪黨把守無人
得入是以臣等節次飭查各文件俱無下落其
忽然遞省之會稟卽係哨匪揑就情詞逼令書
吏繕寫勒官用印發申而其實在眞情除鄰境
探報及臣等查訊之外全不得信查該處哨匪
如此不法雖尙未聞戕害各官而抗拒勒逼情
形卽與反叛何異推其藐法之由聞自道光十
三年間該處設立牛叢挾仇擅殺經署永昌府
陳錫熊署保山縣吳繩先後親往查禁均被圍

困窘辱勒令寫立不辦字據用印給付爲憑始
行放出其事竟已寢息嗣後該處之民直皆目
無官長前兩年該哨與回結衅互相焚殺厥罪
惟均祇因回匪有拒敵大兵戕官劫囚等事是
以用兵專爲剿回而設其哨民尚無抗官情罪
故未加兵今逆情如此昭彰直欲負嵎梗化若
再化大爲小不獨永昌竟成域外而凡漢回匪
類孰不恃居邊遠羣起效尤　臣等與司道各員
再三商酌並查知回民現亦四處糾黨各圖報

復若再互相殘殺禍患更必蔓延須得多調重兵方足以示彈壓而資剿辦查七哨有數十萬之衆兵力單弱深恐損威其永昌順雲一帶之兵既因要隘甚多難以分撥且須防其句結必得另調他處之兵是以札商提臣榮玉材先於提標及維西永北鶴麗劍川景蒙等營調兵約二千餘名爲前隊一起交榮玉材帶領先赴永平駐劄相機前進又調省標六營及曲昌開化各兵約二千名爲中隊一起赴大理聽候調遣

又調昭通東川兵七百名令昭通鎮劉定選統帶並調貴州提標及威寧安義二鎮兵共一千二百名交安義鎮總兵秦鍾英統帶爲後路一起陸續進發以上約調兵六千名皆由東路前往其永昌以西有騰越龍鄰一鎮一協之兵亦經酌調二千名由西路前進以期夾擊復查歷次迤西用兵無不添僱勇練該處山川險阻箐箐林深客兵路徑生疏易滋迷誤須用慣習山路之士民夷練或指引嚮導或分截要隘兼杜

匪徒竄伏以防意外之虞臣等亦已分飭各土
司僱備精練並札該管府營認真挑選以資應
用但查永昌之瀾滄江兩岸皆依山爲險路極
彎曲江橋一座爲往來咽喉要路今經該匪拆
去橋板聚衆防守恐此路未易進兵若不得已
則各處官兵均須繞道順甯府前進臣等分檄
經過各地方預爲佈置已有眉目計各路官兵
正月底可以到齊臣林則徐擬於十九日由省
起身赴大理府駐劄督辦該處距省城十三站

距永昌六站自可隨時相度機宜分別調度臣程矞采仍在省城督催各路官兵籌辦糧餉接濟所有總督衙門日行事件暫委藩司趙光祖代折代行其緊要事宜仍包封寄至行次由臣核辦至軍需應用經費查滇省別無閒款可籌祇得於鹽課項下借動銀十萬兩先行濟用惟目前哨匪聯爲一氣良莠不分若概予征勦恐脅從者自知不免亦復相率抵敵礙難辦理是以臣等先行剴切出示遍貼曉諭以附近各邨

漢民如不敢隨同附和定不概予株連卽先已
被脅勉從者但能悔罪輸誠亦可量邀末減其
心存畏懼不敢始終怙惡須將首要各犯迅速
自行縛獻以正刑誅所有江橋板片亟須照舊
鋪平各處隘口不許阻攔行旅往來文報毋得
截留撕毀被搶軍械作速照數繳還以上各事
如果逐一遵行或可網開一面免致盡數殲除
若仍冥頑不靈罔知利害則大兵一臨惟有痛
加剿洗人皆粉骨碎身地盡犂庭掃穴不能曲

予保全如此大加曉諭庶黨羽可漸解散元惡易就殲擒臣等惟有極力籌維冀地方速歸安謐以仰副

聖主綏靖邊隅除莠安良之至意所有查明哨匪滋事調兵辦理緣由謹合詞恭摺具

奏伏乞

皇上聖鑒訓示再滇省程途遙遠差弁齎摺約須四十日始能到京臣等恐廑

聖懷嗣後軍務之摺即請由馬上飛遞合併聲明謹

奏

卷二

生擒彌渡匪犯審辦摺

奏爲彌渡軍營生擒首要重犯審明卽行正法餘犯按例定擬恭摺奏祈

聖鑒事竊照彌渡地方內外匪徒句結滋事傷官害民經 臣會督提鎭用兵剿辦大獲勝仗除臨陣殲殺情形已於另摺

奏報外所有官兵在陣前生擒拒敵逆匪及先後逸出被獲各犯陸續解送到 臣 者計其一百二十三名當經飭調大理府知府唐惇培督同署

雲南縣知縣董宗超署賓川州知州李崢嶸暨
各委員訊取確供復經臣逐一提審除訊明實
未隨同拒敵傷官結會拜盟焚殺搶刦之黃小
猓等三十五名分别取保省釋及遞解本籍管
束外臣核訊通案衆供此次外來匪徒係四川
國民沙金隴沙玉隴漢民古明發爲首本地匪
徒係回民麻汝淮麻春融黃中爲首緣彌渡地
方爲迤西買賣馬頭常有川陝漢回民人往來
販貿因地方頗稱富庶往往流連不去易生事

端道光二十七年秋冬間沙金隴沙玉隴弟兄
與古明發等先後販彌渡雜貨生理遂與本地
素稱强梁之回民麻汝淮等交好十二月間沙
金隴等見陝西人喬姓在彌渡開義盛當鋪銀
錢充積起意訛索終日在鋪吵鬧麻汝淮等遂
勸鋪夥李六等出錢買靜陸續詐去錢二百二
十千銀二十兩寢事本年正月初九日有川省
回民張國幅與軍犯張世保私相賭博爭毆張
國幅被張世保戳死報經署彌渡通判林甘源

移明趙州知州周力墉到地驗屍拘獲張世保到官正在研訊詎沙金隴等藉稱死者係其親戚乃被軍犯欺侮遂約川回多人執持刀械於十四日將各軍犯住處搶奪一空該通判會同知州差人禁止沙金隴等刱闖入通判衙門將甫經拘訊之張世保擅行戳死並另斃在旁軍犯陳亞林一名帶傷四名官差喊拏立時閧散因匪類人衆一時難以就獲其內匪廝汝淮等又起意恐嚇市肆民家聲言四處外來人若不

安頓卽日必被焚搶各戶無不驚懼逐日鳩集
銀三百二十兩由麻汝淮等交沙金隴沙玉隴
古明發分散夥衆作爲盤纏口許一二日卽各
回籍麻汝淮等分其餘利多寡不一乃沙金隴
等因見良懦可欺口雖言去實無去志愈圖搜
劫城鄉各戶更可捆載而歸猶恐人心不齊起
意結盟拜會先與外來客民密約得贓均分又
暗邀本地回民麻汝淮等輾轉糾入亦動以利
十八日在彌渡北門外之五顯宮燒香結拜歃

血飲酒謂之進山其入會之人約分九排皆有總領曰大爺曰二爺曰五爺曰么大曰滿大曰滿五曰十爺曰么五曰小老古明發麻汝淮與沙金隴沙玉隴麻春融黃中均列排首總其六七百人十九日會畢謂之出山經通判知州訪知差拏因人眾不敢動手趕緊稟請發兵惟時北門外鄉民恐被侵擾各自團練保護二十日該匪等各備馬匹揚言是日起身旋即藉稱四鄉持械堵截不能前去實則已與盟夥暗定時

刻分隊出搶一時鎗礮刀械紛紛突起戶民動
遭殺害驚惶失措不敢禦敵有李姓一家被搶
銀五千兩陳姓一家被搶銀二千四百兩爲數
最多其餘搶銀自四百餘兩至數十兩不等錢
自百餘千至數千不等該文武在衙市禁阻寡
不敵衆致各受傷該匪等遂恃入衆圍攻通判
衙署各官被困署中請兵未到二十一日燒搶
寺坡北甲等處二十二日燒搶陸家賴家等營
二十三日又燒搶阜角馬溪姚期等營共計被

害者十七郵莊至二十四日兵雖未齊而將備已有到者一面派兵堵禦匪類稍有懼心不敢再行放火二十八九兩日兵到漸齊其次日提鎮俱到初二日紮營兜捕初三日併力正攻該匪恃眾抵拒竭盡晝夜之力殺斬無算生擒復多此係內外匪徒始而詐擾繼而結拜終而焚搶戕官害民之一切情形也此次沙金隴一犯於初三日當場騎馬拒敵經各兵民認明連槍打落奪獲其馬斬取首級送至大營各郵人眾

來觀齊聲稱快除將該首級懸竿標明示衆外
現所生獲之外匪首犯古明發內匪首犯㴝汝
淮二名均已供認起意會商糾衆拜盟復率領
焚搶郡寨殺害多人拒敵官兵各情不諱均屬
首惡應比照凡謀叛不分首從皆斬律加重淩
遲處死惟係比照定罪家屬毋庸緣坐財產亦
免入官稍示區別脅義松劉得畏謝中華陳有
何馬明楊老三趙添成七犯均供認殺人自七
命至二命不等并經拒敵官兵又唐汝星徐兆

近李添朝楊應全李發豬興趙洪順黑正青趙
斯檜馬潮選馬連興王大順侯小六王春陳添
盛劉思潮李譁劉仍馬成毋受復尹小存徐崇
尹時有羅從潰李選楊潘有受二十六犯供認
焚燒鄉寨各殺一命俱屬同惡相濟均應擬斬
立決加以梟示馬青山李洪順曾世桂黃明官
李添希楊明陳世汰劉逢春馬保李發春祁承
林張老蔡連沅趙鄭桂楊義隴劉金寶王結馬
信馬沅唐小四高順才徐廣順但意才楊正興

李昭劉定幗二十七犯雖供未經殺人俱已隨
同焚搶邨寨得分贓物均應擬斬立決以上共
犯六十二名悉係情罪重大未便稍稽顯戮臣
於審明後卽恭請
王命飭委大理府知府唐愔培新營遊擊恒權押
赴犯事地方卽行處決應梟示者傳首示衆以
昭炯戒其獲時受傷較重旋經監斃匪犯八名
內有李泳發楊興順二名殺害多命應行戮屍
一體梟示又楊沅方有潮馬靛青鄧奉茂王保

罄馬小沅祁得陳沅陳聯升馬章馬潰郭遇順馬仍馬吉桂楊長保李老二官相潮鄒正才十八犯訊只隨同入會並未焚殺搶奪亦無抗拒官兵均應照匪黨結拜非依齒序聚至四十人以上為從發極邊烟瘴充軍例發極邊烟瘴充軍係在滇省犯事應請照案發配兩廣安置又據現犯供稱沙玉隴麻春融黃中三三犯已在陣前殲斃惟屍身未經認明恐難憑信尚須確加查究如經竄逸尤須查拏務獲不任倖逃法網

至臣現駐行營未及辦理供招送部並開具犯
名清單註明緊要情節恭呈
御覽仍將各犯口供發交臬司彙核詳送撫臣咨部
備案以符定制再該匪等結會拜盟事起倉猝
地方官查知禁止而寡不敵眾是以稟請發兵
現已剿辦完竣所有失察處分仰懇
天恩從寬邀免謹將訊明辦理緣由繕摺具
奏伏乞
皇上聖鑒謹

奏

續獲彌渡匪犯審辦摺

奏為續獲彌渡滋事逸犯審明定擬並將重犯即行正法以示懲儆恭摺奏祈

聖鑒事竊臣前因彌渡地方內外匪徒滋事當即調集官兵殲獲首從各犯分別懲辦業經繕摺

奏報並聲明飭屬查拏逸犯務獲在案臣思除惡務盡逸犯一名不獲根株一日不清況此案夥黨多係川陝外來匪徒如閱時稍久誠恐出省遠颺查緝更難得手隨即遍飭各府廳州縣毋

分畛域勒限上緊偵緝並於毗連各屬關隘嚴飭認眞盤詰務期按名弋獲不任免脫稽誅茲據蒙化賓川姚州雲南等廳州縣陸續拏獲首從各犯其計二十二名解送到 臣 當飭大理府知府唐惇培督同署太和縣知縣熊家彥署賓川州知州李峥嶸暨各委員訊取確供復經 臣 飭提親訊據首犯沙玉瓏供認與已正法之古明發麻汝淮並殲斃之沙金隴等起意糾約四川陝西貴州及趙州永北姚州各處漢回結盟

焚搶抗拒官兵殺斃多命乘間逃逸各情歷歷
如繪核與古明發疏汝淮等前供悉相脗合復
提從犯隔別研訊除陳興順一犯聽從結盟並
未隨同焚搶孫小灤白萬明二犯係事後分贜
未經拜盟外其馬六三等十八犯各供認聽糾
結盟持械焚劫並有打仗二三次殺斃一二
命至三四命不等臣恐尚有不實不盡復提前
獲留禁各犯質認無異再三究詰矢口不移案
無遁飾查沙玉隴商同古明發等糾眾拜盟身

爲會首復率領焚搶郵寨殺害多人拒敵官兵實屬罪大惡極應請比照凡謀叛不分首從皆斬律加重淩遲處死案係比照問擬應免緣坐馬六三謝洸沅李阿存周其湮鍾小三楊順六犯係聽從結盟搶劫得贓拒敵官兵殺斃一二命至四命不等同惡相濟均應擬斬立決加以梟示王有才劉玉順趙起倡韓成富潘應發張騰高彭興順宋洪發賢常發胡春華楊啓滐周澐十二犯雖未經殺人但隨同結盟焚搶得贓

並抗拒官兵均應擬斬立決以上十八犯俱屬
情罪重大未便稍稽顯戮臣於審明後即恭請
王命飭委文武員弁將各犯押赴市曹創行處決以
昭炯戒而快人心應梟示者仍傳首示衆又陳
興順一名訊係聽從結盟並未隨同焚搶應照
匪黨結拜非依齒序聚至四十人以上爲從例
發極邊烟瘴充軍孫小滐白萬明二犯委係事
後分贓未經拜盟應照強盜事後分贓例杖一
百徒三年臣現由大理前赴永昌未及辦理供

招謹開具犯名情單註明情罪恭呈
御覽所有各犯口供仍行發交臬司歸案彙核詳送
撫臣裕　部備案至緝獲逸犯各文武均尚認眞
容查明首獲協獲與前案一併奏請鼓勵合併
聲明所有續獲逸犯審辦緣由理合恭摺具
奏伏乞
皇上聖鑒謹
奏

保山哨匪輸誠獻犯仍飭嚴拏摺

奏爲保山七哨懾服軍威已縛獻匪犯多名解臣
審辦仍飭各官兵兜圍嚴拏務令滋事案犯全
無漏網以示懲創而靖地方恭摺奏祈
聖鑒事竊臣前於二月十二日由驛
奏報先剿彌渡匪類情形並查知保山自發告示
之後江橋已鋪板片文報不敢阻留卽於摺末
聲明冀以仰紓
宸念隨卽催兵移營分路前赴永昌臣亦將續獲彌

渡案內逸犯二十二名在大理府復行審辦於
二月二十一日又經專差齎摺具
奏在案因思大理距永昌尚有六站雖比省城爲
近而軍情信息究不能早晚常通查永平縣爲
永昌出入咽喉前聞哨匪滋鬧之時回匪亦借
報復爲由盤距永平一帶將往來貨馱強劫勒
贖以致客商絶迹且糾搶居民財物擄占婦女
靡惡不爲是以臣復由大理移駐永平既督入
哨之官兵並辦行劫之回匪自永昌文報通後

在城文武各員均不至如前被困隨據該鎮道等先後具稟以哨匪傳聞此次所調兵練特多又聞彌渡用兵殲殺無算始有悔懼之心城鄉紳士耆民近日漸出見官據稱先因哨匪人衆勢兇一時難以理諭所以不敢出頭迨接奉省城發出告示知征剿匪類之中仍寓綏輯平民之意伊等幸獲生路亟與各哨逐加講解咸知凜畏兵威只求遵示辦理所有案內匪犯責令各處里甲約長均即確查縛送橋板鋪平之後

不獨行人與文報全無稽留大兵到時亦必迎進不敢稍阻又放出縣監囚犯自行遍處覓獲仍送回監現查僅少一犯當再購線找尋其在官坡搶去軍械亦已繳還十之七八仍在各哨查追呈繳又縣署業已被燬惟求准民捐蓋不敢稽延等語 臣 以衙門為法令所從出頑民膽敢焚署誅之尚不足蔽辜若准賠修竟似與廢自由成何政體嚴批駁斥不准惟匪犯速行縛獻以正刑誅庶免盡行剿洗之語係前經 臣 等

奏明出示曉諭自未便頓改前言但所獻必以首
要爲先不得就輕避重且以時日爲限不得延
喘緩兵如敢詭詐相嘗立卽殄除務盡　臣又札
調久駐該城之迤西道王發越面問情形據稱
該處士民均悔罪輸誠屬實並因鶴麗鎮音德
布連年在永昌用兵民情素相敬憚先令帶兵
由江橋直入見該處男婦老幼焚香跪迎沿途
不絕籲求網開一面准予緝匪送官該鎮遂與
先駐城內之騰越鎮總兵拴住率同府縣查收

所獻匪徒維時雲南提督榮玉材與昭通鎮總兵劉定選貴州安義鎮總兵秦鍾英先後各率將領備弁分路齊進其民人之焚香跪迎者亦與音德布到時無異凡該處城鄉大路無不壁壘帀地旌旗蔽空赫赫萬軍使民戰栗又永昌與順甯連界以右甸爲緊要關鍵查臨元鎮總兵李能臣前本派在順甯留防此次仍令帶兵約一千名在右甸紮營以資策應聲勢極爲聯絡節據音德布等稟報獻出匪犯截至三月初

五日已及一百三十餘名經府縣訊取初供其
承認傳帖糾人抗官打奪入城焚署殺人放囚
之犯已覺實繁有徒 臣將回民兩次京控原呈
所開被告名單與現獲之犯互相核對如劉書
即劉一鵬周曰庠張時重即張重李國即李兆
祥萬畚三劉文華楊春富張文儒董俊吳少游
周際岐宋發春藍得沛石鈺即石育吳堃等本
皆被告有名而劉書周曰庠則尤控單所首列
者此外或一人而有兩名亦所難定飭詢永昌

府縣有無頂替冒名據復提犯互相認識所獲
實皆本人等語當卽飭令分起解至永平容 臣
督同委員細加研審分別懲辦伏思該地方旣
於兵到時卽先投誠獻犯自未便遽加剿擊致
使玉石俱焚惟竟以所獻爲憑則袒庇卽在意
中藏匿亦復不免且愈是首要之犯愈恐徇隱
者多當此兵威極盛之時搜緝尚非難事除仍
勒催多獻眞犯外 臣 復明查暗訪且多遣文武
員弁確探未獲匪蹤竝向已經獲案之犯問係

何人糾約何人協同令其自相攻擒彼既身遭
縛獻如有罪同法異者諒必不肯甘心如此逐
節推求若一哨中實有隱匿罪人即當分兵圍
拏倘敢負固不服則是孽由自取定予勦洗無
遺不敢姑息因循致貽後患除俟續獲案犯竝
審明定擬緣由另行馳
奏外所有現在縛獻多犯情形臣謹會同雲南巡
撫臣程矞采提督臣榮玉材合詞恭摺由驛具
奏伏乞

皇上聖鑒訓示謹

奏

覆奏永昌漢回情形片

再臣正在封摺時適值齎摺差回承准軍機大

臣字寄本年正月二十五日奉

上諭林則徐等奏提解控案延未赴解等語此風斷

不可長著林則徐等諭飭該道府等妥爲曉諭固

不可操之過促致滋决裂亦斷不能任其抗拒不

遵提訊總須默化潛移挽回風氣以綏邊徼而靖

兇頑等因欽此又由兵部限行四百里承准

廷寄二月十七日奉

上諭林則徐等奏保山縣七哨匪徒打奪解省人證
隨又焚燒縣署殘殺城內回民現在籌辦情形一
摺必應痛加剿洗方足挽回積習林則徐現已檄
調各營精兵分股進剿並已親往大理府督辦縈
玉材業經帶兵前往務當籌畫萬全操必勝之權
相機攻剿固當分別良莠不可妄殺無辜致失衆
心尤不可再示姑容稍留餘孽總期一鼓作氣悉
數殲除方足大昭懲創所稱鎮道府縣皆被困署
在城每日市糧限數出糶現在曾否解圍該鎮道

等如何著落著飭查明由驛具奏其瀾滄江爲赴
永昌必由之路江橋板片現被匪等拆斷聚衆把
守尤當迅速設法擊散賊衆修復橋道鐵索俾文
報得通剿辦方能得力至軍需經費除於鹽課項
下借動十萬兩外所有雲南貴州兩省現收捐輸
之款竝准其先行動支以濟急需程矞采在省督
催各路官兵籌辦糧餉俱當悉心商辦務使兵威
遠振漢回各匪盡皆懾服斷不可稍有挫失以靖
邊圉而除兇頑是爲至要將此由四百里各諭令

知之欽此並發回　臣前奏摺一件奉
硃批此摺即應由驛馳奏何待嗣後另有旨欽此　臣
在永平奉到跪誦再三仰見
聖主廑念邊疆務令遠振兵威漢回盡皆懾服　臣等
得以遵循辦理感悚彌深除保山城市及瀾滄
江橋情形已於正摺縷陳外查提　臣榮玉材先
於保山之官坡地方紮營會督各鎮將備弁查
拏匪犯撫　臣程矞采早將各路官兵全催過省
臣謹再行咨會一體欽遵辦理斷不敢稍有挫

失至軍需經費目前不能不用而實無款可籌
仰蒙
恩准於兩省現收捐輸款內先行動支臣等倍深感
激惟有極力撙節絲毫不許虛縻並隨時察看
情形若可徹兵即行酌量先徹以歸節省再臣
恭繹
諭旨務使漢回各匪盡皆懾服尤仰見
聖主洞燭情形持平
訓諭之至意臣察看迤西風氣漢民惟保山七哨最

爲桀驁其餘尚近淳樸回民則無處不有且良善少而梗頑多卽如永平所轄之曲硐等回莊無非聚而爲盜且因有二十五年九月保山城內漢民殺回一事人人影射自稱難回無論客貨官鹽攔搶到手非贓卽賣一拏到官則稱被難之餘無可謀生不得不向客商索借度日一似情有可原其實此等多非保山回子卽籍隸保山亦多分往各寨不皆城內被殺之家就使原先眞是難回而旣如此行爲直成流賊豈可

復行曲貸自臣駐劄永平以來趁保山兵力正多因已縛獻犯人尚未剿擊之際訪有回匪聚搶及受害民人告發即先派兵密往掩捕計旬日間亦已獲犯一百名有零容當陸續審辦茲救出被擄婦女數口先行給親完聚餘匪竄逸何處亦經嚴飭各地方官確切偵探會合兜擒但各處回莊通氣者多每以庇護同教爲名而以窩盜分贓爲實非重懲數處難挽積慣頹風此次臣調兵較多固爲哨匪恃衆逞頑而設亦

因迤西久爲盜藪非重辦無以掃清卽使哨匪辦完亦擬乘勢會督提鎭擇其要害壓以重兵責令頭人指名縛獻果能盡將匪類獻出以正刑誅無論是漢是回皆准一體辦理總使剗除根荄保衛善良以期邊圉肅清稍副
恩慈委任謹會同提臣撫臣繕片附
奏伏乞
聖鑒訓示謹
奏

審辦倡亂妖匪金混秋摺

奏爲密訪保山滋事根由並研訊犯供究出惑衆倡亂之妖匪金混秋即鐵帽子拏獲審明恭請
王命從重凌遲處死以昭炯戒而絕禍源恭摺奏祈
聖鑒事竊臣前由大理移駐永平督兵進剿保山七哨因其畏威懾服縛獻匪犯多名當將飭提解審仍令官兵兜拏緣由於三月初八日恭摺由
驛奏
聞在案臣思該處民風固屬強悍然果何所倚恃而

竟敢於打奪人證之後又公然進城焚署殺人
劫囚恐另有荒誕不經之徒從中煽惑以致不
顧性命不畏兵刑狂悖兇殘至於此極當經密
派精細諳練之委員數人改妝暗訪知哨匪所
恃爲護符者有一種緊皮藥若與人戰鬬先服
此藥可以倍加勇力兇很直前即刀槍亦能抵
擋其造傳此藥之人混名鐵帽子歷在邊地往
來此案滋事爲首之人與之潛相句結屬實隨
獲到倡謀聚衆之已革文武生沈振達張時重

張汝儒詳細訊究來歷據沈振達等僉供鐵帽
子實名金混秋係大理府屬猓夷因遊方賣藥
常戴鐵盔鄉人呼爲鐵帽子沈振達之義父沈
聚成原籍湖南在保山之金雞邨寄居早年赴
銅廠營生被礦硐坍塌壓傷頭項經金混秋用
草藥醫痊遂拜金混秋爲師傳其緊皮方藥沈
振達從幼見過金混秋稱爲大太爺道光二十
五年五月間保山漢回搆釁回衆攻打金雞邨
該邨咸推沈聚成爲練頭率帶練丁堵禦沈聚

成將金混秋所傳緊皮方藥配給衆練丁服食並稱其藥曾經念呪畫符食後皮肉縮聚刀砍不進槍打不透以壯衆丁之膽嗣果殺退回衆將最爲著名之回匪九坎毛戕斃衆皆歸功於沈聚成懇其長爲地方保護沈振達見伊義父年逾六十素患痵喘病證且係目不識丁知其本無能爲伊遂乘此機緣武斷鄉曲思及金混秋既有術呪法符自不止製造緊皮藥一端因潛往土司地面尋見金混秋要傳各種邪術金

混秋告以有銅鼐子一個念呪騎上能駕雲霧飛行又有天印一顆印在紙上佩帶身邊刀槍不入並能招調陰兵可敵千軍萬馬其他打仗防身之物尚有多種沈振達聞其法術以爲可恃益加崇信二十七年十月內聞回民京控要提人證解省審辦沈振達知伊義父沈聚成被控有名恐其解省喫虧與張時重張汶儒等商謀阻解找尋金混秋請其卜卦金混秋用竹片火炭打卦稱係上吉可以攔阻不必解省沈聚

成遂往山裏藏匿沈振達等倡言官府如果要
解只得拚出大鬧一場維時金混秋潛住保山
之睡佛寺内沈振達等密與往來經該府縣風
聞將金混秋驅逐出境沈振達等又遣萬鐸傳
贊趕往途次截留金混秋到金雞邨同住商用
各種邪法並蓋造陰兵臺一座至本年二月大
兵將到始行躲散等情　臣　查現在保山境內四
面皆有官兵紮圍該犯金混秋斷不能遠颺出
境轉恐匿在近處使人不覺當卽密委素能緝

捕之臣標千總施嘉祥帶兵數十名馳往查緝該千總探知金混秋寄匿保山城南蕭祠其隨帶護身八人皆有過人膂力若遽行動手恐致走脫密稟提臣榮玉材添員協拏適榮玉材之子兵部額外主事桂恆歷隨伊父出師在營盤即與榮玉材添派之游擊王夢麟護遊擊陳得功把總張慶會密至蕭祠外面施嘉祥將所帶各兵前後佈置時已昏夜桂恆扮作過客進祠尋見金混秋託言央請打卦攔其出路施嘉

祥即乘機上前將其擒獲王夢麟陳得功張慶
曾均協同綑縛該匪所帶之三帕等八人正欲
抗奪亦被施嘉祥等合力圍擒無一得脫榮玉
材並即知會各文武勘明金混秋隨身行李物
件逐一封貯解送到 臣 當即查驗有緬字經卷
五束緬佛一尊念珠一串鐵帽銅帽各一頂銅
贏一個約二寸許鳥槍七桿火藥一包又有藥
礶藥葫蘆各一箇內裝藥物或名緬茄或名飛
芋與白胡椒雜貯即係配製緊皮藥之用復有

木印一顆分刻漢文夷字其漢文曰猛硔天下夷字譯係祖師佘額發佛塔等字此外尙無違禁物件字迹臣隨卽親提該犯金混秋卽鐵帽子督同迤西道王發越等嚴訊據供年五十六歲祖上本係玀夷故父佘額發住居鄧川州我在該州生長二十歲時拜從口外野夷金老蚌雞爲師便從他姓金學習符呪配緊皮藥尋能醫跌打損傷在邊地各處游方住居無定因沈聚成會在銅廠被石壓傷爲之醫治痊愈沈聚

成拜我爲師傳授方藥伊義子沈振達亦相熟識道光二十七年十月間沈振達尋我占卦說伊義父與永昌城哨多人怕被囤子京控恐要起解上省能否攔阻我想此案人數甚衆正可哄騙取財告以卦象甚吉攔阻無防那時保山地方漢回卻無爭鬭我遂住在睡佛寺內十一月中沈振達常來看望私言伊義父沈聚成雖已入山遠避而同案之人不日起解恐伊義父將來亦不得饒不如先將頭起奪回後起即俱

不解若鬧出亂來專靠大太爺法術答救保護之語諳諳詻託我想向來金雞等郵人最强悍一呼數萬諒必不致喫虧我若不壯其膽則向來所誇法術反見是假非眞因面許以若要陰兵我能調集數萬但必須預先建立清淨屋宇大家焚香禮拜捨錢祈福乃更有靈又言永昌流年風水不利尙須暗埋法物方能壓勝洸振達復帶伊同郵親戚張時重張汝儒及城中人李惆等向我密商我說即使官兵前來總不能

敵我陰兵我一念誦符呪破之易如吹灰衆皆深信不疑索取緊皮藥而去隔了幾日不知地方官因何把我驅逐我正走出兩站有金雞郵人萬姓傅姓等來述沈振達的話將我截留擡赴金雞郵住在裕美店房內二十九日剏聞各郵齊吹牛角趕赴官城將起解之人全行奪回是夜沈振達張時重張汶儒等都向我來說事已鬧大總因回子京控所致明日大家都要進城殺盡回子我看勢難阻止只好聽之又乘機

催令速蓋陰兵臺一座各鄉俱派布施我每日拈香一次男婦老幼都來行禮並與我磕頭到臘月底我對衆人說已調陰兵二萬六百名了我又教李慖們做壓勝之物用臘捻成各種獸形托以木板配以雞蛋等物於三更後暗埋各城外七處大路說是能擋兵馬至本年二月聞得調來兵練有一萬數千之多又聞兵過彌渡地方已將內外匪徒剿殺殆盡不但七哨人人害怕我恐前許陰兵的話亦必盡露謊情並探

知金雞都人漸不信我法術伊等城鄉紳耆商
議縛犯送官我恐被伊綑獻又探有官兵四面
兜圍我若逃出恐被截拏只得於就近偏僻廟
宇暫行躲藏不料已被查知將我拏獲等供臣
查該犯疊稱能調陰兵自係久蓄逆謀不止妖
言惑衆且木印鐫刻猛硔天下字樣尤堪詫異
復向再三嚴詰據供猛硔係耿馬土司界外隙
地不歸土司管轄我故父曾在該處住歇人稱
祖師上年我又經過其地希圖佔作頭人因刻

木戳一方留以待用其天下二字只就猛硔而言即管理地方之意夷字上刻我故父之名亦只想壓服該處土人委無別故此戳並未行使故未沾有印色已蒙起出驗明呈經卷均從夷地傳來並非自行編造銅蠃係隨身配帶之物謂能騰雲駕霧不過哄騙愚民所稱調齊陰兵委係空言煽惑並無謀爲不軌別情 臣 訊供後復於三月十五日親赴永昌府城巡閱營伍並查看保山城哨情形查其所謂陰兵臺者只係

搭蓋窩棚當即飭令拆毀並發掘周圍地內亦絕無詭祕物件是其陰兵之說僅以惑衆騙錢無他妙巧已屬顯然其城外七處大路埋藏蠟獸等物均已刨出送驗所云能攝兵馬之說影響全無 臣回至永平又提該犯究詰堅如前供案無遁飾查金混秋以玀夷潛匿邊地膽敢妄布妖言惑衆倡亂致釀鬧案并敢揑稱能調陰兵可敵千軍萬馬又揑造獸形埋藏城外大路種種悖亂不法已極雲南地屬邊疆人心最易

惶惑未便因其尚無謀爲不軌實情稍存輕縱
金混秋除妄布妖言煽惑人心罪止擬斬不計
外應照謀叛已行從重加淩遲處死 臣於寗明
後即恭請
王命將該犯金混秋綁赴市曹淩遲處死並傳首保
山城哨地方懸竿示衆以昭炯戒案係比照定
擬家屬應免緣坐其傳首爲徒及隨身服役各
犯均歸於滋事案内分別按例辦理另摺具
奏起出鳥槍火藥發營配用經卷銅贏鐵帽鍋帽

等物案結銷毀除將犯供發交臬司彙核詳送
撫臣咨部備案外查保山地近夷方易惑師巫
邪術即妖言毫無證驗亦致深信不疑以致藐
法抗官自罹重辟其兇頑固屬可惡而愚昧亦
屬可憐臣現與撫臣會商剴切示禁並嚴飭各
屬一體認眞訪拏務期盡消奸慝弭患未萌以
仰副
聖主綏靖邊陲至意所有訪獲倡亂妖匪審明懲辦
緣由理合專摺具奏伏乞

皇上聖鑒訓示謹

奏

欽定四庫全書

丙集卷四

夫

審辦保山哨匪並酌撤官兵摺

奏爲保山滋事匪徒經該處自行縛獻及臣督兵查拏到案者現共三百二十九名訊明情節輕重分別定擬並將首要各犯恭請

王命先行正法地方悉經安靜民情感畏交深各兵酌量留防餘皆凱撤歸伍恭摺具奏仰慰

聖懷事竊臣前將保山七哨懾服軍威獻出匪犯一百三十餘名仍飭各官兵兜拏緣由奏蒙

聖鑒在案臣查該處獻出各犯固不爲不多而其中

尤有首要之人或紳耆畏其强梁或親族徇於
情面觀望遷延恐亦不免經 臣 訪知姓名及由
犯供指出者均隨時開單勒拏一面密查蹤跡
設法暗擒如另摺
奏獲之金混秋沈振達張時重張汝儒等皆倡亂
主謀之首惡此外隨同糾衆奪犯抗官焚署劫
獄搜殺回民各從犯或由明拏或由暗擒續經
報獲解訊者並無虛日截至三月底止其解到
三百二十九名除金混秋一犯情節較繁已另

具專摺

奏辦外所有前後獲犯均經 臣 督同雲南迤西道王發越暨各委員隔別研訊緣沈振達張時重郎張重張汶儒萬鐸趙育張汶健周日庠劉書均係永昌保山府縣兩學已革文武生其餘人犯俱保山縣民人沈振達原係王姓因父母俱故往依妻家度日經伊妻伯沈聚成收爲義子改從沈姓與張時重等分住金雞板橋等邨周日庠劉書因與回民雜處恐被欺淩邀約城鄉

多人燒香結拜有事相助周曰庠劉書名爲鄉
首道光二十七年七月回民丁燦庭杜文秀等
以香匪串謀滅殺無辜等情先後赴京具控奉
旨發交臣等親提嚴訊當經飭提人證去後旋據迤
西道王發越督飭永昌府保山縣將被告周曰
庠等提獲擬於十一月二十九日解省審訊周
曰庠思及沈聚成亦係被控有名因充金雞邨
練頭此次未聞同解想係該邨衆人爲之庇護
卽密令其子周際岐等向沈聚成求救沈聚成

亦恐被解先已躲避外出沈振達遂與張時重張汶儒等商謀阻解並以伊義父拜從爲師之金混秋素有符呪法術可以倚恃適住睡佛寺內沈振達卽往該寺以前情央其卜卦金混秋起意乘此煽惑斂錢遂用竹片火炭打卦稱爲上吉可以攔阻不必解省沈振達聲言如果官府要解只得拚出大鬧一場捻知劉一鳴素諳製造槍礮又因伊住處僻靜卽許給銀兩囑其製造劉一鳴應允前往陸續購買廢鐵窰雇匠

人在家私造鳥機鳥槍各十餘件交沈振達收藏維時沈振達金混秋密相往來經該府縣訪聞驅逐金混秋出境沈振達私遣萬鐸趙育傳贊等將金混秋接至金雞鄉同住商用各種邪術並與張時重張汶儒等商允於人證起解時聚眾在途打奪先寫傳帖分赴各哨糾約猶恐人心不齊倡言如有一人不到將來定行殺害此沈振達倚恃金混秋邪術倡謀糾眾打奪犯證之緣由也十一月二十九日府縣會營撥兵

將周日庠等九名作爲頭起解解省沈振達等探知郎介各哨傳人向金混秋領取緊皮藥分往各處攔截約吹牛角爲號齊出打奪是日午後文武官弁兵練押解人證行至官坡地方張汶儒率領衆人上前將周日庠奪回外委胡恩榮攔阻被哨匪劉加和等施放鳥槍轟傷左臂並傷營兵丁其榮等四名各官乘轎悉被打毀兵練因衆寡不敵所有隨帶器械馬匹衣服銀物俱被搶走張汶儒等歸向沈振達張時重告述

前情沈振達聲稱此事都因回民京控所致氣忿莫遏起意糾人次日入城搜殺回民洩忿又因監內禁有哨民可以乘勢劫放大家應允約會南門外人李幗雇覓附城匪徒與各哨眾人會齊於十二月初一日早進城仍先向金混秋領取緊皮藥因人多不敷分給亦有未經領取之人其時文武已閉城門防範匪犯孟洙等潛於城缺處爬走進內眾人亦蜂擁而進扭開鎖鑰披髮持刀同聲喊殺迤西道王發越出外彈

壓匪徒恃衆不服持刀向戳家丁王貴甚升救
護俱被戳死回民見勢兇湧多有趨入縣署躲
避者哨民追趕殺斃多命聞有回民持刀格鬬
哨民施放鳥槍以致焚燬署內頭二堂等處監
門亦被砍開監犯逃出禁卒張五攔阻當被殺
斃內有回犯一名亦被殺害該縣出署彈壓正
值風大火烈縣署全被延燒有藏匿空屋之大
小回婦俱經燒斃匪徒乘機搶掠銀物並分往
各處搜殺回民致將在府應試之騰越回童亦

被殺害多命此沈振達等打奪犯證之後復遣眾進城劫獄焚署搜殺回民之情形也是時各哨人情洶洶恐有官兵前來剿捕又慮外面聞信報復該犯沈振達張時重張汶儒等均以瀾滄江有險可恃即分派張成得等糾集多人前往各險口拒守并拆去江橋板片以阻行人且因城中紳士不肯幫助議禁各哨不准柴米進城又恐城內各官暗用文牘到省請兵令拒守各險之人遇有公文攔截拆看適該鎮道將哨

匪肆行不法請兵剿辦緣由繕稟專差赴省行
至江橋被該匪等搜獲逡交沈振達拆看沈振
達卽將原稟抽出燒燬另揑回匪搶殺放火焚
燒縣署監犯乘閒逸出各謊情挪改日期繕就
假稟仍裝入原來印封遞省希圖嫁禍於回激
動官兵剿辦且聽從金混秋調遣陰兵之言建
臺惑眾並造壓勝妖術用蠟捻成各種獸形負
夜埋於大路此又沈振達等商同抗拒官兵奸
謀詭祕種種不法之原委也當該匪等滋事之

際人衆勢兇公正紳耆率皆畏禍引避迨聞省中調集兵練人數正多又見臣與撫臣會銜出示諭令縛獻匪類方免悉數殲除並聞兵過彌渡地方剿殺匪徒殆盡各匪心生畏懼紳耆卽乘機開導商同各甲長遵示獻犯求免玉石俱焚先將橋板鋪平逼行文報尋回逃逸監犯繳還被搶軍裝凡指名勤拏之人無不陸續綑送其民間私藏槍礮刀械由地方官督令各甲長搜查收繳計獲三千餘件之多迨臣親到永昌

查看情形因金雞邨有哨牆一道堅固異常外挖深濠內開礮眼雖據稱因懼衆回滋擾藉爲防守之資然該處頑梗成風豈宜更任深溝固壘當即派遣弁兵嚴押該邨民人立時拆毀即將哨牆土石塡塞溝濠費數日之功始經毀平塡滿此又該處民人畏懾軍威輸誠悔罪一切遵示辦理求免剿洗之實情也查此次滋事人犯多即二十五年以來漢回搆釁案內之人其被回民京控有名者已獲過半如張汝儒張時

重等均在所控之內沈振達本無控案僅因其義父沈聚成被控應解並周日庠遣其子求救遂起意奪犯抗官恐主謀滋事情形尚有不實不盡旋獲到沈聚成訊明伊聞傳解之信已去各處躲避實不知沈振達如何起意糾眾滋事質之張汶儒張時重等則均稱實與沈振達同謀並未尋見沈聚成商議且沈聚成素不識字自不能寫帖傳人沈振達亦堅供因沈聚成躲避之後恐官府著伊我尋是以同謀阻解又知

金混秋與沈聚成誼切師徒必能用其方術始終保護經金混秋妖言聳動深信不疑以致鬧成大禍懊悔無及並究出沈聚成之妾沈李氏亦拜從金混秋爲師傳習符呪方藥與另獲爲徒之何萬選等先後到案質審無異又據委員訪有匪徒捏稱京控提人係各官假傳

聖旨編造歌謠寫成匿名揭帖刊刻板片之李名揚一併獲案訊認屬實當於該犯家中起獲歌謠板片當堂令其默寫字句相符至製造槍礮則

訊係劉一鳴施放鳥機中傷弁兵則係劉加和
并未獲之劉汶倫劉老六傳帖糾人則係萬鐸
趙育張重五等帶眾進城則係李幗張重六丁
濟溥傅有學萬儀張密等劫獄放囚則係邵得
興王老七宋發春蘭得沛等搜殺回民并嚇截
官長殺斃家丁則係楊得白超鵬等並追訊二
十五年九月初二日帶練入城慘殺回民多命
則係馬老五樊晉得白沾淋蔣潮富王均楊茂
張炳等其餘聽糾劫犯並在官坡與縣署等處

乘機搶奪銀錢衣物放火焚燒回寺砍殺回童
以及逓送傳帖拒守江橋拆斷板片截毀公文
阻攔柴米進城各從犯俱各供吐實情歷歷如
繪彼此互質衆供相符案無遁飾此案沈振達
妄信妖言起意糾衆奪犯抗官私造槍礮並劫
放罪囚謀殺回民種種不法實屬首惡張汶儒
張時重厥罪惟均俱照謀叛律擬斬立決從重
加淩遲處死萬鐸趙育李幗張重五黃疤眼姬
小六李七鑾劉汶華張成得李得春連其秀楊

蘭楊秀凡趙五蠻陳淋張老四宋五十八姜炳王老七邵得興宋發春蘭得沛楊得白超鵬二十四犯或接引邪匪聽信妖言同謀轉糾奪犯或劫放獄囚焚燒衙署乘機搶奪殺斃回民一二命並拆斷江橋截毀公文打毀官轎嚇截官長實屬同惡相濟均照謀叛斬立決律擬斬立決從重梟示案係比照問擬應免緣坐馬老五樊晉得白占淋蔣潮富王均楊茂張炳宋黑老蠻八犯除聽糾奪犯輕罪不議外究出二十五

年九月殺斃回民多命聶以青聶小卷挾仇謀
殺後支解屍身趙三蠻搶奪得贓逾貫又殺斃
回民二命均照例擬斬立決梟示查明該犯等
財產按例核辦黃兆沅王十蠻晏三袁二蠻李
沛谷潤之孟洙蘇秉虔林向春段幅王立得姚
小二聶以全聶以莊安七蠻董盈魁傅發蹇位
石秉蠻王洪張四牛黃楊長子楊春富李丕顯
張汶健楊發洪楊本濚張汶佑楊三趙受沅董
潮湘張重六丁濟溥傅有學萬儀張密劉一鳴

趙洙高六十七楊得淇劉安章張貞沅姬汝昭
姬小九徐定鑾趙玉珍王小五王接鑾王有發
王受倡劉加和周上智五十二犯實係聽從轉
糾奪犯施放火器中傷官弁搶奪軍械造意殺
斃回民一二命並劫囚在場助勢放火焚燒公
廨殺斃家丁差役及燒香結盟等事均應照謀
叛已行律擬斬立決劉一鳴製造槍礮至十數
件之多照例處斬與施放鳥機轟傷官弁之劉
加和俱斬立決李名揚一犯揑造悖謬言詞刊

刻板片投貼匿名揭帖應照例擬絞立決以上
各犯情節較重未便久稽顯戮臣於審明後卽
恭請
王命飭委迤西道王發越新嶍營遊擊恆權將該犯
等綁赴市曹分別處決馬老五王均李丕顯張
密四犯俱已在監病故馬老五王均殺斃多命
照例戮屍應梟示者傳首犯事地方懸竿示衆
以昭炯戒周曰庠劉書倡立香會結拜弟兄聚
衆至二十人以上各自爲首自應各科各罪周

曰庠劉書二犯均擬絞立決惟該犯係回民丁燦庭等京控首列之犯應俟提齊原告人證質訊明確再行處決楊寬張小五晏幅蠻宋潮青苑老蠻楊開蠻王有淇趙草果田健九犯聽從謀殺回民傷而未死俱照謀殺人從而加功絞監候律擬絞監候秋後處決沈聚成沈李氏三帕坎望老周何萬選各自拜從金混秋爲師傳授邪術方藥卽屬爲從照例改發回城給大小伯克及力能管束之回子爲奴沈聚成在監病

故應毋庸議沈李氏係屬婦女案關邪術惑眾
應不准其取贖崔科楊浩等三十八犯聽糾打
奪人證並進城乘機搶奪財物又楊湘陳啓等
二十六犯身充鄉約卽係在官人役乃敢聽從
匪人遞送傳帖攔阻柴米實屬骫法均應照謀
叛爲從斬罪上減一等改發新疆給官兵爲奴
劉加美王禮等七十三犯聽從奪犯搶得財物
應照聚眾打奪人犯因而傷差者爲從杖一百
流三千里律應與放火故燒空房斬罪上減一

等之徐連生俱擬杖一百流三千里楊春幅等十犯係聽糾奪犯在場並未傷人應照律杖一百徒三年周際岐吳堃二犯因其父周曰庠等被獲解省即向沈振達求救雖係迫於父命究屬生事釀禍應於官司捕獲罪人聚眾中途打奪因而傷差者爲從杖一百流三千里罪上減一等杖一百徒三年沙作和尚向老李周志五景秀淋五犯訊止受雇服役並無拜從爲師情事應於沈聚成遣罪減一等擬杖一百徒三年均

到配折責安置以上各犯應刺字者照例刺字
徒罪限滿詳釋楊老五等十犯訊係事後攫取
財物計贓准竊盜論應照竊盜贓一兩至一十
兩擬杖七十仍免刺字劉定沅等二十八犯訊
止被脅同行雖無不法實跡究屬不合應照不
應重律杖八十俱折責發落起獲李名楊匿名
板片案結銷燬其餘田作貢等二十九名歸於
回民京控案內議結其因變逸出自行投首監
犯趙金春等十名飭令照例辦理未獲楊學淋

一名仍嚴飭上緊緝拏受傷外委胡恩榮營兵
丁其榮等四名傷已醫痊應毋庸議被殺被燒
溺斃之回民男婦已據保山縣驗明捐棺殮埋
所有焚燒衙署及劈砍監獄已由臣等率屬捐
廉建蓋修理城牆塌缺處所飭令補修堅固呈
繳槍礮火藥器械現在派員查驗分別存貯配
用未獲各犯仍飭文武員弁督率兵役嚴緝務
獲究辦此案事起倉猝衆寡不敵文武員弁應
得處分及失察各職名可否仰懇

聖慈從寬邀免出自格外
天恩除將各犯供詞發交臬司彙核詳送撫臣谷部
備案外再查保山地方經此次懲創之後人心
震懾地方均甚安靜容再熟籌善後事宜奏請
聖裁欽遵辦理所有前調各標官兵除酌量留防外
餘已陸續檄徹歸伍合併聲明謹將獲犯審擬
緣由會同撫臣程矞采提臣榮玉材恭摺具
奏伏乞
皇上聖鑒訓示謹

奏

順途校閱營伍并酌改營制摺

奏爲保山軍務將竣臣於駐劄永昌之便遵

旨校閱營伍恭摺奏祈

聖鑒事竊臣接准部咨欽奉

上諭本年輪應查閱雲南貴州等省營伍之期雲南

貴州著即派林則徐逐一查閱認眞簡校如查有

訓練不精軍實不齊者即將廢弛之將弁據實劾

參毋得視爲具文等因欽此臣查滇省向來閱伍

章程迤西之騰越鎮標暨永昌龍陵二協順雲

一營均在永昌府校閲此次臣督辦保山軍務
先由大理移駐永平節經獲犯訊供漸次就緒
永平距永昌二百里臣於三月十五日親赴郡
城沿途查看城哨情形均極安靜隨即校閲永
昌協標官兵並調考騰越鎮龍陵協順雲營官
弁其附近之鶴麗鎮維西協永北劍川等營向
係附於提標及大理城守營操閲此次該鎮協
營官兵有調至永昌軍營者亦即就近先行校
閲以省日後輪換赴考所有閲過隊伍陣式均

尚整齊連環排槍聲勢聯絡刀矛雜技擊刺跳
舞亦俱熟習馬步箭中靶分數不等各在六七
成以上施放擡礮擡槍鳥槍亦皆猛捷有準兵
丁技藝優長者當場獎賞生疏者分別責革降
糧其將領備弁中尚無應劾之員惟永昌協右
營外委韓映斗馬步僅中一箭年力就衰應卽
斥革騰越鎭標中營外委畢玉昆亦僅中一箭
惟年力正强應降爲額外勒令學習以觀後效
又永昌協把總蘇秉甲外委朱朝貴蘇茂年力

俱壯弓馬亦皆去得惟訪聞人不可靠據該管官揭報前來均應先予斥革再行確查究辦查永昌民風素稱強悍故兵丁不患其軟弱而轉患其驁淩尤防其與各哨匪類句通致捕緝不能得力 臣 於考校之餘當場嚴加訓飭以上年冬間匪徒滋事如果該營兵丁盡可如干城之寄何待多調各處兵來即如該協拏送已革各兵現經審明分別定罪豈爾等尚不知炯戒諄諄開導之後又嚴諭各將備再行確查如有句

結匪類之兵速飭革糧嚴辦倘尚扶同徇庇察出定予特參又查永昌東隔瀾滄江西隔潞江兩處江橋最關扼要此外各路隘口亦極紛多若專恃土著之兵踞險分防恐緩急究難深恃臣現仍留駐征兵緝拏餘匪外擬此後酌照四川甘肅換防之例添派別營客兵擇要駐防按年交換不使與各鄉哨漸相熟習聯爲一氣並將該協在城額兵量撥鄰境差使俾彼此互有牽制以杜意外之虞容與提臣榮玉材撫臣程

商采備細酌商再行會摺具
奏總期地方安謐戎備森嚴以仰副
聖主綏靖邊疆至意所有查閱永昌一帶營伍并籌
畫營制大概情形理合繕摺具
奏再臣自駐永平後督令文武緝獲糾搶財物擄
佔婦女之回匪一百餘名現將永昌案犯審畢
即行接審回案一俟辦竣擬赴大理校閱營伍
並將回民京控兩案人證提到該處親審仍會
同撫臣褻辦如保山暨各處續有報獲匪犯亦

解大理歸案訊結合併陳明伏乞
皇上聖鑒謹
奏

甄別知府各員摺

奏爲甄別才不稱職及衰庸有疾之知府同知知州請

旨分別降補勒休以肅吏治恭摺奏祈

聖鑒事竊臣等仰蒙

恩命畀任邊疆首以整頓吏治爲要務業經兩次

奏請甄別州縣提舉等員分別降革勒休在案嗣復於各屬所辦公事隨時留心察看並因臣林則徐此次親至迤西一帶督辦軍務所有永昌

順甯麗江等屬向因距省較遠未便札調前來茲更就近訪詢並將因公接見覘其才識之長短精力之盛衰與臣程矞采往返函商互相印證查有現署永昌府知府李恒謙由騰越同知拏獲永昌滋事首要回匪出力奏奉
諭旨俟升任後賞加道銜並
賞戴花翎旋奏升永昌府知府奉
旨准其升補照例送部引見等因欽此於道光二十六年閏五月先行任事因保山漢回未靖一時

接署之人尚未給咨送部引
見上年臣等到滇後雖未接見該員而查知其於嘉
慶年間即任滇省通判洊歷思茅龍陵騰越各
邊缺同知並在永昌原任内已閱年餘於邊務
尚無貽誤此次臣林則徐在永昌接見數次聆
其議論雖甚熟悉情形而性近優柔臨事未能
果決即於該處地方難期整頓惟當哨匪滋事
之時尚能將公正紳耆密爲招致諭令設法散
其黨羽並雇募練勇保護城垣輿情並無不協

應請撤銷道銜降爲同知留滇候補以觀後效
又署麗江府知府龍陵同知陳釗鏜平日辦事
尙稱勤謹歷任邊缺同知兩署知府均尙裕如
惟近患目疾多日未痊視事臨民諸多不便又
鶴慶州知州姚光熹履歷雖開五十七歲察其
精力實已漸就衰頹辦公殊形竭蹶未便任其
戀棧以上二員均請勒令休致除將永昌府缺
揀員另摺請調外查實任麗江府知府嚴廷珏
自京引

見回滇不日可到現將府缺委員暫代俟嚴廷珏到
滇飭行飭令回任至龍陵廳同知係極邊要缺
容另揀員照例題調其鶴慶州知州簡缺滇省
現有應補人員應請川留外補合併陳明所有
甄別知府同知知州請分別降補勒休緣由謹
合詞恭摺具
奏伏乞
皇上聖鑒訓示謹
奏

調補永昌知府摺

奏爲遴員調補邊要知府恭摺奏祈

聖鑒事竊照永昌府知府李恒謙才具未能勝任現

經臣等另摺甄别

奏請降補在案所遺永昌府知府係極邊要缺例

應在外題補該處接壤夷疆漢回雜處械鬭焚

搶久已相習成風且上冬哨匪抗官近日甫經

懲創此後彈壓撫綏較常時尤關緊要非嚴明

幹練之員不足以資整飭滇省雖有候補知府

二員皆於此缺未能勝任其同知直隸州各員
內人地亦多未宜殊無堪以請補請升之員臣
等與藩臬兩司逐加遴選惟查有臨安府知府
張亮基年四十歲江蘇舉人由內閣中書因出
差河南堵合祥符大工出力奉
旨加侍讀銜
賞戴花翎旋升侍讀
京察一等奉
旨記名以道府用二十六年十二月奉

旨雲南雲南府遺缺知府著張亮基補授欽此旋

奏補臨安府知府於二十七年八月二十四日到

任該員才識明幹勤奮有爲在臨安半載有餘

緝匪懲奸不遺餘力以之調補永昌府知府可

期勝任惟題缺請調與例稍有未符但人地相

需例得專摺奏請合無仰懇

天恩俯念極邊要缺

准以臨安府知府張亮基調補永昌府知府實於地

方有裨如蒙

諭允該員以知府調補知府銜缺相當毋庸送部引
見所遺臨安府知府係請
旨之缺應請
簡放以重職守所有揀員調補邊要知府緣由臣等
謹合詞恭摺具
奏伏乞
皇上聖鑒訓示謹
奏

拏獲歷年拒敵官兵匪犯審明摺

奏爲歷年永順雲緬軍營剿散餘匪竄擾各屬地方現乘凱撤大兵分投捕獲多起究出戕害撈禁員弁拒殺兵丁練勇各要犯七十六名審明立置重典以清餘孽而靖邊陲恭摺奏祈

聖鑒事竊查雲南迤西一帶自道光二十五年漢回搆衅飭次用兵當時殲斃匪徒雖已不少而擊散之衆分股竄逃尚未搜捕淨盡此等怙惡不悛視焚殺爲故常以劫掠爲生計凡其經過之

處擄搶勒贖放火殺人無惡不作而州縣塘汛兵役有限遇賊難以就擒迨標營聞信調兵往追匪蹤又已他竄是逸匪即成流賊邊隅何日乂安此次臣親至迤西查悉此類竄擾情形並疊據被害民人紛紛控訴若不乘此大兵雲集極力掃除則撤兵之後其竄擾必更甚於前豈能時常徵調故於駐扎永平督辦哨匪之際即在曲硐等處分兵拏獲焚殺擄劫各犯一百餘名先經附片具

奏在案嗣訪聞該匪等被拏嚴緊又分竄蒙化廳之大小圍埂及趙州之華藏寺祁家營等處復派副將趙萬春李瑞署遊擊懷唐阿都司瑪克塔春巴哈布署守備李廷楷等以凱撤歸伍爲名帶兵馳往掩捕一面檄飭該處文武嚴密會拏正在遣兵起程閒卽接據署蒙化同知張錦稟稱因大小圍埂一帶山深箐密每爲匪徒出沒之區先已諳諭該處紳士頭人密探外匪來蹤嚴杜內奸句結並選公正能事之舉人馬綸

武生米萬選爲總甲長邀同俸滿教職傅士珍雇募練丁梭巡偵緝適有著名回匪馬無二馬二隴馬長興馬茶幗興米成等聞拏逃至小園埂附近地方正欲宰殺牛隻糾人歃血拜盟以圖負嵎抗拒即經該署丞訪知率同馬綸米萬選傅士珍等帶領練丁往拏詎該匪等持械拒敵各練丁多有受傷仍上前奮力擒殺將馬二隴馬長興馬沅張小斗四犯當時格斃擒獲馬無二楊興馬二保馬雙淋馬楊科馬八一馬八

二龍三馬拴馬小二二等犯梟解前來訊據馬無
二等同供伊與已被官兵殺斃之賊首張富大
白象貢巴巴均係同夥在永昌滋事因馬無二
氣力過人羣推爲背旗領隊二十六年三月初
六日張富要燬江橋有領兵駐守飛石口之守
備趙姓也是回子張富遣人告以汝我均係同
教親戚央他讓路趙守備大罵說我是
朝廷帶兵的官那肯與汝們叛逆認作同教我守這
裏地方豈能讓汝路過抽箭射中張富唇吻那

時官兵亦齊聲喊殺回𨆮死了二十餘人有頭目羅萬喜等赶來要代張富出氣拚命抵拒殺死官兵十餘人砍傷落水無數並將趙守備擒到長濟趙守備駡不絕口馬無二馬茶幗興米成姚大喜等將其支解馬無二把他心肝挖出給張富等炒食是日遂將江橋燒斷等供案查守備趙發元於二十六年三月在飛石口拒守被賊戕殺核與犯供相符當即飭據張錦等將馬茶幗興米成一併拏獲米成於被拏時將身

帶尖刀自抹咽喉經練丁將刀奪下驗明氣嗓
未斷醫治解審提與馬茶幗興馬無二質對供
認同殺情形副將趙萬春等隨亦帶兵趕至該
處會同搜捕將備皆爭先奮勇擒獲多名把總
程國斌唐萬全劉煥章覃福海外委施嘉瑞柳
應祥唐肇勳姚炳額外外委劉文華余正林王
開魁暨蒙化廳經歷朱美鏐巡檢李克猷分路
兜拏各有報獲除當場格斃及訊係另案劫殺
非與官兵拒敵者核歸另摺分辦外其曾經戕

害員弁拒殺兵練之要犯計有四十二名又據代理城守營都司韋中魁會同代理趙州俞良傑及團練壯丁之捐升雲南按察司經歷盧廷變將要犯羅萬泰拏獲並將盧廷變帶練首獲之馬連保趙大包馬小中趙小四代等犯一同解審俱供屢敵官兵屬實且據羅萬壽供稱伊爲張富大頭目歷在江橋飛石口長灣枯柯河小松寨二臺坡猛庭寨烏鴉河打仗十餘次殺死兵練約八九十人並於二十六年三月初十

月在大力哨與白應升同砍斃戴水晶頂之武
官一人該犯砍斷其項頸及四肢並挖其心肝
挂在樹上等情旋據署遊擊陳得功拏獲白應
升到案供亦相符案查是年三月初十日在大
力哨陣亡者係署都司之守備繆志林把總趙
得和兩人今供所殺係戴水晶頂武官則是守
備繆志林無疑又據委員咨補武定州吏目謝
德涫督帶曲硐頭人拏獲楊楷木汶隴馬阿三
等犯據楊楷供於二十五年七月二十九日在

蓮花寺打仗與馬小二夥同擄禁武官二員詢
知一係都司姓楊一係守備姓潘嗣已聽其回
營並未殺害等情復將張錦等獲解之馬小二
提與質對所供亦同卷查是年七月有都司楊
朝勳守備潘惠揚均被賊擄去業經
奏辦有案與該犯所供相符自非捏飾此係訊出
二十五六等年滋事各匪擄禁都守戕害備弁
之情形也至拒敵兵練名數以羅萬喜爲最多
緣其打仗十餘次前後合計故殺害至八九十

人此外則馬無二馬茶幗興米成楊愷所殺或
二十餘人或十餘人爲數亦多又加署遊擊陳
得功等所獲之楊茂春殺害十人署保山縣知
縣韓棒日督同巡檢顧芳所獲之楊志五殺害
五人並傷二人都司瑪克塔春等所獲之白阿
八千總陳國樑所獲之黃得灤俱殺害五人陳
得功又會同代理永平縣知縣沈保恆暨委員
捐升雲南通判沈傳經普洱府經歷陸萬鵬拏
獲黑旗馬大等犯內馬大殺害三人馬老四馬

順有馬阿四各殺害四人馬萬才張幅受袁阿
十各殺害二人副將趙萬春李瑞等會同張錦
等所獲各犯內楊周馬揚保各殺害三人馬連
興馬揚科馬幗成馬恆椿張湮卜得濆各殺害
三人盧廷燮所獲之馬連保趙小四代各殺害
三人又其所獲趙大包馬小中各殺害二人謝
德涓所獲之本文隴馬阿三各殺害三人委員
候補知縣嚴錤所獲之本金奉殺害二人千總
施嘉祥所獲之袁名消亦殺二人餘雖只殺一

兵一練而均係亂民皆屬法無可貸至案內人
犯尚有另犯搶劫勒贖强姦擄佔各情而既經
拒敵官兵則情罪以此爲重是以臣親提各犯
審鞫究出有與官兵打仗者悉歸此案從重問
擬羅萬喜馬無二兩犯本係滋事頭目且各挾
害帶兵守備甚至將其支解挖取心肝實爲罪
大惡極應照律凌遲處死查明財產妻子照例
辦理其楊楷等犯或同擄都守或同戕守備以
及殺害兵練自一二名至二十餘名不等均屬

兇惡昭著楊愷米成馬茶幗興白應升馬小二
楊茂春楊仁沅白阿八黃得濼馬順有馬老四
班鳩馬阿四黑旗馬大趙小四代馬連保馬阿
三楊周馬老十馬小三木金奉馬揚保趙大包
馬連興馬幗成馬恆春馬萬才袁阿十張幅受
木洨隴馬揚科馬小中卜得潰袁名消張湮龍
三袁阿科土應全馬生有劉滿沅馬大舟袁耀
馬八十白潰沅閃至倫白秀春薩應圖賽倫馬
添六馬八一馬小兒楊興馬喜隴吾三馬有勳

莫老六張牙子二馬栓陳發魁丁小五朱東王
裁縫九劉三沅楊志伍楊得楊發枝保連達保
文燦米二憨楊雙林馬大保馬二保馬小腊木
汶接馬遇頭七十四犯均應比照謀叛不分首
從皆斬律從重加以梟示案係比照問擬請免
緣坐該犯等自軍營剿散之後逃竄已逾二年
未便再稽顯戮臣於審明後即恭請
王命飭委迤西道王發越提標參將存住將該犯等
押赴市曹分別淩遲斬決馬八二張老五袁阿

十陳順保四犯在監病斃應照例戮屍與現在
正法各犯並格斃之馬二隴等俱傳首犯事地
方懸竿示眾以昭炯戒其夥同支解守備趙發
元之姚老五據現犯供稱前在雲州打仗已被
官兵擊殺雖查與
奏案相符但恐尚難盡信仍飭嚴緝務獲不任漏
網除另開犯名及罪名案由清單敬呈
御覽並另錄犯供咨部外所有拏獲歷年拒敵官兵
各逆犯分別懲辦緣由臣謹會同撫臣程矞采

提督榮玉材恭摺具

奏伏乞

皇上聖鑒再據順甯府營等處續報拏獲逸犯亦經

審有拒敵官兵情節因路遠尚未解到容俟到

時審擬另行奏結合併陳明謹

奏

蘇文忠公詩集卷六

拏獲疊次搶劫焚擄各匪犯懲辦摺

奏爲拏獲疊次焚掠郵寨攔劫財物擄占婦女拒
捕殺人及持械逞兇各匪犯分別情罪輕重審
明定擬恭摺奏祈
聖鑒事竊臣自本年二月間剿辦彌渡匪徒之後卽
移駐永平督拏保山哨匪並因近年迤西幾成
盜藪欲乘兵力殲除是以附片奏
聞卽一面分兵辦理茲承准軍機大臣字寄三月二
十九日奉

上諭勞師糜餉原非善策然此次調兵較多剿平哨
匪之後如該督以為必應乘勢掩捕方可一勞永
逸即著會同提鎮擇其要害壓以重兵所有著名
匪類責令指名縛獻總期漢回各匪盡皆懾服盜
蹤淨絕邊圉肅清方為不負委任等因欽此仰見
聖主乂安邊境
訓示周詳俾臣得有遵循彌深欽感查迤西因距省
窵遠捕務每至因循緣緝匪類藉多兵而調兵
未敢輕議匪徒無所懍畏漸至鴟張非一朝夕

之故此次哨匪滋事不得不懾以軍威仰蒙
諭旨准調重兵遂使兇頑伏法而積久肆惡亟待掃
淸之處正不獨哨匪爲然誠如
聖諭若不趁此痛懲豈有時常徵調之理幸賴
德威遠播自彌渡保山軍聲疊振各屬聳動異常　臣
分遣凱撤官兵會同地方官緝匪卽皆宣布示
諭以所辦但分良莠不論漢回果能速獻兇徒
照保山免其剿洗如敢逞頑抗拒照彌渡予以
殲除成法既所其開利害惟其自擇前次所

奏明拏獲曲碉等處匪犯一百餘名業經隨審隨
辦而後來續獲者又不止一倍復經 臣 督同迤
西道王發越暨印委各員審明分別定擬除訊
有拒敵官兵情節者從重核歸另摺
奏辦外其刦殺等案人犯木有才等一百六十七
名此內漢回不一分隸保山永平順甯雲州蒙
化趙州鶴慶賓川劍川等廳州縣亦有由川黔
前來貿易傭工久暫不等犯事本不一處糾夥
亦非一時茲因 臣 駐紮迤西就近同時拏獲人

數衆多未便各歸各起逐案分摺具
奏應卽併案彙辦仍將各犯情罪分別聲敘緣木
有才唐泳受何愷吳玉潮木老九韓立春木信
艮等稔知永平之曲硐一帶地方爲永昌往來
大路每年客商販運黃絲棉花等物馱載絡繹
起意糾夥攔路搶劫道光二十七年十二月初
三日木有才糾夥二十六人各執刀槍在曲硐
地方搶得客商棉花共一百九十二馱內寶隆
號九十七馱合盛號四十馱美盛號五十五馱

又建昌號黃絲三十四馱連馬騾趕回俵分又於是月初六日唐泳受糾夥二十七人在齊屯地方持械搶得引鹽九十一馱內馬增祿二十馱馬體和十三馱馬阿四二十三馱馬定成三十五馱因馬定成與夥盜馬阿三認識給銀十八兩續回鹽十八馱其餘趕回俵分又於初十日吳正潮糾夥三十四人在桃園鋪分執鳥槍刀棍搶得寶降號棉花一百二十馱及衣物布疋又於十三日韓立春糾夥十五人在小箐河

搶得牛十二頭馬二匹騾四匹是時各事主因
連起被刦不敢再行馱運將在途之黃絲棉花
截留漾濞地方寄存熊姓店內木有才等聞知
貨物停運又糾夥木東興等七十九人各持刀
械同赴熊姓店內派介楊小滿等五十八人在
外把風接贓木有才何愷木老九馬玉標韓立
春木信良楊九沅馬阿哈馬寬潔馬萬淋安正
木幗富張老七楊汶標丁自周馬富九馬阿狗
馬阿七安佩木有白木東興等二十一人入室

搜劫將所獲棉花一百八十馱黃絲三十四馱又八十四包及鹽斤布疋衣物不計其數交給楊小滿等連馱騾一併趕至附近居住之何有沅馬連生王稀飯趙九馬重家內寄藏因贓物無從消賣復央與事主相熟之馬際常曾惟馨先後勸令備銀取贖各事主其湊銀一千五百二十兩零向其贖回尚有未贖之絲花各贓零星變賣連前勒贖之銀每人約分數十兩及數兩不等經地方文武訪知卽派兵役查拏因賊

衆勢兇未能逕行擒獲隨據禀請分撥弁兵陸續拏解到案并起獲贓銀九百四十餘兩提犯嚴鞫供悉前情又究出林有才於正月間在遮落哨地先後砍斃事主二命搜得銀二十餘兩又究出唐泳受本係逃徒於上年十二月間在永昌地方同未獲之楊大爐匠等搶劫張老五鋪內食鹽一百斤並將其妻搶赴曲硐各輪姦一次後在龍街地方放火燒民房二間搶得衣服銀兩分用又究出吳正潮於上年九月間在

黃連鋪地方搶奪過路客人財物先後砍斃事
主二命又於十二月間糾夥馬老五等在天井
鋪地方綑縛事主余姓夫婦拷問搜劫併將事
主之孫媳輪姦一次又同馬老五等在打牛坪
地方抄搶事主陳老四家將其妻輪姦一次劫
得衣服同逃并將房屋放火燒燬又在雙岔河
焚燒余宗貴唐柏枝兩家房屋劫得衣物分用
又究出何愷於上年十一月糾夥馬老二等在
柏木鋪地方先後搶劫陶姓耕牛衣物及龍姓

牲畜糧食搶畢均將其房屋燒燬又在蝦蟆潭地方殺死不知姓名過客搶得銀三十兩金佛一尊計重四錢并布疋衣物復於十二月間糾同木老四等搶趙姓家銀兩并將其姪女搶來與木老四姦宿又在打鶯山强姦不知姓名婦女人一次復在秀嶺鋪梅小二家姦佔其妻將梅小二趕走此木有才等糾搶棉花鹽馱及另犯謀財害命搜劫贓物焚燒房屋輪姦婦女種種不法之情形也又蔡金隴邱八二張六斤吉

應發楊幅保忽開成蔡小狗馬源楊興濼王正舉張庭槐歐鴻發馬奉沅張小李段甘連保蔡幗旺張遇順張小十老偰小五三羅順李老五羅八姚老五等先於正月十八九日在彌渡五顯宮聽從已正法之沙玉隴糾約焚香結盟二十日轉糾楊興濼祁二憨張庭槐祁開沅祁大憨蔡小三楊小順黃小磐丁一信閔智楊受湮馬有保馬路生楊小八蔣小詳馬小孜木有青張有存等隨同沙玉隴蠻赴寺坡北甲等處焚

搶郜莊鄉民紛紛逃避蔡金隴邱八二吉應發
楊幅保各執刀鏢追殺二人張小李戳斃一人
并傷兩人張六斤忽開成蔡小狗馬源楊興灤
王正舉張庭槐歐鴻發馬奉沅段甘連保蔡幗
旺張小十老張遇順李老五羅八姚老五僎小
五三羅順各殺斃一命所搶銀錢衣物多寡不
等旋聞官兵將到各先乘間竄逃楊興灤因與
羅蕩郜居民挾有夙嫌於二月二十日三更時
糾同邱八二等前赴羅蕩郜用火藥燒著范姓

門首豆桿上瞥見郵口有人前來卽各跑回是夜延燒空屋數間未經攫物楊興瀠心猶不甘又約邱八二等於三月初二夜復往該郵放火其燒楊蓋趙偉等房屋十六間因居民先有準備臨時躲開均未燒毀其家具財物多被搶奪各犯分攜而散楊蓋等隨卽赴官控告當經分派弁兵拏獲各犯到案訊據供認挾嫌放火搶奪財物屬實并究出段秀等私造火藥埋藏楊應家內當遣雲南提標守備和鑑等帶兵前往

查起因火藥埋在馬槽之下蓋以石塊兵丁用
鐵鋤刨石敲出火星迸入藥餅之內藥性轟發
該弁兵等躲避不及致燒斃兵丁孫占春等七
名守備和鑑外委段定邦楊登科等站立稍遠
亦被轟傷據該守備等具稟前來當經驗明飭
醫調治照例分別䘏賞此又蔡金隴聽糾結盟
搶劫殺人挾嫌放火以致弁兵誤被轟傷之情
形也以上各案被害之事主人等先前或因畏
懼兇惡或因顧惜顏面未盡具控到官自 臣 來

至迤西疊以前情控訴茲陸續拏獲首夥各犯
隨解隨審據供前情不諱犯係先後拏獲供認
情節相符案無遁飾此案木有才唐泳受何愷
吳正潮馬玉標木老九韓立春木信良楊九沅
馬阿哈馬覔潔馬萬漱安正木幗富張老七楊
汝標丁自周馬富九馬阿狗馬阿七安佩木有
白木東興二十三犯起意糾搶勒贖復搜劫焚
殺并輪姦婦女種種不法應照強盜殺人姦淫
婦女律斬立決梟示蔡金隴邱八二張六斤吉

應發楊幅保忽開成蔡小獅馬源楊興深王正
舉張庭槐歐鴻發馬奉沅張小李段甘連保蔡
嘓旺張遇順張小十老傑小五三羅順李老五
羅八姚老五二十三犯聽糾結盟搶劫殺人并
挾嫌焚掠同惡相濟應與木有才均擬斬立決
梟示祁二憨祁開沅祁大憨蔡小三楊小順黃
小罄丁一信閔智楊受潭馬有保馬路生楊小
八蔣小詳馬小汶木有青張有存十七犯或隨
同行劫得贓或放火搶奪財物均照强盜律不

分首從擬斬立決該犯等情罪較重未便稍稽
顯戮臣於審明後即恭請
王命飭委文武押赴市曹分別處決應梟示者傳首
犯事地方懸竿示眾以昭炯戒木有白蔡小三
張應桂在監病故木有白照例戮屍楊小滿木
愷楊沅年楊玉楊沅經士應中丁錫潰木金斗
楊洪潰楊有沅楊名寬楊俊楊汶禮楊八十一
楊占青李剛馬陽陳發中馬志富楊得周木曉
東馬義得馬四十六馬添池木老四馬青蝸洪

順馬雙九馬金美安安正發木根沅馬阿一許其
進木有彰馬阿七皮老六老紅馬阿黑馬六九
楊連濆木有同王懷施二馬閑馬銀阿馬萃美
馬四代馬得保小李楊阿四馬昭馬衣麼馬民
安施湮受趙吾三馬八張廷楷馬迎生楊鐵頭
段沅保張經保蔡連馨祁士淋董發有陳受六
十五犯段秀羅幗保胡二泡楊應除私造火藥
罪止擬軍輕罪不議外均係在外把風瞭望并
未隨同入室合依强盜情有可原者改發新疆

給官兵爲奴施阿長木受淋木連玉馬五斤馬
小老馬阿五楊玉聰楊黑丁儀木三梁連升毛
老六馬老三馬占沅張丙馬成有馬沅才米發
科馬有春張從木有香馬十沅施八四木幗梁
李幗汶李春李洪馬老鷹嘴張六四陳得沅二
十九犯均照放火搶奪財物爲從情有可原者
發遣新疆給官兵爲奴何有沅馬連生馬重王
稀飯趙九五名係屬回民應照回民窩竊罪應
極邊烟瘴者改發新疆給官兵爲奴均請咨解

配應刺字者照例刺字馬際常曾惟馨雖訊無
分贓情事但與賊犯說事過錢究屬不合應與
被脅同行并未分贓之木玉才木先太袁有升
張茂木連甲李林何正岡馬阿四馬俊黃沅有
楊得沅等均照不應重律杖八十折責發落被
火藥轟斃之弁兵量加卹賞轟傷者飭令醫調
被擄婦女已據給親領回此案首夥各犯業經
緝獲該地方文武疏防職名邀免開送現獲贓
銀飭傳事主給領未獲追賠逸犯仍飭嚴緝務

獲究辦除供詞發交臬司彙核詳咨外謹將各

犯罪名案由另繕清單恭呈

御覽所有拏獲疊次焚殺搶擄各匪犯懲辦緣由會

同撫臣程矞采提臣榮玉材合詞恭摺具

奏伏乞

皇上聖鑒謹

奏

續獲保山哨匪審辦摺

奏爲續獲保山滋事餘匪一百七名究明糾人奪犯殺回搶物及燒香結拜各情分別懲辦以紓民憤而靖地方恭摺奏祈

聖鑒事竊臣前於四月初三日將拏獲保山滋事匪徒三百二十九名審明定擬緣由繕摺

奏報在案伏查保山地方山深箐密路徑紛歧節次所獲匪犯雖多而分竄潛匿者亦所必有復經嚴飭文武員弁暨各路留防營兵毋分畛域

實力搜捕不准稍爲鬆勁茲據陸續報獲匪犯一百七名解送到　臣　隨飭迤西道王發越督同委員等提犯訊取確供　臣　復親提研審緣李同全即蹇老鑾於道光二十七年十一月二十九日聽從已正法之沈振達傳往官坡打奪京控人證十二月初一日進城劫放罪囚並搜殺回民四命董二憨宋潮潰高發名楊二鑾張受禮高楷李如玉程汶芝萬新高滄陳發科張受均聽糾進城先後殺斃回民一命及二三命不等

並同謀聽從奪犯刦獄搶奪財物燒香結盟爲
從趙老五張介趙汶潰張小六張亞六王遇春
楊小四朱汶鮮胡雙沅張潮中張順李全曾幗
甫趙六十一段關沛李黑蠻布八兒馮海廠七
蠻胡三王小二李峙均聽糾進城殺斃回民各
一命另傷一人並聽糾奪犯燒香結盟爲從復
搶奪得贓姦汙婦女姚鐵匠陶順李時秀萬老
五郭其才訊係聽糾進城謀殺回民從而加功
並乘機搶奪朱潮選王成甲王九長邱美各因

口角爭毆適傷致斃民人一命趙四拜從已正
法之金混秋爲師傳授符呪並供奉圖像李如
膏楊發聽從哨匪遞送傳帖斂錢聚衆張老巒
高得潤崔禾楊八六張四聽從奪犯乘勢搶得
軍械雜物並燒燬回房趙淋李曉楊成謝凝魏
寬郭贊周郁張寬范先張贊陳全顧玉趙全李
沛宋俊李蔚葉五王信張小滿張得沛田作貢
張春楊美段蔣三李連甲張有義劉幫蘇茂蘇
秉甲楊成淋虞占朋張諒董茂萬益三楊歸生

楊能均係燒香結盟爲從之犯王三李中詳張喬得祝二牛李潫楊發張蘭芳祝三牛皆乘哨匪滋事各自起意藉端逞兇訛詐得贓其衎平安一犯則係姦拐回婦王發甲陶急子則係執持兇器毆人成廢王小五一犯私造鳥槍售賣得錢其餘馬中義李汝茵邵小保馬大聰趙得周楊縛孌李彩訊止被脅同行並無持械傷人情事以上各犯督令反覆研訊鞫供前情不諱隨提前獲留禁待質之犯互相指證衆供僉同

案無遁飾查李有全董二憨宋潮潰高發名暢二蠻張受禮高楷李如玉程汶芝萬新高滄陳發科張受十三犯同謀劫囚及先後殺斃回民一二命至三四命不等除燒香結盟奪犯爲從各輕罪不議外均照謀叛斬立決律擬斬立決加重梟示趙老五張介趙汶潰張小六張亞六王遇春楊小四朱汶鮮胡雙沅張潮中張順李全會幗甫趙六十一段闆沛李黑蠻布八兒馮海廠七蠻胡三王小二李峙二十二犯聽糾進

城殺斃回民各一命並搶奪得贓均照謀叛已行律擬斬立決該犯等情節較重未便日久稽誅臣於審明後即恭請
王命飭委文武押赴市曹分別處決應梟示者傳首犯事地方懸竿示衆李有全一犯業經在監病故照例戮屍姚鐵匠等九犯或同謀殺人從而加功或因忿爭各斃一命均分別照律擬絞監候秋後處決趙四一犯訊係拜從已正法之金混秋爲師應照爲從改發回城給大小伯克及

力能管東之回子爲奴李如膏等七犯或聽從遞送傳帖斂錢或聽糾奪犯搶得軍械各物均照謀叛爲從減等改發新疆給官兵爲奴趙淋李曉等三十六犯均係聽從燒香結盟應實發雲貴兩廣極邊烟瘴充軍王三等八犯屢次生事行兇擾害俱照例發極邊足四千里充軍術平安一犯合依姦拐和誘知情爲首發極邊足四千里充軍王發甲陶急子二犯應照執持凶器傷人例問擬近邊充軍王小五一犯應照私

造鳥槍杖一百流三千里例擬杖一百流三千里以上各犯均定地請咨解配應刺字者分別刺字馬中義李汝菵邵小保馬大聰趙得周楊縛鑾李彩七名訊無不法情事惟被脅同行究屬不合均照不應重律杖八十折責發落除犯供發交臬司彙覈詳送撫臣咨部外所有續獲哨匪審明定擬緣由謹開具罪名事由清單會同撫臣程矞采恭摺具

奏伏乞

皇上聖鑒謹

奏

覆奏保山匪案並無劣員調處片

再臣承准軍機大臣字寄道光二十八年三月二十九日奉

上諭林則徐奏保山七哨懾服軍威縛獻匪犯多名仍飭兜圍嚴拏一摺覽奏均悉所辦好該地方各匪於兵到時即先投誠獻犯惟所獻之犯有無袒庇藏匿必應徹查根究務期所獻實皆本人首犯尤關緊要應令按名交出仍一面明查暗訪斷不可有一名頂冒致有漏網該匪等聚眾抗拒已成

積習若不趁此兵威痛懲將來必仍反覆豈有時
常徵調之理現在雲貴兩省勁兵逼處不患其不
畏懼如悔罪非出至誠僅憑劣員在中調處稍示
軟弱日後何以綏靖邊圉耶林則徐等惟當示以
兵威廣加曉諭倘略有悖逆難馴情形仍當立予
剿洗姑息適足養奸戒之其前經圍困在城之鎮
道等是否因力難抵禦畏葸無能甘被圍困抑或
因事起衅辦理不善倘祇顧身家苟全性命有辱
國體亦應查明懲辦不可因事過遂置之不問現

在解圍後該員等作何下落著一併確切查明據
實具奏有應參處者據實嚴參以儆將來等因欽
此仰見
聖主詰戎禁虣務儆將來臣跪誦再三莫名欽懍伏
查此次保山滋事實由京控提人而起並非別
有根由緣前年該處軍犯萬重張杰起解在途
被回眾攔路截殺該哨民因而藉口將京控人
證呈懇免解經鎮道批駁不准已定起解日期
又惑於奸匪金混秋打卦邪言謂可不必解省

始思糾衆截回迫奪犯巳成復因而遷怒回民搜殺洩忿適回民奔赴縣署放槍追逐致將房屋延燒種種不法事端皆臨時相因而起卽各犯到案僉供亦不料事鬧如此之大故當其洶洶聚集一時附和者雖有盈千累萬之多迨經撫綏彈壓大衆亦各散歸究無闖署傷官之事惟洸振達等係主謀首惡所住之金雞板橋等哨附近江橋恐各官備文赴省請兵妄思截換公文折毀橋板大兵卽可不到跡其抗違之始

原係不甘因回受戮尙無與官爲仇因懷畏罪
之心轉蹈犯法之罪與蓄謀不軌情事實不相
同此次旣調集兩省重兵原無難立加轟洗惟
該哨民聚居部落並非有莠無良旣經獻犯輸
誠自未便一概剿除致與始終抗拒者無所區
別此案前後獲獻各犯共有四百餘名之多問
擬淩遲斬絞者計一百四十五名發遣軍流者
一百八十八名卽至輕亦問徒杖現在尙飭按
拏逸匪似此執法嚴辦原期永靖地方若旣

奏請調集重兵復聽劣員調處了事則堂堂出師遣將而終於隱忍消弭當何面目臨民臣雖至愚不敢出此軍威壯盛士卒正冀立功誠如

聖諭雲貴兩省勁兵遍處不患其不畏懼即有劣員亦無所用其調處況辦至百數十名死罪似與調處者迥相懸殊所有此案情形前摺均已縷陳諒邀

聖明洞鑒至於鎮道文武各員臣與撫臣初辦此案之時亦疑其辦理不善迨臣親至保山察看情

形採訪輿論核其前後所辦尙無不合機宜查
該鎮道本非駐劄永昌因派辦善後事宜始至
該處所帶兵役本極有限當倉卒起事之際人
多勢衆大半隨塲附和仇回而非仇官若不審
察情形舉動稍涉輕躁則操之太蹙城池倉庫
在在難保無虞該鎮道當時親自彈壓復督合
府縣及佐貳員弁分頭曉諭故脅從匪黨卽先
解散其時各官在城支持防護雖不免於困而
究未被圍此該鎮道等臨事鎮靜之尙合宜也

當哨匪糾衆之時城内紳耆不肯隨同滋事沈
振逵糾衆攔截柴米不許入城固爲挾制官長
實亦挾紳士不肯附和之嫌該鎮道等察知哨
民雖素桀驁而仍畏外回之兇悍此次旣將回
民捜殺愈恐外回聞信藉報復以擾郡莊因招
致公正紳耆令其廣爲開導諭以此時須協力
防回不宜城哨自分畛域致爲外匪所乘此層
適中哨衆隱衷故此後柴米入城亦卽照舊惟
民情尚未大定未便卽派兵圍拏致令各哨驚

疑因卽以防回爲名密調永昌以西之騰越龍
陵官兵至郡旣可防守府城及潞江兩處且以
備大兵到後內外夾攻故永昌以東之瀾滄江
橋雖被拆毀文報不通而後路之潞江橋調到
兵練駐防仍可接連騰越互爲聲援以俟大兵
之至此該鎮道中閒布置之尚合宜也迨後大
兵到齊哨匪聞風畏懼各思逃散該鎮道督令
紳耆頭人赶緊縛獻並飭前調之騰越龍陵弁
兵嚴堵後路不使潛逃故細獻之外所有著名

要犯經各路官兵捘拏到案者又加兩倍綜前後事勢而論該鎮道等實亦倍著辛勤若責以先事之未能豫防概予參黜所謂欲加之罪何患無詞惟其於倉卒遇事之時猶能竭力籌維和衷共濟俾城池倉庫諸獲安全首要各犯不致遠颺地方仍臻靖謐似與一籌莫展及輕率僨事者究有宵壤之殊設使該文武有因事起衅及甘被圍困苟全性命情事臣必當據實嚴參不值代人受過實以事由提解人證而起委

無別情而人證奉
旨飭提萬無准其免解之理是以臣等前發告示內
云京控提人乃出自煌煌
上諭並非地方官吏擅自行提如謂提人即是激變
則每年各省京控所提不知凡幾誰敢如爾等
之抗拒等語以此詰問到案人犯亦皆俯首認
罪是該鎮道等並無辦理不善之處即犯罪者
亦無異詞自各路官兵到齊總兵拴住仍督率
所轄之騰越弁兵查拏要犯現在事竣甫回騰

越廳城駐劄迤西道王發越迭在永昌永平等
處隨同臣研訊犯供分別定讞近日亦回大理
察看該鎮道均尚堪以勝任惟此後永昌一郡
表率尤須得人前因該府李恒謙性近優柔於
邊要地方難資整頓業經臣會商撫臣將其甄
別降補請以臨安府知府張亮基
奏調在案其署保山縣知縣韓捧日平時辦事尚
有條理隨同張亮基措理一切當可漸臻成效
至此次查辦保山哨匪及督令凱徹官兵乘勢

捕拏各處匪犯爲時四月有餘而軍需節之又
節不敢稍有浮費所請借用鹽課並蒙
恩允動支捐輸之銀臣已與撫臣函商擬由外設法
分年籌補歸款容查明實用若干再行妥議具
奏總期師行有效餉不虛糜以仰副
聖主訓諭諄諄至意所有欽奉
諭旨據實覆奏緣由謹附片縷陳伏乞
聖鑒謹
奏

審出前次永昌戕害備弁匪犯挖心致祭片

再臣查前次永昌用兵卷內趙發元等陣亡之

事曾經前督臣具奏欽奉

諭旨陣亡之署守備趙發元署都司繆志林把總趙

得和及陣亡受傷各備弁兵丁著一併查明咨部

照例議卹等因欽此仰見

聖主褒忠延賞激勵戎行之至意惟原奏雖曾敘及

趙發元駡賊遇害而於其借路不允發矢射中

張富唇吻竟至慘被支解挖心炒食等情當時

尚未查出致未備細

上聞茲經獲犯質訊僉供如一併察訪輿論謂二十五六年陣亡員弁中無有過於趙發元之慘烈者臣查該故備本係回人而能深知大義敵愾捐軀不肯稍徇同教尤爲難得彼時被賊挖心炒食凡在行閒者聞之皆恨不得擒此下手之賊而食其肉今既拏獲馬無二供認下手挖取趙發元心肝而羅萬喜亦供認將繆志林挖心支解又獲到同時賊夥供指相符臣審明後即

將該二犯淩遲處死并在法場之側寫立趙發
元等靈牌於該二犯處決後挖心致祭以慰忠
魂其行刑之弁兵與觀看之軍民咸謂
國法大伸人心盡快臣 并摘敘辦理案由傳示各
回寨咸使聞知以見漢回一視且冀其追慕忠
良潛消澆悍於風俗或可有裨除飭司查明應
行議卹之員弁兵丁速即一體詳咨辦理外合
併附片具
奏伏乞

聖鑒謹

奏

審明丁燦庭等兩次京控摺

奏爲遵

旨審明保山回民兩起京控分別情節虛實及先後

案擬辦理各緣由恭摺奏祈

聖鑒事竊臣等上年承准軍機大臣字寄道光二十

七年七月初二日奉

上諭本日據都察院奏雲南回民丁燦庭等控告鄉

匪串謀滅殺無辜一摺已明降諭旨交林則徐等

審辦矣此案控關奸匪挾仇尋衅串謀倡亂被害

至一萬餘命之多如果屬實必須徹底根究水落
石出庶足以服難民之心而除地方之害林則徐
程矞采甫經到任無所用其回護著即平心研鞫
毋枉毋縱務將棍徒會匪嚴行查禁首惡各犯從
重懲辦以紓積忿而快人心等因欽此當經臣等
將到滇以來訪查漢回搆衅互相焚殺各實情
於七月內先行附片具奏奉
硃批認眞秉公辦理敉靖邊圉爲要欽此旋於十月
內准到部文奉

旨此案著交林則徐程矞采親提人證卷宗秉公嚴
訊確情按律定擬具奏原告回民丁燦庭木文科
該部照例解往備質欽此十一月內又准部文奉
旨此次復據雲南回民杜文秀等控告匪棍劉書等
挾嫌藉端誣控從逆致被接殺搶掠迫招撫回籍
後又被殺害多名等情著仍交林則徐等親提人
證卷宗秉公嚴訊按律定擬具奏原告杜文秀劉
義該部照例解往備質等因欽此并准將各原告
連鈔錄呈詞咨解到滇臣等遵即會同核明兩

呈所控之人除相同者不重計外合共指控二
百七名查保山距省十九站人數太多勢難盡
解當經札飭該道府分別首要次要酌量行提
一面檄司委員往解詎該處七哨漢民頑梗成
風始則欲將應解人證抗匿不解繼則竟將起
解之人聚衆劫回並入城捘殺招復回民劫放
獄囚焚燒縣署且折毀江橋板片截換來往公
文種種不法必須大加懲創經臣等
奏調滇黔兩省官兵分布進剿臣林則徐於本年

正月親赴迤西駐劄督辦嗣該哨民等懾服軍
威自行縛獻匪犯并經委員弁兵分投查拏共
計前後獲犯四百三十餘名均已陸續審明分
別淩遲斬絞遣軍流徒等罪名兩次會摺奏
聞在案查上年滋事抗官之犯本即歷居挾仇構衅
之人茲將京控名單與已辦人犯姓名互相校
對內已淩遲者張時郎張時重張汶儒二名斬
梟者劉汶華張炳張重五高滄陳發科宋潮潰
宋發春李汝玉郎李如玉李幗王均郎王君程

文芝蘭得沛黃保郎黃疤眼十三名斬決者張界張汶健張汶佑楊小泗李全王遇春馮海廠七鑾周尙志胡三林向春郎林杪羅十一名絞決者劉書周曰庠李名楊三名絞監候者趙草果邱美二名其遺犯除已故之張傑萬重外現所敗發者沈聚成董俊段之有三名擬軍者周郁張寬張贊張小滿張友義楊能楊成楊歸生李沛李連甲范先趙林趙全萬益三郭贊田作貢段蔣三宋俊顧玉李曉魏寬王信陳東蘇秉

用術大卽術平安謝凝二十六名擬流者王全
蕫玉淋白上材三名擬徒者楊春富周際岐吳
堃三名統計京控單內已經辦罪者六十六名
除淩遲斬梟斬決各犯不便稽誅已於未審京
控之先業經處決外其絞決之劉書周曰庠二
犯前摺內聲明俟提同原告質訊後再行處決
其餘定擬監候及遣軍以下人犯經　臣林則徐
析回大理提到原告丁燦廷親寫遵斷甘結四
人其印手摹送呈備案惟查核原呈情節有實

有虛或架聳其詞或掩飾其罪均所不免適遇西軍務已竣臣林則徐應返省垣當將原告四名並續獲被控之黃濆等仍帶回省遵奉

諭旨會同臣程矞采復提人證卷宗督同在省司道逐加研訊緣丁燦廷木文科杜文秀劉義均係永昌府保山縣城內回民黃濆等係保山縣民人向爲前署縣事嗣代理府事之候補知州恒文服役道光二十五年四月間有已經殲斃之陝省回匪馬大等在保山板橋地方唱曲譏笑

漢民被逐起衅漢回互相糾眾仇殺焚掠經永
昌文武帶兵往拏回匪率眾拒敵戕害大小營
員及兵練多人各處漢鄉回寨彼此互燒其燒
斃殺斃之人事隔數年難以追查確數維時該
管迤西道羅天池署鄧川州知州恒文先後奉
札前往查辦回眾愈聚愈多屢有攻撲營盤之
事漢民喧傳回匪起意進城要將漢人殺盡密
約城內回民作爲內應並將送書之人盤獲以
致九月初二日金雞板橋各哨練頭藉有官給

防匪之諭紛紛帶練進城聲稱援救逸將城內
回民無分老幼男婦混行殺戮以致同時殲斃
約有四千餘命之多因事起倉猝在城文武彈
壓不住而恆文之家丁黃潰與回民本有仇隙
乘機執刀至杜文秀未婚妻馬小有姑之家砍
殺其父斃命將馬小有姑帶回寓處窩藏旋經
恆文押令逆交保山縣轉發官媒看養該犯又
與已正法之王均楊茂張炳白占琳樊晉得等
各帶練丁名爲防變實則縱其搶殺有外出之

回民白廷贊及其兄白廷飈家被練殺害多命并搶奪衣箱四隻旋經前督臣賀長齡飭令保山縣追出併作三隻轉解太和縣傳主認領同日丁燦廷木文科杜文秀劉義等家均被慘殺多命因人衆勢亂不能指出兇手何人嗣經各路官兵彈壓剿辦將擊獲漢犯萬林桂等分別審擬正法漢回被燒邨寨及傷斃丁口一律撫恤經前督臣奏結在案丁燦廷等痛念家口死亡財物焚燬心懷不甘於回匪屢次報復之後

復商同木文科杜文秀劉義等先後赴京控訴冀圖伸理此該原告等起意京控之緣由也其呈控不實之處如所稱城內被殺八千餘人核之節次奏案及府縣稟報均無如許之多然先前尚不敢定準此次臣林則徐親到永昌查縣署被燒之後案卷已成灰燼惟府卷均屬齊全查有道光二十四年前任知府金澂任內據保山縣造報編查戶口底册當卽吊起與鎮道暨委員公同查閱內載五城其有回民四百一十

七月通計大小男丁一千八百八丁女口一千二百四十三口統共核算其丁口纔及三千有零卽延至二十五年一歲之間不能驟添一大半又城外各郵雖有臨時逃入城內居住者亦斷不能湊至八千餘人之多原呈被殺人數顯見不實且呈中旣云被殺八千餘人而後尾又云被害一萬餘俞是一詞之內亦自相矛盾詰問丁燦廷等又皆諉諸傳聞不能指實至於城外漢回各郵彼此互燒互殺在回民控詞但言

漢民燒殺回鄉而訪之滇省紳衿則皆云被殺之漢民實比回民多至數倍現在事過已久原難獨照數計而總之為挾仇互鬭之案除九月初二日城內慘殺之外概不能專罪一邊也又原呈將回匪燒搶枯柯河并戕傷兵弁之事移在九月初二以後謂因被漢民慘殺不得已而復仇又謂鄉練飾以號衣鄉首假以頂戴官私莫分以致誤戕兵弁等語查彼時回匪自二十五年七月間即聚於猛庭寨進攻思毋卑燒枯

柯河及陶家寨大田街又攻丙麻其戕殺營員
擄禁都守皆係九月初二以前之事而呈內挪
前作後尤見瞞情掩飾又所控聚衆燒香一節
除指名爲首之劉書周曰庠二名均係得實已
於質對後卽行綏決外餘則有實有虚且當堂
將所控之人提與各原告質對多不相識並有
其人早已亡故及出外多年者亦皆混列在內
詰其憑何列控則稱係輾轉摭拾成單實非有
心誣指又控稱文武官員覩回如仇放匪掩殺

縱丁搶擄等情查前數年回匪猖獗撫官不得已調兵剿辦其地方文武不能彈壓之咎原所難辭若因莠民互相殘殺而遂加各官以袒助之名甚且指爲串謀滅教則前後數年中永順緬雲等處漢邨被回衆焚殺擄劫者何可勝計亦皆責官員以助回殺漢之偏袒斷獄者又將何所適從至被難之家性命且不能自保何論財物然事後如果可以著追亦未嘗不爲查起所有白廷贊及伊兄白廷颺家衣物除已向黃

潰追回船三隻外即使尚有餘贓或焚或搶亦
早已化爲烏有無從追回並非地方官有縱匪
匿贓情事又據控稱招撫難回百餘名解往大
理半途被殺三十六名一節卷查二十六年五
月安插回民行至右甸途遇鄉團沖散致被追
殺三人其漢團亦被回民殺斃一人嗣飭附近
地方官招徠仍送至大理安置所控固有其事
尙無殺死三十餘人之多又據控稱二十六年
十二月間永昌收租回民被殺七人茲查案據

實止六人内袁潮富木二蠻二名係被王缺嘴
挾嫌商同楊椿富等在花橋謀殺犯已全獲將
王缺嘴楊椿富問擬斬絞招審病故鄭三蠻張
老七張發沅擬流又楊根大馬潰二名係被張
汶健糾同樊晉得卹樊幺大白占淋卽白滿大
等砍死攫取銀物已獲張汶健樊晉得白占淋
均擬斬決白上才擬流張汶申擬徒續獲張汶
卓現飭審辦又木汶舉袁湲二名因下鄉收租
被趙潤與不識姓名數人搶奪銀物戳傷身死

二參犯未弋獲業經開參在案又原呈牽控猛
庭回民於二十六年十二月被右甸團匪殺害
一節雖非該原告等切已之事而大致尚非虛
揑查此案上年拏獲首犯范小黑及張小沅經
臣等會審
奏明斬梟在案近日續獲嚴莘容孫幅沅馬中驥
輝潰登四犯各供認在猛庭殺死馬應瑞等各
一命又獲李九舟李廷玉二犯供認各殺死緜
勇回民二三命均經彙核辦理此又臣等研訊原

告情節分別虛實不敢稍有偏抑之實情也總之數年來永昌之案漢回各有曲直漢人之逞忿於回者莫甚於二十五年九月初二日之事而回人之逞忿於漢者前後併計實亦厥罪惟均此次將哨匪辦至四百餘名回民皆已心服而回匪之流毒各處先前拒敵官兵近時劫殺商旅擄掠婦女者亦經拏獲懲辦不但漢民心服卽各處回教中之良民亦謂匪類既除伊等免累咸知感激是此番但分良莠不論漢回之

辦法似有明效大驗至保山哨民餘匪臣等仍
隨時飭拏又經續解馮得勝陳登萬及京控有
名之已革文生石維沂三名內馮得勝供認聽
糾進城乘機搶奪石維沂陳登萬均認燒香爲
從亦應一併按例擬結查黃潰一犯身充長隨
膽敢附和哨匪刃斃人命復將婦女擄藏又縱
練四出搶殺應比照謀叛斬立決律擬斬立決
加重梟示臣等於審明後即恭請
王命會委臬司營將等將該犯綁赴市曹處斬傳首

犯事地方以示炯戒案係比照問擬家屬免其
緣坐李九舟李廷玉二犯在猛庭各斃練勇回
民二命亦應斬梟嚴萃容孫幅沅馬中驤輝潰
登四犯各殺回民一命均應斬決輝潰登解至
途次病已沈重適臣林則徐審決另案重犯即
將其先行正法以免倖逃顯戮馬中驤於解省
後病故應毋庸議李九舟李廷玉嚴萃容孫幅
沅四犯經迤西道王發越審明定擬具詳均因
患病尚未起解當即咨明提臣會同該道恭請

王命即將各犯在大理就地正法免致稽誅馮得勝乘機進城搶奪財物應照謀叛爲從斬罪上減一等改發新疆給官兵爲奴石維沂陳登萬二犯聽從燒香結盟應照例實發極邊煙瘴充軍原告丁燦廷木文科杜文秀劉義京控呈詞均有失實之處本應照申訴不實律定擬姑念伊家均已被害情殊可憫應請從寬免責釋放再黃潰一犯係勒休知州恆文之家人該犯挾仇妄殺並縱令練丁滋事即使恆文並未縱容亦

屬昏聵不職且該員係與已革道員羅天池同
辦此案羅天池業經奉
旨革職永不敘用該員事同一律僅予勒令休致尚
覺不足蔽辜相應請
旨將勒休知州恆文一併革職永不敘用以示懲儆
黃潰所擄之馬小有姑訊明未被姦污已據杜
文秀具結愿領完娶應毋庸議此案京控單開
香匪姓名除查明業已物故及早經外出并不
在籍者均毋庸傳提以免拖累外其提到被控

人犯供認燒香爲匪者均已分別定罪即屢訊

堅供並無燒香者亦經提同該原告丁燦庭等

再三質審據供素不認識折不能指出爲匪確

據不敢誣執自應分別釋回本籍管束至其控

呈之外有實會戕殺回民而該原告轉未控者

亦先後併獲多人俱訊明正法統歸入哨匪案

內錄供報部已咨者毋庸重錄外再有現在續

辦斬絞遣軍之黃潰等十二名犯供暨原告丁

燦廷等供結一併鈔錄咨部備核經此番持平

懲辦之後漢回人等尤當隨時化導約束令其
盡消仇衅永作良民以期仰副
聖主敉靖邊圉之至意謹將會訊辦理緣由合詞恭
摺具
奏伏乞
皇上聖鑒謹
奏

彌渡出力員弁請奬摺

奏爲遵

旨保奏勦辦彌渡匪徒尤爲出力之員弁叩懇

天恩分別奬勵以昭激勸事竊臣前奏帶兵先至彌

渡勦除匪類情形欽奉

上諭林則徐奏匪徒句結滋事調兵勦辦地方安靜

一摺覽奏均悉雲南趙州彌渡地方内外匪徒句

結滋事焚殺劫搶且敢圍署傷官經該督調兵先

往勦捕將匪犯殲獲數百名并撫恤受害良民地

有均已安靜此次在事人員著該督擇其尤爲出力者據實保奏無許冒濫等因欽此仰見
聖主激勵戎行有勞必錄至意爲勝欽感復查此次調集各路重兵原以懲辦保山哨匪抗官之案乃行至中途驟接彌渡警報不得不先其所急且保山正恃負嵎之勢謂可抗拒官兵設使彌渡地方剿辦不能得手則哨匪更必無所忌憚辦理愈費周章故必力振軍威方可挽回積習撫臣程矞采在省聞信亦即催兵速行以資調

用復思兵力之強弱視帶兵官之勇怯爲轉移將弁果奮勇向前士卒亦安能退後查彌渡有舊城門六座皆經匪徒添造木栅累石匪衆執持大小白旗併力抵拒其槍礮皆牆眼中放出兇燄甚張臣由楚雄馳至距彌渡四十里之雲南縣催集各路精兵先於附近岔口山梁分頭堵截以防竄逸各兵到有成數卽派委臣標千總施嘉祥執持令箭剋期約令進攻如將弁中敢有觀望遷延卽以軍法從事二月初三日早

晨提臣榮玉材鎮臣音德布親駐彌渡之東面
山梁指揮督戰揀派署遊擊陳得功尋霑營守
備王國才率帶槍兵首先攻破柵欄衝鋒直入
時有一賊正欲執火點放大礮被王國才揮刃
砍斃卽以賊礮轟賊同時督撫提標威甯開化
永北維西東川各營弁兵亦分路進攻前後夾
擊竭一晝夜之力計斬殺約有四五百名生獲
者一百餘名均經分別審擬將情罪大者就地
正法奪獲大礮十九位鳥槍刀械四百餘件審

明發營配用其官兵尚未到齊之前匪徒聞風
竄逸者復經鄰境文武堵截兜拏解營審辦不
任漏網稽誅地方一律肅清軍聲因而大振凡
此將士用命俾兇匪悉正典刑無非仰仗
天威迅除遺孽臣欣幸之下欽懍倍深除提鎮係專
閫大員出自
聖主恩施不敢列單奏請外其在事出力文武由該
管上司開册具報經臣復加確核將其次出力
由臣等自行獎拔未敢濫登謹擇尤爲出力之

員繕具清單恭呈
御覽如荷
天恩分別鼓勵則身受者倍加感激即入伍者亦共
奮興於戎務實有裨益至傷亡弁兵應行給予
賞卹及軍前賞給虛銜頂帶均容照例造册咨
部查核合併陳明所有獮渡勦匪出力人員遵
旨酌保緣由謹會同撫臣程矞采提臣榮玉材合詞
恭摺具
奏伏乞

皇上聖鑒訓示謹

奏

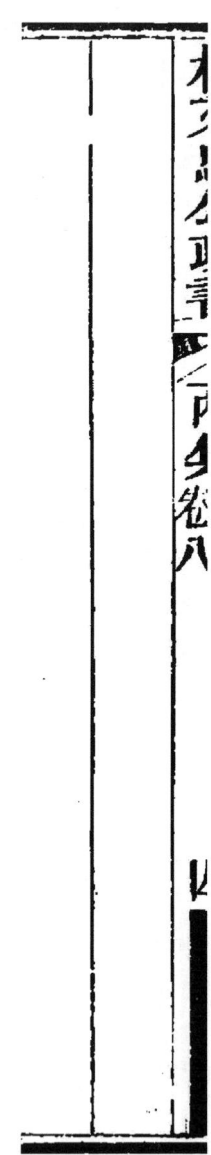

審明迤西續獲匪犯就地正法片

再此次迤西一帶查拏漢回各匪呼應較靈一則藉兵練之多地方縣營不慮勢孤力弱再則因臣林則徐親駐其地獲到之犯一經提審明確立時懲辦其情罪重大者即恭請

王命就地正法毋庸遠解到省聽候逐層審轉各文武皆以此次辦賊可免累官倍見踴躍從事而漢回百姓目擊犯法之被形亦皆異常警悚茲回至省城與臣程矞采備述迤西民情并公同

講求久安之策訪查滇省向來解犯種種受累凡重犯一名到省沿途囚籠擡夫及僉派差役兵丁飯食無非地方官賠墊距省愈遠則需費愈多緣滇中幅幀遼闊一縣所轄有至七八百里之遙者而又跬步皆山夫價較他處數倍地方官自起解重犯到省以迄審明辦決已不勝賠累之多設有在省翻供往還駁審或調原審官到省隨同覆訊則州縣因辦理一犯而累月經年奔馳羈滯不得回任者有之且此種匪犯

不特於解省後恃無旁證最易狡翻即其起解在途先已難於馴伏緣有過人膂力扭斷鐐鎖攀折木籠皆爲若輩慣技甚至路僻徑歧之處其匪黨增聚多人潛謀刦奪若兵役力不相敵致被殺傷遂將要犯刦去長解短解之官均遭參劾留緝而要犯終致漏網者有之大抵地方官實心整頓者少畏難苟安者多以爲因拏犯而受累無窮不如陽奉陰違轉爲得計即使上司嚴行督飭亦祇拏獲零匪塞責其於大幫巨

股結夥多人者轉不敢輕易下手盜賊之所以滋熾痛根多由於此其被賊戕殺之家非不亟圖鳴官拏辦而拏不到案或到而復逃則被其報復之害更甚故有被賊而並不敢呈告者訪聞迤西一帶向有賊不畏官官畏賊民雖被賊莫鳴官之謠因是各郡莊以防賊爲名設牛叢以聚衆始而獲賊擅殺並不報官迨後彼此相仇所殺多非眞賊而大夥奸盜轉得句結橫行莫敢過問頹風已久不得不極力挽回此次幸

乘全勝兵威得以大加懲創而將來各屬緝捕要務竟無一刻可任放鬆然欲責其不鬆先須使之免累因思大夥巨匪被拏之時當場格殺者本係例許勿論其拏到匪犯內如有患病受傷易致倖逃顯戮抑或黨與甚衆氣力過強沿途實難防範者擬卽准其就近批解道府審巳明確由道移明臬司具詳督撫核明情罪果否允當卽由 臣等咨行該處駐劄之提鎮恭請
王命就地正法非獨所獲兇盜可免長途被劫被逃

而行刑於犯事地方俾被害者顯伸其寃抑梗頑者其懾於駢誅且地方官不至畏累苟安緝捕可期奮勉似亦戢暴安良之一法除尋常命盜各案仍按例逐名批解不准援照辦理外臣等爲埽清匪類起見一時權宜設法辦理以期匪徒盡戢邊圉愈就安恬是否有當謹合詞附片縷陳伏祈

聖鑒謹

奏

審辦姚州滋事匪犯摺

奏爲上年姚州地方匪徒糾衆燒搶殘斃多命及白井練民搶奪滋事陸續獲犯二百三十六名審明分别定擬並究出有在永順等處拒殺兵練暨本案情罪重大各犯先後在楚雄府城及省城恭請

王命正法以彰炯戒恭摺會奏仰祈

聖鑒事竊照上年八月閒姚州回匪偰三竅等因謀搶白井竈戸事洩被拏馬幗艮等起意報復運

送軍械至沙汶英家藏頓漢民王開汶盤問口
角致被殺斃並馬致禾高添佑等理論爭鬭傷
斃沙汶英家九命及不識姓名回民二人燒殺
山腳官莊等處回寨回民偰八伊摸馬幗艮等
乘機糾眾燒殺漢民白塔街洋派官屯等邨各
斃人命多寡不等並白井關外回民亦有被殺
之事臣等接據該署州咸學馳禀飛飭楚雄府
協並調新授鶴麗鎮總兵音德布署武定營參
將王濤酌帶弁兵並委甫經出省之署麗江府

裴聽馳往會同查辦旋據稟報先經府協前往
彈壓即已息衅嚴拏各匪究辦等情當經臣等
將查辦情形奏明
聖鑒一面嚴飭上緊擒拏勿使漏網因查先據該州
勘報漢民被燒房屋二千六百八十餘間傷斃
男女三百二十七丁口回民被燒房屋二百六
十餘間傷斃男女六十五丁口是否尚有逃亡
難得確數應逐處清查再行具報其白井關外
被殺回民若干棄屍何處現尚查無下落等情

臣等以該匪等倚眾逞兇恐被燒被殺尚不止此數飭令確查嗣據該州會同委員通海縣袁風清候補縣王秀毓周歷清查回民被燒房屋被傷人命悉與前數相符惟漢民被燒房屋共有三千一百三十一間被傷人命共八百五十丁口前因屍親搬避旁人無從指報兼有逃匿各箐復被擄殺及墮巖溺水致斃故與前報多寡未符現查並無遺漏並於白井關外等處陸續起獲私埋及遺棄山箐男女回屍五十六具

均驗有傷一併造册呈核並據該鎮府等先後稟報督同州營文武嚴密捕拏除傑小重子等十五名格傷解案訊供後身故傑伊歷一名因指拏黨匪傑有盈自圖減罪致被傑有盈殺斃外陸續拏獲匪犯共一百數十名遂飭分起解省發委雲南府等審辦因首要逃逸尚多復飭撥捕歸案審究適保山哨匪滋事鶴麗鎮總兵音德布調赴該處軍營而該州兵役力單勢難分投堵緝該匪等自知罪重兼多四竄奔逃臣

等因思除惡務盡必當乘勢掩捕嚴加懲創庶足以懾服人心而消弭後患 臣 林則徐於懲辦保山彌渡永平蒙化趙州等處匪徒事竣徹兵之便密派弁兵分扎四圍要隘並令昭通鎮總兵劉定選隨帶弁兵前往會同府協暨前署州咸寧現署州吳嘉恩四路兜拏旋據弁兵差役拏獲首要傑八伊摸等八十二名並經委員捐升雲南通判沈傳經帶領丁練拏獲首要傑八老陝章小老傑王淋三名候補縣嚴錤帶領丁

練拏獲首要傜老五何有洸傜小補子三名武
定州吏目謝德湑帶領丁練拏獲首要傜幅安
古盆子楊其能三名其計獲犯九十一名提解
至郡督同委員連日研訊內傜八伊摸等七十
五犯或係起意糾衆燒搶致斃多命或聽從燒
搶及事後按山搶奪均殺人自一二命至四五
命不等並究出有會在永昌江橋順甯猛庭寨
等處拒殺兵練運送火藥搶奪磯位等項情事
俱屬罪大惡極內馬留傜萬隴二犯因有在省

人犯多名須留以備質其偰八伊模等七十三
名未便稍稽顯戮臣林則徐於審明後分別淩
遲斬梟斬決卽在楚雄府城恭請
王命飭委署楚雄府寶俊署楚雄協副將尙宗慶將
該犯等綁赴市曹分別處決應梟示者傳首犯
事地方懸竿示衆以昭炯戒並將馬留等二名
偰俊望等十六名解省併同前到各犯質審究
辦茲據該委員雲南府桑春榮等審明由藩臬
兩司覆審解勘前來臣等會同提犯親鞫緣姚

州回民多係傑姓並非同宗傑八伊模馬幗艮傑八老陝傑幅安傑伊壓傑三竅等素性兇橫人皆側目道光二十七年七月間該犯等同章小老張汝淮屢次訛詐李洸灤等銀兩被害之人畏不敢控嗣傑三竅馬幗艮傑伊壓等以詐銀無多探知白井竈戶羅晴川家道殷實與傑思葸傑世灤商謀糾搶私將器械藏寄張汝淮陳典家內因漏洩其事被井衆報官將傑三竅挐獲馬幗艮等起意向井民報復八月十三日

將刀械藏放馬小班草馱送至白塔街回民沙汶英家寄頓街民王開汶盤問口角被沙汶英之戚偰小老殺傷身死漢民馬致禾不依糾約高添佑胡小萬椿彭爾受高幗賓及街衆多人前往理論並言如其不服即毆打洩忿因沙汶英家男婦齊出辱駡致相爭鬧小沙氏抓住馬致禾碰撞被馬致禾拔刀戳傷咽喉老沙氏拾石向高添佑擲打高添佑喝令彭爾受幫毆彭爾受用刀戳傷老沙氏左肋沙汶英偰小老各

向胡小萬椿高幗賓撲毆被胡小萬椿高幗賓
各將沙玟英傑小老砍傷與小沙氏等俱倒地
斃命其餘沙玟英親屬五人並不識姓名回民
二人亦與街衆互鬬被何人致斃人多勢衆不
能確指馬致禾賞令衆人將沙姓房屋折毀因
聞山脚官莊回民欲行報復馬致禾起意先發
制人糾衆燒殺該二處回寨欲使回衆畏懼不
敢尋衅遂糾約畢老五彭爾受馬小荷包胡東
昇高得和劉興楊啓亮馬添貺高偉高正詳董

艮厚畢芳李興高淨等及赶街各漢民共百餘人前往山腳官莊兩回寨放火燒殺畢老五復起意將回民小邨一併焚燒各該處回民男婦被燒被殺及逃跑跌巖身死者共六十餘命時有一回婦出外逃走彭爾受將其砍傷身死漢民馬小荷包等十二人亦被回民傷斃回民偰八伊模以漢民欺淩同教正可藉報復爲名燒殺漢邨搶掠財物隨糾允馬幗艮等七十七人及其餘回衆共二百餘人分往白塔街洋派北

關官屯等鄉燒搶雜時漢民男婦奔命分逃被
該犯等殺斃一二命至四五命不等並有被回
眾殺傷及跌巖落水致斃多命該犯等同回眾
搶獲銀錢衣物牲畜不計其數將各該鄉房屋
一併燒毀當各走回內張幗保搶獲牲畜銀兩
交張谷洪受寄銷賣張谷洪藉此分得多贓傑
八伊模因知漢民逃避康郎等處山箐帶有銀
物牲畜復起意糾約傑小三頭等五十三人及
其餘回眾分往搜山搶奪傑小三頭等各拒斃

漢民一命其餘回眾亦有將漢民拒殺得贓攜
回因聞官兵捕拏各自逃散此漢民馬致禾等
因向回民盤查收藏軍器起衅燒殺回寨致斃
回民六十餘命回民偰八伊模乘機糾眾燒掠
漢邨並撲山搶奪致斃漢民八百餘命之原委
也嗣回民偰俊望馬幗安羅崽偰小楞五楊映
望偰成尙何有潰偰幗安偰汝玉偰新保偰潮
富偰萬幅偰映潰偰添玉楊本椿楊小三苟馬
潮沅偰新成馬椿偰承厚玉成保偰永保楊裁

馬椿渼劉唐路古應傑本倖傑有潰傑萬淙傑
老八傑湖艮張連科何小石老傑添潰傑王安
傑小受傑有才等先後路過黑嶇西邑隴山羅
家灣杜家屯稗子田等處因漢民均忿恨回教
遇回辱罵傑俊望等回詈爭毆各斃漢民一命
白井練民蕭老五因恨回民兇惡見該井關外
有回民數戶正在搬家起意糾搶當向晁添錫
張有王張錫王有潰李應旭白世艮商允前往
白世艮畏懼中途轉回蕭老五等分投搶奪因

事主攔護蕭老五晃添錫張有任各自拒殺事主一命張錫幫同蕭老五刃傷事主將贓搶獲攜走時有幼孩拉住喊拏蕭老五認係回民起意致死即將該幼孩砍斃歸向白世良告知分給贓物當各逃走嗣該處回民不依至蕭老五邨內挨查喊罵李小老大等勸解因被辱詈爭鬧李小老大用刀將一回民戳傷跌地該回民稱須報復李小老大起意致死當將該回民砍傷斃命其餘回民向張小喜得等爭鬭張小喜

得賀小張更盧小起何泳興各自毆斃回民一
命餘回被張揚張連甲何洸斗用刀戳傷逃跑
李小老大等將各屍移赴山箐掩埋獲屍啓驗
並查明被蕭老五等搶奪殺死等命係屬各姓
並非一家此又回民與漢民各自爭鬬及白井
練民搶奪回民財物拒捕事後搜查爭鬬致漢
回各有斃命之原委也臣等提訊各供不諱查
回民傑八伊模起意糾眾燒搶漢邨致斃多命
照強盜殺人放火例應擬斬梟唯究出該犯於

二十六年在永昌疊次抗拒官兵燒燬江橋殺
死兵練十命實爲兇惡之尤應請加擬淩遲傑
八老陝馬幗良傑幅安傑老五士應揚傑玉保
傑成盈傑洸有傑小補子傑有中章小老傑小
六二傑小羊保傑小寬子何有洸傑玉淋古盆
子傑小四頭楊才傑小七頭傑成陽馬小四八
馬成富傑添華劉小三小利黑傑海羊傑有興
馬留傑萬隴傑小石老傑正善傑升張成隴李
滎華馬成玉傑俸潰黑姑路何小窨匠傑小重

子小黑五何老六狲么大僳義學楊材羅老五
僳順沅僳厚沅僳伊麽僳老六楊成僳添有僳
正楊張㘭保僳小五斤僳吠有僳洪玉僳有旺
馬春玉僳成良僳汝全僳應科小苟子僳小八
子僳淙沅馬小班僳有盈僳俸小花子火里斯
僳金僳成學毛驢子僳㘭葱馬㘭俊僳三牛楊
中亮等七十七犯均聽糾燒搶各殺斃漢民自
四五命及二二命不等內究出有於二十六年
在永順等處抗拒官兵殺死兵練運送火藥搶

奪醆位等項情事查謀叛已行律止斬決俱應
從重照強盜殺人放火斬決梟示例問擬除傑
伊歷已被傑有盈殺斃張成隴李灤華馬成玉
傑俸潰黑姑路何小窰匠傑小重子小黑五何
老六添么大傑義學楊材羅老五被兵役格傷
解案訊供後身死傑萬隴傑正善傑升馬幗俊
傑三牛楊中亮解審在途在監病故外傑八老
陜等五十七犯均請照例斬決梟示漢民馬致
禾糾毆致斃回民沙汶英一家九命並復起意

糾眾燒殺回寨查覈眾其毆原無必殺之心而
毆死一家三命及挾仇放火燒房殺人均例應
斬决畢老五聽從燒殺復又起意另燒回民小
鄉亦例應斬决該犯等挾仇燒殺致斃多命情
殊兇殘均請加擬梟示漢民蕭老五糾搶回民
財物拒斃事主一命並另行謀殺十歲以下幼
孩一人查搶奪斃命及謀殺十歲以下幼孩均
應擬斬立决該犯兩犯斬决照例加擬梟示回
民偰小三頭楊其能楊富偰小奴牙海約偰添

成何珍俁嘓安馬𢈏椿俁小五四四馬長零俁小頭丁潰俁俊成馬萬椿李老五俁路湮楊映洪火鐮墜飯團子小猓玀俁小老頭俁叫花俁隴何小八四楊進俁海仁馬映洪何有倫沙鉢小馬七楊洲閃潰丁老五楊兩生俁老擓馬成名楊瀛友楊小五頭馬淙愛俁乳奴俁金文俁小煞波馬玉山楊添秀會古歷俁志隴俁汝才俁洗彩俁淇淙俁老五椒俁老牛俁右事等五十三犯聽糾摟山搶奪各自拒斃漢民一命內除

馬玉山楊添秀傑志隴傑汝才傑洸彩傑洪淙
傑老五板傑老牛傑右事等被兵役格傷解案
訊供後身死及解審在途在監病故外傑小三
頭等四十四犯均請照白晝搶奪殺人例擬斬
立決漢民彭爾受聽從高添佑主使戳斃老沙
氏一命照鬬殺下手爲從罪止擬流其聽從焚
燒回都復故殺逃婦一命罪應斬候唯助惡燒
殺殊爲兇殘應請加擬立決以上各犯情罪重
大未便稍稽顯戮內除傑八伊模等七十三犯

已在楚雄府城恭請
王命先行正法外其馬致禾馬幗艮馬留倮小石老倮添華劉小三小利黑倮海羊倮有興倮有盈倮倴小花子火里斯倮金倮成學毛驢子馬映洪何有倫沙鉢馬小七楊洲閃澂丁老五楊雨生倮老抓馬成名楊瀘友楊小五頭馬淙受倮乳奴倮金芆倮小敘波等三十二名恭請
王命飭委臬司及督撫兩標中軍城守營等押赴市曹監視處決應梟示者將首級委員解赴犯事

地方懸竿曉示以昭炯戒漢民晃添錫張有于聽從蕭老五糾搶得贓各斃事主一命除晃添錫業已病故外張有于請照白晝搶奪殺人例擬斬監候張錫聽從搶奪於蕭老五拒殺事主時幫同刃傷請照搶奪殺人爲從幫毆刃傷例擬絞監候均秋後處決高添佑胡小萬椿高幗賓聽從馬致禾糾毆該犯高添佑主使彭爾受戳傷老沙氏致斃應以主使爲首胡小萬椿高幗賓各自毆傷沙汶英僁小老身死照鬭殺律

均罪止絞候第沙汝英一家致死九命之多皆由該犯等助毆所致情亦殘慘且至因此釀成巨案除胡小萬椿高幗賓業已病故外高添佑應請擬加立決李小老大等因蕭老五糾搶拒捕被回民援查解勸爭鬧李小老大故殺回民一命請照故殺律擬斬監候張小喜得貸小長更盧小起何泳興各自毆斃回民一命請照鬭殺律擬絞監候回民偰俊望馬幗安羅蕙偰小楞五楊映望偰成尙何有潰偰幗安偰汝玉偰

新保傒潮富傒萬幅傒映潰傒添玉楊本椿楊
小三苟馬潮沅傒新成馬椿傒成厚王成保傒
永保楊裁馬椿渼劉唐路古麼傒本倖傒有潰
傒萬淙傒老八傒潮艮張連科何小石老傒添
潰傒玉安傒小受傒有才因先後與漢民口角
爭鬧各斃漢民一命除楊本椿張連科業已病
故外傒俊望等三十五犯均合依鬬殺律擬絞
監候俱秋後處決回民薩滿五羅小海勇馬洪
保傒小黄頭馬小九傒小囤子蕭小定楊騰隴

曹老三唐有受偰世祿馬洲馬成何盈偰俸蒽馬騰隴偰世蒽馬存馬小五八偰保何小長受偰小三馬受偰汶章偰洪受偰本立偰明安偰亮偰小七五馬路甫偰小麼臉等聽從偰八伊模糾約搜山搶奪並未傷人內除馬路甫偰小臉歷業已病故外薩滿五等二十九犯請照回民搶奪結夥三人以上例均應發雲貴兩廣極邊煙瘴充軍回民張谷洪於張幗保搶獲漢邮牲畜銀物受寄銷賣分得多贓照知强盜後分

贜滿數例應發近邊充軍唯明知燒搶巨案輒敢代爲銷贜分肥較尋常分受盜贜尤爲藐法請從重發雲貴兩廣極邊煙瘴充軍回民偰三竅偰世濼漢民張汝淮各自迭次訛詐擾害除偰三竅業已病故外偰世濼張汝淮照兇惡棍徒例均發極邊足四千里充軍漢民王有潰李應旭聽從蕭老五搶奪回民財物當蕭老五等拒斃事主之時該犯等在場目擊卽屬爲從請照搶奪殺人爲從未經幫毆成傷例發極邊足

四千里充軍漢民張揚張連甲何洸斗因與回民口角爭鬭各用鐵矛戳傷回民平復請照兇器傷人例均發近邊充軍回民偰登隴聽從偰八伊模糾約燒搶漢邨臨時因病不行事後分得贓物請照其謀爲盜臨時患病不行事後分贓例杖一百流三千里回民李耿詳張連沅楊中明莫如淋偰汶盈偰有功聽從偰八伊模糾約燒搶漢邨漢民白世艮聽從蕭老五糾搶回戸均臨時畏懼不行事後分得贓物請照其謀

爲盜臨時畏懼不行事後分贓例均杖一百徒
三年分别定地發配折責安置何小八頭聶倫
楊旭僳小雙等聽從僳八伊模糾約燒搶臨時
畏懼不行事後亦不分贓請照共謀爲盜臨時
畏懼不行事後不分贓例各杖一百陳典訊不
知僳三窮等謀搶竈戶情事惟聽藏刀械亦有
不合請照不應重律杖八十酌加枷號一箇月
分别枷責發落姚州及白井地方經此懲創回
漢各知震懾閭閻均屬安謐仍飭該處文武隨

時稽查約束不得再滋事端此案雖經拏獲首要多名盡法懲辦惟恐尚有潛匿並白井案犯亦尚未悉數就獲仍飭嚴密查拏不得稍形鬆懈續有弋獲另行審擬具
奏前署州咸孚於地方致斃多命雖失於防範第因勢兇事驟力不能制今於數月之內協獲多犯合無仰懇
聖慈寬免議處至回漢各犯先後其獲一二百三十六名內凌遲斬决梟示並罪應絞决等犯共有一

百三十八名之多係屬設法兜擒俾首要不致
漏網所有接署姚州及白井文武員弁並鄰境
暨在事差委各員或帶兵圍捕或購線密拏雖
皆分所應爲之事但人犯衆多辦理均甚出力
臣等未便沒其微勞可否量予鼓勵之處均出
恩施格外恭候
訓示遵行除全案犯供咨部外謹將各犯罪名事由
另繕清單恭呈
御覽伏祈

皇上聖鑒謹
奏

迤西移改協營添設汛兵摺

奏爲迤西甫就乂安地方實形遼闊擬於善後案內添移營汛兵丁及酌派換防處所將經費由外籌辦以聯聲勢而重巡防恭摺奏祈

聖鑒事竊照滇省之永昌順寧大理三府暨蒙化一廳竝楚雄府所轄之姚州皆處迤西邊界山深箐密道阻且長雜處漢回易藏奸宄本年自春至夏先在彌渡用兵繼由保山永平遞及蒙化之大小圍埂終而辦至姚州皆藉所調大兵分

投緝匪除剿殺不計外先後獲犯一千餘名均
已分别訊明寘之於法經此一番懲創閭閻始
能安枕商旅乃得通行惟地段綿延各營汛相
距既遥卽有鞭長莫及之勢迨聞焚搶劫殺兵
至而賊已遠颺是以今夏軍務竣時雖將全師
凱撤而猶酌留兵弁分段駐防入秋以來仍陸
續報獲逸犯多名地方益臻靜謐惟各處情形
不一有須互相鈐制者自宜以客兵換防有須
永固藩籬者又宜以土兵駐守爲久遠計不得

不相度要隘移汛添兵以期巡察周詳互相犄角臣林則徐前在迤西時即與臣榮玉材率同迤西道王發越隨處查勘公同酌議迨回省後復與臣程矞采暨在省司道節次籌商如永昌地方最稱扼要在

國初原設永順鎮總兵統轄中左右三營迨後改鎮爲協祗留左右二營左營兼中軍都司一員右營守備一員均駐永昌府城内自城外至大理府五百餘里路途險阻而實爲來往通衢乃

僅有把總外委汛地並未駐有千總以上之武職殊屬非宜今擬將永昌存城之右營守備一員移駐緊要之永平縣城其自瀾滄江北岸之杉木和汛直至東北大路之漾濞汛皆應歸於右營管轄查永平原駐把總一弁帶兵三十四名未免單薄今擬添募兵八十六名連原駐之兵合其一百二十名駐劄永平以爲永昌門戶又永平轄之永定站亦係大路距城約及百里爲盜賊出沒之所向未駐兵今擬添募兵五十

名撥一外委督巡作爲永定汛又龍街距城一百二十里回民多而且悍向來亦未駐兵今擬添募兵四十名撥一外委管帶作爲龍街汛又漾濞雖在蒙化廳界内而距廳城約二百里其汛地本係永昌右營所轄但向來僅以額外外委帶兵三十二名駐劄相近之柏木鋪而於漾濞上下兩街烟戶極多之處雖有巡檢分駐並無武弁專防殊不足以資巡緝今擬移撥永昌千總一弁添募兵八十名令其管帶駐守其柏

木鋪原駐兵弁即作爲漾濞汛協防統歸右營守備管轄又永昌左營之姚關汛壤接夷地距城一百六十八里原設把總一弁駐兵六十名今擬添募兵四十名共成一百名駐守要隘又舊乃汛距城四百五十里本係右營汛地今應改歸左營其原設代防外委一弁駐兵三十名在昔足敷防守今將保山回民安插於官乃山已有二百餘戶而尚有回民續來赴彼居住者該山係舊乃汛所轄防範稽查更關緊要擬改

撥把總一弁添募兵五十名以資彈壓又永昌坡距城一百八十里地形險要向只駐兵十二名今擬添募兵六十二名移把總一弁赴彼管帶以資防守至永昌協左右營汛地前因都守均在本城故分汛頗有錯雜今既將守備移駐永平應按各汛地勢分別改隸兩營如姚關舊乃永昌坡蠎水枯柯河潞江猛岡戛子鋪猛賴栗柴垻觀音山十一汛應歸左營都司管轄杉木和竹魯凹燕子河北沖河灣永平城永定龍

街柏木鋪濠灣十汛應歸右營守備管轄此永昌一帶添改備弁兵丁之情形也但永郡最爲險要者莫過於瀾滄江橋往年回匪之燒橋上冬哨匪之折板皆謂此橋一斷官兵卽不能渡江以致匪類恃爲負隅之固查向來該橋一帶只派兵丁八名輪巡固屬無益今卽添營移汛若僅守以本處兵丁仍恐其與哨匪句通緩急究難盡恃臣林則徐前於永昌閱兵摺內業經先陳大概茲復公同商議似此咽喉之地宜以

客兵換防擬由提標派出千總一弁帶兵一百
名駐劄瀾滄南岸之平坡該處距險憑高四面
皆堪瞭望以之守禦折衝自當倍形得力每屆
半年調換一次俟換防者到彼准原駐者回營
以均勞逸但客兵於地形未盡熟悉仍須主兵
協同守望不任置若罔聞此後擬將江橋地方
作爲永昌左右兩營公汛如該處失事將永昌
都守與派防之提標千總一體懲處以期各顧
考成此又酌擬主客互防之原委也至順甯府

地方南北相去七百餘里從前營伍原隸永順鎮標近後改爲順雲營以參將一員管轄駐劄緬甯廳城內離順甯府城三百餘里而所轄之錫腊等處接連夷地回匪每與夷眾句結爲奸且距營既遙恐參將難於遠馭查龍陵協副將一缺雖處邊隅而地方現甚安靜且龍陵距騰越鎮不遠該鎮總兵堪以隨時策應今擬將順雲營參將與龍陵協副將兩缺互相調換作爲順雲協副將龍陵營參將並龍陵中軍都司亦

改爲順雲協中軍都司均移駐緬甯廳城將該
協錢糧歸都司經管其順雲營左軍守備仍駐
順甯府城右軍守備則須移駐錫臘查錫臘原
只外委一弁帶兵十八名駐劄今情形大非昔
比夷回均須防範兵力不可太單數年以來皆
有留防弁兵三百名現擬以守備兵丁駐其地
所需兵額酌定二百四十名除原駐兵十八名
外尚應添兵二百二十二名又右甸一城介在
永順兩府之間是以永昌協與順雲營皆有右

甸名目然該處距順寧府城祇一百四十里而距永昌府城二百一十里今既於永順坡添兵駐守則永昌協不必再立右甸汛之名目自應歸於順雲專轄查右甸城毗連猛庭寨漢回雜處屢啓衅端原駐把總一弁帶兵四十三名爲數本少近年多事之際添駐防兵每及數百名今匪類多已就擒仍須時加防範擬酌添守兵三十七名連原駐之四十三名共成八十名並添撥額外外委一名隨同把總管帶又阿魯史

塘亦係犬牙交錯處所原設塘兵五名不敷稽察今擬改塘爲汛添兵三十五名撥順雲營存城外委一弁管帶以上三汛其應添兵二百九十四名查順雲之兵分汛多而存城少龍陵之兵分汛少而存城多除右甸阿魯史二處所添兵數仍於順雲存城兵內改撥外所有錫臘應添兵數卽於龍陵存城兵內改撥作爲新設順雲協額兵不必另行招募千總以下各弁均不更動惟其中軍都司既改歸順雲協應將龍陵

右營守備改爲中軍守備並將左右兩營改爲
左右哨由該備督率兩哨千總經理營務此順
甯一帶酌改營制之情形也至大理府爲提督
駐劄之所復有城守一營似兵力已屬充足但
城守營汛地綿亘三縣四州而額兵僅七百餘
名逐日解犯護餉等差絡繹不絕勢難再行裁
撥其提標中左右三營之兵皆爲徵調而設若
將標兵改汛殊與營制不符現查太和趙州交
界之下關商旅輻輳向無員弁駐劄亦屬非宜

今擬添募兵一百名撥大理城守營存城之右
哨千總一弁移赴下關駐防作為該千總汛地
其原設巡防上下兩關汛之右哨外委千總前
往上關駐劄以專責成又彌渡把總即令專駐
太和縣城毋庸兼管並另派左哨外委千總前
往上關駐劄以專責成又彌渡地方甫經戡定
原駐外委一弁帶兵四十名尚覺單薄今擬添
募兵四十名又紅巖一處亦匪類聚集之區向
無駐劄弁兵今擬添募兵四十名撥城守左哨

二司外委在紅巖駐劄巡防與趙州彌渡上下聯絡統歸大理城守都司管轄其餘各汛悉仍其舊此大理一帶移汛添兵之情形也又蒙化一廳最多回戶而其汛地係景蒙營遊擊管轄該遊擊向駐景東廳城距蒙化廳城已有四百七十里而自蒙化廳至扼要之三勝站又七十餘里中間未設塘汛實恐疏虞今擬將景蒙營存城之右哨二司把總移駐三勝站由該營撥兵八十名隨同駐劄並巡查大小圍埂及茅草

哨等處以免空虛至楚雄原有楚姚鎮標自裁
鎮改協之後其分駐姚州者惟千總一弁帶兵
六十七名除分布二十二塘計兵四十五名外
存城者僅兵二十二名如上年該處漢回焚殺
之事在城兵丁卽不敷彈壓今擬添募兵五十
三名連各塘其成一百二十名俾其防守城池
巡緝附近匪類此又蒙化姚州二處改汛添兵
之情形也以上所改協營汛城凡駐防各員弁
均於存城內酌量移撥毋庸增添惟兵丁除撥

抵外計應添募守兵六百四十一名無閏之年需餉銀七千六百九十二兩有閏加增銀六百四十一兩兵米每名每月例支三斗今擬概以折色散放每月折銀三錢無閏之年需米折銀二千三百七兩六錢有閏加增銀一百九十二兩三錢但思

國家經費有常曷敢以添餉增兵復由部中於正餉之外另籌撥款惟當於本省自行籌畫庶足以資久遠而節度支查滇省鹽務課款中因銷

數暢旺於正溢課外尚有溢餘銀數萬兩道光
八年前督臣阮元奏請按年據實造報以一半
歸部報撥一半留存本省以備邊費各項例不
准銷之款就此支銷奉
旨允准在案今因迤西漢回甫定邊地綿長移伍添
兵實善後中必不可緩之務合無仰懇
聖恩准於本省鹽課溢餘項下每年儘先動撥銀一
萬兩遇閏加增八百三十二兩九錢作爲新添
兵餉米折之用此款開除之外尚應存溢餘若

千再照
奏定章程以一半歸部充公一半留存本省邊費
每年估撥兵餉之時卽先將增添餉銀米折數
目聲明扣除毋庸請撥以清款目至移駐都守
應蓋衙署及千總外委兵弁均須建蓋汛房經
費頗繁亦未便開銷款項現據大理府知府唐
愭培捐銀二千兩準升蒙化同知汪之旭捐銀
一萬兩騰越廳同知彭崧毓捐銀三千兩共銀
一萬五千兩堪以分撥估建如尚不敷再由臣

等另行籌給此項工程既係捐辦應

奏明請免造册報銷至永昌江橋換防弁兵鹽菜口糧每年約需銀一千五百兩並往返軍裝擡費即由本省邊費內支放毋庸另籌如此一挹注開於

各項既可不糜而營伍堪資實用總期久安長治以仰副

聖主整飭營伍綏靖邊陲之至意所有添募兵丁現即豫飭各營汛先行認眞挑募務擇其年力强

壯技藝可觀者方准應募由該管將備逐層考
驗報查不許以老弱一名充數俟奉
俞允後即於二十九年正月起一體到汛值防以免
拖前搭後其餘未盡事宜另容隨時確核分別
奏咨辦理除將添改營汛處所另繕清單恭呈
御覽並分咨戶兵兩部外謹將臣等會同籌辦緣由
合詞恭摺具
奏伏乞
皇上聖鑒飭部核覆施行謹

奏

牧民忠告 乙集卷九

查勘礦廠情形試行開採摺

奏爲遵

旨查勘滇省礦廠情形請將舊廠核實清釐新礦試

行開採以期弊去利興行之有效恭摺奏祈

聖鑒事竊准部咨奉

上諭前因戶部奏籌備庫款一摺當派宗人府大學

士軍機大臣會同妥議具奏茲據另議章程五條

無非就自然之利斟酌損益惟在該督撫等各就

地方情形熟商妥議立定章程具奏等因欽此臣

等跪誦再三仰見

聖主裕國足民利用厚生之至意復查新定章程五條內如河工漕務本爲滇省所無鹽務則向有定章竝無懸引墮課自應遵

旨無庸更易至錢糧年清年款各稅儘收儘解均無蒂欠除將應造清册飭屬依限據實造報聽候稽查以昭劃一外計滇省所應辦者首在開採一事敢不詳愼籌維復思有土有財貨原惡其棄於地因利而利富仍使之藏於民果能經理

得宜自可推行無弊者之周禮丱人掌金玉錫
石之地注云丱之言礦也其曰爲之厲禁以守
者爲未經開採言之也曰以時取之物其地圖
而授之巡其禁令此卽明言開採之法爲後世
所仿而行焉者也以時云者註疏但釋其大意
今以臣等在滇所訪聞者證之似指冬春水涸
之時而言蓋金爲水母五金所產之硐皆須戽
水而後取礦故辦銅例有水泄之費銀鑛亦然
夏秋礦硐多水宣泄倍難往往停歇若水過多

而無處可洩則美礦被淹亦成廢硐乃悟以時
二字古人固早見及此也物其地圖云者亦如
今之覓礦先求山形豐厚地脈堅結草皮旺盛
引苗透露乃可冀其成廠滇中諺云一山有礦
千山有引引之初見者曰子𡒄漸而得有正𡒄
乃可進山獲礦礦形成片者謂之刷礶硐寬廣
者謂之堂由成刷而成堂始爲旺廠若土石夾
雜則謂之鬆墝旋開旋廢易斷工本甚至下開
上壓滇諺謂之蓋被則非徒無益矣故認勘必

須詳細所謂物其地圖者正以此耳巡其禁令
云者誠以開採人多須有彈治之法如今之廠
內各設課長客長硐長鑪頭櫃頭鍋頭皆所以
約束礌戶尖戶及鑪丁砂丁之類又須多派書
差巡緝以杜偷匿漏課並禁奪底爭尖此皆巡
其禁令之遺意是開礦之舉不獨歷代具有成
法而周禮早已明著爲經況滇省雖步皆山本
無封禁而小民趨利若鶩礦旺則不招自來礦
竭亦不驅自去斷無盤踞廢硐甘心虧本之理

其謂人衆難散非真知礦廠情形者也滇人生計維艱除耕種外開採是其所習近年因銅斤產薄唯恐京運不敷但有能覓子廠之人廠員無不亟令試採若輩行山望氣目以爲常於地力之衰旺盈虛大都能知梗概見有可圖之利或以紅單而報出引或以僉呈而請山牌當其朋集鳩貲人人有所希冀之人事居其半天事亦居其半據本地人所言開而能成成而能久者向實不可多得然第就目前而論如其地

可聚千人者必有能活千人之利聚至數百人
者亦必有能活數百人之利無利之處人乃裹
足故凡各屬礦廠衰旺興閉地方官皆不能隱
瞞惟設法經理之人能使已閉復興轉衰爲旺
者實難其選耳案查嘉慶十六年閒戶部議覆
雲南銀廠十六處抽收課稅以二萬六千五百
五十兩零爲每年總額准以此廠之有餘補彼
廠之不足不必分廠核算務期總額無虧如收
不足數著落分賠遇有盈餘儘數報解迨嘉慶

十九年白沙一廠衰竭封閉奉

旨開除此後定有課額者其止十五廠年應抽解課銀二萬四千一百一十四兩零載在戶部則例

其

奏准儘收儘解之廠則例所載祗有角麟太和悉宜白羊四處嗣又據續報永北廳之東昇廠東川府之碁山廠新平縣之白達母廠此內惟東昇一廠歷年出產較多所抽課銀尚可以補各廠之缺若碁山白達母二廠則皆於鉛鑛內抽

取殊不濟事其已定課額之十五廠內如南安
州之石羊土革鎮雄州之銅廠坡會澤縣之金
牛永平縣之三道溝實皆歷年虧歇因課額早
定不敢短絀或以未成之子廠先行劃補或由
經管之有司自行賠解檢查歷年
奏銷册內均與開化府鶴慶州永北廳之金廠四
處一同按額解課總數竝無虧短除課金贏餘
無多不計外其報撥課銀節年贏餘自一二千
兩至六七千兩不等此臣等於未奉

諭旨之先因欲整飭廠務即已分別查明之實在情
形也茲蒙
諭令於所屬境內確切查勘廣爲曉諭酌量開採自
應先於舊廠之外加意稽查當飭藩司遴擇曉
事委員分路訪覓諭以金銀皆可採取不必拘
定一格即或有人互爭之地前因滋事而未准
開者今不妨由官督辦抑或草皮單薄之礦前
恐未成而不敢稟者今不妨據實報聞且仰繹
訓諭諄諄不准游移不辦如果開採之後弊多利少

亦准奏明停止等因
聖明俯體下情如此開誠布公官民更何所用其疑
慮乎況查滇省課金或以𥫗計或以票計例定
課額甚微其課銀章程本係一五抽收民間採
得十萬兩之銀納課者僅一萬五千兩可謂斂
從其薄於民誠有大益將此明白開導似民間
皆已踴躍倍常當據委員會同臨安普洱文武
稟稱查得他郎通判所轄坤勇箐地方距城九
十里有土山數重山頂全係碎砂不能栽種故

無民居前因土內產有金砂遂有外來游民私
挖淘洗致相爭鬭稟經前督臣委員會同他郎
元江廳州前往查逐該游民各即逃散遂將該
山封閉但金砂仍不時湧現挖淘較易難免游
民旋復潛來如蒙
奏明開採雖豐嗇難以遽定究足以裨公課而杜
私爭臣等隨復批飭各員親詣該山勘明實在
情形旋據稟覆山頂寬平周圍約七八里掘土
尺餘即見細碎金砂閃爍耀目官員到山游民

先已躲避勘有私硐四口詢訪附近鄉人云挖起金砂取水屢淘復以木板爲牀竟日搖盪一人之力日可得金幾釐多亦不出一分又離該山數里有名爲三股擋及小凹子二處勘有草皮銀礦微夾金砂現亦有人偷挖但未進山成硐等情臣等當即批准將此三處試行開採但先前既因私挖致釀鬬爭此次官爲督辦亟應選擇殷實良善者作爲頭人責令招募砂丁逐層約束前此偷挖滋事驅逐復來者亦當訪拏

究辦以示懲儆且必須先派員弁多帶兵丁始
足以資彈壓容臣等斟酌調遣一俟佈置定局
再行縷析奏
聞又據鎮沅直隸同知暨文山廣通二縣先後禀稱
前因奉文廣覓銅廠疊經示諭民人訪尋子廠
呈報嗣有鎮沅廳民羅梓鵬等報有距城百餘
里之興隆山麓獲銀礦引苗當令招丁試採該
廳時往履勘其礦砂忽接忽跳未能定準如數
月內堪以接採擬即酌定課程又文山縣民萬

雲隴等以距城一百八十里之白得牛寨地方
出有礦苗該民等已各出備油米呈縣開採經
該縣報府委勘山勢豐厚惟四圍包攔不甚緊
密所出草皮堍礦成色較低兼以時有時無不
免旋作旋輟請加察看可否抽收銀課儘收儘
解又廣通縣民李集之等以象山地方距城九
十七里有礦可採報經該縣准令試辦嗣採得
門礦所出無多業經措鑪分計無如銀徵色低
唯將所出黑鉛藉作底母之用尚須再行試準

量請抽課各據實具稟前來 臣 等查該三廠開
採雖尚未見成效然總須該地方官激勵廠民
奮勉從事不可任其半塗而廢現已札合速將
礦砂煎樣解驗應抽課銀先許儘收儘解俟試
辦一年察定情形再將抽解數目入額清撥至
此外更合廣為覓採有苗即力求獲礦有礦即
務使成堂如能採辦數多應先遵照
朝議商給優獎官請議敘以期率作興事感奮爭
先至舊額老廠雖據逐細查訪實係衰歇者多

然習於廠事者必能明其消長之機以籌修復
之法或拉龍扯水或旁路抄尖或配石分計如
鏈手背夫及揹鑪下罩之人所見既多諒亦能
知補救即或需費工本但能先難後獲亦當設
法爲之倘實係硐產全枯徒勞無益則名是實
非之廠似應據實開除即於儘收儘解各廠中
奏明抵補總須比較原定舊額無絀有贏方爲核
實整頓之道不得因廣採新山而轉置舊廠於
不問至於官辦民辦商辦及如何統轄彈治稽

查之處仰蒙

恩諭不爲遙制凡在官商士庶無不感激倍深自當按地方之情形籌經久之善策查辦廠先須備齊油米柴炭資本甚鉅原非一人之力所能獨開官辦呼應雖靈而在任久暫無常恐交代葛藤滋甚倘或因之虧空參辦則有所藉口籌補則益啓效尤況地方官經管事多安能親駐廠中胼胝手足勢必假手於幕丁胥役弊竇愈多似仍招集商民聽其朋資夥辦成則加獎歟亦

不追則官有督率之權而無著賠之累似可常
行無弊臣等與在省司道及日久在滇之正佐
各員下逮商旅民人無不虛衷採訪竊以此次
認眞整頓今在必行所宜先定章程者約有四
事一曰寬鉛禁查銀礦惟炸礦爲上爲其塊頭
淨潔出銀多而成色高然廠中似此之礦百不
得一其習見者名爲大花銀礦細花銀礦其實
皆鉛礦也鉛礦百斤煎鉛得半卽爲好礦而好
鉛十斤入鑪架罩其上者得銀六七錢次者僅

二三錢除抽課工費之外只敷半本其裏出鉛汁名爲銷團鉛浸灰內名曰底母皆可溜成黑鉛以此售賣始獲微利滇省向因黑鉛攸關軍火曾有比照私賣硝磺辦罪之案故鑪戶所餘底銷皆爲棄物虧本愈多 臣等查黑鉛一項或錘造錫薄或炒煉黃丹顏料所用亦廣原非僅爲製造鉛彈之需律例內並無黑鉛不准通商之文且貴州之柞子廠四川之龍頭山黑鉛均准售賣滇省事同一律如准將底銷出售以補

廠民成本之虧庶不至於退歇況售賣底銅必
有行店其發運若干令廠員騐明編號塡給照
票俟運至彼處卽將照票赴該地方衙門繳銷
旣可杜其走私於軍火無所妨礙藉得需有利
益於廠民實獲裨益一曰減浮費查雲南各屬
無論五金之廠皆有廠規其頭人分爲七長每
開一廠則七長商議立規名目愈多剝削愈甚
查歷辦章程迤東各廠硐戶賣礦按所得礦價
每百兩官抽銀十五兩謂之生課迤西各廠硐

戸責礦不納課惟按煎成銀數每百兩抽銀十二三兩不等謂之熟課皆批解造報之正款必不可少此外有所謂撒散者則頭人書役巡查之工食薪水出焉有所謂火秏馬脚硐主硐分水分以及西岳廟功德合廠公費等名目皆頭人所逐漸增添者雖不能盡裁亦必須大減現在出示曉諭務令痛删無益之規銀以辦必須之油米庶不至因累而散一曰嚴法令查向來廠上之人股實良善者什之一而獷悍詭譎者

什之九又廠中極興燒香結盟之習故滇諺有
云無香不成廠其分也爭相雄長其合也併力
把持恃衆欺民漸而抗官藐法是以有礦之地
不獨官懼考成竝紳士居民亦皆懔然防範今
興利必先除害非嚴不可即如所用鐵器除鎚
鏨鍋鏟菜刀准帶外一切鳥槍刀械全應搜淨
方許入廠其駐廠彈壓之印委員弁皆准設立
枷杖等刑具有犯先予枷責或插耳箭遊示期
於小懲大戒若廠匪膽敢結黨仇殺多命鬧成

巨案或恃衆强姦盜刦擾害平民責令該府州
廳縣會同營員立即兜拏務獲審明詳定之後
請照現辦迤西匪類章程就地請
令正法俾得觸目警心庶可懲一儆百一曰杜詐
僞查礦廠向係朋開其股分多寡不一有領頭
兼股者亦有搭股分尖者自必見有好礦而後
合夥滇省有一種詐僞之徒慣以哄騙油米爲
伎倆於礦砂堆中擇其極好淨塊如俗名墨綠
及硃砂蕎麵之類作爲樣礦示人啗以重利慫

恿出貲承攬既多身先逃避愚者以此受累黠者以此詐財良民不敢開採多以此故又廠上賣礦買礦之時復有一種積蠹插身說合往往私抽釐頭爲之裝點底面顛倒好醜爲貽害廠務之尤茲先出示諭禁嗣後訪獲此等匪徒皆卽加重懲辦庶可除弊棍而示勸懲矣臣等在滇未久於礦廠情形本不諳習仰荷

聖慈委任且蒙

訓諭周詳謹就察訪實情先籌大概雖成效尚未能

豫必而任事斷不敢畏難此外續查利弊情形
總當據實直陳以仰副
宵旰疇咨於萬一所有查勘籌辦緣由是否有當臣
等謹合詞恭摺具
奏伏乞
皇上聖鑒訓示謹
奏

勦辦騰越廳邊外野夷情形摺

奏爲騰越廳界外野夷膽敢攔入邊地擄搶各寨居民派員帶練出卡痛加勦辦餘匪畏威歸順沿邊悉獲安恬恭摺仰祈

聖鑒事竊照雲南騰越廳地方三面逼夷爲迤西極邊之區界連緬甸所屬沿邊卡外別有各種野夷既非外域齊民又不歸土司管轄雜居山谷分寨自立頭人其性貪暴兇頑每乘虛突至漢屯搶擄人畜財物因營汛不敷分布曾於道光

初年請項建置碉堡雇練駐防要隘而山徑叢
雜該匪輒於無練之處覓途潛出肆擾節經堵
緝驅逐尚不致大爲邊患乃自上年秋冬以來
有古勇盞西邊外之老草坡熊家山等處野匪
疊糾多人至古勇河西栗子園崩麻各漢寨先
後擄去男女二十六丁口并牛馬牲畜財物報
經古勇土弁協同屯練追捕無獲稟由鎮道府
廳會議以該處距各營較遠山徑荒僻險易難
知若調官兵剿捕旣恐多延時日且不諳習路

途不如就近抽撥屯練札調能事備弁官管帶
進勦可期事半功倍查有附近之明光隘土守
備左大雄勇敢有爲疊次出師著績堪以率領
各土弁管帶勁練出卡相機勦辦應需鹽糧由
騰越廳籌捐供支先後具稟請示臣等核其所
請實爲肅清邊境要務當卽批令督同妥速辦
理去後旋據該鎭道府廳等節次稟報本年正
月十九日調齊勁練五百名交左大雄管帶進
勦二月初四日行抵老草坡野匪已有準備早

經挖濠樹柵出而抗拒該土弁親帶各練奮勇
攻擊槍礮齊施各匪敗竄入柵砍斃二十餘人
帶傷甚多隨乘勢圍柵放火焚燬匪巢各匪分
竄至大竹篷等八寨并西山九寨該土備又以
次進攻各寨野夷始知畏懼邀請安分寨頭詣
營投誠查該處夷風遇有齊心禁戒之事須抱
大石發誓方見眞誠其各寨中惟六頂之大野
貫與習董之大頭目平日尚知信義當飭該野
貫等如能擔保各寨不敢滋事誓石投誠方可

允准該夷等俱願遵照隨即獻還所擄男女八
丁口牲畜六件查明原主給領其餘財物據稱
係熊家山等野匪擄去旋即移營往攻於二月
初八日進至熊家山探知該野匪所居懸巖陡
壁已將出入要口深濠固塹且恃有怕酒等五
寨爲羽翼負隅不出該土備帶練分攻各匪亦
分股抵禦騰越鎮總兵捡住接據稟報恐左大
雄深入險寨練力不敷又復商令該廳加調屯
練五百名往助左大雄得添新練遂逼近要口

分爲五路進攻二十二日該匪出巢拒敵各練丁迎頭奮擊殲斃頭裹紅巾首匪二名及匪衆數十名各匪退回口內迫夜潛出劫營練丁先已防備極力轟拒野匪撲營愈急經六品軍功頂帶練總董大文督見指揮放槍迎擊并自行抱石打中爲首一匪腦後倒地詎匪夥從旁放槍致董大文額角受傷被害衆練開栅齊出抄截環攻始將各匪打退平明查看山箐內有匪屍二十餘具仍復連日進攻斃匪無數士練亦

聞有傷亡是月二十九日始將熊家山匪巢焚
燬即在該處紮營以堵怕洒等寨往來要路其
中安分野夷恐被玉石俱焚紛紛詣營求請撥
誠歸化該土備慮其挾詐令逼事逐名究詰據
供熊家山滋事匪首一名茶山老五一名阿五
其怕洒等寨匪首名爲總頭老五與各小頭目
等均先後被殲身死餘皆逃散伊等恐被勦滅
趕將寨匪所擄之男女十八丁口并牛十七件
獻出求免盡勦又查出寨匪所留之漢奸馬六

張小老二人綑送請辦該土備允其所請當將
人畜交收訊據漢奸馬六張小老供認均係沿
邊民人向走夷方貿易因虧本負欠難歸潛入
野山交結夷匪指引搶擄冀圖得贓分肥其送
還被擄民人楊啓元楊官文余小老余小二蔡
大劉九榮邵小三劉五斤劉鳳英劉小三張邵
有張富尹叁李國棟張聯榜張喬科金淇榮十
七名并婦女何劉氏等九名逐一訊據供稱先
後遭匪擄去扣留役使并欲勒贖該婦女等均

未被匪姦汚餘俱大略相同其代老草坡等處
擔保求誠之六項野貫實董頭目十人亦爲熊
家山等寨懇求免勒情願出具永不滋事刀標
木刻誓石投誠如再爲匪惟伊十人是問察其
情詞不至反覆隨飭傳齊各野山頭目與邊民
同至漢夷交界之三官殿宣示恩威嚴加傳諭
責成六項習董各頭目分寨管束永不准其入
邊搶擄滋事各野夷咸皆畏服叩頭盟誓所具
刀標木刻均於邊隘立石示衆沿邊地方已極

安靖遂於四月初六日撤練回至廳城查明此次陣亡除練總董大文外尚有練丁六名又受傷練丁十八名分別卹賞所有一切經費據署騰越同知鄧塀稟請悉由該廳籌應等情臣等查此次該土備左大雄自正月中旬帶練出剿至四月初間竣事各寨野夷除投斃殲斃外均已畏威悔罪立誓輸誠洵能遠振軍威又安邊地此後仍須益嚴約束倍緊巡防所有各卡隘練丁暨應責成騰越鎮將會廳逐一點驗凡從

前疏縱夷匪及現在年力就衰者均從重責革究辦其撫夷備委中據查有孟學鄒吳正傳楊鎭邦及練頭孟效鄒淇德恩五名此次俱甚出力但從前夷匪擾害邊民何以不能有犯卽懲應令根究明白分別功罪以示勸懲漢奸馬六張小老句結外匪滋事已據自行供認自應歸於迤西匪犯案內飭道審明就地懲辦傷亡練丁咨部請卹其六品軍功頂帶練總董大文親手擊斃首匪旋因中槍陣亡可否仰懇

天恩照土千總例賜卹至明光隘土守備左大雄前

在永昌等處軍營屢經出力疊蒙

賞戴花翎并加宣撫使銜該土備深知感奮茲又收

服各寨夷匪可否再懇

恩施賞給巴圖魯名號以示激勸其騰越鎮總兵拴

住迤西道王發越永昌府知府張亮基署騰越

廳同知霑益州知州鄧𡒉籌商軍務督率均尙

有方可否請

旨交部均予從優議敘之處出自

聖主恩慈所需軍費既經籌捐辦理并請免其造册
報銷除再查明練丁中超眾出力之人咨部量
給頂帶外所有勦辦邊外夷匪竣事邊疆綏靖
緣由臣等謹合詞恭摺具
奏伏乞
皇上聖鑒訓示謹
奏

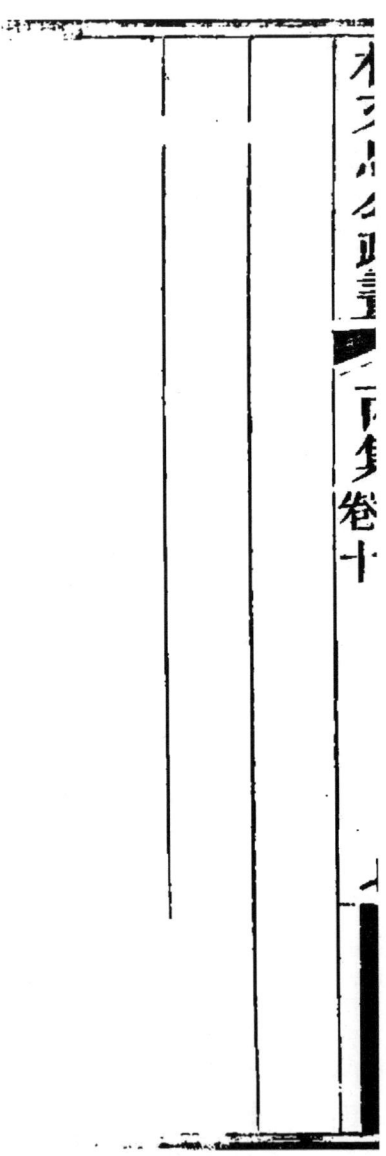

他郎廳新礦酌更營汛摺

奏爲普洱府屬之他郎廳地居邊要現在督辦開採更宜駐以重兵擬移遊擊大員並請酌更營制以資彈壓而重邊防恭摺奏祈

聖鑒事竊臣等於本年二月會奏遵

旨試行開採摺内聲明他郎通判所轄之坤勇箐曾出金砂因游民私採鬬爭將山封閉但金砂不時湧現難免去者復來又近處勘有草皮銀礦現亦有人偷挖此次官爲督辦必須多兵彈壓

咨臣等斟酌調遣一俟布置定局再行縷析奏
聞在案維時營制未經議定先於附近該廳之普洱
臨元二鎮元江新嶍二營共派兵三百名交護
臨元鎮左營都司陳國樑帶往駐劄暫爲彈壓
並委候補通判阜椒永平縣知縣文定仲各齎
告示令箭前往會同他郎通判倭克金布選充
頭人課長議立約束章程並責成鎮將道府各
大員就近稽查督辦惟念兵雖暫駐究非經久
之謀而地在沿邊尤在藩籬之固查他郎地方

遼闊東南兩境遠與老撾交阯暹羅緬甸有路
相通就邊防而言本應以重兵扼要駐守今該
處文員係普洱府之通判分駐而同城之武汛
千總又不歸於普洱鎮管轄而係臨元鎮所屬
之元江營參將分弁赴防是文武雖在一城而
一則隸於臨元一則隸於普洱遇有要事爲文
職者固可於駐劄普洱之道府稟請遵行而武
職營汛事宜普洱鎮不能過問須由元江營轉
稟臨元鎮指示辦理道路既多紆折核轉更致

躭延在無事之時或尚不甚緊要值此新開礦廠人數日見衆多尤應文武和衷聯爲一體始免事權歧出呼應不靈且查滇省額設六鎮總兵本皆有中左右三營以符規制惟普洱鎮左營遊擊因與威遠新營兩營屢次互相改換故現在該鎮只存中右二營與各鎮殊不一律似應復還普洱左營遊擊以昭體制而重邊防惟營缺未敢擅添自應量爲移改因查新營遊擊向係駐劄元江州屬之新平縣城而其分防

之營戢縣汛則又屬於臨安府是彼處文武所
轄亦復兩歧查新平係在元江腹内又有他郎
當其東南以爲屏蔽前因境内有魯魁夷牢兩
山易藏匪類是以曾設專營今新平地方較之
昔時大爲安靜其營戢尤爲腹地更可將汛務
歸入臨元鎮標所有新營遊擊一缺似可移駐
他郎作爲普洱左營遊擊廠務既資彈壓邊防
亦更森嚴以視目前派往客兵衹係暫時駐劄
者自必倍形得力第遊擊既移其中軍守備一

員自應隨往又左右哨兩千總亦應酌帶一人與原駐他郎城內之千總各分左右哨至元江營本有把總一弁帶兵四十五名分駐他郎之阿墨汛又有分駐邦轟宿南兩汛之外委二人其帶元江兵六十五名今應移歸新設遊擊管轄又普洱中營亦有一把總一外委帶兵七十九名分駐通關哨汛距他郎較近亦應歸於該遊擊管轄此外尚有應帶弁委及酌添馬步各兵或由新鎮原營移撥或由普洱鎮標改添均

俟該鎮將議覆至日另咨兵部立案惟新平舊
分十汛地勢亦屬綿長若遊擊移駐之後僅以
千把總領其汛地恐職分太微難資管束應另
移守備一員作爲總轄行據臨元鎮總兵李能
臣稟覆該標左營本有都司可以經管錢糧等
事其左營守備尚可通融移駐新平作爲元江
營右軍守備仍隸該鎮統轄其元江營參將應
即改名元新營以符名實以上擬更營制大概
情形經 臣等飭據藩臬兩司暨督糧道轉移臨

元普洱鎮道並行該處府州分別籌議詢謀僉
同茲據該司道等會詳請
奏前來相應仰懇
聖恩俯念邊疆營汛因時制宜準將原設新營營遊
擊移駐他郎作為普洱鎮左營遊擊其新平汛
駐劄守備等員弁歸於元江營管轄將習峩汛
歸入臨元鎮標如此量為轉移則文員之該管
道府與武員之該管鎮將悉歸畫一似公事可
免歧悞而邊境更冀肅清如蒙

俞允所有衙署兵房凡可彼此互換者皆毋庸另議
惟他郎城內應添蓋遊擊守備衙署及自他郎
城外至坤勇箐礦廠等處如有扼要控制應須
建蓋汛房者一切工料所需均由臣等督屬籌
捐辦理惟營分職名有應酌改之處應再咨部
酌換關防等項以昭信守至官兵係通融移撥
并無格外加添其原支俸餉廉費各銀無所增
損惟查鎮標官兵領餉例由中營照數請領轉
給開支而他郎距省程途較之普洱中營稍近

數站若將該營俸餉解回中營之後又解左營未免徒多往返擬令嗣後該鎮標遣官來省領餉回鎮即於路過左營之便先將該營俸餉等銀交給該遊擊具領收放以省重疊來回又兵米一項從前他郎駐兵本少該廳徵放本色之外尚有餘存本折分別撥解今移駐兵數既已增多該處糧販本稀自應責令他郎通判概徵本色以資散放其由普洱元江撥出之兵該原營應減本色改折徵解至各營汛軍裝器械亦

可酌量抵換彼此互改營名毋庸紛紛搬移以
歸省便其餘未盡事宜另容隨時酌核分別
題咨辦理總期開廠籌邊兩有裨益以仰副
聖主整飭營伍綏靖地方之至意所有會籌移駐緣
由臣等謹合詞恭摺具
奏伏乞
皇上聖鑒勑部核覆施行謹
奏

杜文貞公政書　内集卷十

三

訪獲他郎廳廠匪黄應倡等大概供情摺

奏為他郎廳開礦事宜甫將章程立定茲訪明曾經滋事之廠匪拏獲多名飭解普洱府嚴行審辦務使廠民知儆謹將大概情形恭摺奏祈

聖鑒事竊臣等前經訪知他郎廳之坤勇箐出有礦硐當即欽遵

諭旨試行開採擬選殷實良善之戶作為頭人招募砂丁逐層約束並以前此偷挖滋事驅逐復來者亦當訪拏究辦以示懲儆業經會摺奏

聞在案嗣據委員通判卓榞知縣文定仲前後會議章程十餘條並將在廠各項人丁名册查明籍貫年貌詳細開報核其遞層管束之法每砂丁二十五人設有丁目一名每丁目十人復設丁長一名積至砂丁一千人另設總頭一名而仍選立客長五名總司稽核及責成鑲頭報挖新礦爐頭請票批火課長掌秤抽收彼此互相稽査隨時示以賞罰復以課書練役分段梭巡雖事務甚繁而約束尚無鬆懈并據該委員等稟

稱金砂實極微細每日淘水搖淋所得僅以分釐計勢難按則抽金惟銀礦漸由子槽而得正槽目下丁力加多可期進山挖礦請將金課亦核作銀抽解以免瑣屑畸零查其所稟委係實情當即批准照辦惟訪聞原先偷挖之人多欲朦混入廠此內有曾糾眾互鬭致相殘殺者亦有擾害鄉莊被人控告者目下若不先為訪拏則此輩自矜得計必致故惡復萌而眾人相率效尤亦恐逞強滋事臣等飭據普洱臨元他郎

等處文武先後密稟訪有外來滋事之匪首黃
應倡於上年十二月閒未經奏文開採即欲恃
强先來挖礦率夥盤踞馬泥街該處居民被其
擾害協力驅逐本年二月初閒與其黨邱綱移
至戞楚地方復圖占擾又有臨安匪徒支老五
等及元江他郎夷匪楊卜喇等皆係著名之犯
與外來各匪在麻栗樹石頭寨等處分類糾鬭
互有殺傷其乘機分竄偏僻邨寨句結搶擄者
先經署普洱府崔紹中訪聞會督思茅甯洱廳

縣拏獲劉大蒲燚等三十四名訊出各匪首要
姓名稟請四路圍緝適臣等因開礦需兵彈壓
已會調普洱元江官兵各一百名臨元新營官
兵各五十名赴廠駐劄當飭帶兵各將備順途
訪查並令咨會文員一同實力搜捕旋據臨元
鎮總兵李能臣會同署普洱府崔紹中署元江
州李杰署他郎通判傅克金布前署他郎通判
沈世良并督令護元江營參將常興署新營
遊擊察興阿護臨元鎮都司陳國樑等各分途

帶領弁兵差役先後拏獲外匪黃應倡邱綱等四十六名臨安匪徒支老五等二十一名元江夷匪楊卜喇等十一名起獲槍礮藥鉛刀矛多件解至他郎會同研審各供認互鬭搶擄數次其當場致斃屍身或自行燒燬或彼此殘棄或尚有掩埋處所可以刨驗并搶劫鄉寨情形亦據歷歷指認惟被害事主多未呈報到官不能知其姓名現在傳諭各鄉寨居民據實補報計名文武所獲現犯共一百一十二名已據署普

洱府崔紹中稟請親自馳至普洱提同前獲各
犯確審懲辦尚恐查拏之時有匪犯乘閒逸出
仍飭各營汛分途嚴緝其已經到廠之官兵即
合留駐鎮壓經此一番訪拏廠務頓覺森嚴所
有新招廠民見先前滋事匪徒多被緝獲咸知
觸目警心悉就約束廠內倍形安靜雖金砂現
極有限而銀廠頗有起色可期成效日臻除飭
迤南道督同普洱府縣審明確供妥速定擬詳
辦俟定案時由臣等勘明再行具

奏外謹將現在訪獲舊日廠匪多名緣由先行恭

摺具

奏伏乞

皇上聖鑒謹

奏

保山縣城内回民移置官乃山相安情形摺

奏爲保山縣城内回民自移置官乃山以來已逾一載察看情形妥協可期久遠相安謹將原辦緣由奏明立案仰祈

聖鑒事竊臣等於上年會奏永昌善後案内議請添移營汛弁兵聲明保山縣轄之官乃山因安插回民二百餘戶尚有陸續前來者擬添兵五十名連原駐之三十名派一把總帶領以資彈壓等情已蒙

勅部覈議覆准在案彼時回民移居未久尚須細察
情形未敢以試辦之章程遽作常行之定準節
經諄飭永昌府知府張亮基就近督縣加意撫
綏認眞彈壓計上年四月安置之後至今已越
一年疊據稟報該回民二百餘戶在官乃山墾
種爲生均極守分安業堪以永遠居住等情臣
等查此案移置之由因道光二十五年九月閒
保山城內回民被該處七哨匪徒挾仇殘殺一
次迨二十七年甫經招復又於十二月初一日

因哨匪打奪解省人證復恃衆入城搜殺一次雖被殺出於報復死者亦非概屬無辜而受害情形實堪憫惻除業經盡絕之戶無可挽回外其有他出始歸以及藏匿逃亡遺存丁口悉經由官訪明捐貲撫䘏以軫餘生至二十八年春閒臣林則徐親往迤西督兵查辦於痛勦彌渡之後直擣七哨地方哨匪始懾軍威俯伏歸命當時拏獲辦罪至四百餘名之多七哨經此痛懲不敢復逞兇頑之習本擬招復逃亡回衆仍

返故居惟查房屋被焚早成灰燼若令自行建蓋已屬力所未能且與漢民界址毘連滇蠻匪易一時既虞其尋衅日久更難以相安故於軍務將竣之時剴另籌安置保回之地嗣據地方文武暨各委員覓得保山所轄距城二百餘里之官乃山一座周圍約十餘里外狹中寬前隔潞江後依雪山雪山之巔石崖陡險雖有猓玀夷人窩居其上向不與民人棡逼其自半山中腰下至臨江閒有平曠地土堪以墾種因而外

來無業客民單身赴彼或種包穀雜糧或植大
小果樹先搭棚寮棲止漸蓋土屋草房究因中
隔潞江往來未能甚便該客民等仍不樂久居
隨訪得有楊育春白奉禮等均願將自墾成熟
之地暨果樹寮房悉行折價遜讓或以城鄉產
業與之掉換亦所樂從當查該處山場既有田
畝樹株按年可收花息並已種將熟之雜糧果
實均願折價賣給回民到彼卽無枵腹之虞若
漸墾漸多更可長資養贍因詢保回頭人童俊

劉耀宗等以保山之清眞寺舊有零星公產其
各鄉亦有故絶回戶遺產如願公同估價與官
乃山產業房產互相掉換便可官爲經理伊等
當即允從其價值除互抵外尚有不敷由官湊
捐給付遂將官乃山一座全作保回聚居之所
除有他處親戚可依不願前往者聽其自便外
凡願移之回戶皆按大小人口官給盤費經署
保山縣知縣韓捧日署永昌協副將桂林等將
該回民二百餘戶分起押送前往到後仍酌給

三箇月口糧俾得從容治產此上年安置保山回戶之情形也嗣又添撥把總一員先後帶兵八十名歸於原設之舊乃汛駐劄就近巡防該回民等益知官為保護得以久安生業陸續去者復有數起自係知為樂土彼此相招查該處去秋包穀雜糧均稱豐熟果樹亦皆獲利今年墾種之地比較去年更多將來戶口繁滋該山亦足資其力食與山巔之傈傈夷人及江外之土著漢民均無轇轕而保山城哨相距甚遙更

無慮其生衅是回民安置在此似可決爲久遠之圖雖不愿者本不强其前來而已來者定可安於無事矣惟其祖先墳墓向來本在保山當二十五年互鬬之時回匪之燒漢屋者極多而漢匪之掘回墳者尤甚屍骸堆積令人不忍覩聞

臣等面囑該府張亮基督屬妥爲修掩張亮基到任後即與署保山縣陸葆捐發廉銀選擇公正紳耆分赴各山將被挖回墳逐一修砌悉還其舊不獨屍骨全無遺棄幷棺柩每與更新

統計自夏至冬其修回墳九千餘冢該處事定
之後有回民赴保山祭掃者府縣派差照料卽
以暗杜衅端該回民見其墳冢新修比前加勝
亦皆同聲感激幷可消釋前嫌矣又據張亮基
稟稱保山回戶中未經故絕之人遺有田產上
年軍務竣後曾經委員分路淸查核與該回頭
人查報大數相符當卽由官派佃代種收取租
銀尋覓外出各回民寄交該處地方官給領惟
思回戶業經他徙若將零星田產留在保山內

有狡黠之徒未忘舊衅卽難保不藉此爲由以清租爲尋衅之地不如查起原契官爲覔售其無原契者亦由官估價値分别變賣飭經頭人傳諭業已允從者多惟聞有力之回本在他處經營貿易有不必急於變產而尙觀望遷延者若不催令一體辦理轉恐退有後言是以現仍傳覔本戶回民諄切曉諭令其出售零產以斷葛藤總期保邑漢回各遂其生永無可開之衅

以仰副

聖主綏安邊圉一視同仁至意所有續辦善後緣由
臣等謹合詞恭摺纏陳并咨部核明立案伏乞
皇上聖鑒謹
奏

密保永昌府張亮基片

再永昌連年滋事民幾不知有官實由吏治因循以致獷悍成風積重難返上年甫經懲創亟須爲地擇人仰荷

聖恩準以臨安府張亮基調補永昌府缺該府自到任後辦理不遺餘力於地方之利弊無不訪察周知於風俗之澆漓無不革除務盡如昔時牛叢香把拜會結盟斂費賽神信妖惑衆諸惡習皆能令行禁止杜絕根株一有句結潛滋卽被

查拏懲辦又將各郡寨槍礮火藥全行搜繳入官産硝各硐全封軍火無從私製至該處向有教演拳棒聚唱小說之所今則改爲義學又有糾詐大戶引誘游女之風今則厲其鄉禁徭役之累民者設法裁革之道途之險巇者捐貲平治之合諸 臣等正摺所陳安置回戶修護回墳勸售回産等事無非任勞任怨期以永杜衅端訪查彼處民情於該府懷畏兼深漢回如一且不獨永昌一郡如是卽附近之順甯蒙化等屬

亦莫不然是張亮基調任年餘竟能大挽積年難挽之習臣等職司察吏似此實在得力知府不敢壅於

上聞惟地方正當起色之時仍應責成經理將來遇有兼轄迤西及統轄滇省之任如蒙

簡畀鴻慈似張亮基皆可力圖報稱以收得人之效臣等爲邊疆需才起見不揣冒昧謹合詞附片密陳是否有當伏祈

聖鑒謹

奏

光緒丁丑春

滇軺紀程

後學陳寶琛敬題

板藏宣
南寓齋

滇軺紀程

侯官林則徐少穆

己卯五月廿七日戊午卯考差人員候宣得　旨以則徐充雲南正考官吳慈鶴副之祝慶蕃充貴州正考官吳振棫副之俱九叩頭謝　恩畢回寓

六月初八日戊辰晴晨送行者絡繹巳刻起程未正抵長新店小憩又行路窪多潦酉正至良鄉縣城外旅店宿聞行李車離此二十里停閣難動雇驘往迎四鼓始到

初九日己巳晴辰刻行巳正到豆腐店與巢松前輩同飯罷行

過琉璃河熱甚憩一小廟申刻抵涿州穿城行宿南關外旅
店
初十日庚午晴卯刻行巳刻高碑店飯又行三十五里抵定興
縣宿城內行館垣瓦多傾圮
十一日辛未晴子刻行十里渡北河黎明過故城鎮小憩辰刻
抵安肅縣城內行館較大早飯後行二十五里其地爲漕河
有慈航寺方恪敏公督直隸時所重建也相傳恪敏微時嘗
於冬月徒步出關省親雪後過此凍而仆寺僧夢佛爲言門
外仆者乃此間開府宜迅護之僧如其言扶入而甦焉脩廟

所以報也旁有恪敏勳襄等祠因與巢松在此避午喝覲恪敏公遺照偕爲設寒具飽啖而行申刻抵保定省城制府以下皆遣迎於郊以柬答之

十二日壬申晴寅刻行辰刻至涇陽驛其地屬滿城縣而距縣城三十里飯罷卽行午刻至望都縣城內行館巢松前輩昨日見贈二律今依韻答之又作七律四首寄答李孝廉綸光晚飯罷出觀堯母祠陵在祠後有井曰鷄鳴井

十三日癸酉晴子刻行三十里過淸風店天尚未明辰刻抵定州縣城飯罷卽行過明月店見羲皇聖里碑午正刻抵新樂

縣行館在城外自定興至此皆苦旱黍苗出土不及寸望雨甚切

十四日甲戌晴子刻行刮風涼如深秋寅刻伏城驛飯四十五里屬正定縣午刻抵正定府城宿城內行館旋遊大佛寺其殿三層俯睨全城銅佛高七丈三尺誠鉅觀也寺內有隋碑郡守陶凫薌前輩樑搨一紙見贈

十五日乙亥晴平明行五里渡滹沱河水甚小過二十里鋪喫麪巳刻抵欒城縣由城內行住東關外旅店是日因渡河不能早行僅行六十里實則長如七八十里夜驟雨一陣

十六日丙子晴平明始行因昨夜漸雨故也途有行潦自欒城至趙州四十里多繞道辰正刻飯趙州城內行館自趙州而南昨夜未雨路亦甚坦行五里過大石橋又十五里憩古廟山金山寺其外茶亭阮芸臺尚書題句云買絲客去休澆酒餬餅人來且喫茶申刻抵柏鄉縣穿城行住南關外旅店是日計行一百里

十七日丁丑晴子正刻行月色如晝卯正至內邱城內行館飯罷即行自內邱以南多沙地然遠山疊翠林木蔥茂泉潤草香道旁有稻田數畝差具南中風致未刻至邢臺縣順德府城適

有集場人貨叢積宿南關外旅店計行百二十里
十八日戊寅晴子初刻行黎明至永年縣屬之臨洺關已行七
十里矣行館較精緻飯罷又行過邯鄲觀小憩其地即盧生
入夢處壁上嵌蓬萊仙境四大字乃呂仙手書又有乩書楹
帖云黃粱富貴本空虛須識箇中人閒適未容長睡去白鶴
神仙工點化無如夢裏客酣恬不肯刨醒來午初刻至邯鄲
縣由城內行宿南關外旅店縣尹呂叔訥埜垣武進名下士
也與巢松有舊來見於館年已七十由廣文擢大尹現攝斯
邑出示所書江山萬里圖長卷殊雄勁

十九日己卯子刻即雨寅初稍晴行淩晨雨甚道泥滑輿人皆委頓午抵磁州宿南關外行館先二十里爲杜邨店自杜邨至城雙渠夾道其清如鏡芰荷出水蘆葦瀰岸翛然可賞閱蔣礪堂尚書黔軺紀行集知此渠乃 國朝州牧蔣擢疏濬陽河成之至今稻田資其霑溉噫何地不可興利顧司牧奚如耳

二十日庚辰昨夜大雨黎明行天始霽路仍甚滑辰刻渡漳水則陽烏上升矣漳之旁有銅雀臺故址又纍纍相望者皆曹孟德疑冢也登岸數武即豐樂鎮屬河南安陽治行館甚敞

飯罷又行四十里至彰德府城內宿此地多勝蹟如韓魏公
晝錦堂之類恨不能悉覽耳
廿一日辛巳晴子初刻行黎明至湯陰縣城謁岳忠武祠其二
十三世孫奉祀者出迎以楹帖贈之又過嵇侍中祠扁鵲墓
辰刻宜溝驛行館飯其地爲先賢子貢故里今駐以巡檢屬
湯陰治又行三十五里過淇水先數里爲鹿臺鉅橋遺蹟水流激石作下
灘聲有草橋可徑行過西岸爲高邨店又二十五里抵淇縣
城內宿緣筠書院是日計行百三十里而實有百五十里長
廿二日壬午晴子刻行黎明過比干墓有孔子書碑至衛輝府

館於城外旅店飯罷又行午刻新鄭縣宿城外旅店計行百
里
廿三日癸未晴子刻行多沙路途遇野狠輿夫哄逐之始卻走
卯刻至亢邨驛屬獲嘉縣有驛丞駐此飯罷行二十里至王
祿集西北風殊大或云黃河盛漲無渡船或云南北岸俱多
深淖不能徒涉衆意皆願止此余與巢松遣人先赴河濡察
聽倘可過去乃復行凡深淖之處輿人裸而舁之行李則募
人運送始抵河之北岸酉刻開舟行風已息而河溜仍甚急
水將平隄歷十二刻於南岸登陸天已薄暮滎澤縣尹遣人

來迓詢知行館在縣城內蓋岡陵驛之館爲大水所汩故也
又行二十餘里凡涉深淖者八九處甫抵行館漏已再下矣
廿四日甲申晴卯刻行途間仍多積潦蓋近河州縣皆於月之
中旬連霔大雨故也午刻抵鄭州行館在城外甚精遂有竹
木之勝是日僅行四十里以昨過疲今有勝地且作偃息云
廿五日乙酉晴子刻行平明至郭店驛飯罷又行午刻至新鄭
縣館於城內縣西有具茨山其高處名風后頂又東有大騩
山騩卽隗與風后頂皆以人得名舊志皆以鄭城居溱洧二
水間今考縣志溱水出密縣鷄絡塢入新鄭境卽合於洧今

城南之水卽洧淵而北來未嘗涉溱知城非春秋舊地矣宋王沂公陳文惠歐陽文忠呂文靖墓皆在此明范脩己曲洧新聞載子產廟誤爲祈子之祠張生祠誤爲子皮遂爲皮工奉祀殊可一噱縣志又載有唐開元墓甎殘字乾隆元年出土唐年府君墓志乾隆三十六年出土今未暇訪搨誌以俟考邑又有三賢堂祀子產及裴晉公王沂公申刻飯罷又行渡洧水乘小舟輿馬皆徑涉岸上有子產乘輿濟人處碑亥刻至長葛縣屬之石固鎮宿是日計行百四十里

廿六日丙戌晴平明行五十五里渡潁水飯於潁橋行館襄城縣轄

其地有穎濱書院是日甚熱飯後暫息數時申刻又行晡時
抵襄城縣穿城行至南關外過石橋乃汝穎合流處宿於橋
南旅店予衣箱落水浸溼漏夜開曬
廿七日丁亥丑刻巢松先行時已微雨晨起尙未息予將行李
草草部署早飯罷始就道道旁有黃城山其下卽沮溺耦耕
處申刻過遵化店渡沙河其上有子路問津處碑至葉縣城
內行館則巢松已赴保安驛矣飯後予亦前進路甚泥濘蓋
今晨之雨南來愈大也十里有丈人止子路宿處碑渡滍河
至舊縣行館漏已再下因宿焉此地有昆陽雄風坊卽光武

破王尋處

廿八日戊子平明行三十里至保安驛行館飯仍葉縣境有裕葉巡檢駐此飯後又行三十里爲扳倒井相傳光武駐師於此士渴甚扳石得泉後因成井今井中泉源甚盛且瀉爲兩池皆種白蓮後有光武祠壁間繪雲臺二十八將象奉香火者爲克敬道人居此五十年矣其別院曰玉照堂有荷池一方旁多蒔卉予到此甚願留憩見黑雲如墨亟須就道甫二里則大雨如注沿途輿人多蹶予亦爲箕之簸揚矣酉刻抵裕州北關外行館甚敞巢松在此相俟（裕即古方城之地）

廿九日己丑辰刻行道旁有張廷尉祠墓三十里許渡趙河於岸上行館小坐未刻冒雨行申刻宿博望驛即漢張騫采地

三十日庚寅寅刻冒雨行三十里至新店天晴飯罷又行至南陽府離城八里之栗河店宿此地行館本在城内近因夏間河水常發往來非易故每館於此明日即由此前進不經府城矣

六月初一日辛卯晴子初刻行平明林水驛飯未刻過新野縣館於南關外

初二日壬辰晴子刻行渡白河換船兩次白河即淯水發源嵩

山雙鷄嶺西南入漢河上有望夫石平明新店鋪飯辰刻憩呂堰驛入湖北襄陽境下午又行渡小青河晚抵樊城郎仲山甫封地宿於旅店自京都至此已行二千三百九十五里

宋將王順牛天富拒元兵在此地今城已無存

初三日癸巳晴在樊城檢行李

初四日甲午晴候夫馬未齊再住一日聞漢江老龍隄漫口府縣皆在彼防護

初五日乙未晴平明濟漢由襄陽城外行城南有峴山祠羊杜二公墮淚碑在焉峴之南爲鹿門山龐德公孟浩然皆隱此

東爲晉家池舊址晉山簡所遊者今名北馬泉西北方山之
麓爲漢臯即鄭交甫遇二女解珮處是日多沿漢行六十里
渡小河飯宜城轄又三十里至宜城縣城內宿城之東北二十
里有宋玉墓城東有杜康臺爲康造酒處此地舊出美酒張
華輕薄篇所謂宜城九醖也

初六日丙申晴子刻行平明新店飯仍宜城轄渡小鹽河巳刻至鍾
祥之麗陽驛宿是日行九十里實只七八十里耳

初七日丁酉晴亥刻即行二十里過斑竹岡唐韓翃送人赴江
陵詩云斑竹岡連山雨暗枇杷門向楚天秋即此又四十里

石橋驛飯屬荊門州時天尚未明又行四十里至子陵鋪相傳嚴
子陵曾僑寓於此州東北巖山上有客星井亦其迹也又二
十里宿荊門州城內之考棚下午微雨是日多山路
初八日戊戌晴子刻行二十里過掇刀鋪相傳 關聖屯兵此
地插青龍刀於石罅今 關帝祠內有小石建大刀其中時
昏夜未得觀復有馬跑泉遺阯又二十里團林鋪飯六十里
宿建陽驛其地以建陽河得名仍荊門州治
初九日己亥晴以昨晚旅店湫隘熱不可耐定更後即行丑刻
四方鋪飯卯刻至荊州府城史記楚文王熊貲始都郢即此

有仲宣樓庾亮南樓馬融絳帳臺孟嘉落帽臺宋玉羅含宅諸遺址南門外有息壤其土握去復生相傳鯀所以湮洪水者今握多尚致水潦聞江水猝發官道盡沒舟行爲梗因定計乘舟未刻赴舟次舟殊窄俗名倒爬下午大風不能開在江邊暫泊

初十日庚子晴巳刻風定解纜行東南風利三十里至虎渡口俗名太平口江面較小過此則皆下水矣晡時過李家口公安縣轄亥刻至黃金口泊計行九十里

十一日辛丑晴辰刻發午過沱孔蓋自公安達湖南皆泛沱湫

汀之別支也申刻過四水口入湖南澧州界漏夜行四鼓泊
津市距澧州二十里餘是日計行一百八十里
十二日壬寅晴開舟以上水行較遲緩巳刻至澧州距城二里
許卸舟館於城內試院州治有車武子聚螢臺及陸宣公墓
遺迹閱州志知自虎渡口至州水道乃明張江陵開濬以殺
荆流者是日熱甚下午雷雨數陣
十三日癸卯晴未刻就道渡湖舟者三戌刻宿清化驛
十四日甲辰晴丑刻行平明過鼇山鋪辰刻抵大龍驛武陵縣轄縣北有大龍山故名

十五日乙巳晴子刻行平明已抵常德府館於城外常德即隋朗州城外十五里有善德山以善卷避堯讓天下於此故名

十六日丙午晴子刻行丑刻過陬市（又作周溪屬桃源縣）人居市肆亦極整密過小渡三處皆以舟為梁辰刻至桃源縣行館在河壖因緬甸貢象入境邑令恐前途驛舍不敷勸余併兩程行申刻飯罷又行過即山路俯臨大谿勢險而窄經桃洞即秦人避地處以昏黑未得觀聞有劉夢得書桃源佳致四字渡白馬水酉辰谿三水亥刻至鄭家驛宿是日計行百二十里

十七日丁未晴天涼如秋平明行巳刻次新店驛仍桃源轄是

日轎始加緯
十八日戊申晴寅刻發平明已二十五里入沅陵縣界巳刻過
辰龍岡山勢環抱疑若無路夾界亭驛
十九日己酉晴寅刻行平明過馬鞍塘過緬甸貢象過此又過
獅子塘及來溪石橋巳刻至馬底驛宿驛在馬鞍山之麓故
以命名是日山路陡甚
二十日庚戌寅刻行山路多險巳刻至辰陽驛在驛館小坐雲
南伴送貢象之員亦於是日到此行館逼狹邑令張時菴鴻
箴勸余入城住其署中遂渡沅入辰州府城於縣署之後堂

下榻此地有小酉山在城西北古藏書之所也

廿一日辛亥張明府留住一日意誼甚殷以紙索書余作七律二首書扇贈之又撰書楹帖一聯云一縣好山留客住五谿秋水爲君清是晚雷雨大作滂沱達旦此地已旱四十餘日得此喜雨交相慶也

廿二日壬子張明府又留一日以滇省貢使亦過此夫馬不足故也午後又大雨書聯箑數事

廿三日癸丑平明行張明府渡河送於郊未刻至船谿驛仍沅陵轄是日皆山路七十里遠如百里抵驛後有雷雨一陣

廿四日甲寅寅刻行四十里過辰溪縣其地無城飯後渡溪行三十里至山塘驛宿是日山多路長天氣陰晴各半

廿五日乙卯寅刻行四十里至中和鋪憩留雲寺又四十里宿芷江縣之懷化驛宋史地里志有懷化鋪郎其地也是日所過諸山俱峻絕木旗嶺雲氣尤變幻八十里地遠如百里晡時雨

廿六日丙辰晴寅刻行平明過榆樹灣市肆甚密謁　天后宮憩楊公廟楊公宋時人蓋神於沅水者巳刻抵羅舊驛俗名馬公平以山路到此忽平坦也羅舊在公平南二十里本有

驛舍嗣因去懷化過遠而府城又太近故移驛於馬公平而
仍其羅舊之名驛有王陽明先生碑刻詩云客行日日萬峯
頭山水南來亦勝遊布穀鳥啼林雨暗刺桐花暝石谿幽蠻
煙喜過青楊瘴鄉思愁經芳杜洲身到夜郎天萬里五雲西
北望神州
廿七日丁巳寅刻行巳刻至沅州府城行館在城內甚湢邃郡
守藍凡石嘉績率代理芷江令李參軍縣尉蔣賓隅寅來迎
侯凡石年七十餘浙之定海人乃乾隆乙酉鄉科巳丑中書
迄今二十六科宦途中鮮有其匹賓隅亦戊申賢書以作宰

墨誤左遷縣尉今已十餘年矣余作沅兩君歌贈凡石賓陽

廿八日戊午寅刻行過橋橋兩旁皆列肆三十里泠水塘小坐自泠水以南又皆山路過小粟大粟二嶺遇雨卽晴又過迴龍閣瀕河狹路險甚巳刻抵便水驛宋史地理志崇甯三年以獎州地爲便谿砦卽此也行館卽在巡檢署中

廿九日己未晴寅刻行渡沅水又過蜈蚣嶺巳刻至晃州此地舊屬芷江縣以苗民不願嘗赴京呈請改歸黔省於丁丑年特設直隸通判以便之予至此見學宮考棚尚未落成聞苗民復在京呈改　特派督撫會勘行且至矣考晃州以晃山

得名宋漓熙紀年酋長田漢權以砂井人粟忠所獲晃州古
印一紐來獻遂以漢權爲晃州刺史
三十日庚申晴寅刻行渡沅三十里至鮎魚鋪入貴州界又三
十里至屏縣行館在城内此地亢旱月餘田禾槁者十之七
八是日熱甚向聞雲貴夏不葛冬不裘恐未盡然
七月初一日辛酉晴寅刻行五十里至清谿縣路坦而近渡清
浪水入城館於縣署蓋此地無驛舍也
初二日壬戌晴寅初刻行五十里至焦谿過河飯又四十里宿
定遠縣是日路甚險惡上接千仞下臨重淵閘雨後水發尤

不可行兹以遇晴爲幸然此地苦旱久矣身雖行役亦甚爲盼澤也府城有中河山兩水夾流山居其中石壁鐫有楚橋風順四字又有香鑪山上豐下削巖上鏤泝流光三字府治倚山爲城山隙處補以睥睨望之若無城然府前大石橋廊鎮陽江江即潕溪合西來諸水入沅由此泛舟下水可直達常德是日始見苗民

初三日癸亥晴寅刻行平明過文德關關側有石五竅竅中出泉名雲根五滴泉又十里經相見坡三重迭起每陟一坡則兩坡皆見行人相去數里若覿面然辰刻劉家莊飯又行經

華嚴洞與恩恩昇過以未得觀爲憾又過望城坡距施秉縣十里而全城在望坡南兩山夾澗俗傳諸葛武侯鑿以運糧者明黔撫郭子章開之復塞　國初洪承疇謂開此洞可舟運至偏橋以達黃平役千人鑿之不通而止諺曰若要此洞開除非諸葛來蓋山削水急每爲崩石壅斷故也午刻抵施秉縣宿縣北有巴施山南有秉谿故名

初四日甲子寅刻行遇雨巳刻虞者三十里濫橋塘飯又十里將至東坡塘有飛雲巖天然奇秀眞如金枝玉葉輪囷蔥鬱上有大士立象左右皆流泉四時不竭由兩方泄瀉出歷溪

橋而下山中終日泠泠有聲巖下一洞雖小亦覺奇古西有數百年古柏而西南有月潭寺王文成公碑記在焉到此小憩又行二十里抵黄平州館於城内鬧城東四十里有架梁山孤峯插天可望千里城北三十里有北攸河原名都凹水即潕江之源

初五日乙丑平明行天陰微雨三十里重安江飯仍黄平州轄飯後過披午過大風洞至清平縣由北城出南關外宿夜雨有寒意

初六日丙寅雨甚凉平明行四十里飯楊老驛又四十里過魚

梁江四面石壁如削嵐翠滴瀝中亘石橋泉琤瑽過橋下亦名響琴峽岸旁小寺有閣三重值雨景尤佳絕過峽爲黃花嶺又十里宿酉陽驛自楊老至此皆平越州治距州城三十里

初七日丁卯平明雨歇行五十里次貴定縣

初八日戊辰晴卯刻行十五里經牟珠洞俗名母豬洞明大史邱禾實易名憑虛 國朝鎮遠守陳受漣易今名山門額曰天然古洞初入向有容光謂之天窗中開矗立自然石柱高十餘丈層級分明僧人奉佛於此再進則須然炬見石乳垂

垂如飭異狀百出曰童子拜觀音曰七層寶塔曰蓮花座曰鐘曰木魚以叩之音各相類曰石象石尊曰千人座曰十八羅漢無不宛肖地下白石如梅曰落地梅花瓣過此路益仄而滑難以更進矣聞洞之西復有兩洞皆相通未及悉觀又十五里新安飯仍貴州轄過銀錠關又三十里次龍里縣縣在元爲龍里州以城南有龍駕山得名聞其山有留雲洞洞中石乳二叩之若鐘鼓聲何黔山之多奇也夜雨

貴州省城

初九日巳巳晴卯刻行三十里谷腳小坐又行過龍洞坡午至

初十日庚午辰刻行黔中當事俱遣送過湯粑嶺飯龍場驛仍貴筑轄明王文成公曾謫此地驛丞飯後又行遇大雨午至清鎮縣城内住

十一日辛未晴卯刻行在蘆荻塘飯次安平縣自昨日過龍場後山皆迤邐路較坦易是日午後天氣亦暄暖

十二日壬申晴卯刻行三十里過飯籠鋪飯於白板房又五十里至安順府與巢松宿城内旅店緣行館留待制軍耳

十三日癸酉晴雨相間雲貴制府伯協揆今日住鎮甯州恐行館未能騰出因在此暫住一日

十四日甲戌雨晨起飯罷行三十里馬場塘遇伯協撥入都祝
嘏過此班荆小坐而别又三十里鎮甯州城内宿
十五日乙亥晴晨起飯罷行十五里過安莊坡又十五里繁花
鋪過白水橋有瀑布横亘十餘丈又過羅伽坡迴龍坡路俱
險惡未刻至坡貢宿
十六日丙子晴早晨飯罷行過鳳凰關石龍關俱陡削三十里
至安樂鋪路稍平午至朗岱是處苗民别出數種衣飾各殊
道旁桂花正開折數枝供之小瓶
十七日丁丑晴晨飯罷行十五里過打鐵關又十里拉邦坡十

五里那當坡俱甚陡險下臨無地自昨日鳳凰關以西皆登多而降少至此則上少而下多拉邦直下十里那當十五里中下坡者居四之三又渡毛口河河水如渥赭亦名西林渡後過二小坡宿阿都田為興義府南安縣轄距城九十里

十八日戊寅陰卯刻飯後行歷山坡十餘處至花貢遇雨過老鷹崖直上十五里黔山之峻無出其右者次白沙驛普安縣轄距城六十里雨後天氣嫩寒如初冬

十九日己卯晨起飯罷行遇雨路甚泥濘幸無峻險處二十里罐子窰李家旅店小坐又十八里至上寨行館半將傾圮與

巢松前輩於一屋內聯牀而寢

二十日庚辰卯刻飯行沿溪傍山路窄泥滑過庚戌橋乃雍正

八年鄂西林相國所建逾南鮓坡頗峻然視前數日則坳崺

矣三十里至楊松道旁桂花盛開以多雨其香少減又三十

五里次劉官屯遇雨仍普安廳轄至夜分始息

廿一日辛巳陰晴相間卯刻飯行途多怪石泥又滑幸雨已歇

輿人雖蹶尚無甚苦七十里至亦資孔本名亦是孔以路形

似亦字也武弁來迓是日風勁如北地之九十月

廿二日壬午晴卯刻飯行三十五里入滇省界有滇南勝境木

坊右爲　闕聖廟左爲石虹亭有石蜿蜒地中如虹形小坐
又行十五里至平彝城內住縣署自入滇境輿後加用監臨
封條吏送科場事宜冊
廿三日癸未晴卯刻飯行西風大官道以積雨故爲水所沒繞
道由山麓行山皆迤邐土色如赭三十里棠吃彎小坐又三
十里至白水驛宿屬南甯縣距城七十里
廿四日甲申晴卯刻飯行西風大過分水嶺不甚峻四十五里
至霑益州城內巢松待余於逆旅湫隘喧雜實不可住因移
榻於州署是日巢松前輩生日

廿五日乙酉晴卯刻飯行三十里至三叉路南甯縣轄又四十五里至馬龍州下榻於州署之西偏

廿六日丙戌晴卯刻行五十五里板橋鋪二十八里逾關索嶺不甚峻宿易隆驛仍尋甸州轄夜雨達旦

廿七日丁亥晨起雨歇飯行三十里又雨有一水可十餘里衆山環之名嵩明海一山突出水滸萬松森立道旁一碑曰小蓬萊有寺曰海潮適大雨如注未得登眺爲憾雨後山泉陡落如黃龍蜿蜒百道疾走四望山色明秀水田千頃甚愜幽賞又三十里至楊林驛宿乃嵩明州轄距州治三十里省中

遣巡捕來省垣諸公皆以柬來

廿八日戊子晴卯刻飯行路坦而近六十里至板橋驛宿

廿九日己丑晴以向例皆於八月朔進省仍在板橋住一日遣

巡捕官先入城持柬答撫軍司道書扇十柄

八月朔日庚寅晴卯刻行二十里高坡塘有亭立銅牛一又十

里過金馬山相傳阿育王季子至德呼馬於此又名呼馬山

漢王褒所祭或卽其地今有金馬祠省中以鹵簿鼓吹來迎

撫軍司道皆遣迓昆明莊明府親迓於郊弗敢見去城二里

有太平橋古名贐𩨐橋相傳為諸葛武侯建入麗正門城甚

宏壯城中舉袂成雲視黔省數倍過五華山麓五華書院在焉鄂西林相國所建也使館在五華山右九龍池之上俗名萊海古稱柳營乃沐氏別業館有兩院與巢松前輩分住

侯官林文忠公著

荷戈紀程

同里後學黃貽楫題

光緒三年刊
於宣武城南

荷戈紀程

侯官林則徐少穆

壬寅七月初六日壬子晴巳刻出西安城廿七里灞池𣄊又二十里爲灃水橋俗謂之三里橋沿岸北行二里許卽渡渭此處報水以分數計是日水勢浩瀚舟人以爲不止十分幸舟過尚平穩及登北岸卽咸陽縣城矣住東門內行館

初七日癸丑晴黎明行出北門頗有小坡十五里上照又十里雙照又十五里店張驛飯其地屬興平距縣三十五里飯罷又行十里晏邨五里儀門寺五里藥王洞十里醴泉縣館於

西門外

初八日甲寅晨行天已陰二十里至楊鳳汛雨漸大又行二十里至乾州館於城内因途中難行即住此

初九日初十日兩日俱因阻雨發水未行仍住乾州

十一日丁巳晴黎明出北門十里黑虎灣八里十八里鋪十二里陽峪嶺十五里安駕宮橋交永壽縣界又五里監軍鎮飯此鎮以監軍名閱祁鶴皋先生萬里行程記謂沿唐時宦官監軍舊名迨考永壽縣志乃知明崇禎時邑人任棟爲河南監軍道家住於此棟剿流賊被難以忠義稱亦足以名其鎮

矣飯後又行五里舊永壽縣十里乾塔鋪五里蒿店塘十里穆陵關唐人許棠嘗過此有詩五里沙廟店五里老虎頭二里永壽縣館於南城外是日行九十里自乾州至此皆向北行按永壽在漢時爲漆縣見史記又爲好畤見漢書秦始皇起梁山宮即太王踰梁山處也漢書陸賈傳云以好畤田地善往家焉今縣之西南五十里有陸賈墓唐長孫無忌亦居於此今有子孫在焉自過監軍鎮後沿途多山其民皆穴居即古陶復陶穴之風今土人謂之窑洞

十二日戊午晴寅正刻行入南門出北門即上坡行五里分水

嶺五里乏牛坡十五里瑤垣坡下坡五里爲底窨溝沿途多有澗水輿人皆涉過又十里太峪鎮邠州轄飯後上太峪坡計坡路十里始下坡又五里腰鋪子又五里十里鋪又七里三里臺又三里邠州城入東門館於城內與州署爲鄰其署中求書者坌集勉應之

三日巳未晴黎明行出西門十里有明岨山圓如覆盂其下有水簾洞泉出不涸土人誤信西遊小說謂其山卽花果山者謬也自此而西北皆沿涇河行水勢浩瀚涇水自甘肅平涼來衆水匯之河寬處不下數百丈兩旁皆重山屹立如牆

又十里大佛寺卽慶壽寺唐貞觀二年所建也佛有三尊一正坐二旁坐高約八丈寬約二三丈皆就石巖鑿鑿而成此外造像不可勝計此二十里閒棗樹最多其實已纍纍矣桑林亦葱葱彌望誠一幅豳風圖也十五里安仙鎭又五里則渡涇河土人謂之黑水渡過西岸卽亭口鎭長武縣轄有行館甚小飯罷又行自此至長武四十里皆上高坡肩輿須曳縴行十里小邨土人謂之馬兒包又十里謂之二廠里又五里冉店又十五里至長武縣城館於南門內求書者又坌集應之至夜分始罷

十四日庚申陰是日赴涇州計程一百里聞路甚長天未明卽行幸無大坡出西門十五里洪家鋪又十五里窨店入甘肅涇州界是處市集略大爲向賣驘馬之所又十里張郵鋪又五里瓦雲驛飯後又行忽起西北大風涼甚十五里高家窨又十里三十里鋪又十里二十里鋪又十里太平關又十里涇州城行館在東門外頗寬敞其前爲嚴家山相傳爲徙置嚴嵩家屬處也晚微雨

十五日辛酉昨夜三鼓後雨漸大晨起簷溜潺潺輿人來言途多積潦且出門卽須過涇水旣不能涉又無渡船祇得作一

日住

十六日壬戌晴黎明行入南門出北門未半里即涉涇水深雖不及二尺而其流甚急土人扶輿以濟殊爲涉險西南山上有王母宮其下豎碑云古瑤池降王母處因泥滑難行故未登眺自州城至王莊三十里中間所過十里鋪二十里鋪居民皆只數家王莊地亦小行館僅三楹仍涇州轄飯罷又行十里土溝鋪交平涼縣界又十里花家莊又十里驛里鋪又十里白水驛市鎮頗大行館亦敞

十七日癸亥晴黎明行十里馬連鋪五里王家寨塘五里郿現

鎮十里四十里鋪飯罷復行十五里甲子峪十里米家衕五里十里鋪十里平凉府城其城東西長而南北狹入東門後有關數重行館在城內已近西門矣是日行七十里尙無大坡惟處處由澗水涉過已有七十二道脚不乾之意

十八日甲子黎明陰出西城行至十里鋪卽有雨點一路澗水洶湧知上游昨已被雨山水疊發也輿夫緯夫多有病涉之苦十五里斜河子五里下李家莊五里至安國鎭飯後雨勢愈大祇可住此矣行館雖小尙新潔

十九日乙丑黎明行微有雨所過山澗甚多水皆湍急十里入

固原州界又十五里蒿店小住作麪餅食之又上坡行二十五里瓦亭驛距固原八十里欲卽過六盤山輿人咸慮及半途遇雨無可棲止遂住此

二十日丙寅晴昧爽行五里高場堡十里和尙坡卽六盤山之麓其時朝曦未出西風忽來山氣侵人寒如冬令因就旅店沽酒喫麪稍暖復行山峻路曲盤旋而上五里始至山半曰廟兒坪　關聖廟香火甚盛敬詣行香又旋行而上其沙土皆紫色一木不生但有細草五里至山巔俯視下方田廬則混茫一氣矣頂上有兵房數椽問其兵數人三成衆而已閱

鶴皋先生日記過此遇雨狼狽萬狀此次幸大晴不逾時而過殆東坡所謂知我人阨非天窮者耶下山十里楊店又十五里至隆德縣城入東門城內住行館深而狹城頗大而荒凉特甚此處向以五十里爲一站是日亦不能再行矣

二十一日丁卯晴寅刻行天明過十里鋪又十里小河子又十里沙塘鋪有市集又五里龐家鋪又十里神林鋪（自縣城至此名四十五里實止四十里）仍隆德轄飯罷又行十五里亂柴鋪又十里爲靜甯州之二十里鋪又十里平家河又十里靜甯州城入東門有行館甚敞是日行九十里路平而近自涇州至隆德日寒

一日非裘不可抵静甯後則又變暖早晨著棉午後單衣甚

地氣各不同也

二十二日戊辰寅刻行天陰路多山坡黎明過十里鋪河五里

官道岔又五里齊家太山又五里鄧家灣又五里松家溝又

十里七里鋪不知離何處七里又五里高家堡飯罷復行十五里界

石堡交會甯縣界又十三里蘿子硤又十里清水河又五里倒回

溝緣山路迴環複疊中隔山溝後行望前行者似折而回故

爲是名又五里青家驛宿此地有堡城行館在堡內頗新潔

二十三日己巳昧爽行天晴十里大山川即漆家大山又十里

太平店又十里馬家鋪以上多高坡又十五里翟家所土人謂之柴家嵴飯罷又行十里李家岔口又十里王家川又十里孫家油房又十五里會甯縣城宿自李家岔口至縣城上坡少下坡多惟沿路皆山澗之水彎環流轉處處涉過俗稱七十二道腳不乾者此也此處縣城頗爲完整自涇州西來皆無其比行館在西門月城內

二十四日庚午晴晨行十里楊家岔中閒涉過澗河約六七道而王家河尤爲洶湧其上爲桃花山崎嶇殊甚車馬皆殆又十里鴿見嵴又十五里夏家寨交安定縣界又五里新道口

河又十里漆家店又十里西鞏驛計六十里到此沿途無可
尖處驛館頗寬距安定縣六十里
二十五日辛未晴昧爽行十里王公橋坡路高峻在昔有橋今
已廢矣又十里周家窩又十里青嵐山（亦作清凉山）山麓有旅店
數家行旅多住此是日無可尖處在此喫麵復上高坡雖亦
陡曲而較六盤山差為迤邐十五里賈河灣又十五里安定
縣城宿
二十六日壬申晴早晨在行館飯後行十里大鹼溝又十里二
十里鋪又十里剡家堡又十里巉口河自縣城到此已過河

三道巉口地方略大尙有市集又十里梁家坪又十里秤鉤驛宿此驛以路形彎曲得名仍安定縣轄

二十七日癸酉黎明在行館飯後行未半里卽上坡十里坪灘峴又五里景家泉過此則下坡多而上坡少矣又五里古家閘池又十里車道嶺（西來到此始上嶺東來則已下嶺矣）又五里白土窰又十里甘草店此處係皋蘭轄（有尖站行館）又五里三墩塘又十五里清水驛宿係金縣轄（縣在西北四十里）

二十八日甲戌晴早晨飯後行上坡五里接駕嘴又五里雙店子又五里畢家鋪又五里三角城（閘城中亦有行館）又五里大坡坪

又五里石頭溝土人謂之巖頭店又五里黃家崖又五里漣搭溝自此以西則下坡矣五里崇台坪又五里十里鋪又五里謝家嘴又五里定遠驛土人謂之豬嘴驛仍金縣轄

二十九日乙亥晴早晨飯後行即上坡五里豬嘴嶺又五里太平溝又五里柳溝店又五里張家坪又五里陽王溝又五里東岡坡自此以下則少坡陀矣然積潦載途又須繞行小路五里深溝子又五里空心墩又五里碑亭又五里至省城東關此關爲省會之外城計十四里其內城僅七里入城宿於行館客來絡繹

三十日丙子晴答拜各客富海颿制軍富呢揚阿留飯其署中後園甚寬整連及北城之上有樓曰拂雲樓登樓望北岸諸山俯瞰黃河眼界頗佳其下有小碑林鐫懷素米董諸帖於壁皆那文毅公所留物也

八月朔日丁丑晴爲人書聯扇對客數起午後出西關答拜雲蘭舫觀察雲麟蘭舫寓會園其地依山面河有亭榭花木之勝晡時回是日甚暖可著絺綌

初二日戊寅晴早晨對客富海颿制軍邀午飯赴之閱趙松雪所書松江寶雲寺碑真蹟晚回

初三日己卯晨陰大雨逾時午後稍霽司道程玉樵德潤王西舶兆琛唐子方樹義雲蘭舫同來約明日在玉樵處小集下午拜客

初四日庚辰晨陰對客數起玉樵來邀赴之其署中後園有林泉之勝玉樵新爲修葺名之曰若已有中有稻田蔬圃其上爲寶穡堂又轉而西爲月波亭池中有小舟因雨未能放櫂是日會者六人海颿在焉申刻散歸書聯扇

初五日辛巳陰晴相閒唐子方來自辰至酉手不停揮而筆墨事仍未能了

九

初六日壬午晴早晨書聯扇督司道俱來下午赴各處餞行夜復補書各處紙幅終夕未寢

初七日癸未晴辰刻行出西門過黃河浮橋計廿四舟繫以鐵索復有集吉草亘絙聯之車馬通行此天下黃河之所無也十里至十里店名爲離城十里實則倍之又五里浸灣墩又五里俞福墩又五里沙岡墩又五里安定堡又五里三道橋又五里沙井驛將至驛處山土塌陷有僅留一蹊徑者驛舍亦破損

初八日甲申晴辰刻行十里白家鋪又十里新田鋪又十里

關帝廟明萬歷間顯靈於此因建焉又十里韓家溝又十里石牌溝又十里胡家山岑又十里苦水驛沿途皆極荒陋將至驛則山樹皆綠始有生趣驛係平番縣轄平番有八驛在東西路者五此其一也

初九日乙酉晴卯刻行五里五里墩十里腰外河又十里新東川十里塔兒沙溝又五里張家水磨又五里紅城驛乃平番之第二驛也行館小而潔沿途堡城極多此驛堡城尤大有守備帶兵駐劄此處出氈貨而價昂貴飯後又行十里郎家坡又十里金寺堡又十里高岑營又五里界牌灘又五里南

大通宿本日所行皆平路道旁山色頗秀綠柳白楊森森夾
道自入甘省以來惟此地稍有生趣耳
初十日丙戌晴黎明行五里鄭家墩五里郭家墩五里魏家槽
子五里三教堝五里莊浪城係滿兵所住有城守尉等官駐
此又五里平番縣城飯後又行五里深溝又五里十里墖又
八里中鋪又五里淸水河又七里武勝驛宿此驛有把總駐
劄
十一日丁亥陰卯刻登程沿途墖汛甚多五里石嘴子三里兔
兒墪又五里小馬營墖又三里大馬營又四里界牌墖又四

里陰溝山又三里土溝墩又三里水泉子又七里圍莊堋又三里岔口驛乃平番之第四驛也飯後又行其營汛多已傾圮至二十八里爲打柴溝自打柴溝至鎮羌驛二十二里中閒有火石溝火石樓德勝堡三里墩等塘汛相距不越二三里鎮羌乃平番之第五驛也是日西北風大地氣陰寒至驛舍則熾炭以待聞六月未離棉衣七月已飛雪矣

十二日戊子晴辰刻行五里水泉墩又五里烏梢嶺嶺不甚峻惟其地氣甚寒西面山外之山即雪山也是日度嶺雖穿皮衣裀不甚寒下嶺即仍脱皮衣矣嶺之西北七里爲平番古

浪交界又七里雙口子坪又六里安陽又十五里隆貴鋪又十五里黑松驛飯後又行六里香爐墩又三里碾子磨又三里　關王廟又三里岔路墩又三里新關灘又三里太平溝又五里扎子溝又七里古浪縣城入東門內行館宿夜雨

十三日己丑早晨雨飯後稍晴行出西門過三里墩又過八里墩十里橋兒溝五里花窯墩又七里雙塔堡其地爲武威轄八里陽窪溝三里大墩十里二壩廊八里靖邊驛宿

十四日庚寅晴寅初行十三里五壩墩十里河東堡又十里塘馬墩又十里大河驛飯後又行經二十里十三里五里等墩

由大河驛至涼州城三十里頗近郭遠堂柏蔭邀余在其署

中小住此此地滿城在漢城之東北五里

十五日至二十一日均住甘涼道署中整行裝換雇大車直至

烏魯木齊

二十二日戊戌陰卯刻行出西城城外每五里立一墩鋪即以

里數爲名在四十里鋪飯又行十里懷安驛二十里豐樂鋪

宿

二十三日己亥陰黎明行小石滿路十里昃山堡又十里沙河

堡即柔遠驛也聞有振武將軍孫思克碑思克者康熙間名

將也又五里九壩交永昌縣界又五里八壩行館小而潔飯後又行十里落鳳堡又十里回回堡又十里三十里堡又十里鎮經站又十里頭壩自九壩至頭壩皆民間所築以禦山水者自此至縣城東門十里緑楊夾路清泉泠泠頗似南中風景在城內行館宿是日路九十里實不及八十里而大車至更餘始到夜雨頗大子刻始止

二十四日庚子陰黎明行出西門沿途大石磊砢幾無行處過五里屯十里墩又十里水磨關過此則石子少差矣五里紅廟墩又五里重岡塘有沙岡兩重横亘於道逾其脊而過又五

里橋兒洞又五里三條溝又五里空心墩道旁有張將軍戰勝處碑是何年月未及諦視又五里王新鋪又十里水泉驛宿仍永昌轄有堡城駐一守備行館狹小是日雖名六十里實有八十三里長山石澗水處處難行下午微雨數陣

十五日辛丑蚤起雨一陣西風大卯刻風雨俱息因勉行甫數里則大風甚雨又至矣須臾雨變爲雪寒冷異常沿途皆山坡每五里僅一墩台並無民居一望曠然殆與塞外無異竟無可避雨雪之處三十里交山丹縣界始有小郵居民二十餘戶有廟曰定羌廟祀　關聖而祔以王將軍進寶蓋王

爲康熙閒名將戡定羌夷於此遂在廟中爇衣爲食未刻雪
晴風亦稍定微見陽光乃復行十里師圖墩又十里峽口驛
宿將至驛數里又是小石子路驛舍亦狹
二十六日壬寅晴昨夕在車上宿今日寅刻行十五里豐樂鋪
有店又十里阜昌堡又十五里新河驛亦山丹轄飯後又行
過三十二十里堡十里堡又十里至縣城城外有大禹導弱
水處碑此地東門向不開行遂入南門往城內行館連日所
過大路之旁多依山爲牆係明代所築邊牆與蒙古晝界牆
以外六十里仍爲漢民游牧之所六十里外乃蒙古牧地今

猶循此制士人以為卽萬里長城非也

二十七日癸卯黎明出西門過十里鋪有大土佛寺又五里祁家店又五里二十里鋪又五里東樂城此地居民六千餘戶以張掖縣丞駐之催科理訟與他處佐貳迥異飯後又行涉黑河十里山羊鋪十里架子墩又十里古城子有城甚小屬張掖郎仁壽驛也

二十八日甲辰晴卯刻行五里鹹灘鋪五里馬蓮井十里二十里鋪五里四角墩七里八里鋪八里甘州府城宿提軍以下多來者旋往答之署太守李羲堂國軒留晚飯

二十九日乙巳晴飯後行過八里鋪後涉河十餘道土人謂之黑河有深至馬腹者總由雪山之水發下耳又十二里崖水又十里沙岡又十里繞煙墩又十里沙井宿仍張掖轄是日行五十里前二十里路多石子後三十里則皆沙路車行較穩而費馬力

九月朔日丙午晴早晨行十里小河灘十里沙河交撫彝廳界旅店頗多行旅皆宿於此小憩又行十里九眼泉十里小屯兒十里古寨堡又十里至撫彝城甚小行館在城內與廳署極近

初二日丁未晴黎明行十里三工堡又五里雙泉堡又五里蘆灣堡五里渠口堡在　龍王宮小憩過此則高臺縣界矣五里懷恩墩又十里高臺縣城入東門在城內行館飯未刻出西門二十里宣化堡又五里定安堡五里大寗墩五里滅淮墩八里狠窩墩七里黑泉驛高臺共有五驛此第二驛也自入高臺境田土腴潤澗泉流處土木小橋樹林蔥蔚其地產大米兼多種秫頃已刈穫頗爲豐稔

初三日戊申晴寅正刻行二十里花牆子堡城頗大城樓亦高聞係糧食互市之所又十里紅寺又二十里深溝爲高臺第

三驛又行十五里馬連井十五里鹽池驛宿是日行八十里實則不止且多深沙又係上坡馬力幾竭行人謂之沙嶺上燈後始到驛乃高臺之第四驛也此地北山之下有池産硝鹽彌望如湖聞明初始開鹽利居民倚此爲生鹽價每斤不及一文此外皆斥鹵之地無可耕種每遇數里無一居民故土人亦稱其地爲戈壁與東臺近城一帶大相懸殊有把總帶兵八十名駐此聞數日前距此十餘里有黑番來搶牲畜戕一守備今年西甯甘涼一帶邊境似此者屢矣自蘭州至肅州內地所轄者東西長而南北短其北爲蒙古仍屬安靜

南則熟番生番節節多故其所由來者漸耳
初四日己酉晴黎明行二十五里苦水墩又十五里雙井堡乃
高臺之第五驛也飯罷又行十五里營兒二十五里黃泥堡
亦曰黃牛鋪交肅州界又二十里臨水堡宿
初五日庚戌晴黎明行十里有營汛牌坊曰柳樹五墩迤西則
四墩以至頭墩相距各二三里至十五里有祈報祠將至東
關有公所曰酒泉其廳事之後方池相傳出泉釀酒州即古
之酒泉郡今泉不甚甘則所傳者未必信也入東門至城內
行館住

初六日辛亥晴整行李

初七日壬子晴飯後起行出北門在城外　關帝廟小憩廟新脩甚寬敞其後大方池池中有舟可容八人之席此間爲罕覩又行三十五里爲丁家壩僅有數戶居民其前後則皆荒野涉過潤河數道又十五里安遠寨墩又十里上腰墩又五里大沙河墩又五里嘉峪關宿關之城外驛舍是日行七十里路不甚長而小石磊砢無一平路尙喜大車在肅州城內已換長輈左右車輪皆離車箱一尺猶不至顛簸耳此次大車車箱長約五尺寬約三尺自地至車轅量高三尺自車箱

至邊頂量高四尺五寸
初八日癸丑晴昨夕司關官吏來問所帶僕從及車夫姓名告
以人數今晨起行余策馬出嘉峪關先入關城城內有遊擊
巡檢駐劄城樓三座皆三層巍然拱峙出關外見西面樓上
有額曰天下第一雄關又路旁一碑亦然近關多土坡一望
皆沙漠無水草樹木稍遠則有南北兩山南即雪山北則邊
牆外皆蒙古及番地耳西行四十里至雙井有人家數十戶
在隆順店飯罷又行則交玉門縣界矣三十里紅山子有兩
三人家又二十里惠回堡有堡城乃乾隆年間官建駐千總

一員兵一百名此處有林木水泉頗爲關外所罕

初九日甲寅晴丑正刻行三十里火燒溝爲臺站換馬處又二十五里俗名脖膝蓋有居民數家又十五里赤金湖此地無湖而以湖名或舊有之耳五代晉高居誨使于闐記云肅州渡金河西百里又西百里出玉門關然則赤金湖即古之金河歟飯後又行二十里干店子有營汛牌坊曰赤金營聞有赤金堡駐一都司一把總設兵二百名但不在大路旁耳又二十里赤金峽是日路長一百一十里因起行甚早故酉初得到沿途沙路平坦將至峽則山徑狹窄不免顛簸其山不

甚高而皆紫色道旁頗有雜樹而山上轉無寸草赤金亦作

赤斤明永樂二年有蒙古塔力尼率所部降遂建赤金蒙古

所正嘉以後爲吐魯番所據　國初定鼎後內附康熙五十

七年置靖逆同知雍正三年以柳溝通判調靖逆廳領靖逆

衛赤金所乾隆七年改赤金所爲五衛二十四年西域拓疆

遂將靖赤二衛併爲一縣　賜名玉門縣閱祁鶴皋先生萬

里行程記以赤金爲赤斤之訛然考元和郡縣志載金山在

古玉門縣東六十里其山出金太平寰宇記引十三州志云

金山在延壽東有玉石障按延壽屬古酒泉郡則此地自是

出金之峽矣

初十日乙卯晴寅刻行西風頗大二十里俗名賊窩鋪又二十里高見灘有古石碣字蹟剝落今未得見又二十里三十里井有居民數家因在此飲茶喫麪又二十里大東渠距玉門縣城十里涉靖逆渠入南門在城內行館宿按玉門縣係乾隆二十四年　御賜今名非古之玉門也古玉門關在今敦煌縣境今之驛路不必由之

十一日丙辰晴此一程應住三道溝只五十里緣其地民居較多過此則難住也早晨在旅館一飯而行十里頭道溝涉水

而過又二十里千店子又十里二道溝又十里三道溝此處
交安西州界間安西州境有十道溝皆通雪山水利故有田
萬頃居民數百家郡內頗有市肆賣醃磨菰味可
十二日丁巳晴寅刻行三十里六道溝又十五里七道溝有旅
店數家因就店中爲粥而食又過八道溝四十五里至布隆
吉爲雍正年間曾駐大兵之地有土城今駐都司帶兵一百
名土城內行館白楊兩株甚茂
十三日戊午晴丑刻行二十里野馬溝又二十里雙塔堡有堡
城駐千總兵一百名頗有田畝旅店數家在此爲食而行二

十里亂山子又十里沙棗園又二十里小灣宿此處水利頗饒田土腴潤林木葱秀居民數百家惟途甚不平則車馬經由者多也郡中有王正學者入泮是日設尊宴客因與小談亦口外一雅事也御者云附近別有一路由駱駝井至安西州里數與大路等而道較平緣偏僻未允行

十四日已未晴子刻即行三十里車轆轤壩又十里乾溝十五里林家房十五里安西州城內住

十五日庚申晴辰刻行出北門約十里過疏勒河水甚乾涸其上有　龍王廟又十五里地窩鋪僅一家郡又二十里大椽一

亦然又十五里石窰子有土屋兩家飯罷又行三十里至白墩子時已更餘矣此程雖云九十而覺甚長土人云實有一百二十七里自安西以西路皆沙磧往往數十里無水草碎沙之下有石底車行戛戛有聲夜在車中宿

十六日辛酉晴黎明行四十里至獨山子有土屋兩間因憩爲粥過此多循山坡行坡皆不高其色紫黑沿途小石片如碎瓦三十里至紅柳園宿居民數十家有　太清宮頗敞惟地名不知何取不惟無所謂紅柳且樹木初無一株也是日路七十里尚不甚長未刻即到詢之御者明日可兼程因於晚

飯後復膏車碾月而行是夜仍在車臥

十七日壬戌晴子正刻過小泉已行五十里又三十里寅刻到大泉待輿夫秣馬至黎明入旅館一飯辰刻復行三十五里大山頭亦名地窩鋪有居民兩三家大抵戈壁中凡有一二土屋處皆稱地窩鋪也又行二十里見東南一帶山石多白色曠野亂石亦往往白如明礬檢數拳頗可玩聞土中掘出者為佳近日肅州玉器有一種曰馬連井者即此石也又十五里馬連井宿自昨夕至今日行一百五十里計安西州所轄東自三道溝西至此共八站將六百里此地附近有金礦

多空礦淘金之人故居民及千戶云
十八日癸亥晴辰刻行三十五里紅柳河無河亦無柳僅一家
邨小憩煎茶飲之過此循山峽行路崎嶇又二十里無地名
亦一家邨爲粥食又二十五里星星峽向爲宿站僅大小兩
店皆甚骯髒借隔鄰土屋喫飯夜在車宿此地閉於山峽陰
氣森然居民僅九家聞峽之西有魑魅自建　關聖廟邪魔
漸遁過客多於廟中留香火資有捨兩馬於廟者遂爲神馬
一往各山自覓食朔望一至廟旋又不知所往一每日自赴
邨店有過客餧馬即與同槽食飽且自去今往來僕御咸知

之見馬來食遂喜以爲神佑云

十九日甲子陰寅刻行西北風大出峽皆石路且多自上而下車顛甚五十里小紅柳園有店三家止飯仍不見所謂紅柳者詢之土人謂皆伐以爲薪遂若彼濯濯矣又四十里沙泉居民數十家向爲宿站就旅店卸車店差不惡而土炕外別無一物沿途旅店皆然幸自帶繩凳活几勉爲一餐此處水鹹昨在馬蓮井購一壺盧貯水來因星星峽與小紅柳園之水俱尚可飲至此始用之是晚風愈大夜大雪積厚四五寸

二十日乙丑晨寒甚仍飛雪巳刻雪霽見陽光始行三十里疙

瘠井僅有兩店在此喫麪又五十里至苦水無行館卸車於
店店亦甚陋亥刻又行五鼓至紅山墩已行八十里因路平
行尚不滯僕夫餧馬在此略停
二十一日丙寅五鼓有微雪辰刻行天漸晴路亦平午正刻至
格子煙墩已行六十里矣居民二十餘家水尚可飲鴿子頗
多有店數家俱惡仍用自帶几凳夜宿車中而已
二十二日丁卯晴子刻即行三十里滴水崖又四十里長流水
時已天明在旅店中爲食巳刻又行四十里有小店二家名
曰四十里井小憩又行三十里黃蘆岡此地多田畝產晗密

瓜今已過時殊不適口有曬乾切片結爲一團者味甜似柿乾亦不佳

二十三日戊辰晴子刻行四十里盧晴墩又三十里至哈密城時方侵晨自覓東門外之福興店居停考哈密本漢伊吾盧地置宜禾郡尉唐爲伊州後陷於吐番元代入版圖明爲哈密衛今其地土潤泉甘田多樹密可謂樂土惟田歸回民耕種入糧於其王滿漢官民無與焉土城甚小辦事大臣及協辦大臣同署餘則一副將一通判一巡檢皆住城內回誠距此五里回王府在焉城內及附近回民約萬餘戶男戴印花

小帽女穿紅衣土人呼為纏頭其語與華言大異然能華言者亦多自此而西南大抵皆回地也哈密距嘉峪關一千五百餘里本十八站此次兼兩程故行十六日耳新疆南北兩路皆此分途天山横亘其中故有南北祁連之稱祁連即天山夷語謂之達般北路過達般則至巴里坤即鎮西府城附郭為宜禾縣凡赴古城烏魯木齊庫爾喀喇烏蘇塔爾巴哈台伊犂者皆取道於北其西南達土魯番凡赴南路喀喇沙爾庫車烏什阿克蘇葉爾羌和闐喀什噶爾者皆取道於南然北路過達般其寒徹骨且雪後路迷難辨恐陷於無底之

雪海故冬令雖往北路亦多由土魯番繞道而中有十三間房一站爲古之黑風川起大風車馬皆可掀簸空中則土魯番一路亦行人所憚惟別有小南路一條亦通古城烏魯木齊其路較近由哈密西南二百八十里之瞭墩（係往土魯番之大路）分途往北既避北路達搬之雪又避南路十三間房之風行人無不樂由聞宜禾縣令不許商旅行此一路將店拆毀一空故中有數站無店可住並新建　關聖廟亦被毀去俄而宜禾地震半月城垣衙署半就傾圮縣令始悔毀廟拆店之非此本年六七月間事也頃聞小南路往來行人仍復不少余

亦決計由此而行特覼縷識之

二十四日己巳陰本欲登程御者請稍息以養馬力從之求書者坌集竟日作字

二十五日庚午晴早晨出東關過回城入城一觀其王府高出城巔回王名百善封此四十餘年矣三十里有一土屋無郵名小停爲食又四十里頭堡有土城城內回民百餘戶城外漢民二十餘戶夜宿車中此後大抵皆以吾車爲臥榻矣

二十六日辛未晴寅正刻行二十里過二堡時甫日出有店未停車又四十里三堡漢回居民與頭堡同今因天早飯後又

行五十里沙泉宿亦名沙棗泉是日家忌茹素

二十七日壬申晴寅正行二十里鴨子泉甫辰初又四十里七子泉食罷復行二十里大墩有回民兩家又二十里瞭墩宿

自七子泉以西皆碎沙石路車甚顛簸蓋循天山西南麓行也將至瞭墩之二十里實有三十餘里長連日望見達般積雪一白連天聞古城等處本月望閒雪厚數尺沒過車箱日來天晴未知可漸消落否

二十八日癸酉晴御者脩整車軸停一日未行

二十九日甲戌晴辰刻行陂陀重疊屢登屢降小石滿路五十

里溝口無人家尚有泉水流在此爲食又行三十里爲一盌泉
有土屋一家飯畢又行徹夜未歇
三十日乙亥晴五鼓過芨芨槽距一盌泉四十里又十五里車
轂泉甫日出七十里七箇井子此處　關聖廟及民屋數間
爲宜禾令毀去祇就頹垣之下作飯而食遇江西南城人朱
姓從伊犁烏魯木齊販鹿茸回建昌言新疆事甚悉晚又開
行天已變陰濃雲如墨然無駐車之所祇有勉行耳半夜雪
甚大至六十里名黑山子有兵房一間人馬極乏姑在此停
寒不可耐

十月朔日丙子天明起視停車在山峽中雪積五六寸四面全不辨路姑就兵房然薪作飯巳刻見陽光始行而路中轍迹仍不可辨且陂陀登降峽路蜿蜒欲迷者屢矣勉行三十里至白山子日巳斜此處合於北路巴里坤之大道北路由噶順至此三十里有店兩家人馬俱疲只可住此矣下午大晴

初二日丁丑黎明行仍是峽路三十里色壁口有店兩家在此喫麪又十里爲色壁[illegible]亦有民居過此坡陀尤多有一墩殊陡索費馬力又三十里大石頭係奇臺縣轄民居數十家飯後欲復行而大雪紛紛不得不住此矣

初三日戊寅晴辰刻見陽光行高岡平原一白無際馬沒蹏人沒踝勉行三十里地名戈壁頭回語謂之烏蘭烏蘇是時天又稍陰御者請少息仍在車中臥

初四日巳卯晴寅刻行四十里沙河甫日出爲食又行陽光普被積雪漸融五十里三箇泉回語謂之阿克他斯

初五日庚辰晴寅刻行五十里一盌泉有小店兩家爲食又行四十里木壘河商賈雲集田畝甚多民戶約五百家有河一道溲雪山之水今冬令涸矣出阿魏蘑菰

初六日辛巳晴寅刻立冬是時開車行五十里爲東城口有旅

店小坐遇獵者殺兩狐取其皮傳觀巳刻又行四十里奇臺
縣城住南關外貿易頗多田疇瀰望天暖雪融成泥
初七日壬午陰晴相間子刻即行五十里甘泉鋪四十里古城
住闤闠甚多北口外之科布多等處蒙古諸部均在此貿易
有滿兵漢兵兩處土城相距三里滿城曰孚遠城駐領隊大
臣一員及協領以下數員滿兵一千名漢城住遊擊等員漢
兵四百名夜又雪積至寸餘
初八日癸未晨起巳晴五十里大泉有兵房查驗東旋人口烏
魯木齊都統委員駐此四十里濟木薩住阜康縣丞與參將

駐有土城縣丞催科理訟與東樂縣丞同自古城來沿途田畝連塍邨落櫛挨俗謂哈密至烏魯木齊有窮八站富八站戈壁頭以東之八站爲窮木壘河以西之八站爲富也

初九日甲申陰晴相間辰刻行三十里雙岔河二十里腰站子二十里三臺汛亦濟木薩縣丞所轄榆柳甚多有上臺中臺下臺上臺五百餘戶縣丞收糧之倉在焉鋪戶皆在下臺相距約二里

初十日乙酉上午陰晚晴辰刻行四十里爲濟木薩阜康縣交界名四十里井有店兩家在此爲食又四十里爲滋泥泉亦

名白楊河夜仍在車臥

十一日丙戌晴寅刻行五十里大泉四十里阜康縣城內宿是日名九十里實有一百三十里長雪融後泥潦滿途已費馬力且路多坎窞一車陷則衆車皆停故自寅至亥始能抵芡而車之折軸脫輻且不一而足殊累人也

十二日丁亥晴因候折軸之車午刻始行四十里甘泉堡晚又行五十里至古牧地入廸化州界道路之長泥淖之多與昨日相彷彿

十三日戊子晴辰刻行此處距烏魯木齊鞏甯城名四十里實

有五六十里長路尚坦但多澗水二十里七道溝土城一座屯田把總駐又十里紅山嘴入城至行館住都護提軍以下多來晤此地滿漢二城皆緊會之區都統道州駐滿城提督駐漢城相距約十里余住滿城不及往漢城矣

十四日己丑晴晨往漢城答拜各客廢員戍此者多來晤談

十五日庚寅晴小憩整行李爲人作字夜分始罷

十六日辛卯晴晨往答各客並辭行回寓後復作字雇赴伊犁車

十七日壬辰晴晨開車十里爲十里店二十里地窩鋪二十里

亦名地窩鋪十里爲三十里墩交昌吉縣界又十里爲頭墩
河冬令水已涸而積雪瀰漫陰寒特甚十五里爲昌吉縣城
舊名洛克倫
十八日癸巳晴辰行十里榆樹塘二十里小蘆草溝十里大蘆
草溝十里榆溝爲食又二十里爲二十里店二十里呼圖璧
宿有土城名景化巡檢駐雖云九十里實有一百里長
十九日甲午晴辰行二十里爲五工臺小坐二十里亂山子二
十里圖古里克俗呼土葫蘆仍呼圖壁巡檢轄此站只六十
里向爲宿站緣過此則無住處矣

二十日乙未晴辰行三十里樂土驛小坐二十里塔西河民居甚盛閩漳泉人在此耕種者數百家皆遣犯後嗣近來閩粤發遣人亦多配此因在店食十五里鮑家店樹木頗多又二十里綏來縣在東關外住此地舊名瑪納斯田土膏腴向產大米販各處大米每升約重四斤餘價四十文豌豆每升重亦然價二十二文人物之繁不亞蘭州有南北兩城縣令與副將駐北城都司駐南城

二十一日丙申晴輿人換騎未行由此赴伊犁轍迹愈寬車轍每邊出車箱一尺二寸下午爲人書條幅楹帖

二十二日丁酉晴辰行過西關十里瑪納斯河今冬令水弱河

流隔爲三道深且及馬腹夏令不知若何浩瀚矣又三十里
破城子居民數百家無所謂城也爲食又行四十里烏蘭烏
蘇軍臺宿民戶亦多前人記載皆言此處蚊多且虐冬令幸
無患
二十三日戊戌晴聞此站長卯初行黎明寒甚二十五里五顆
樹十五里三道河此四十里有五十里長所謂三道河者指
夏令言冬則涸矣民戶盈千在飯館中一飯又二十五里曰
五斗完糧藎以一邨納糧之數名其地耳又二十五里安濟
海此五十里有六十里長仍綏來縣轄居民五千戶軍臺及

旅店皆小，御有行館，敞甚，遂宿焉。

二十四日己亥，晴。黎明行，沿途空曠，與前戈壁等。三十里有一人家，無地名。二十里爲四十里井，仍綏來西界。過此，隸喀喇烏蘇之糧員管轄矣。又四十里奎墩，宿，居民百餘戶，聞水利薄田不腴，郵墟殊荒陋耳。

二十五日庚子，晴。黎明行三十里河沿子，三十里庫爾喀喇烏蘇，宿。有土城，領隊大臣、遊擊、守備暨糧員駐。

二十六日辛丑，晴。辰行，沿途無人煙，樹木不少。三十里乾河子新立牌坊，曰豐潤河，旁有小店。又四十里布爾噶齊，住居民

百餘戶

二十七日壬寅晴黎明行十五里過小河五里四顆樹此二十里有三十里長又四十里爲敦木達有軍臺此四十里較短到時尚早因再行三十里河沿子宿

二十八日癸卯陰晴相閒黎明行約三里涉河兩道一甚淺一稍深夏秋則大渠也又七八里皆小石子路過此乃平坦樹木極多又二十里固爾圖二十里花樹林有店未停惟行李車飼馬二十里托多克又二十里沙窩頭過此皆沙窩矣店一家甚湫隘

二十九日甲辰晴黎明行甫里許卽沙窩路此路至沙泉子六十里先二十里沙最深疲馬力中二十里略淺後二十里多麤沙似石底然車行尙不滯沙泉子僅一店湫隘與昨日之店同因尙早知精河距此五十里又前行間亦有沙但不甚深三十五里過一山穿峽出山自喀喇烏蘇至精河橫截南北土人稱爲南山以亦天山之支麓也過山後又行十五里精河城外宿有土城糧員及都司駐

十一月朔日乙巳晴住一日此地安插遣犯二百餘名令種地及各營服役閩粵人居其半乞賞紛紛勉應之

初二日丙午晴辰刻行數里卽入葦湖道旁葦草彌望聞夏令皆水須繞戈壁二十里今水涸惟間亦有沙窩耳四十里有牌坊曰永濟湖俗呼爲腰站有一店頗潔小坐民居四五家又二十里爲托里有軍臺此站六十里有七十里長附近田地皆土爾扈特種故前後皆有土爾扈特氈帳

初三日丁未黎明行天陰甚寒沿途從葦間穿行五十里至大河沿此地爲馬頭市肆民居頗盛又行三十里爲托霍木圖軍臺俗稱爲五臺仍隸精河轄居民寥寥南山環繞如翠屏其北亦羣峰聳秀途遇伊犂差官貢馬八十匹聞正貢不過

數匹歲例三次此係明年端陽之貢
初四日戊申黎明行陰晴相間沿途皆戈壁微有陂陀然尚平
坦南北多峯巒四十里有一小店無地名在此爲食其地乏
水不能飲馬又行四十里至四臺爲伊犂界昨日五臺尙精
河轄耳居民數家兩店甚陋
初五日己酉晴黎明行沿途山坡盡石四十里有店無水祇賣
乾餅昨夕爲粥帶來食之又四十里三臺宿四面環山諸山
水匯巨澤俗呼海子考前人記載所謂賽里木諾爾是也東
西寬約十里南北倍之波浪湧激似洪澤湖徧無舟檝亦無

魚鮪之利土人言中有神物如青羊見則雨雹水不可飲飲將手足疲軟意雪水性寒故耳

初六日庚戌黎明大風天陰過一卡倫循海子而西沿途風濤之聲四十里松樹頭海子始盡兩山劈開千松挺立行人謂之過達搬不知其名考前人記載當是塔爾奇山大雪飄灑有店小坐雪稀過山山爲行者所憚實不甚峻東來上山少下山多西來則反是矣下後峯迴路轉俗名果子溝實塔爾奇溝也祁鶴皋先生行記稱奇絕仙境如入萬花谷中值冬濃碧嫣紅不可得見而沿山松樹重疊不可計數雪後巖白

松蒼天然圖畫古徑幽折泉溜淸泠二十里中步步引人入勝誠不僅作山陰道上觀也過橋十餘道二臺宿晚雪霽

初七日辛亥晴辰刻行仍在山峽中蜿蜒旋轉雖路石高低車行頗簸而松雪淸泉處處動人欣賞木橋數十道橋下泉聲若琴筑然四十里至頭臺飯畢又行五里出山峽就曠野四十餘里大蘆草溝宿土城曰廣仁駐一遊擊漢兵六百名

初八日壬子晴辰刻行路甚坦四十里地窩鋪又二十里綏定城宿城爲伊犂鎭駐其署中有園亭之勝額曰綏園又曰會芳園塔爾奇城距此十里

初九日癸丑陰辰刻啟麪行十五里爲十五里鋪又十五里至伊犁城謁將軍參贊拜領隊四人及撫民同知回寓布置寓南街鼓樓前寬巷

初十日甲寅晴將軍發摺爲余報到戍並派掌糧餉處事

侯官林文忠公著

政書蒐遺

後學王仁堪敬題

光緒己卯孟春
長洲黃氏輯刻

道光十三年十一月十三日江蘇巡撫臣林則徐片奏

再江蘇連年災歉民情竭蹶異常望歲之心人人急切今夏雨暘時若滿望得一豐收稍補從前積歉乃自六月間江湖盛漲沿江各縣業已被災其時蘇松等屬棉稻青葱猶冀以江南之贏補江北之絀蓋本省漕賦在江北僅十之一而江南居十之九故蘇松等屬秋成關係尤重惟所種俱係晚稻成熟最遲秋分後稻始揚花

偏値風雨陰寒遂多秀而不實然大概猶不失為中稔迨九月後仍復晴少雨多晝則霧氣迷濛夜則霜威寒重雖已結成顆粒僅得半漿鄉農傳說暗荒臣猶不信于立冬前後親坐小舟密往各處察看見一穗所結多屬空稃半漿之禾變成焦黑實先前所不及料然猶盼望晴霽庶可收曬上壟不意十月以來滂沱不止迅雷閃電晝夜數番自江甯以至蘇松見聞如一臣率屬虔誠禮禱悚懼滋深雖中閒偶爾見晴而

陽光熹微不敵連旬盛雨在田未割之稻難免
被淹卽已割者欲曬無從亦多發芽霉爛鄉民
烘焙勉强試礱而米粒已酥上礱卽碎是以業
戸至今未得收租臣先因欽奉
諭旨新漕提前趕辦當經欽遵嚴飭各屬勒令先具
限結將何日開倉何日徵兑何日開行登載結
內並聲明如有逾期願甘參辦字樣呈送如不
具限卽以才力不勝立予參撤不使戀棧貽誤
各屬皆具結遵辦然賦從租出租未收納賦自

何來當此情形屢變之餘實深焦灼又各屬沙地祇宜種植木棉男婦織紡爲生者十居五六連歲棉荒歇業生計維艱今年早花巳被風搖而晩棉結鈴尚旺如得晴暄天氣猶可救之桑榆乃以雨霧風霜青苞腐脫計收成僅止一二分小民紡織無資停機坐食且節候巳交冬至卽趕緊種麥猶恐過時況又雨雪紛乘至今未巳田皆積水難種春花接濟無資民情更形窘迫此在臣奏報秋災以後歉象加增日甚一日

之情形也地方以秋災不出九月不許妄報原係遵守定例然值連陰苦雨人心難免惶惶外縣城鄉不無搶掠滋鬧之事臣飭委文武大員分投彈壓現已安靜除寶山鄉民因補報歉收擠至縣署一案另摺

奏明嚴拏提審外其餘情節較輕例不應

奏者亦當隨案照例懲辦以戢刁風惟據續報歉收情形勘明屬實不得不照續被災傷之例酌

請緩徵正在繕摺具

奏聞承准軍機大臣字寄欽奉
上諭近來江蘇等省幾于無歲不緩無年不賑國家
經費有常豈容以展緩曠典年復一年視爲相沿
成例並奉
諭旨該督撫等不肯爲國任怨不以國計爲亟是國
家徒有加惠之名而百姓無受惠之實無非不堪
官吏私充囊橐大吏祇知博取聲譽等因欽此欽
遵臣跪誦之下兢凛慚惶莫能言狀伏念臣渥
蒙

恩遇任重封圻且居此財賦最繁之地乃不能修明
政事感召和甘致地方屢有偏災極知經費有
常而不得不爲賑恤蠲緩之請撫衷循省已無
時不汗背覥顏乃蒙
皇上不加嚴譴
訓飭周詳凡有人心皆當如何感愧況臣受
恩深重曷敢自昧天良若避怨沽名不以
國計爲亟則無以仰對
君父卽爲

覆載之所不容臣雖至愚何忍出此即如上年臣到
蘇之後秋成僅六分有餘而蘇松等四府一州
於徵兌新漕之外尚帶運十一年舊漕二十萬
石合計米數將及一百八十萬爲歷來所未有
之多原因
天庾正供不敢不竭力籌辦其辛卯年地丁督同
藩司陳鑾摧提嚴緊亦于奏銷前掃數全完業
經專摺奏蒙
聖鑒在案竊惟盡職之道原以

國計爲最先而
國計與民生實相維繫
朝廷之度支積貯無一不出于民故下恤民生正所
以上籌
國計所謂民惟邦本也本年江湖盛漲係由黔蜀
湖廣江西安徽各省大水併入長江其破圩淹
灌等處原不止上元六縣臣所請撫䘏第舉其
最重者而言仰蒙
皇上天恩准給口糧災黎感淪肌髓嗣經官紳捐資

撫
郵臣即復行
奏請毋庸動項將所發上元江甯句容江浦儀徵
五縣銀兩留爲辦賑之需其丹徒一縣捐項已
有五萬餘兩並足以敷賑濟當將前發之銀提
回司庫凡此稍可節省之處均不敢輕費
帑金惟于災分較重又難猝集之區則不得不酌
給例賑臣等另摺請撥之十三萬兩僅分給十
二縣衞軍民雖地方廣而戶口多亦只得挪節
動撥此外無非倡率勸捐以冀隨時接濟惟頻

年屢勸捐輸飭紳富之家實亦力疲難繼查道光三年大災通省捐至一百九十五萬餘兩至道光十一年災分較前相埒僅能捐至一百四十六萬餘兩其餘各年捐項較絀此時閭閻匱之勸諭愈難然覩此情形待哺災黎不能不勉籌推解臣與督臣率同司道等官各先捐廉倡導以冀官紳富戶觀感樂施凡此情形皆人所共覩不肖州縣揑災冒賑地方刁生劣監豈肯不爲舉發而紳富之家又安肯聽其勸諭捐貲

助賑至再至三且揑災而轉自捐廉似亦無此
愚拙之州縣也至展緩之舉祇能緩其目前仍
須徵于異日非如蠲免之項慮有侵呑州縣之
于錢漕米有不願徵而願緩者至必不得已而
請年復一年則地方凋敝情形早已難逃
聖鑒然臣初亦不料其凋敝之一至于此是今漕務
瀕于決裂時刻可虞臣不得不將現在實情爲
我
皇上密陳梗概查蘇松常鎮太倉四府一州之地延

衰僅五百餘里歲徵地丁漕項正耗額銀二百數十萬兩漕白正耗米一百五十餘萬石又漕贈行月南屯局恤等米三十餘萬石比較浙省徵糧多至一倍較江西則三倍較湖廣且十餘倍不止在米賤之年一百八九十萬之米即合銀五百數十萬兩若米價昂則暗增一二百萬兩而人不覺況有一石之米即有一石之費逐層推計無非百姓脂膏民間終歲勤勞每畝所收除完納錢漕外豐年亦不過僅餘數斗自道

光三年水災以來歲無上稔十一年又經大水
民力愈見拮据是以近年漕欠最多州縣買米
墊完圖串待徵謂之漕尾此即虧空之一端曾
經臣縷晰
奏聞然其勢已不可禁止矣臣上冬督辦漕務將
新舊一併交幫嗣因震澤縣張亨衢辦漕違誤
奏參革審而漕米仍復設法起運不任短少皆因
正供緊要辦理不敢從寬也今歲秋禾約收已
遜去年茲復節節受傷發芽霉爛詢之老農云

現在縱能即晴趕曬糟朽之穀比之上年每畝已少收五六斗就蘇州一府額田六百萬畝計之即已少米三百餘萬石合之四府一州短少之米有不堪設想者民間積歉已久蓋藏本極空虛當此秋成之時糧價日昂一日實從來所未見來歲青黃不接不知更當何如小民口食無資而欲強其完納即追呼敲扑法令亦有時而窮前此漕船臨閘有缺米州縣尚能買補近且累中加累告貸無門今冬情形不但無墊米

之銀更恐無可買之米曩時蘇松之繁富由于百貨之流通挹彼注兹尚堪補救近年以來不獨江蘇屢歉即鄰近各省偏災布疋絲綢銷售少權子母者既無可謀之利任筋力者遂無可趁之工故此次雖係勘不成災其實困苦之情覔與全災無異臣惟有一面多勸捐貲妥爲安撫一面督同道府州縣將漕務設法籌辦總不使藉口耽延但本年已請緩徵之處尚不過十分中之一分有餘此外常鎮等處亦已紛紛續

稟臣核其情形略輕者無不先行駁飭但天時如此日後情形如何臣實不能豫料晝見陰霾之象自省愆尤宵聞風雨之聲難安枕席並與督臣陶澍書函往復於捐賑辦漕等事思艱圖易反覆商籌楮墨之閒聲淚俱下從此即能晴霽歉象尚不至更加如其不然臣惟有再行據實

奏聞仰求

訓示遵辦大江南北各省通衢且中外仕宦最多一

切實情難瞞眾人之耳目臣如揑飾非無可以
告發之人我
聖主子惠黎元
恩施無巳正恐一夫不獲是以察覈務廣但民閒困
苦顛連尚非語言所能盡本年漕務自須極力
督辦而觀此景象時時恐滋事端至京倉儲蓄
情形臣本未能深悉倘通盤籌畫有可暫紓民
力之處總求
恩出自天多寬一分追呼卽多培一分元氣況

天心與
聖心相應定見祥和普被屢慶綏和長使
國計民生悉臻饒裕臣不勝延頸頌禱之至謹附
片奏陳伏乞
皇上聖鑒謹奏

道光十五年九月初一日奉

林前部院批蘇藩司詳豁免道光十年以前積欠辦理情形由

批開

據詳查辦豁免積欠已通飭各州縣先將實欠數目開具印摺徑送一面開册同串簿送該府州盤查加結轉詳其太倉州民欠責成松太道查辦並飭承將司案各數豫行查出一俟屬册到時卽可核對不準如上屆之遲延等情所辦

均屬得要至九月二十五日以前之限既難赶副所有秋災一案祇可將道光十年以前錢糧聲請歸入豁免案內查辦亦自無礙但各州縣疲玩性成凡遇查辦事件無不任意宕延若不勒限嚴催勢必仍前遲誤而曠日持久益恐弊竇叢生設遇更調交卸延壓更甚上屆江蘇覆

奏在各省到齊之後殊不成事且上屆奉豁年分有二十二年之多此次年分較少斷不可以上屆爲比該司務當嚴飭各屬遵照所須冊式赶

緊查明實欠在民確數迅即開具印摺通送查
核一面責成該管府州及管轄直隸州之巡道
就近弔查印串簿據按款核對勒限開造清冊
加結轉詳該司仍即督飭司承先將司案各數
豫行查出以便屬冊到時即行按款覆覈攢造
司冊迅速詳送
奏咨切勿稍仍延緩仍督承將上兩屆豁免各卷
遵照前札迅即抄錄呈送以備查覈毋遲並候
督部堂批示繳

道光十五年九月十六日奉
林前部院批蘇松常鎮太五府州會稟豁免積年
　民欠查辦章程清摺由
批開
據稟會議查辦積欠章程七條在該府州等期
於覈實稽查使官民兩無遺累其意誠善惟本
部院細加察覈似覺意美而法未良不得不爲
明白指示如　第一條議請設局委員查辦以
期迅速並謂上屆即係如此辦理本部院行轅

現無案卷不知上屆嘉慶二十三年果否設局查辦即使設局屬實而上屆遲之七個月之久始行覆

奏則設局之不能迅速亦已明矣且查報由于州縣而盤覈責在府州若省中設立總局則各屬均存推諉之心旣可卸責於前更不免藉口於後而局員局書勢必紛紛多派備添薪水紙張之費司庫本無閒款各屬又捐解不前籌墊透支終貽後累而多設一日之局即多增一日之

費更難保局中胥吏不以駁剔爲耽延是開局易而撤局難欲速反遲適以遂假公濟私之計又其甚者明調州縣經書暗帶空白印冊必使到局攢造講定冊費方免挑駁開弊竇而滋物議恐將來悔不勝追矣所請設局一節應毋庸議　第二條以民欠確數勒限各屬於半月內開具簡明清摺通送以免書吏從中舞弊自應如此辦理前據司詳業已通飭遵照惟所議半月之限若不明定日期仍恐相率耽延應酌限

於十月初十日以前一律查開印摺通送察覈不得再有遲逾如違撤任參處　第三條以積年欠款應飭開造花戶細冊連串根一併呈送此議似欲求其眞實而究竟不著痛癢蓋一縣之花戶不知凡幾而一戶之化名者更不知凡幾卽使編造成冊誰能逐戶挨查紙墨虛糜時日坐耗迨至

奏期緊迫催促不來又安能守株以待所謂勞而無益者此也至詳送串根尤覺無謂查版串係

三連騎印其已經完糧截給者只留根底一串故曰串根若必弔覈及此是查已完而非查未完者矣殊所未解且即查覈未完之串而錢漕銀米奇零細碎之數已不啻繭絲牛毛只能責令解送府州聽候盤核若恐仍難盡信亦惟有令其封貯府庫責成巡道抽查或由司委員分投稽核儘足以臻周密如必悉令解省不特脚費甚鉅且恐無收藏之地更無寓目之人應毋庸議　第四條弔查交代三印冊摺及歷任徵

收紅簿此議洵爲得要然其中亦須分别大凡州縣倉庫錢糧惟交代時可使鬚眉畢現葢後任承查前任最爲切已之事而監盤出結會議乃是居閒之人故三印册摺最屬可靠至弔串弔簿非不足以資考證然印在本官之手若果忍心作弊卽簿串亦難爲鐵憑大抵查存串不如查紅簿而查紅簿又不如查三印册令酌令曾經交代者將三印册摺送司并議單亦令附送儘可查悉底藴不必再弔簿串其交後由本

任接徵未經轉交下任者則將實徵紅簿由該
管府州核定鈐印加結送司如核有不符再行
委員盤串似此層層稽核事簡而法亦周矣
第五條請以官墊民欠造冊專案請豁所稟確
係實情查上屆查辦豁免經
前督撫院
奏請將官墊民欠分限十年攤賠嗣又恭逢嘉慶
二十五年八月二十七日
恩詔始得造冊準豁此係非常

曠典難以比例然必先有攤賠之
奏而後符于豁免之條若更躐等乞
恩斷難邀準該府州等瀝陳墊完之非得已與追賠
之無實濟本部院非不一一深知然究竟可奏
與否尚須與
督部堂暨該司道等反覆熟商不敢豫為臆斷
所請另行造冊之處姑俟查造到日再行察奪
第六條請以差保繳回離根串票一併入冊
尤不可行查江蘇錢漕積弊莫甚於豫先截串

方禁絶之不暇若再準令繳回更復何所忌憚且差保人等與本圖花戶素本熟識或花戶懇託代完或差保豫向兜收往往僅給收條先不給串即花戶錢漕早已清完而串票仍在差保之手者亦復所在多有況串已離根則已完與未完無可區別安知該差保等不將已給花戶之串重向收回作爲民欠此端一開其弊不可勝究所謂敎猱升木斷難準行即使所截之串實有民欠在內亦不準其查辦以爲濫行截串

者戒　第七條請以輾轉挪墊詳晰奏明一節亦覺似是而非查各州縣以條銀挪辦漕米以道項挪解司項以新賦挪補舊賦雖皆實有其事若官墊民欠一款不能邀準查辦則輾轉遞挪之處無所用其豫陳如其準查則凡所抵墊之銀無非存庫之項該府等所謂遞挪之新款自然在其箇中此時總不能率行豫陳致涉巧混仰蘇藩司遵照指駁分別核飭辦理如本部院所準所駁仍未諦當不妨反覆推求以期衷

於一是並此外尚有應酌之處亦卽議覆飭遵

總之實欠在民必應確查全豁官墊民欠祇可

設法徐商該管之道府州皆須認眞查核層層

結轉而該司綜覈其成查明一處卽將一處詳

送不可稍有積壓尤須處以鎭靜毋任稍有孟

浪轉滋弊混是所至囑仍候

督部堂批示繳摺存